国际象棋冠军课堂

# 国际象棋

## 入门教程

上册

章晓雯·编著

人 民 邮 电 出 版 社
北 京

**图书在版编目（CIP）数据**

国际象棋入门教程 / 章晓雯编著. -- 北京 : 人民邮电出版社, 2020.10
（国际象棋冠军课堂）
ISBN 978-7-115-54732-3

Ⅰ. ①国… Ⅱ. ①章… Ⅲ. ①国际象棋—教材 Ⅳ. ①G891.1

中国版本图书馆CIP数据核字(2020)第160433号



## 内 容 提 要

“国际象棋冠军课堂”系列图书是国象微学堂邀请国际特级大师编写的适合青少年学习国际象棋的专业教程。

本书作为“国际象棋冠军课堂”系列书之一，主要帮助广大青少年了解与学习国际象棋知识和技法。全书分为上下两册，共32课。上册包含16课，主要介绍国际象棋的文化、礼仪，帮助读者掌握基本的行棋规则，能够进行简单的吃子和杀王练习，从简化版对弈模式开始，逐渐熟练至进行完整的对弈。下册包含16课，主要介绍国际象棋的胜负、和棋的判定，棋谱的记录，经典杀法，以及开局、中局和残局原理等内容。同时，本书根据每节课学习的知识编排了拓展练习，包括趣味问答、更多挑战和棋开得胜三个不同的环节，帮助学习者巩固与强化所学的知识和技法。

本书可以作为国际象棋教师开展青少年国际象棋培训的工具书，也可以作为青少年学习国际象棋的参考书。

◆ 编　　著　章晓雯
　责任编辑　寇佳音
　责任印制　周昇亮

◆ 人民邮电出版社出版发行　　北京市丰台区成寿寺路 11 号
　邮编　100164　　电子邮件　315@ptpress.com.cn
　网址　https://www.ptpress.com.cn
　临西县阅读时光印刷有限公司印刷

◆ 开本：700×1000　1/16
　印张：17.75　　2020 年 10 月第 1 版
　字数：300 千字　　2020 年 10 月河北第 1 次印刷

定价：68.00 元（全 2 册）

读者服务热线：(010)81055296　印装质量热线：(010)81055316
反盗版热线：(010)81055315
广告经营许可证：京东市监广登字 20170147 号

# 序言

亲爱的读者朋友，很高兴你翻开了这本书，是国际象棋将我们联系在一起。作为一名获得过世界冠军的国际象棋棋手，我自小学棋，深刻体会到了学棋带给我的好处。

学习国际象棋，让我从一个坐不住的皮大王，变成专注时可以忽略一切干扰的人。下棋中蕴含的逻辑思维和计划性，使我更善于思考和分析，做事有条不紊。每一次和对手的较量，都在游戏中培养我解决问题的能力，而输赢的体验也磨炼了意志，让我变得更加自信。最主要的是，我在棋盘间体会到满满的乐趣和成就感。这一切，希望你们也能感受到。

“国际象棋冠军课堂”系列图书是专门为青少年学习国际象棋编写的专业教程，涵盖从入门到高级阶段的课程内容。书内富含极具特色的卡通形象和插画，增加了课程的趣味性，提高了大家学习国际象棋的热情。通过本系列图书的学习，你不仅能够掌握国际象棋的技法和棋理，还可以形成完善的对弈与制胜方法。

本书的主要内容是国际象棋入门的基础知识，不同于枯燥的规则讲解，更重视互动和运用。课程设计循序渐进，实用性强。简化版棋局容易上手，学完第一课即可开始对弈，激发兴趣的同时，又有针对性地熟悉了棋子的特点。精心设计的谜题，让大家在尝试破解的同时感受到乐趣，不仅提高棋艺，更开发思维。

请接受这份独特的邀约，和我一起进入奇妙的国际象棋世界。

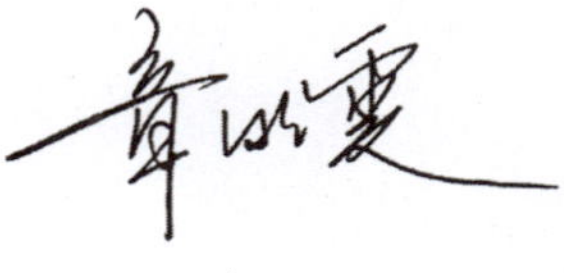

# 作者简介

章晓雯

国际象棋女子世界冠军队成员，国际级运动健将，女子国际特级大师，国际棋联教练员，国家级裁判员。

《东方体育日报》棋牌栏目特约撰稿人，上海五星体育频道“棋牌新教室”节目讲棋嘉宾。2020 年和 2018 年国际象棋女子世界冠军对抗赛官方特邀讲棋嘉宾，上海市各大文化馆“名师讲坛”国际象棋主讲人。

获得过国际象棋世界女子团体冠军、世界大学生团体冠军、世界少年快棋赛女子个人冠军、亚洲女子个人冠军、全国女子个人冠军。在全国甲级联赛、全国团体赛、全国智力运动会等重要专业赛事中，总计获得冠军 15 次以上。

具有丰富的国家队训练经验，从事国际象棋教学推广多年，参与上海市青少年培训；学生中获得亚洲冠军、全国冠军、省市冠军数十人，国家级运动健将，一级、二级运动员数十人，全国棋协大师百余人。

# 目录


01 第一课 开始战斗吧

一、国际象棋的起源 / 02

二、布置战场 / 03

三、士兵上阵 / 03

四、让我们开始吧 / 08

10 第二课 棋盘、棋子和摆法

一、认识棋盘 / 11

二、认识棋子 / 14

三、学习摆棋 / 15

17 第三课 兵的升变和通路兵

一、兵的升变 / 18

二、通路兵 / 19

三、制造通路兵 / 20

26 第四课 车的走法和吃法

一、认识车 / 27

二、车的走法 / 27

三、车的吃法 / 29

33 第五课 车的特点和运用

一、车的特点 / 34
二、车的运用 / 37

44 第六课 象的走法和吃法

一、认识象 / 45
二、象的走法 / 46
三、象的吃法 / 47

51 第七课 象的特点和运用

一、象的特点 / 52
二、象的运用 / 54

59 第八课 后的走法和吃法

一、认识后 / 60
二、后的走法 / 61
三、后的吃法 / 62

66 第九课 后的特点和运用

一、后的特点 / 67
二、后的运用 / 71

75 第十课 马的走法和吃法

一、认识马 / 76
二、马的走法 / 76
三、马的吃法 / 79

82 第十一课
马的特点和运用
一、马的特点 / 83
二、马的运用 / 86

92 第十二课
王的走法和吃法
一、认识王 / 93
二、王的走法 / 94
三、王的吃法 / 95

99 第十三课
王的特点和运用
一、王的特点 / 100
二、王的运用 / 101

107 第十四课
棋子的分类和价值
一、棋子的分类 / 108
二、棋子的价值 / 109

116 第十五课
将军和应将
一、将军 / 117
二、应将 / 119

125 第十六课
将死
一、将死 / 126
二、棋子的常见杀王方法 / 129

答案 / 136

# 棋子家族

白棋阵营

黑棋阵营

第一课

# 开始战斗吧

# 一、国际象棋的起源

在科技发达的现代，当我们想要情景重现一件事的时候，最简单的方法是拍摄视频，然后播放。但在很久很久以前，世界上没有电视、没有手机，甚至没有电。人们通过语言、文字、绘画、表演来描述和展现发生的事情。

在古印度，一位将军想把战场上发生的事完整还原禀告国王，他用棋盘代表战场，不同的棋子代表交战双方的军队，棋子里有国王、步兵、战马和战车，还有印度的大象，通过走动棋子来模拟打仗时的场景。

国王觉得这个方法不错，把它取名为“恰图兰卡”，翻译过来就是“军队”的意思。他非常喜欢这种棋，还教会了所有的宫廷大臣陪他下棋，这就是国际象棋的起源。

后来，**“恰图兰卡”从印度传到波斯，又从波斯进入阿拉伯国家，随着商队和军队流传到了欧洲，有了正式的英**

**文名“chess”。**棋子也随之发生了重大的改变，印度的大象变成了教会的主教，不起眼的参谋官变成了威力强大的王后。

那时的欧洲，所有的王室成员都要学习国际象棋。要想成为威武的骑士，必须学习国际象棋。

很快，这种既好玩又能让人变得更聪明的游戏就在街头巷尾流行起来。即使到了现在，出国游玩的时候，还可能看到和人一样高的棋子摆在某个公园里任游客们玩耍。

今天，就让我们也来体验一番下棋的感觉吧。

## 二、布置战场

首先，让我们把一副国际象棋的棋盘摆在自己面前。

我们会看到，这个方方正正的棋盘是由许多小方格组成的，**这些小方格有两种颜色，浅色的我们称为“白格”，深色的我们称为“黑格”。一定要注意，棋盘右下角的格子必须是白格。**

棋盘上还有字母和数字，它们代表不同的含义，这部分知识会在下节课进行讲解。现在，就让我们用最快的速度开始下一盘棋。

## 三、士兵上阵

### （一）认识小兵

把手边散落的棋子全部竖起放好，我们会发现，这些棋子也有两种颜色。**浅色的是“白棋”（白方），深色的是“黑棋”（黑方）。**

下棋时，只能选择其中一方作为自己的战士，而你的对手会指挥另一方。

棋子的形态各异，它们有着不同的名称和作用。现在，先找出其中最矮的那一个，它有着圆圆的脑袋，象征着戴在头上的钢盔。**它就是国际象棋中的**

**“兵”，英文名是“Pawn”，同为“士兵”的意思。**

| 棋子名称 | 英文名称 | 英文缩写 | 意义 | 各方棋子数量 |
|---|---|---|---|---|
| 兵 | Pawn | P | 士兵 | 8 |

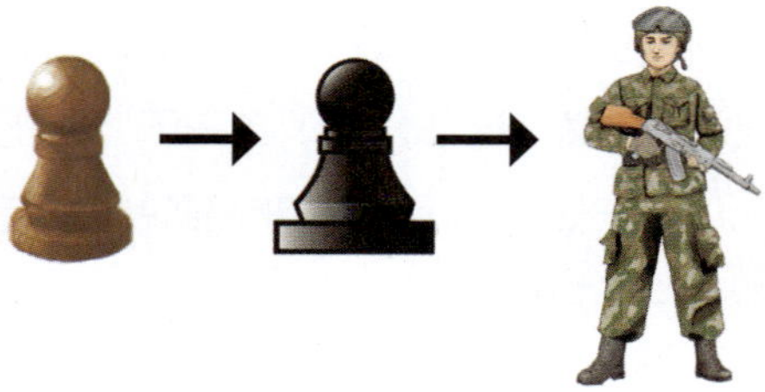

数一数，一共有 16 个兵——**8 个白兵，8 个黑兵，它是国际象棋中数量最多的棋子。**

刚开始下棋时，**每个棋子都有其初始位置。白兵在第 2 横线（从下向上数），黑兵在第 7 横线。**

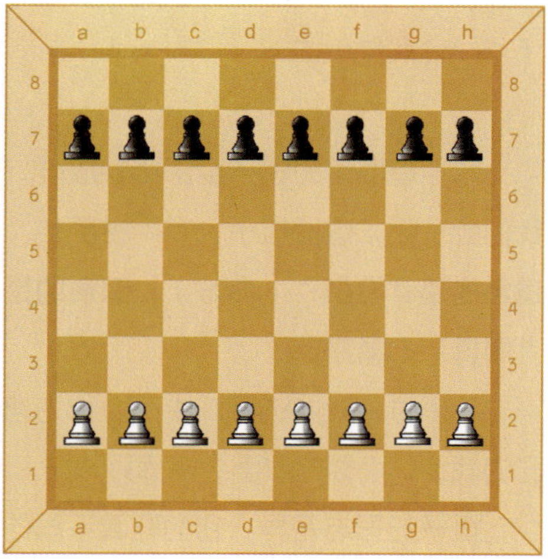


## （二）兵的走法

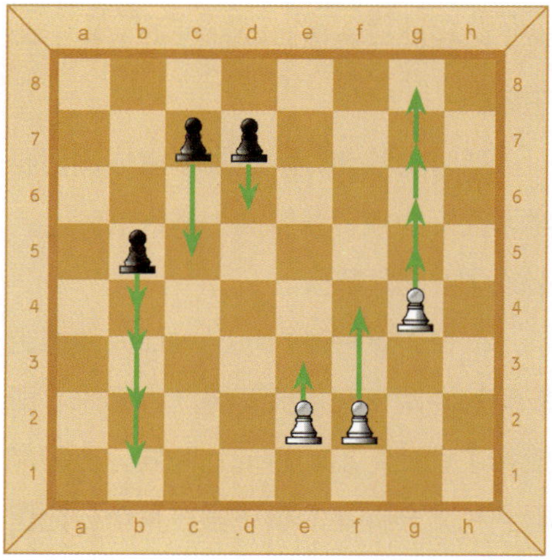


**兵的走法是沿着直线的方向，每步棋往前走一格。（在初始位置的时候，它可以选择往前直走一格或是两格。在一盘棋里，每个兵只有这一次选择的机会。）**

白兵从第 2 横线往第 8 横线的方向走，黑兵则相反，从第 7 横线往第 1 横线的方向走。**不能倒退，也不能横着或斜着走。**

## 小贴士

我们可以把兵想象成一头贪吃的小蛮牛，它非常勇猛，笔直地往前冲，从来不后退。

白牛的家在第 2 横线，它想去第 8 横线；黑牛的家在第 7 横线，它想去第 1 横线。

在家的时候，它吃饱喝足、精力充沛，可以选择往前走一格，也可以一下子走两格。

可是离开了家，它的肚子就饿了，走不动路，所以每次只能往前走一格。

## 趣味问答

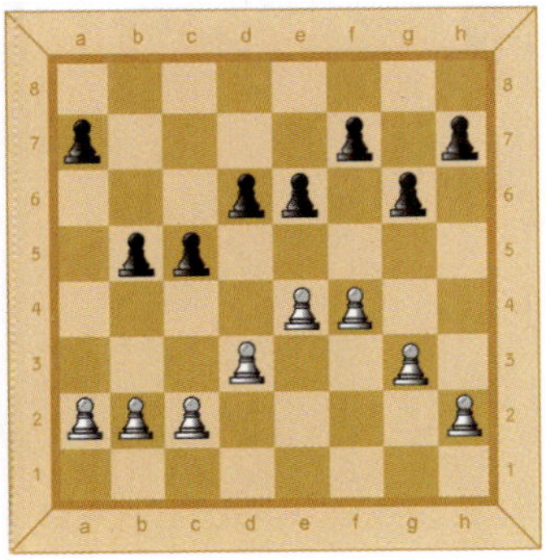

**1.** 哪些小兵可以一步棋走两格？

____________________

**2.** 黑兵最少几步棋可以走到终点？

____________________

## （三）兵的吃法

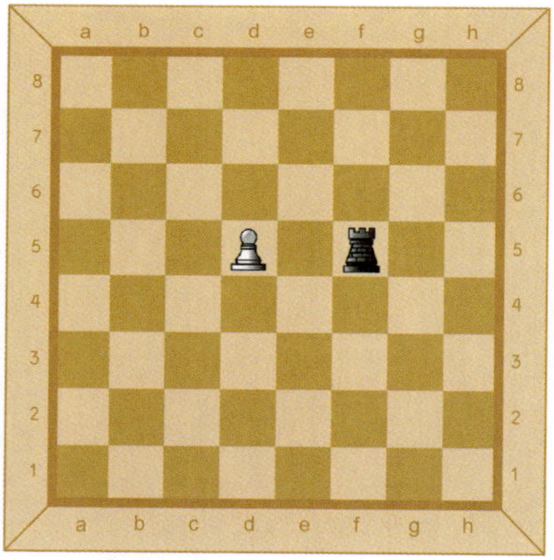


兵是国际象棋中唯一一个走法和吃法不一样的棋子，它是直走斜吃的。**每次吃子时，斜着往前一格拿掉对方的棋子，把自己的棋子摆上去。图示是兵吃马。**

因为兵只能斜着往前一格吃子，不能直走吃子，更不能倒退吃子，所以当正前方有棋子阻挡时，它就不能再前进了。

## 小贴士

我们继续想象兵是一头小蛮牛，牛的头上长着两只斜斜向前的牛角，用来攻击它的敌人。因此，兵是向前斜着走一格吃子的。

但牛的弱点在额头，如果额头被顶住了，牛角攻击不到对方，它就不能动弹了。

## 趣味问答

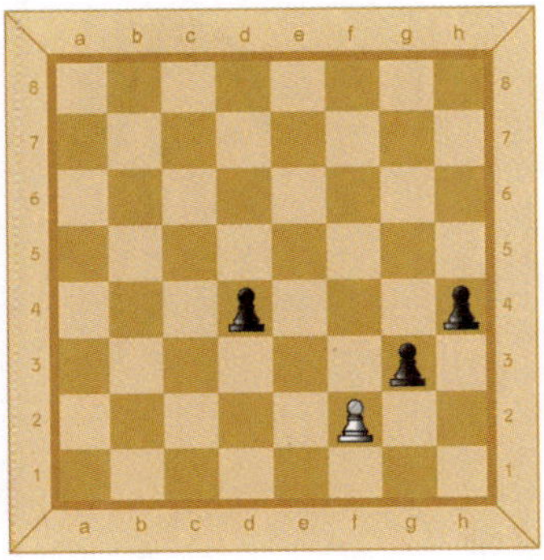

**1.** 白兵有几种走法?

______________________

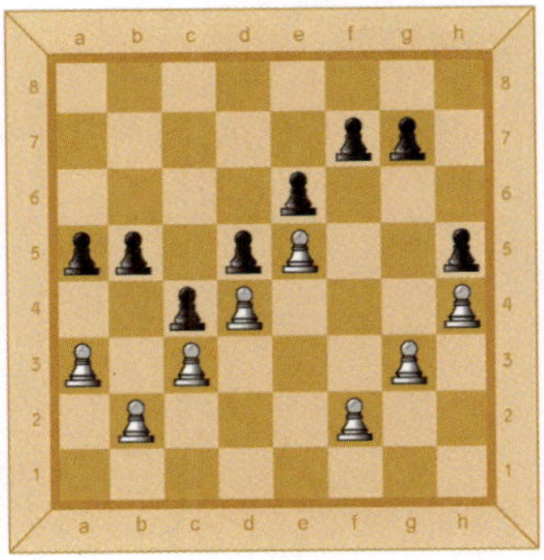

**2.** 黑兵有几种走法?

______________________

# 四、让我们开始吧

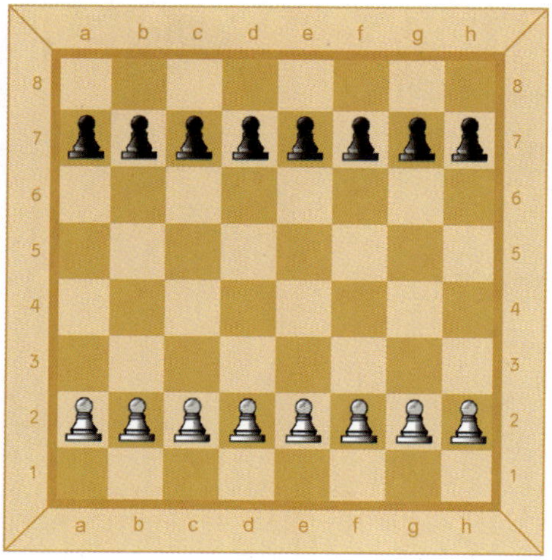


士兵们列队整齐，快来和伙伴下一盘只有兵的国际象棋吧。

一定要小心，兵被顶住之后就不能移动了，不要被对手斜着吃掉哦！

谁的兵先冲到终点，谁就算赢。

## 小贴士

**下棋规则**

① 白棋先走，黑棋后走。一人走一次，不能连着走，也不能不走棋。

② 摸子走子：对局中如果轮到自己走棋的时候，摸到哪个棋子就一定要走动那个棋子；如果摸到对方的棋子，就必须吃掉对方的棋子。

③ 落子无悔：走棋后只要符合行棋规则，以手离开棋子为准，落子无悔，不得更改。

④ 摆正棋子，需要提前说："摆正"。

## 更多挑战

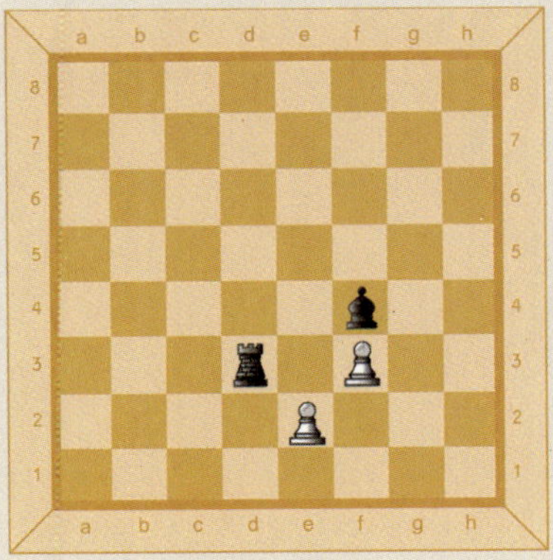


1. 白兵有几种走法？

______________________

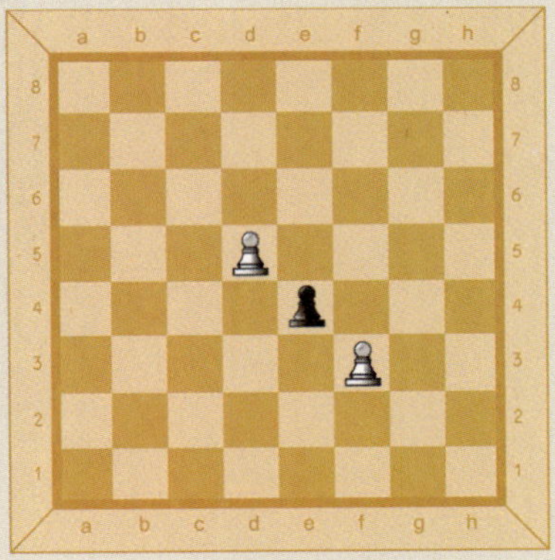


2. 黑兵有几种走法？

______________________

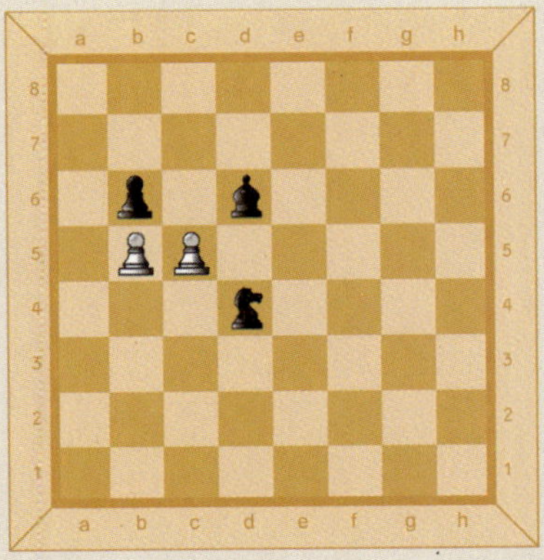


3. 白兵有几种走法？

______________________

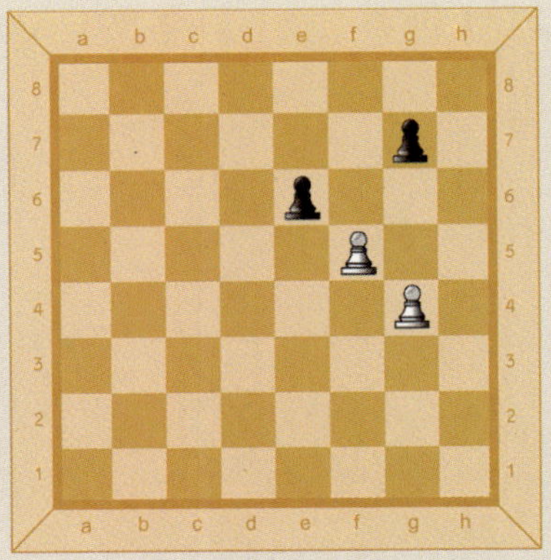


4. 白方先走，走哪步棋可以让白兵不被吃掉？

______________________

# 第二课

# 棋盘、棋子和摆法

# 一、认识棋盘

上节课，我们快速地在棋盘上展开战斗。这节课，就让我们完整地认识一下这个战场。

首先，把棋盘摆在自己面前，记住右下角一定是白格。

我们看到，棋盘的边上有数字和字母，这些符号可以帮助我们定位和命名。

**数字 1—8 用来表示横线。**如下图所示，绿色线条画出的水平线就是横线，它所在的位置被称为第 5 横线，简称 5 线。这样的横线一共有 8 条。

**字母 a—h 用来表示直线。**如下页图所示，绿色线条画出的垂直线就是直线，它所在的位置被称为 e 线。这样的直线一共有 8 条。

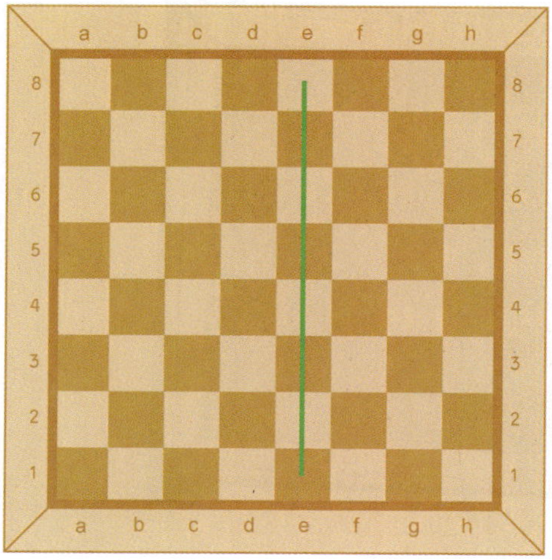


**横线与直线交会，就形成了格子。**每个格子也有自己的名字。字母是它们的姓氏，数字是它们的名字，在表达时先字母后数字，比如 e4、c5。

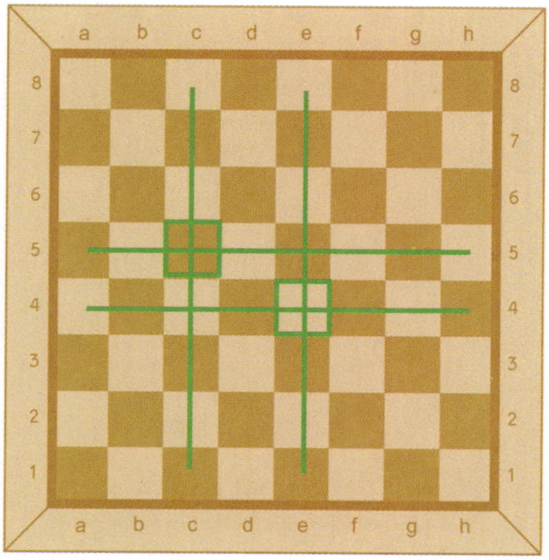


**相同颜色的格子角对角连接而成的线，称为斜线。**斜线可以有长有短，分为白格斜线和黑格斜线。我们用斜线两端的格子来命名，比如 a2-g8 斜线、h4-d8 斜线。

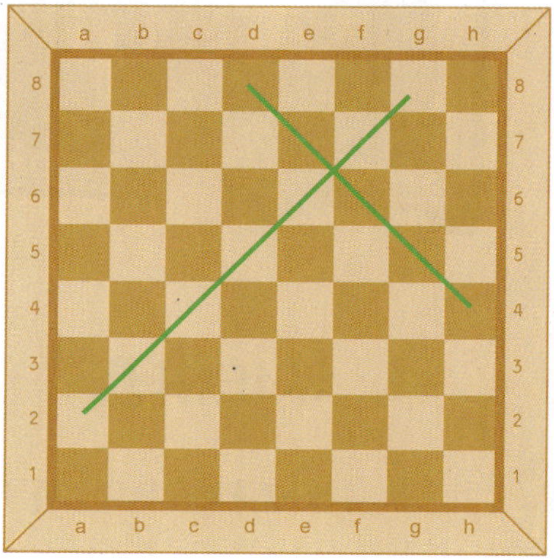


**我们把棋盘最中心的四个格子（d4、d5、e4、e5）称为中心，**这是子力能发挥最大威力的地方，所以是双方争夺的焦点。

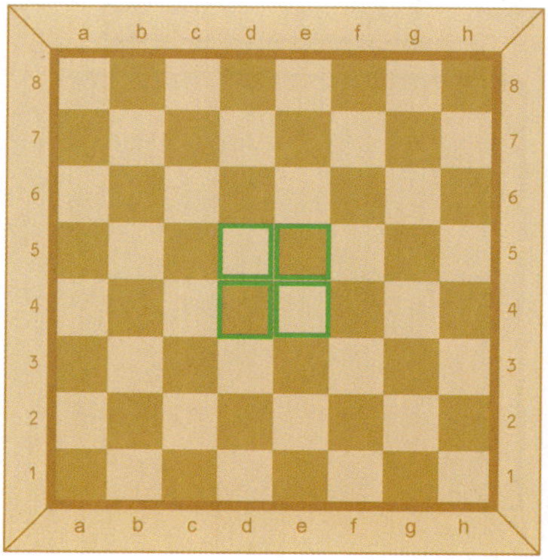

**1 线和 8 线称为底线，2 线和 7 线是次底线，a 线和 h 线称为边线。**

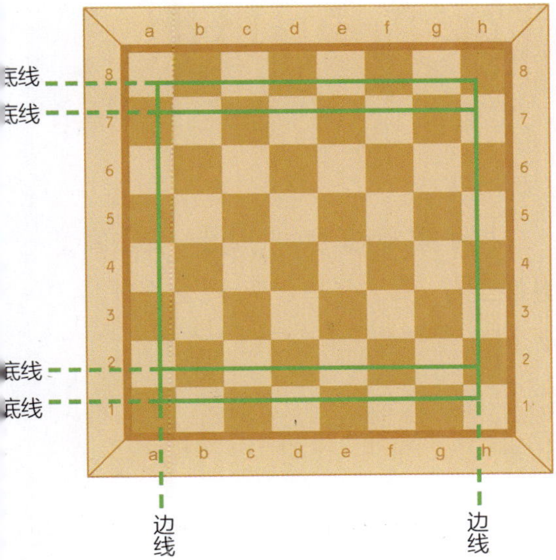


## 趣味问答

**1.** 在棋盘上画出 b 线和 1 线，并回答标记出的格子叫什么名字？

______________________

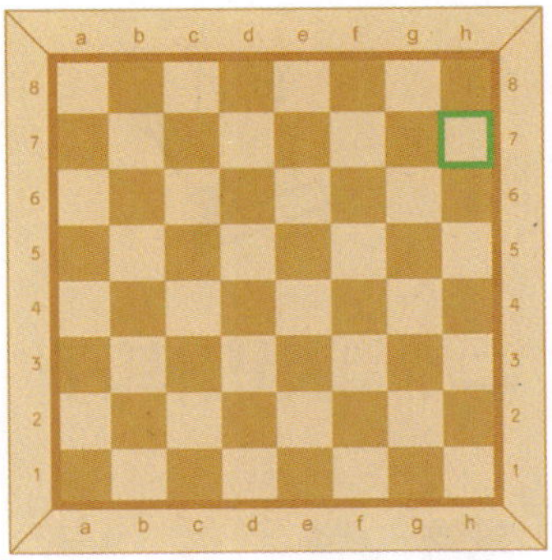

**2.** 在棋盘上画出 h 线和 7 线，并回答标记出的格子叫什么名字？

______________________

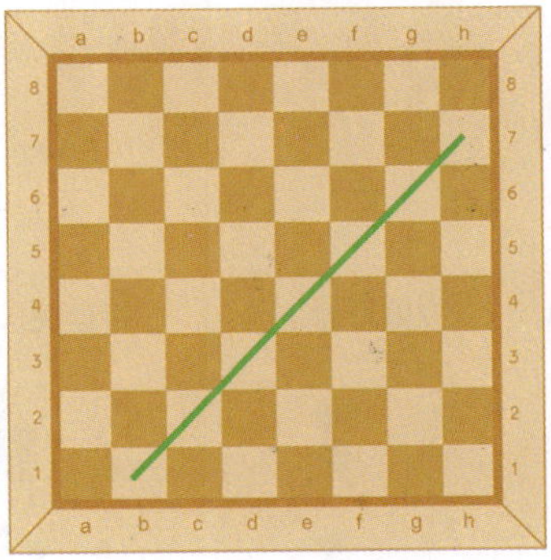

**3.** 标记出的斜线叫什么名字？

______________________

**4.** 标记出的斜线叫什么名字？

______________________

# 二、认识棋子

棋子是国际象棋中的战士，如左图从左至右，每方各有 8 个兵、2 个车、2 个马、2 个象、1 个后和 1 个王。

| 名称 | 立体形象 | 平面图标 | 英文 | 缩写 | 含义 | 每方数量 |
|---|---|---|---|---|---|---|
| 王 |  |  | King | K | 国王 | 1 |
| 后 |  |  | Queen | Q | 王后 | 1 |
| 车 |  | 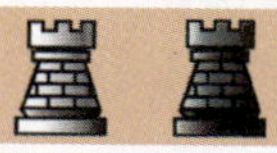 | Rook | R | 城堡 | 2 |
| 象 |  |  | Bishop | B | 主教 | 2 |
| 马 |  |  | Knight | N | 骑士 | 2 |
| 兵 |  |  | Pawn | P（常省略不写） | 士兵 | 8 |

## 三、学习摆棋

在对局开始前，我们要把所有的棋子摆放到初始位置，形成如下图所示的局面。

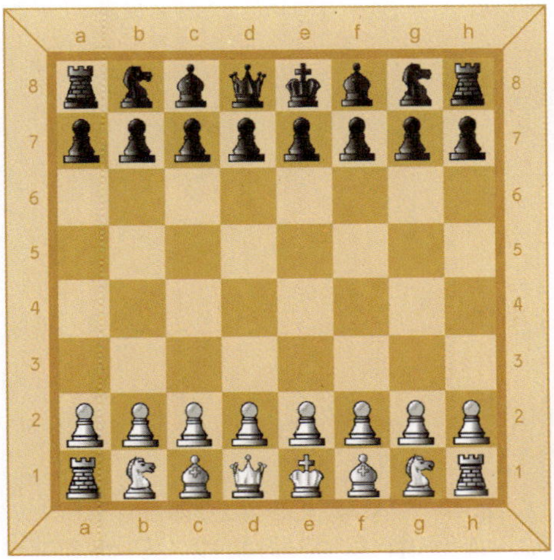

棋子摆放的顺序很简单，用一首摆棋歌来记住它。

白棋摆在 1、2 线，黑棋摆在 7、8 线。

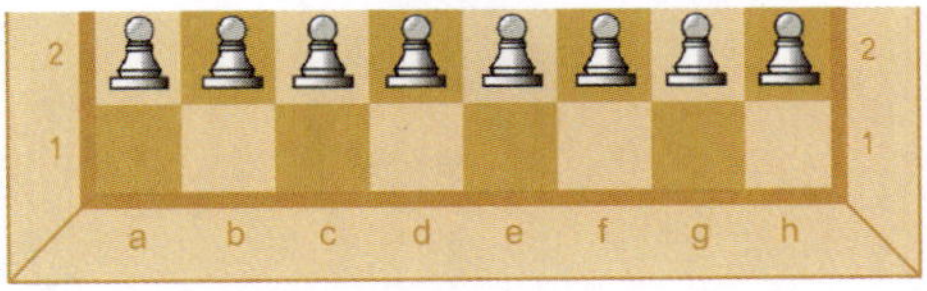

小兵二排在一起。

车马两边象对齐。

白后放在白格里，黑后黑格别忘记。

留下一格给皇帝。

好了，白棋已经摆放完毕，一边念口诀，一边把黑棋也摆在棋盘上吧！

## 更多挑战

**1.** 拿一支彩笔，把棋盘上的 e2、d3、f3、c4、g4、b5、h5、b6、e6、h6、c7、d7、f7、g7 格填上色，看看像什么？

**2.** 拿一支彩笔，把棋盘上的 a 线、8 线、a1-h8 斜线、a3-f8 斜线、a5-d8 斜线和 a8-h1 斜线用线画出来，看看像什么？

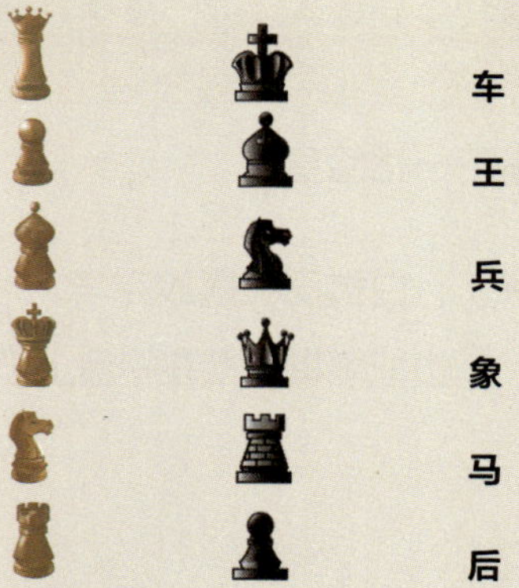


**3.** 将各个棋子的立体形象、平面图标和它的名称画线连接起来。

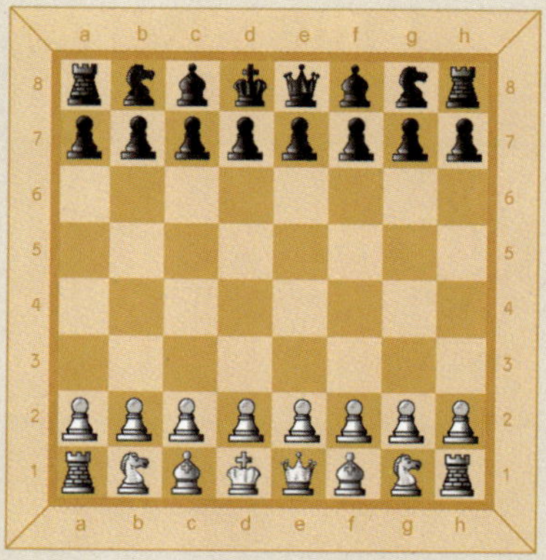

**4.** 棋盘上哪些棋子的摆放有错误？

第三课

# 兵的升变和通路兵

## 一、兵的升变

因为兵的行动缓慢，每次最多只能控制两个格子，而且前进了就不能再后退，所以它是国际象棋中威力最小的棋子。但即使弱小，8 个兵团结起来形成兵链，仍能产生不可忽视的强大力量。

除此之外，兵还有一个特殊的规则：升变。

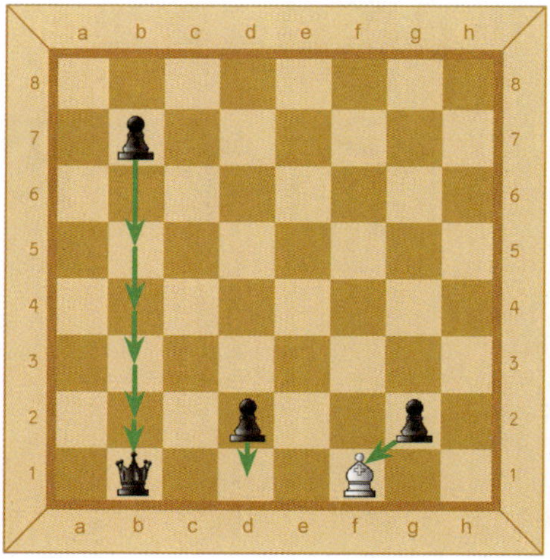


**当兵走到或吃到底线时（白兵是 8 线，黑兵是 1 线），它必须升变成另一种棋子。**

**1. 兵可以变为后、车、象、马中的任意一个棋子。**

国王只能有一个，所以兵不能变成王，它也不能变成它自己。大多数时候，我们都会把兵升变成后，因为后的威力最大。只有在一些特殊的情况下，才会升变成其他的棋子。

升变时，我们把走到底线的兵拿走，用想要升变成的棋子来替换它。

**2. 升变的棋子不受数量的限制。**

如果棋盘上已经有一个后了，我们还可以升变为后。如果棋子不够用，可以从另一副棋中拿来使用。

## 二、通路兵

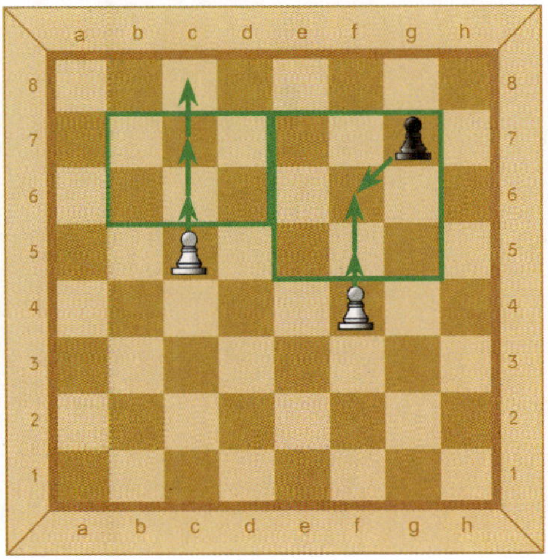


通过之前的八兵对战，我们会发现，在很多时候，兵的前进会被对方阻挡，甚至被吃掉，但在某一时刻，兵又可以畅通无阻地前进。这又是为什么呢？

**如果一个兵在它的前进路线上，直线和相邻直线上没有对方的兵阻碍，这种兵称为通路兵。**如左下图所示，c5兵是通路兵，但f4兵不是。

顾名思义，通路兵是前进路线通畅的兵，在没有其他子力防守的情况下，可以冲到底线升变成威力更大的棋子，所以有通路兵在对局中会占据一定的优势。

### 趣味问答

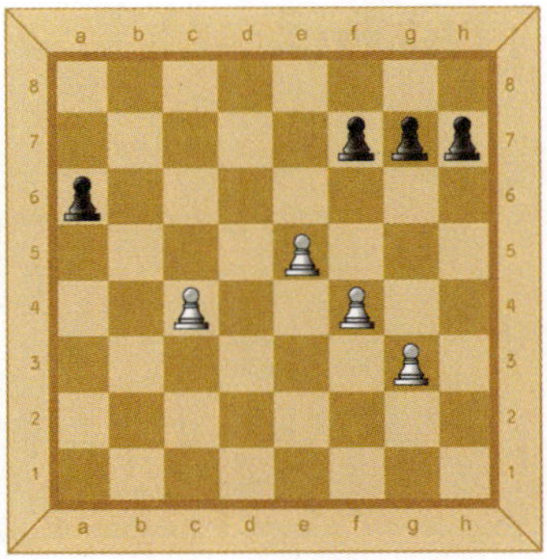


1. 棋盘上有几个通路兵？

________________

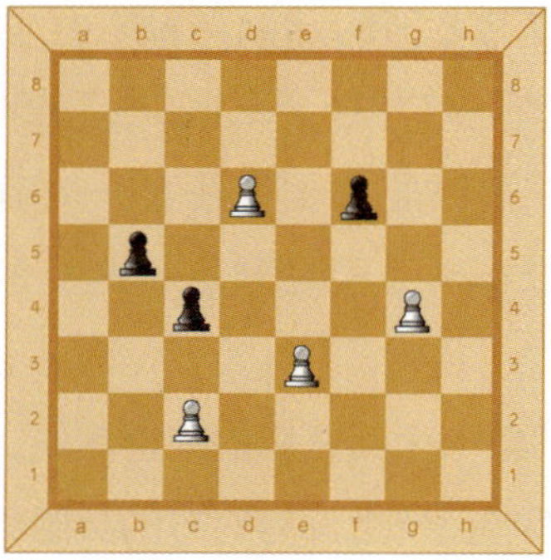

**2.** 棋盘上有几个通路兵？

## 三、制造通路兵

制造通路兵的办法有两种：以多胜少和调虎离山。

### （一）以多胜少

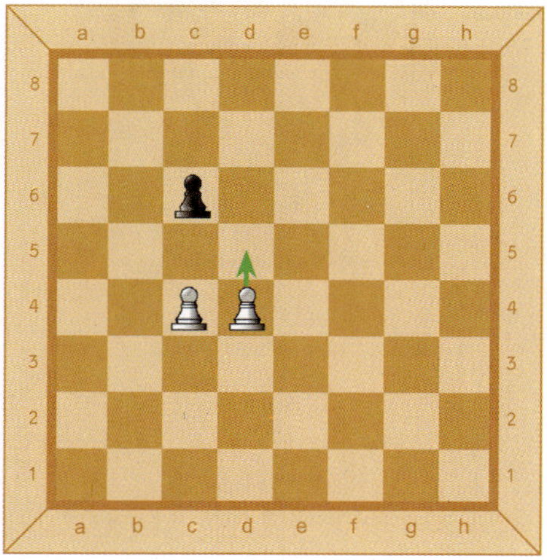

如左下图，白方先走。**在白方两兵对黑方一兵的情况下，就可以用以多胜少的方法来制造通路兵。**

白兵往前走到 d5，如果黑兵吃掉白兵，那么另一个白兵可以吃掉黑兵，形成通路兵。

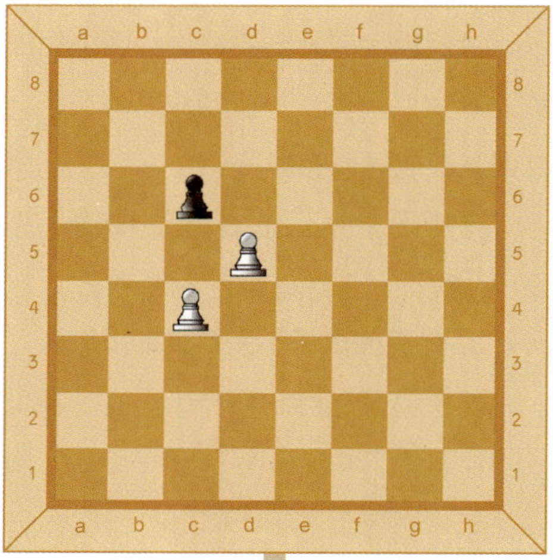

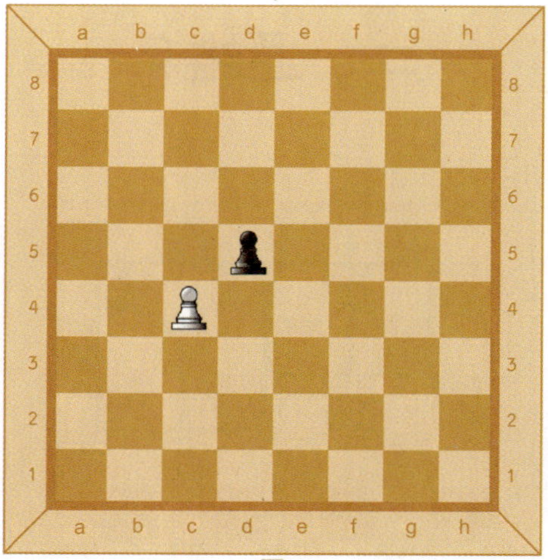

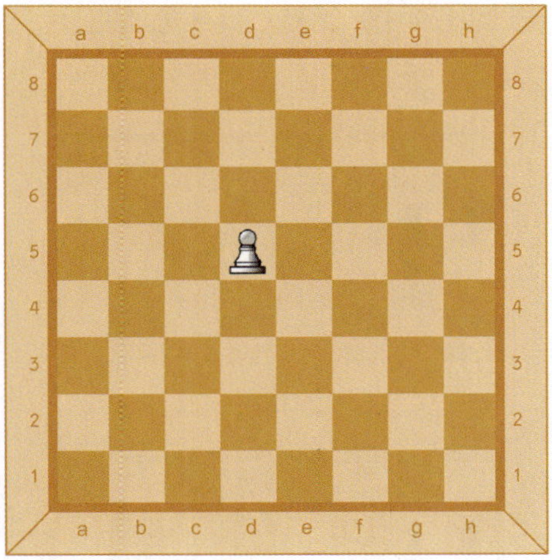

这是最为常见的制造通路兵的方法，千万不要因为兵的威力小，就不注意保护。有时候，一个兵的损失会影响一盘棋的输赢。

## 趣味问答

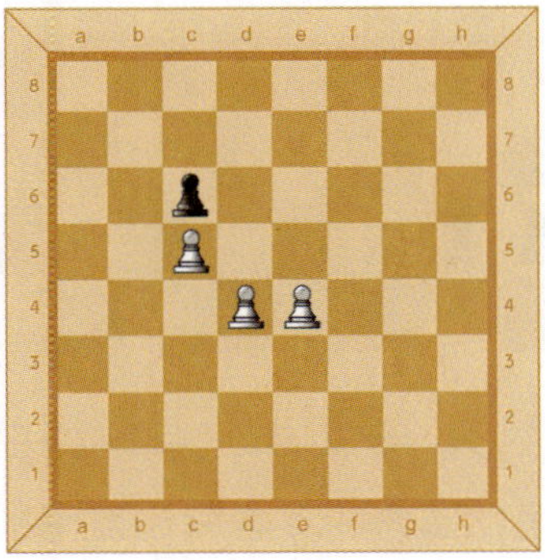

**1.** 白方先走，如何制造通路兵？

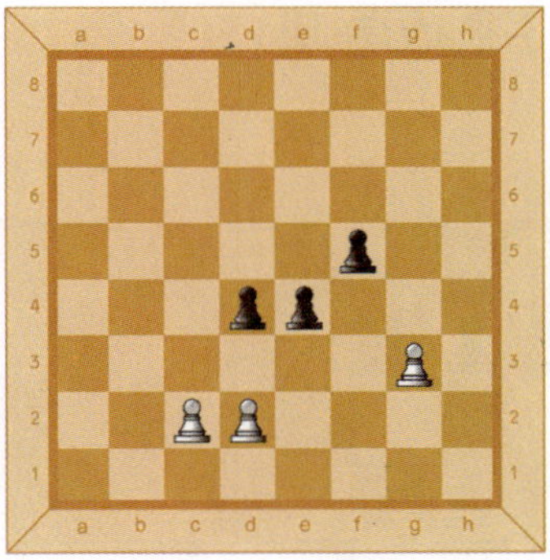

**2.** 黑方先走，如何制造通路兵？

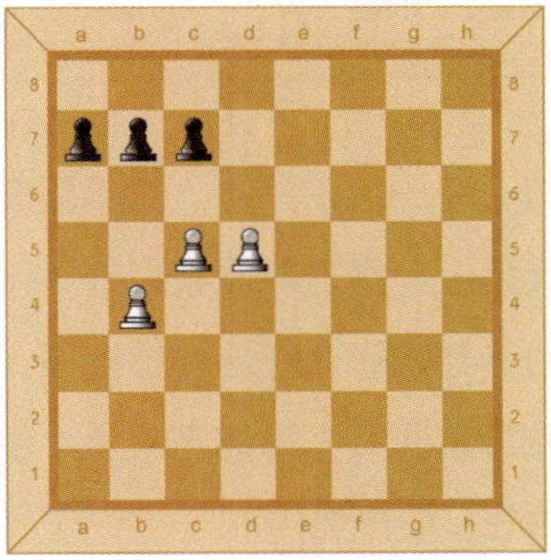

**3.** 白方先走，如何制造通路兵？

**4.** 黑方先走，如何制造通路兵？

## （二）调虎离山

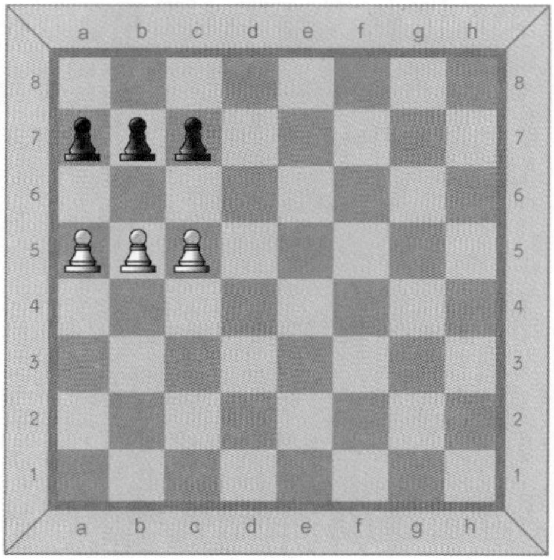

如上图，白方先走。**白兵距离底线比黑兵更近，黑方除了兵以外，没有其他子力参与防守。在这种情况下，可以考虑放弃某些兵（简称弃兵），引开对方的防守，调虎离山。**

白兵向前走到 b6。

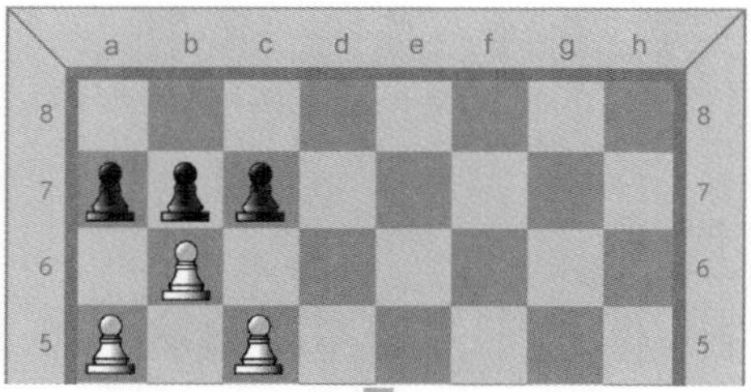

白兵对黑兵形成威胁，所以黑方必须做出回应。如果黑方用 c 兵吃掉白兵，那么白方 c 兵前进的路线上，只剩下了黑方 b7 兵的阻碍，所以白方冲兵 a6 调虎离山，制造 c 兵成为通路兵。

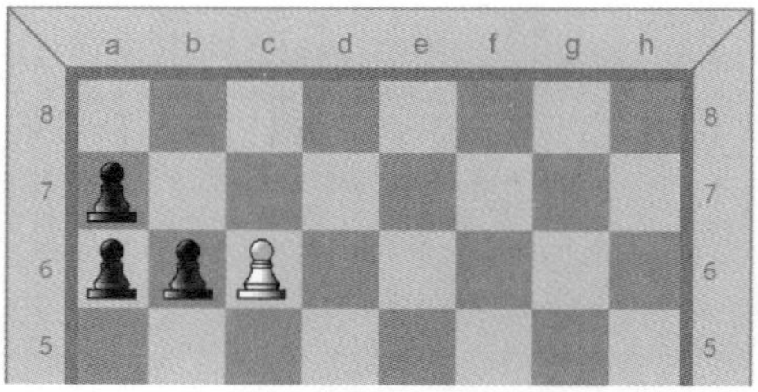

这时，若黑方 b7 兵吃掉白方 a 兵，虽然黑方的 a 兵和 b 兵也是通路兵，但它们离底线较远，白 c 兵可以更快地升变成后，去吃掉黑兵。

同理，若在白兵走到 a6 之后，黑方直接吃掉白方 c5 兵，那么白方 a 兵可以吃掉黑方 b7 兵，一样可以更快升变为后。

我们称这种走法为兵的突破。

## 趣味问答

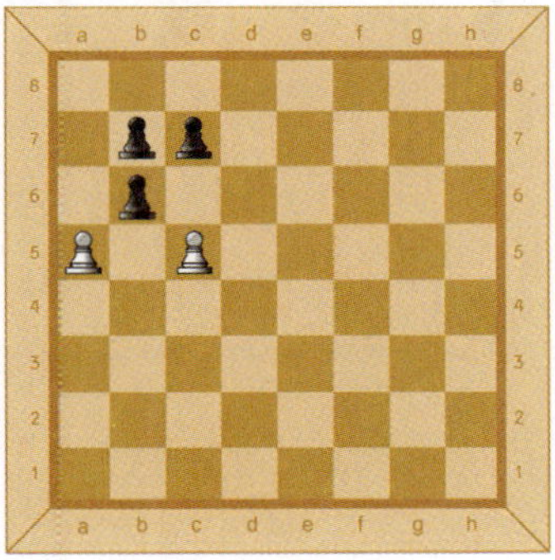

**1.** 在刚才的例局中，如果黑方用 a 兵吃掉白兵，现在白方应该怎么制造通路兵呢?

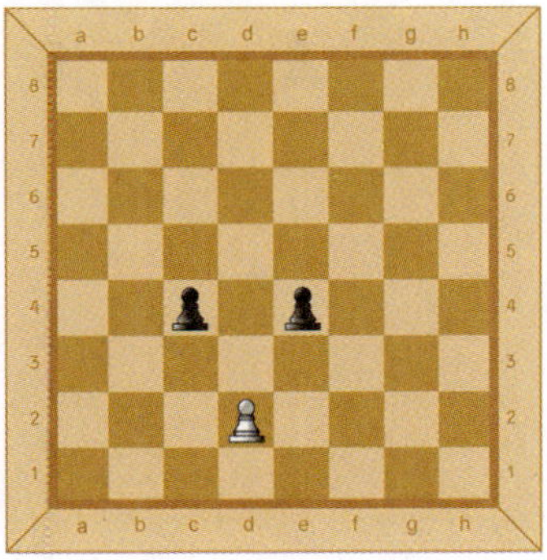

**2.** 黑方先走，如何制造通路兵?

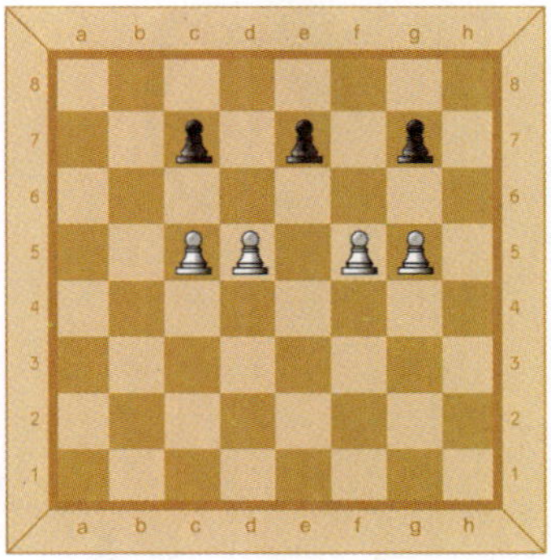

**3.** 白方先走，如何制造通路兵?

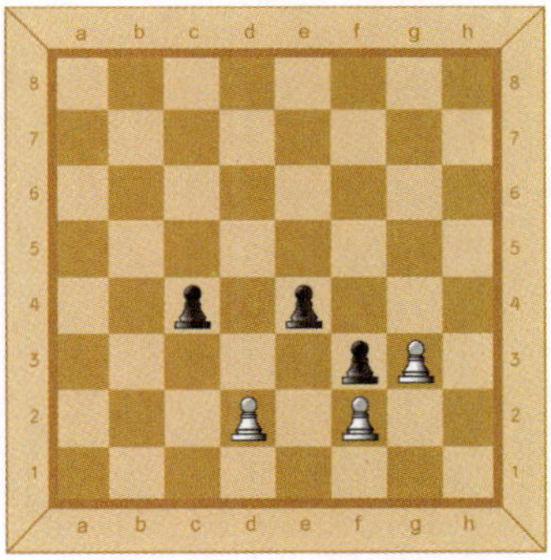

**4.** 黑方先走，如何制造通路兵?

## 更多挑战

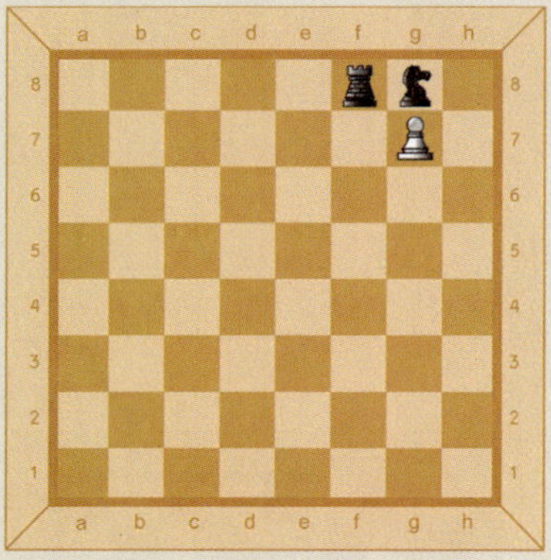


**1.** 白方先走，白兵可以升变吗？

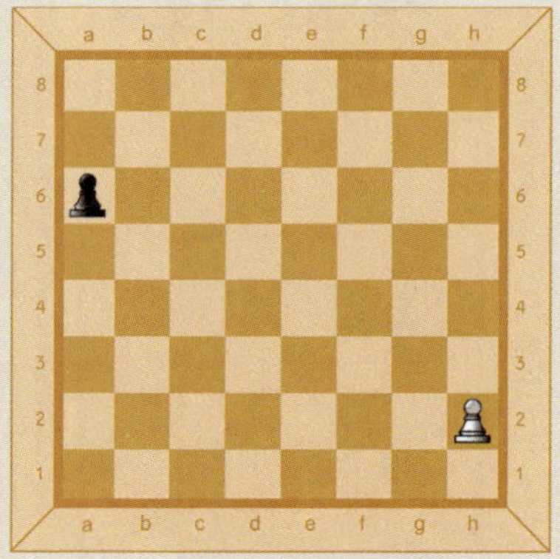


**2.** 白方先走，哪一方能先升变呢？

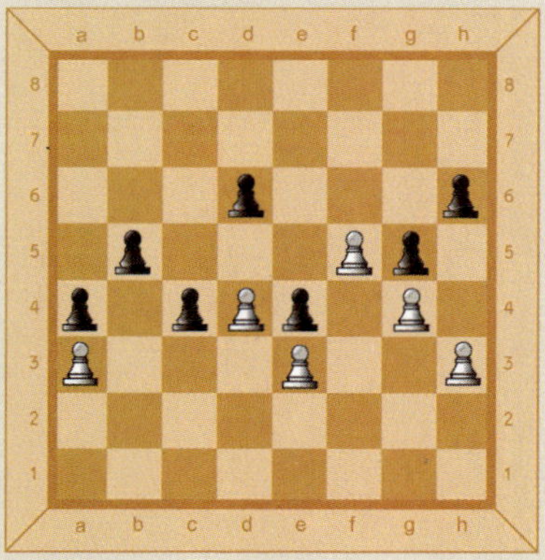


**3.** 棋盘上有几个通路兵？

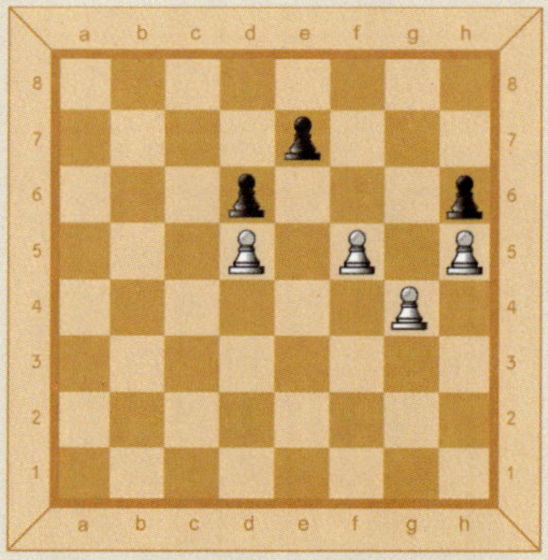


**4.** 白方先走，如何制造通路兵？

## 棋开得胜

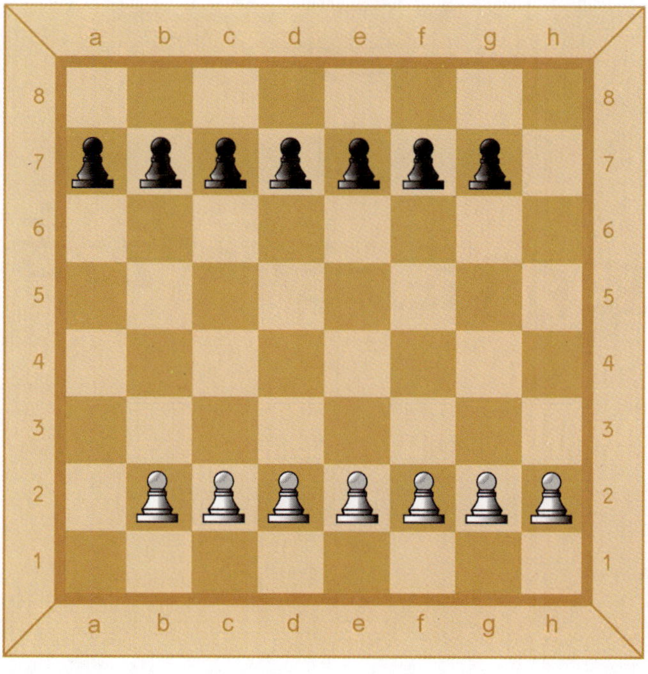


下一盘七兵对战，先升变的一方算赢。

第四课

# 车的走法和吃法

## 一、认识车

| 棋子名称 | 英文 | 英文缩写 | 意义 | 各方棋子数量 |
|---|---|---|---|---|
| 车 | Rook | R | 城堡 | 2 |

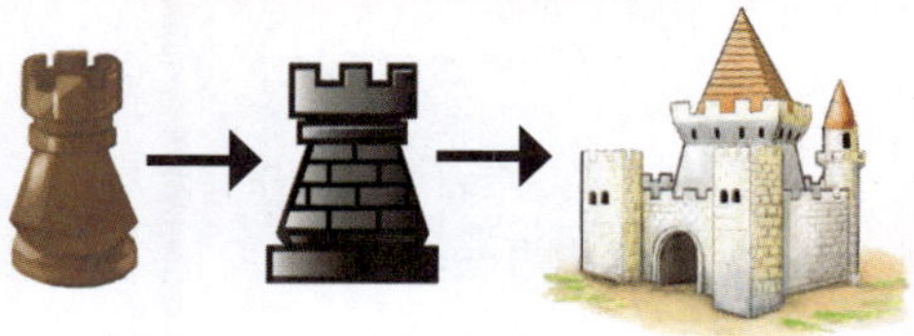

一盘棋中，每方有两个车，分别摆放在棋盘的边角。

在早期，车代表着军队中的战车。后来，当国际象棋在欧洲盛行时，车的意义逐渐转变为当地更为常见的城堡。因此，**车的英文是“Rook”，有城堡的意思。**

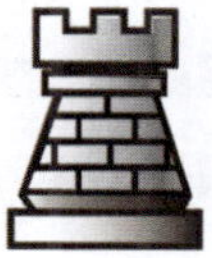

## 二、车的走法

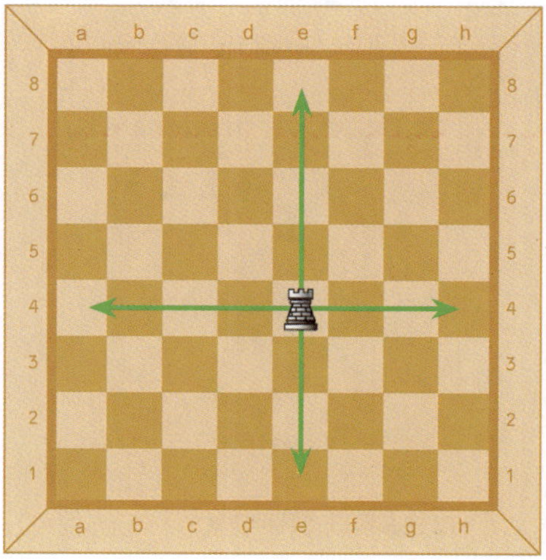


**车可以走横线和直线，像一个“十”字形。**

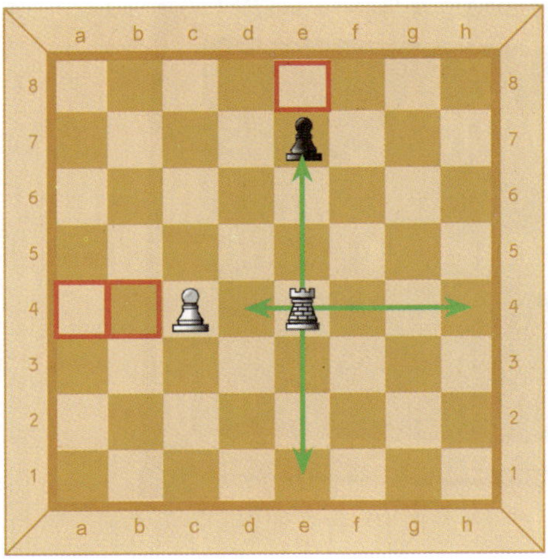

没有棋子阻挡的时候，它的行走格数不受限制。但如果有棋子阻挡，它既不能跳过这个棋子，也不能在一步棋里转弯。

## 趣味问答

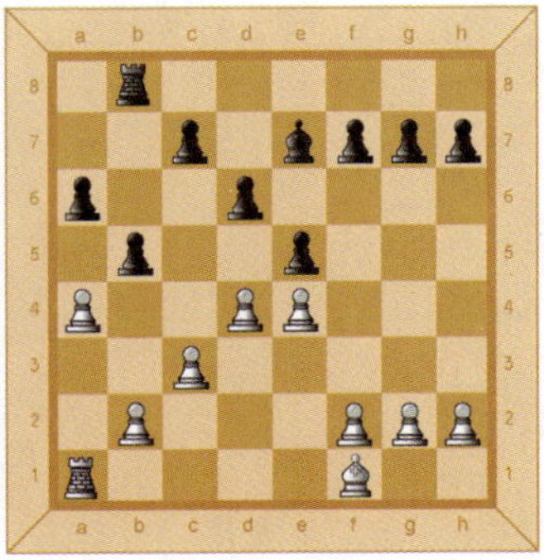

**1.** 白车可以有几种走法?

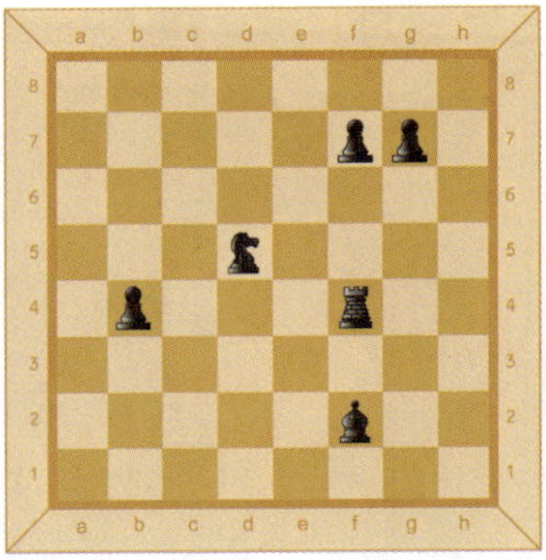

**2.** 黑车可以有几种走法?

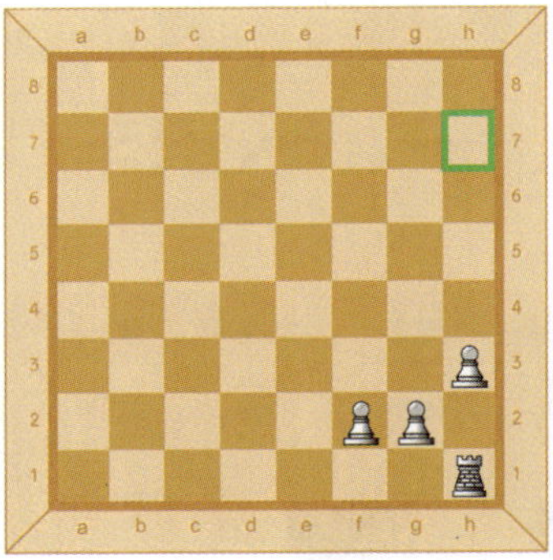

**3.** 白车要想走到 h7 格，需要走几步棋? 把行走路线画出来。

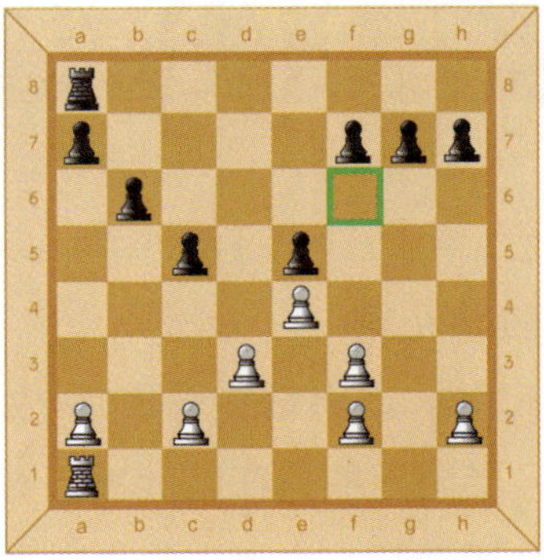

**4.** 黑车要想走到 f6 格，需要走几步棋? 把行走路线画出来。

## 三、车的吃法

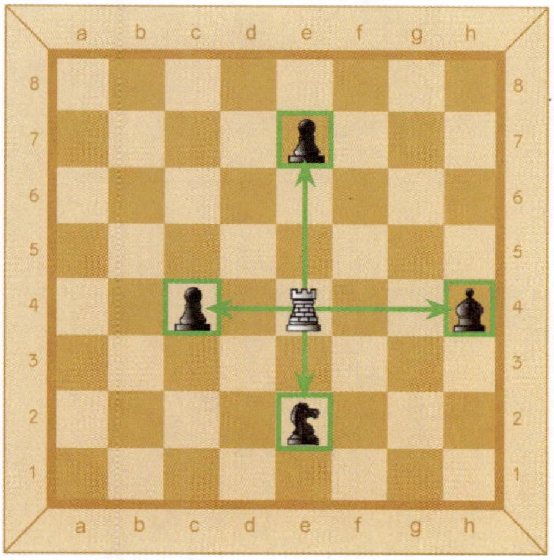

车的吃法和走法相同，可以沿横线和直线进行吃子。

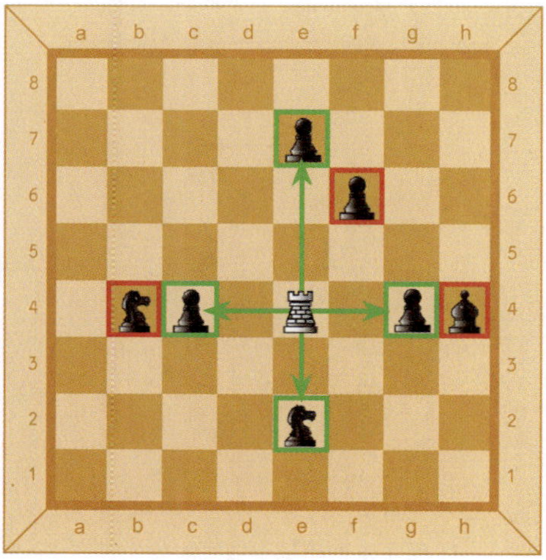

但是车同样不能跳过棋子吃子。

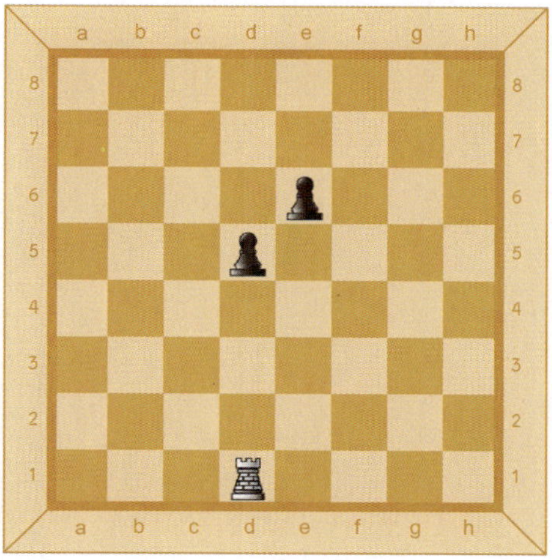

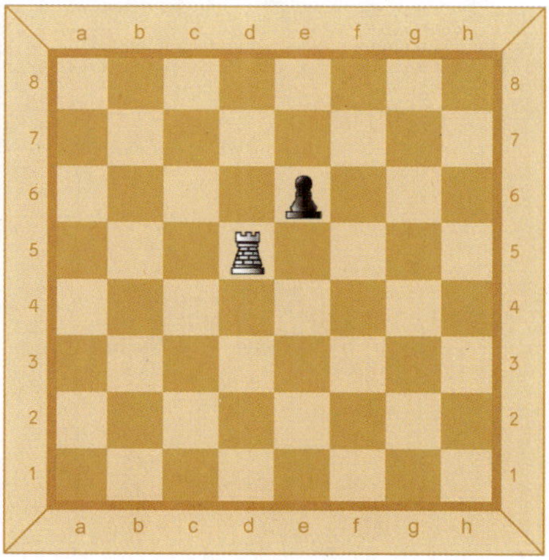

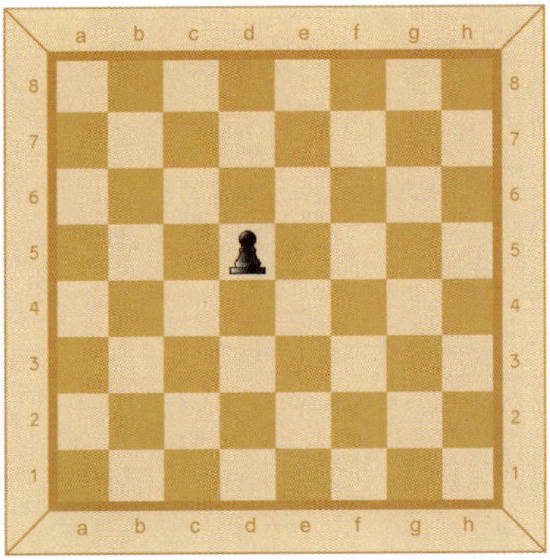

在吃子之前，我们要看清楚这个棋子有没有被保护。避免一时贪吃，却反被对方吃掉的局面。

## 趣味问答

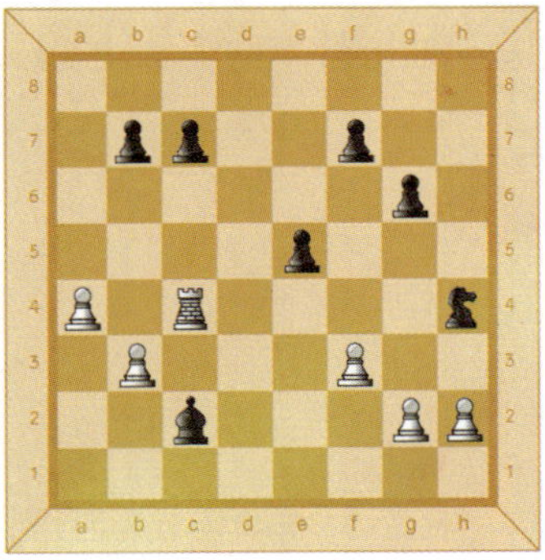

**1.** 白车可以吃掉哪些子？

______

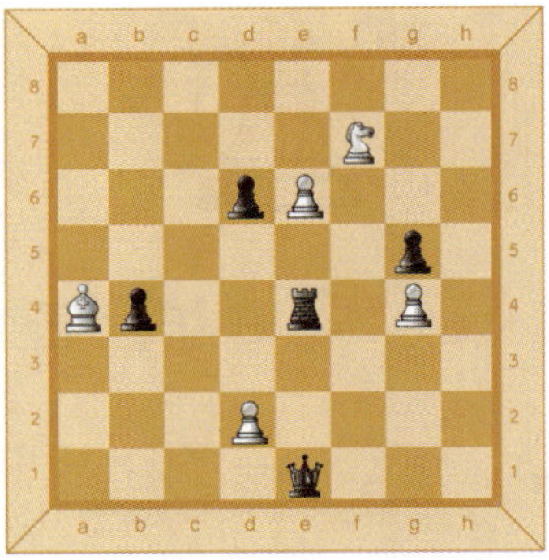

**2.** 黑车可以吃掉哪些子？

______

**3.** 白车走到哪里可以同时攻击两个黑兵？

______

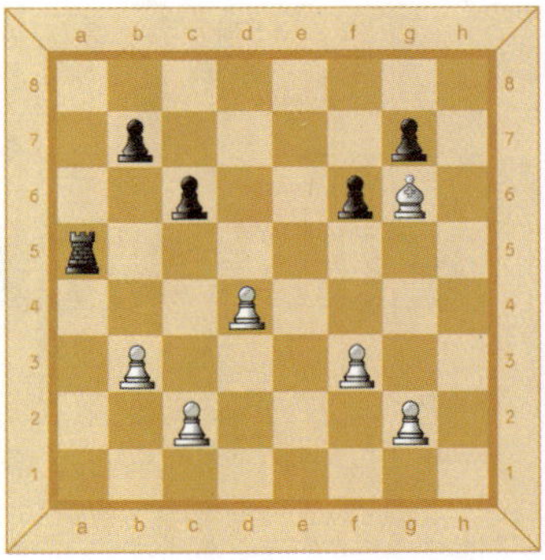

**4.** 黑车走到哪里可以同时攻击白方的象和兵？

______

## 更多挑战

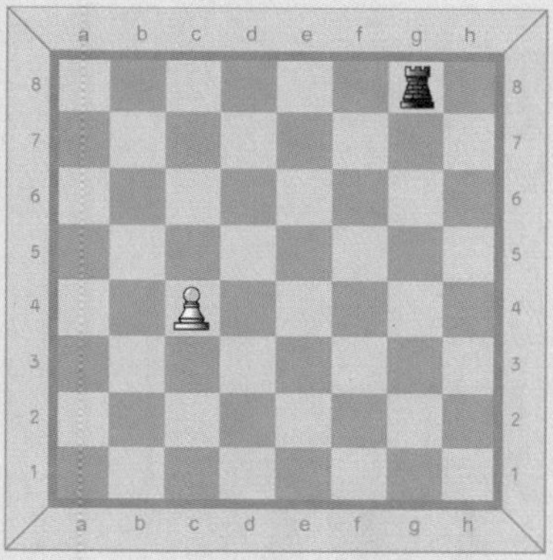


**1.** 假设白兵不动，黑车最少走几步可以吃掉白兵，有几种方法？

______

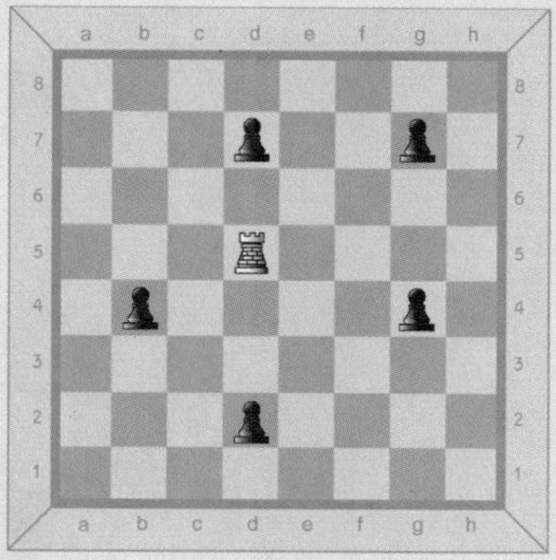


**2.** 假设黑兵不动，白车最少连续走几步吃掉所有的黑兵？

______

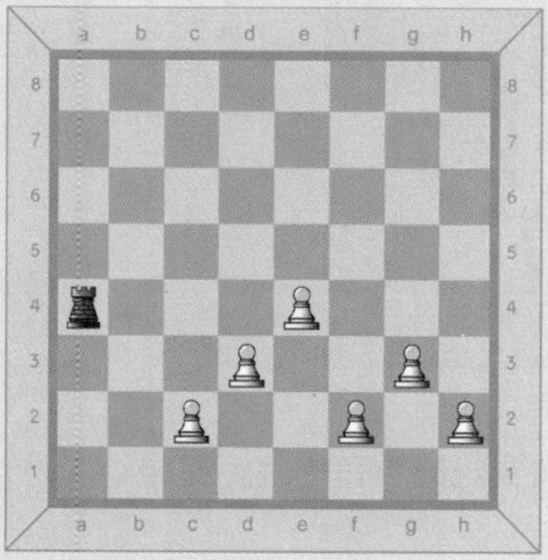


**3.** 假设白兵不动，但可以吃子，如何在确保黑车不被吃掉的情况下，尽快吃掉白兵？把行走路线画出来。

______

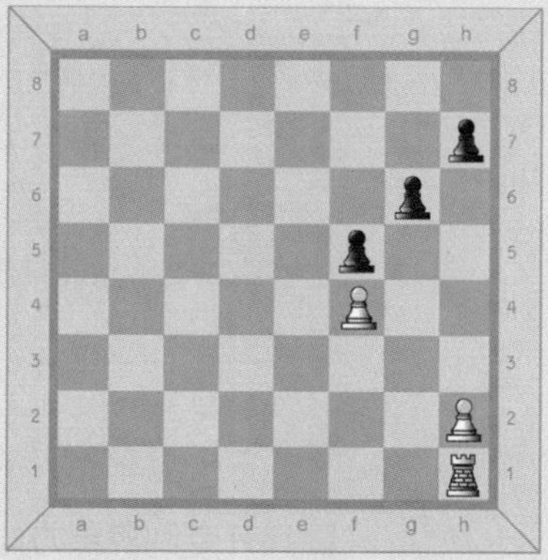


**4.** 假设黑兵不动，但可以吃子，如何在确保白车不被吃掉的情况下，尽快吃掉黑兵？把行走路线画出来。

______

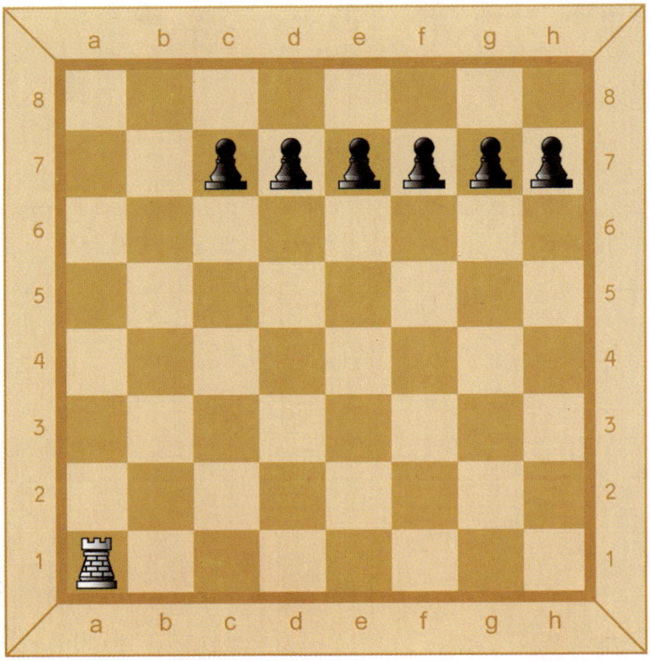


下一盘车对兵的棋，白车需要吃掉所有的兵，如果黑兵升变则算黑方赢。

## 第五课

# 车的特点和运用

# 一、车的特点

在上节课，我们学习了车的走法和吃法，知道车在没有棋子阻挡的情况下，行走的格数不受限制。但如果有棋子阻挡，它不能跳过这个棋子。因此，要想发挥车最大的威力，它最好不要被阻挡。

## （一）开放线和半开放线

我们先来学习两个概念：开放线和半开放线。

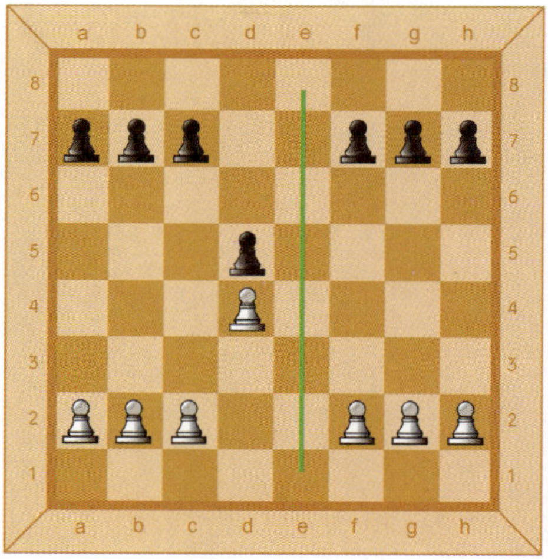


**开放线是指棋盘上双方都没有兵的直线。**如上图，e 线是开放线。

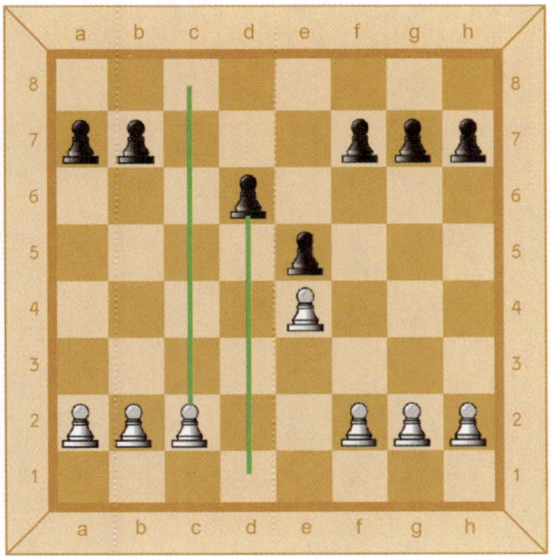

**半开放线是指只有一个兵的直线。**如上图，c 线和 d 线是半开放线。

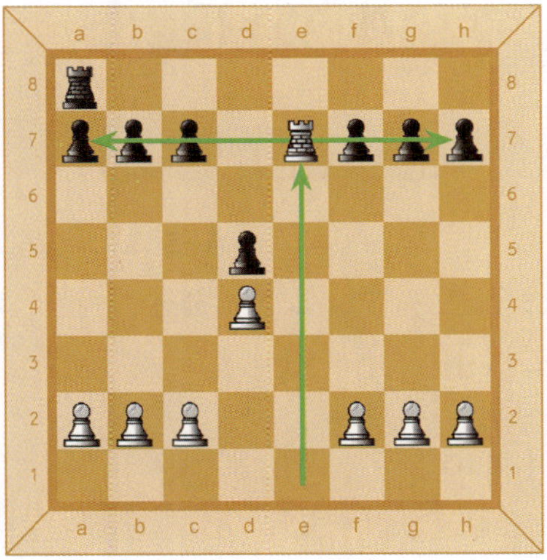

**车要占领开放线，然后通过开放线入侵次底线，攻击对方的兵。**

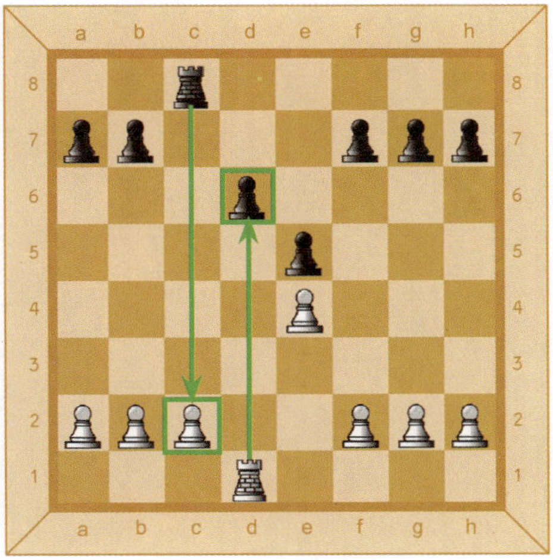

**车也可以通过半开放线，攻击对方暴露在直线上的兵**，如上图中的 c2 兵和 d6 兵。

## （二）逐渐增强的威力

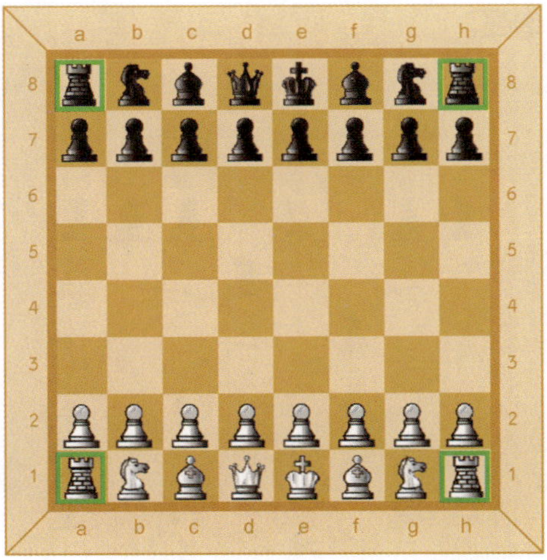

在初始阶段，车分别摆放在棋盘的边角，由于棋盘上有许多棋子的阻挡，车无法灵活运用，威力受到限制。

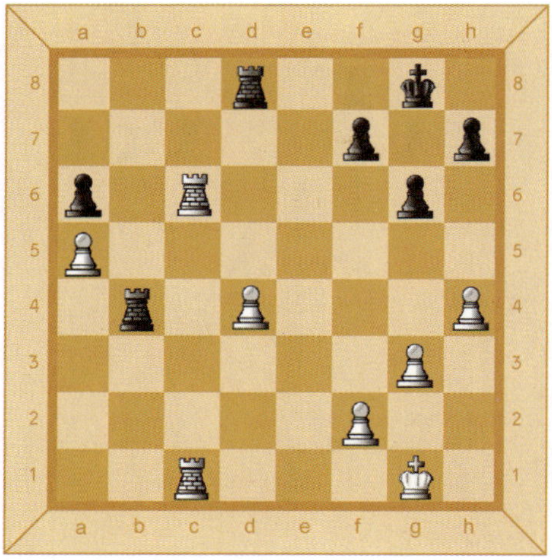


**随着对局的发展，棋盘上的子力经过交换，越来越少，车的灵活性提高，威力也越来越大。**

## （三）双车联手

**相比单车，双车联手的威力会大大增强。**

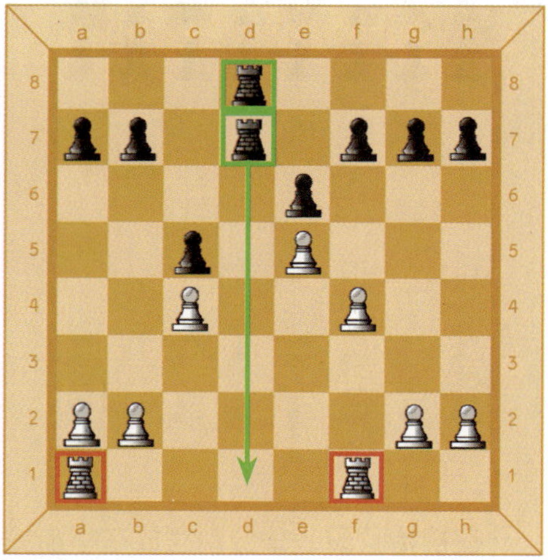


双车叠在开放线上时，可以集中更多的火力，让对手无法把开放线抢回来。

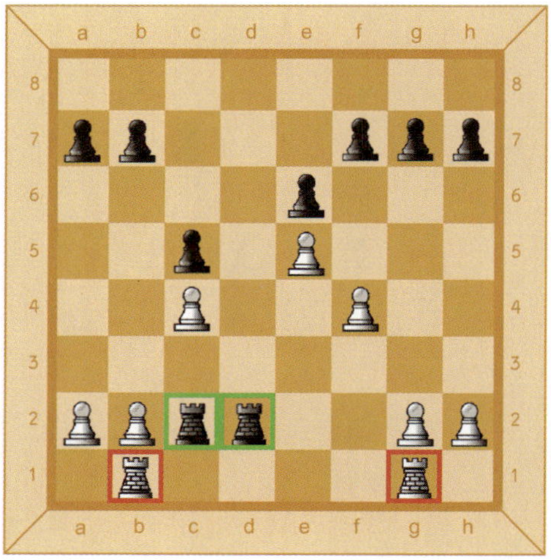


双车横于次底线时，不仅能扫荡对手的兵，还常常会威胁到对方的王。

## 趣味问答

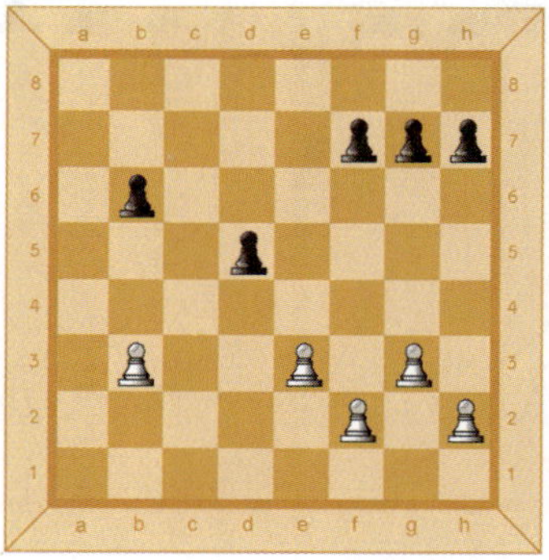


**1.** 哪几条直线是开放线？哪几条直线是半开放线？

______________________

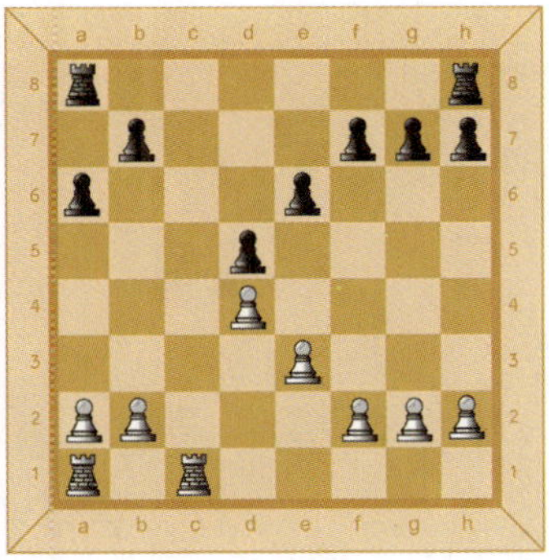

**2.** 假设白方先走，应该走什么棋？假设黑方先走，应该走什么棋？

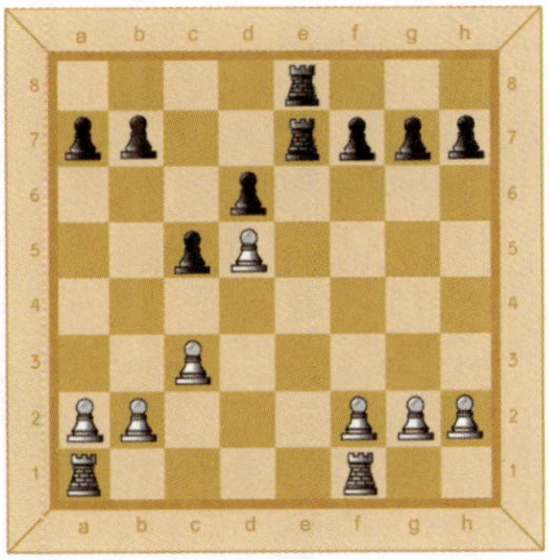

**3.** 白方可以把车走到 e1，去和黑方争夺开放线吗？

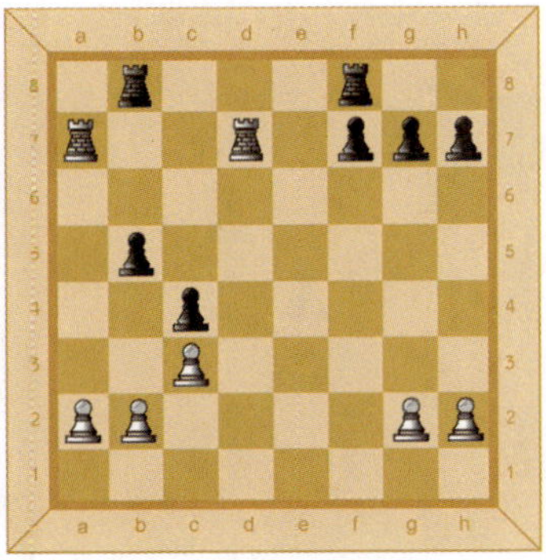

**4.** 白方可以吃掉 f7 兵吗？

## 二、车的运用

通过车与兵的对战，我们会发现，车的威力要大于兵，在大部分情况下，可以较容易地吃掉兵。

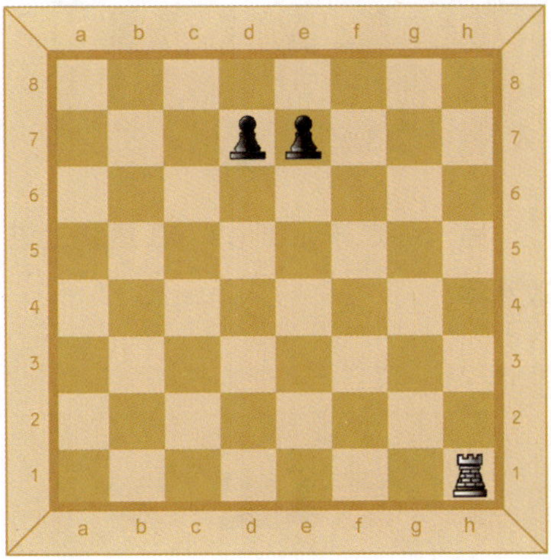

如上图，白方先走，白车有两种方法可以吃掉黑兵。

一种是车走到 h7，在横线上进攻黑兵。

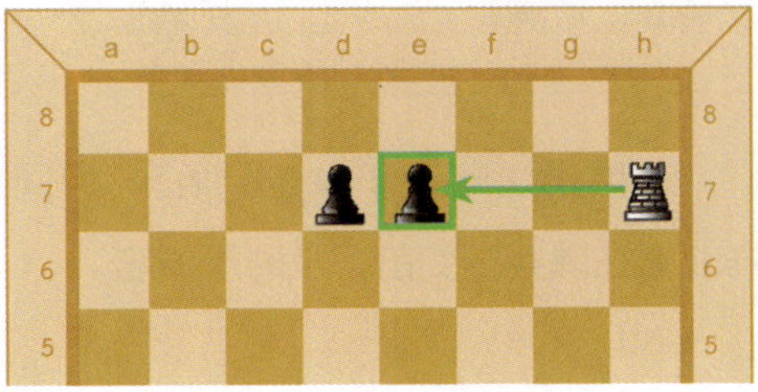

虽然黑兵会尽力往前冲，但还是来不及逃脱。

另一种是车走到 e1，在直线上进攻黑兵。

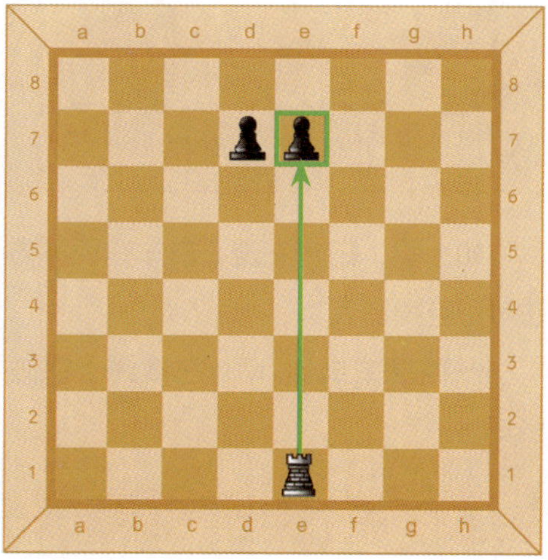


这种走法略逊于车走到 h7，但同样能够在黑兵升变前，及时吃掉它。

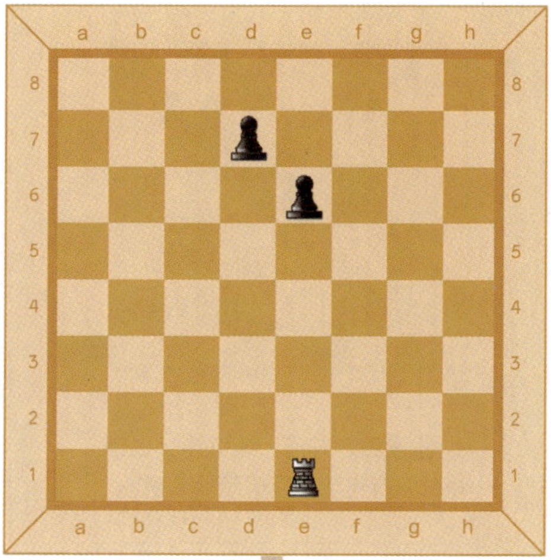


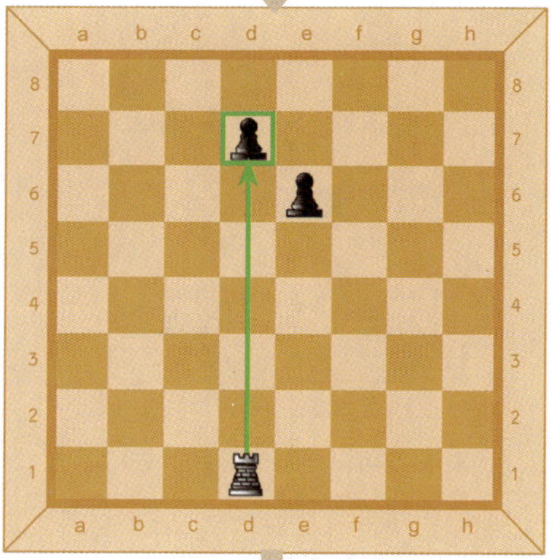


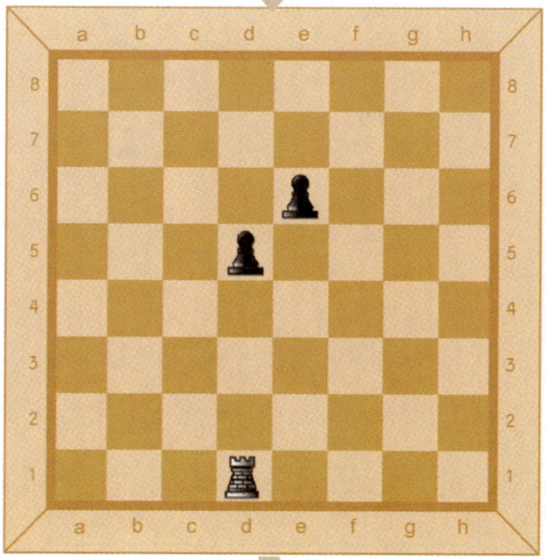

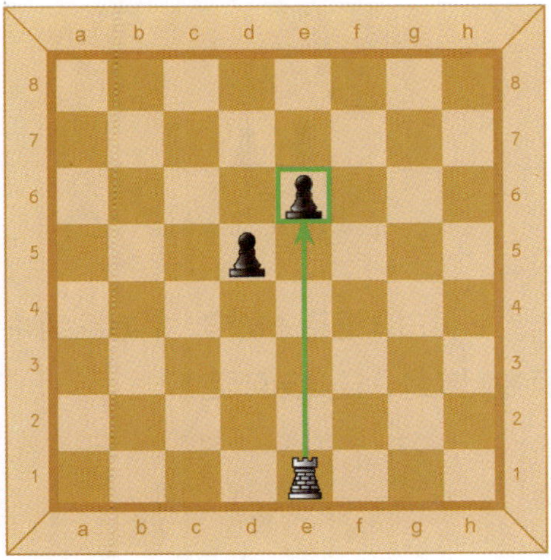

由于位于后面的兵可以从斜线上保护前面的兵，所以刚开始车不能吃兵，但经过几步棋之后，落于后面的兵不再有保护，会被白方的车逐个击破。

通过这个例子，我们在确认车的威力时，不禁有一个疑问：如果兵离底线更近，车是否就来不及吃掉它们了呢？

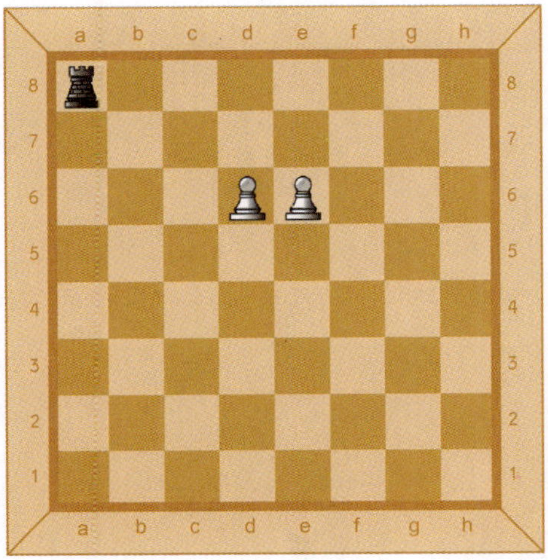

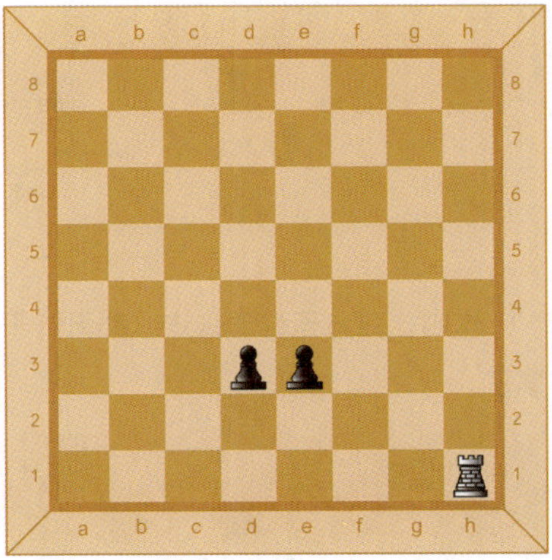

没错！**当两个连兵接近底线，白兵同时到达 6 线、黑兵同时到达 3 线时，一个车是守不住的。**

还是以白车和黑兵举例，由于黑兵非常接近底线，所以它可以无视白车的攻击，弃掉一个兵，来争取时间让另一个兵升变。

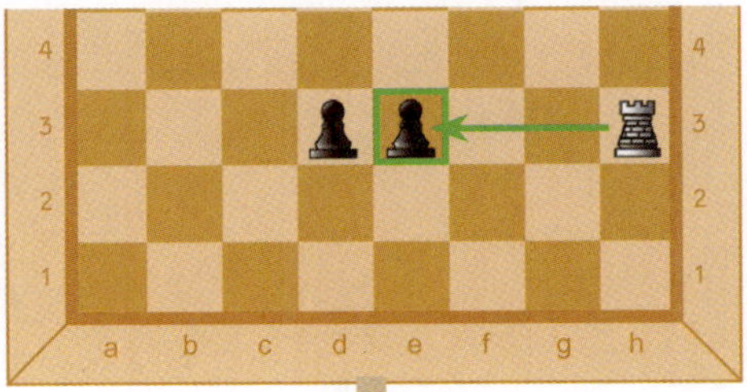

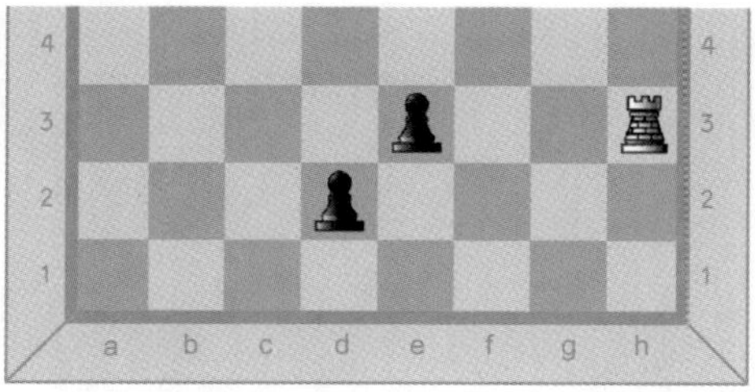

这时，白方无论怎么走，都无济于事了。

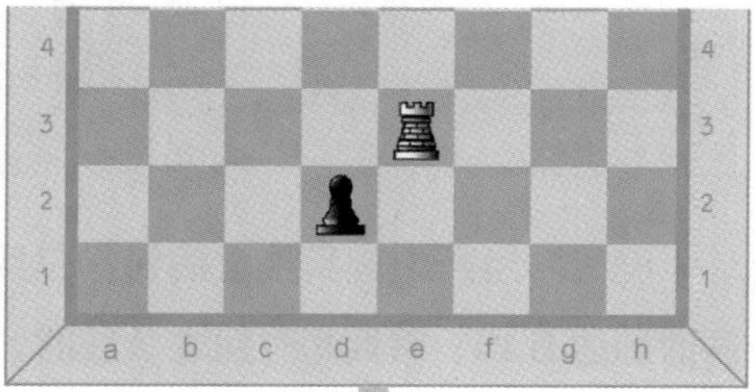

如果吃掉一个兵，黑方另一个兵直接升变为后。

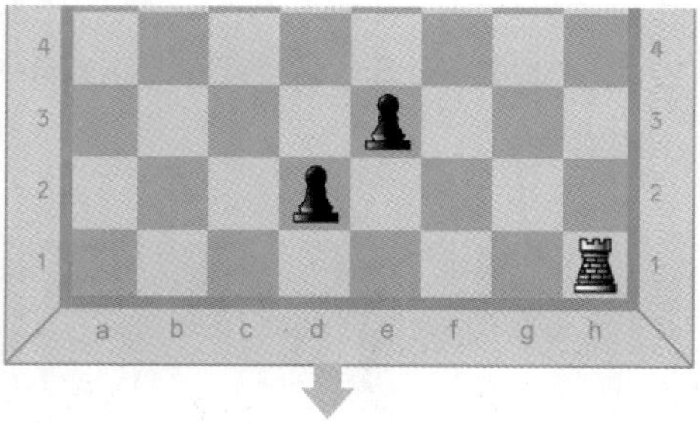

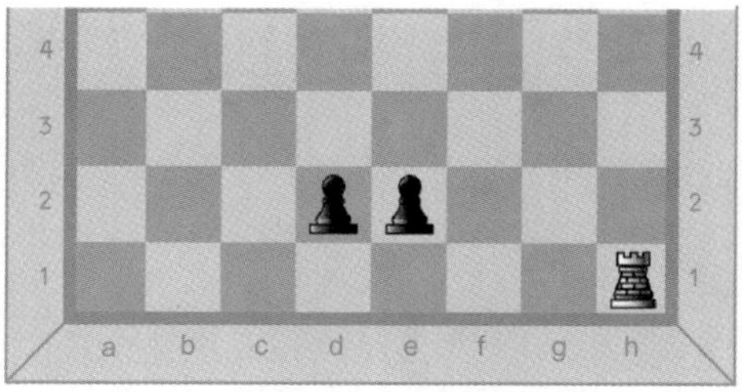

如果白车退回去防守，黑方继续冲兵控制底线，升变无可阻挡。

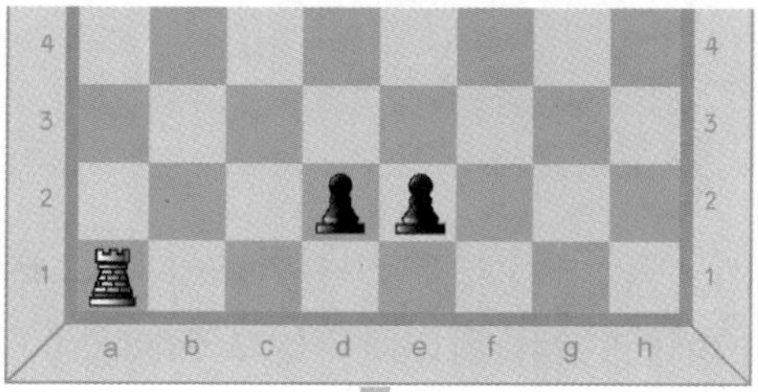

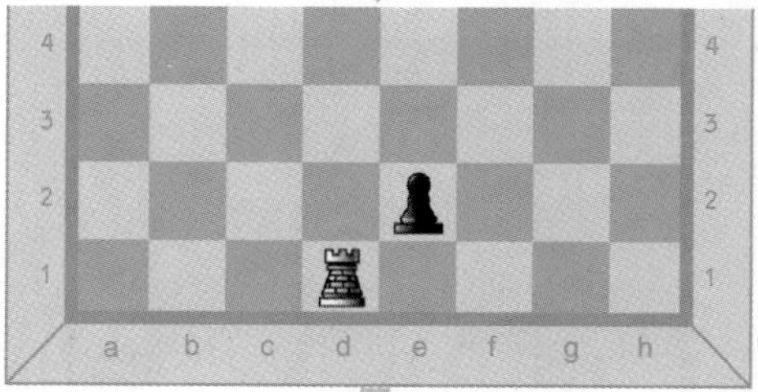

黑方成功完成升变。

## 趣味问答

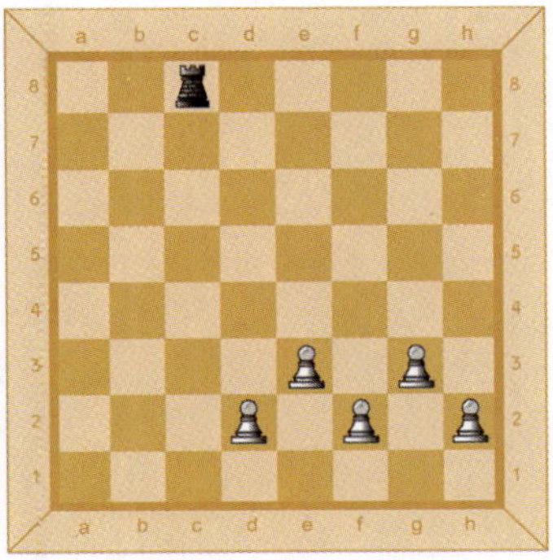

**1.** 假设白兵不动，但可以吃子，如何在确保黑车不被吃掉的情况下，尽快吃掉白兵？把行走路线画出来。

______________________

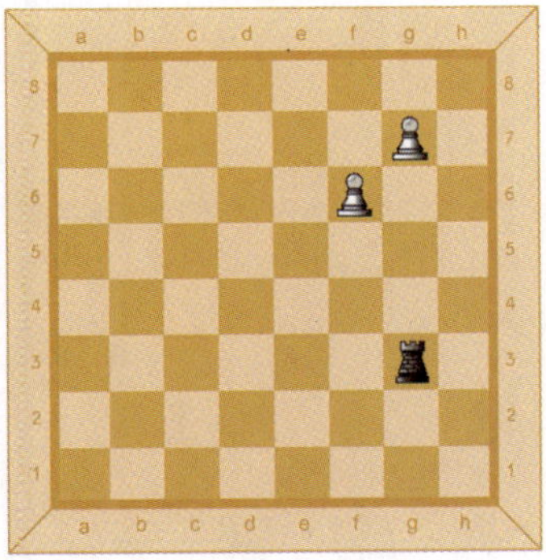

**2.** 白方先走，怎么让兵升变？

______________________

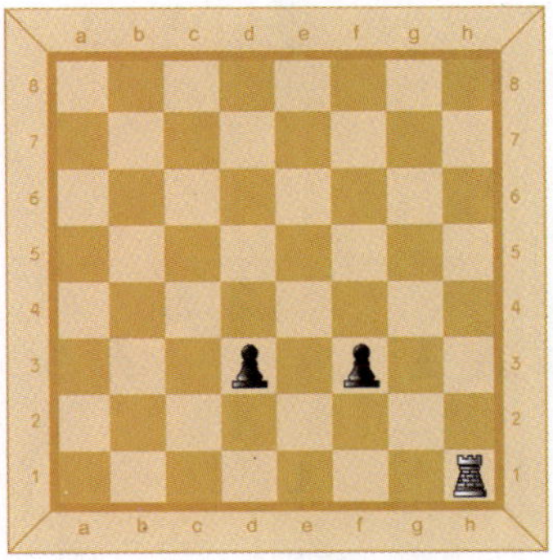

**3.** 白方先走，怎么吃掉黑方的兵？

______________________

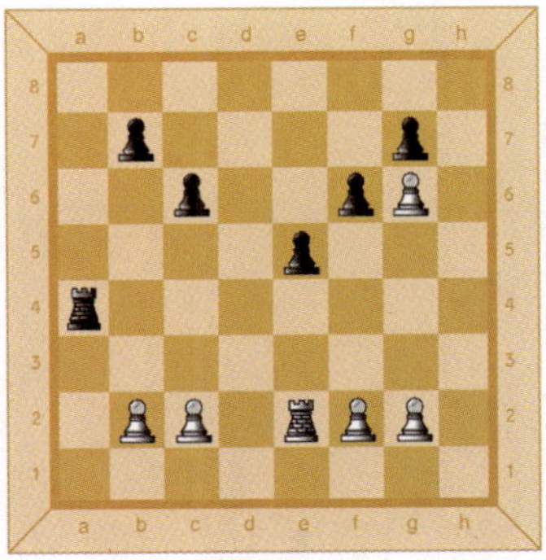

**4.** 黑车走到哪里可以同时攻击两个白兵？

______________________

## 更多挑战

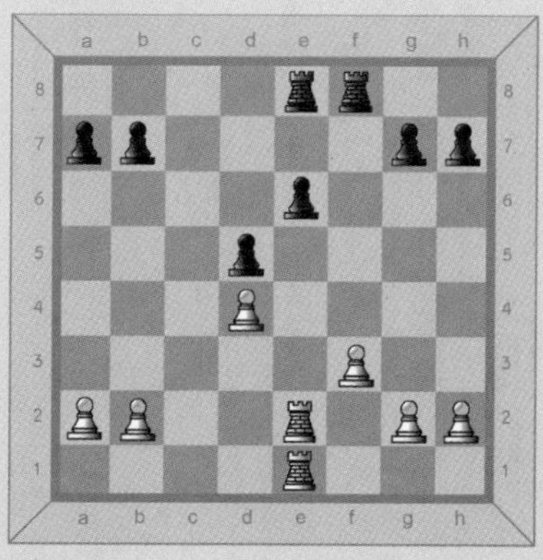

**1.** 白方先走，可以吃掉黑方的兵吗？

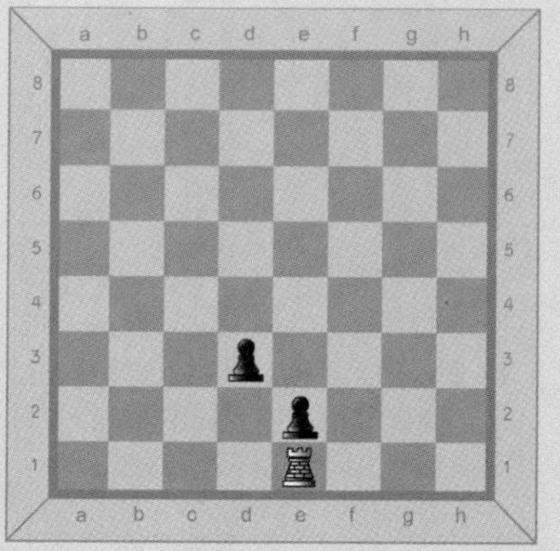

**2.** 黑方先走，怎么让兵升变？

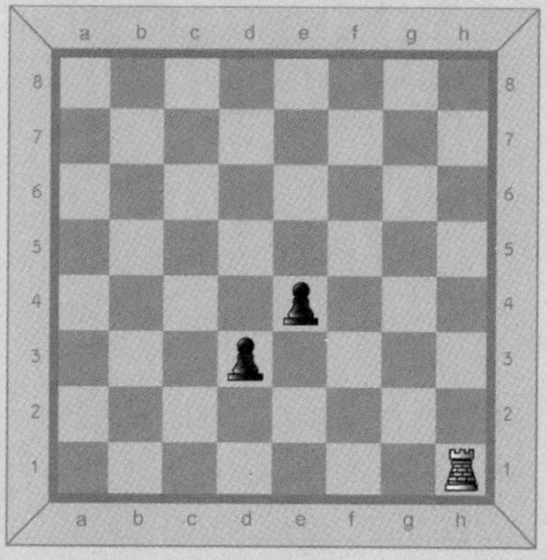

**3.** 白方先走，怎么吃掉黑方的兵？

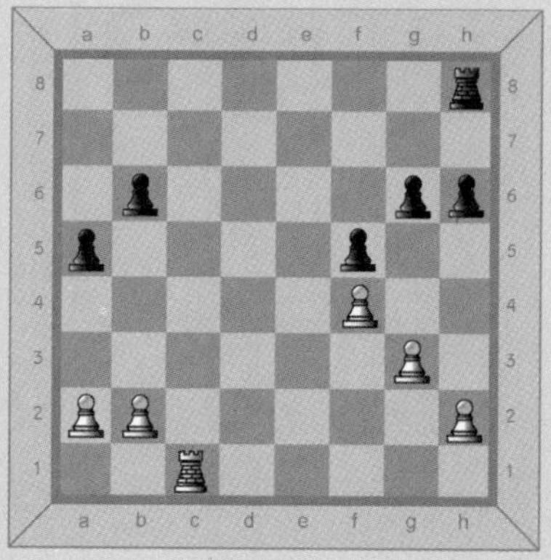

**4.** 白车走到哪里可以同时攻击两个黑兵？

## 棋开得胜

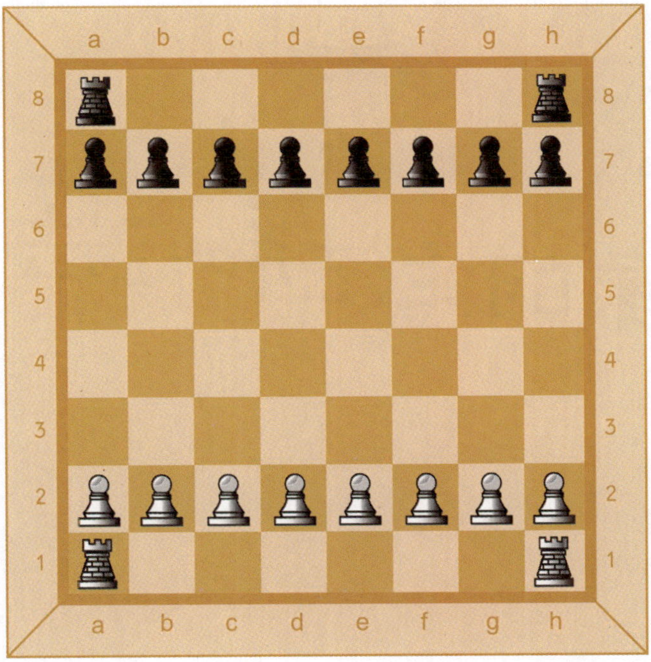


与伙伴下一盘只有车和兵的国际象棋，兵可以升变为车，先吃完对方的兵算赢。

第六课

# 象的走法和吃法

# 一、认识象

| 棋子名称 | 英文 | 英文缩写 | 意义 | 各方棋子数量 |
|---|---|---|---|---|
| 象 | Bishop | B | 主教 | 2 |

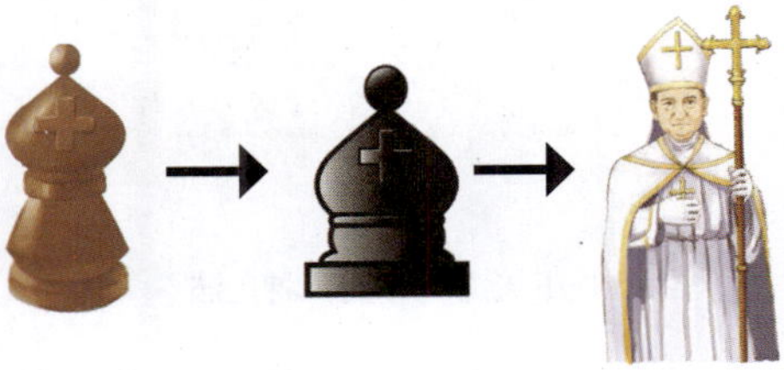

一盘棋中，每方有两个象。**一个在白格里，被称为“白格象”；一个在黑格里，被称为“黑格象”。**

当国际象棋的雏形诞生于印度时，象代表的是军队中的战象。历史记载中，人类首次驱使象上战场是在公元前1100年左右。因为象的身躯庞大，皮糙肉厚，在战场上冲锋时所向披靡，是一支特殊的部队。

但在欧洲时，国际象棋的规则渐渐演化为我们熟知的现代规则，而**象的意义也从印度的战象转变为了欧洲宗教中的大主教，英文为“Bishop”**，棋子的形态也变成了象征主教的尖帽子。

## 二、象的走法

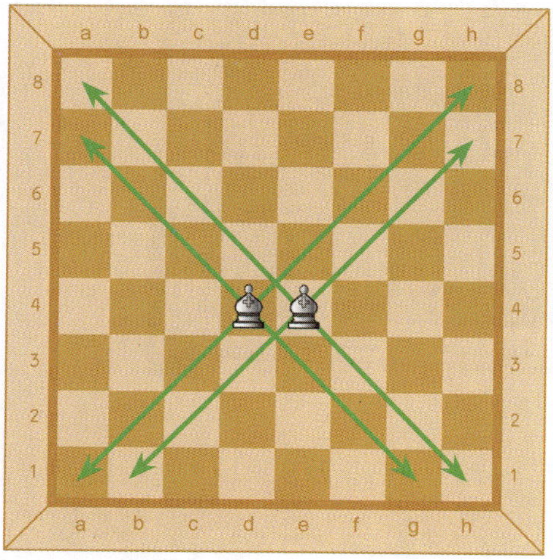


象可以走斜线，像一个“X”字形。

白格象只能走在白格里，黑格象只能走在黑格里。

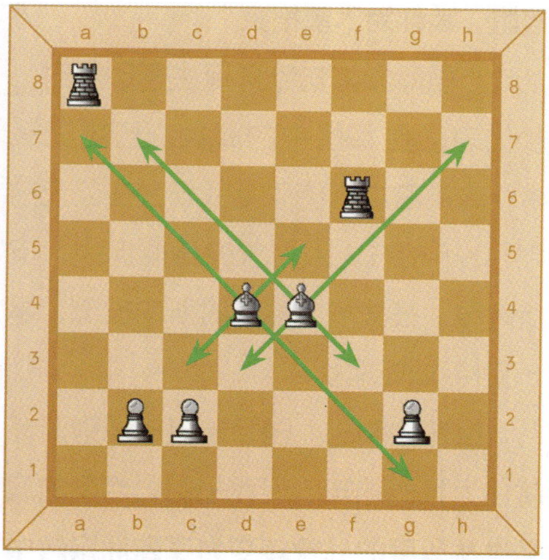


没有棋子阻挡的时候，它的行走格数不受限制。但如果有棋子阻挡，它既不能跳过这个棋子，也不能在一步棋里转弯。

## 趣味问答

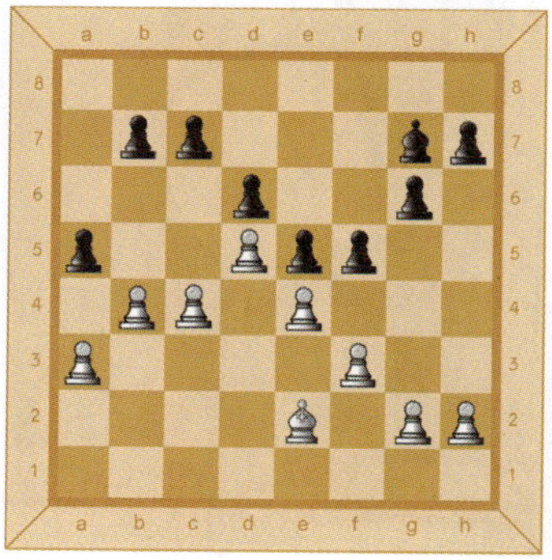


**1.** 白方白格象可以有几种走法？

______________________

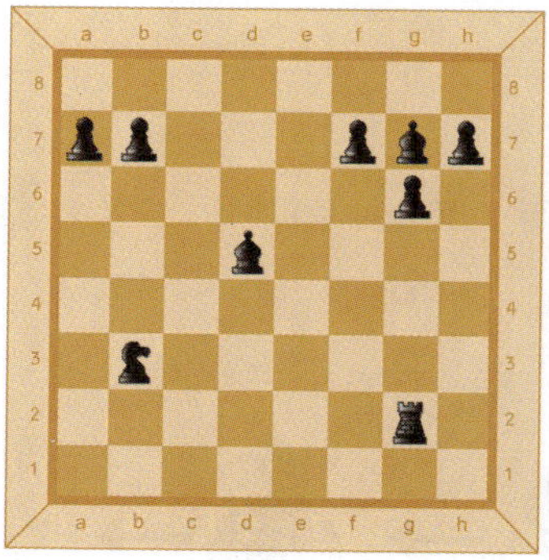


**2.** 黑方白格象可以有几种走法？

______________________

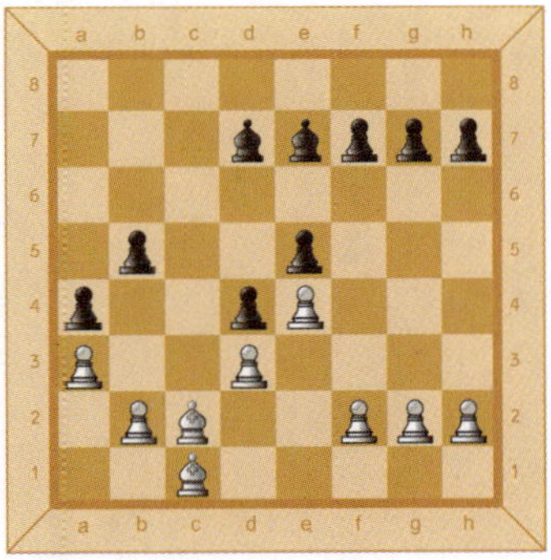

**3.** 白象要想走到 a2 格，最少需要连续走几步棋？把行走路线画出来。

______________________

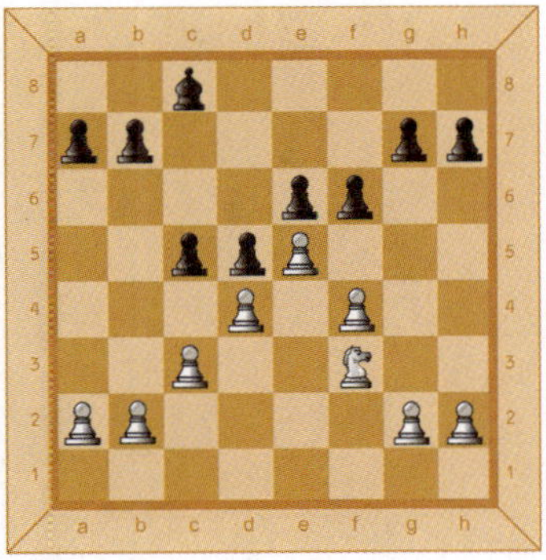

**4.** 黑象要想走到 h5 格，最少需要连续走几步棋？把行走路线画出来。

______________________

## 三、象的吃法

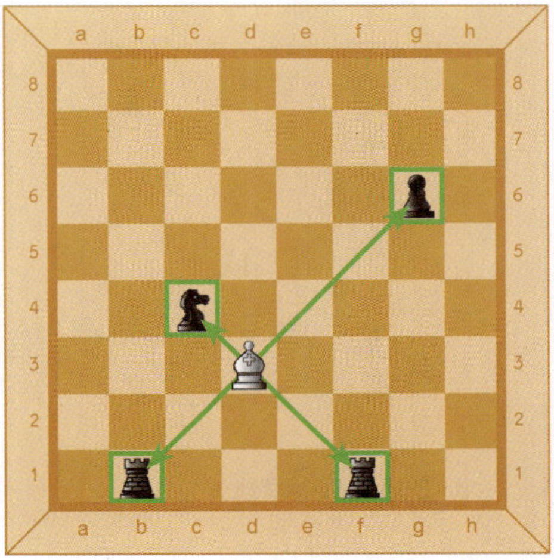

**象的吃法和走法相同，可以沿斜线进行吃子。**

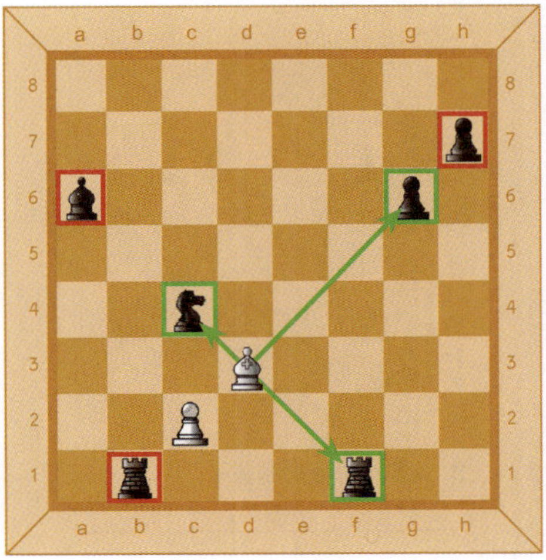

**但是象同样不能跳过棋子吃子。**

## 趣味问答

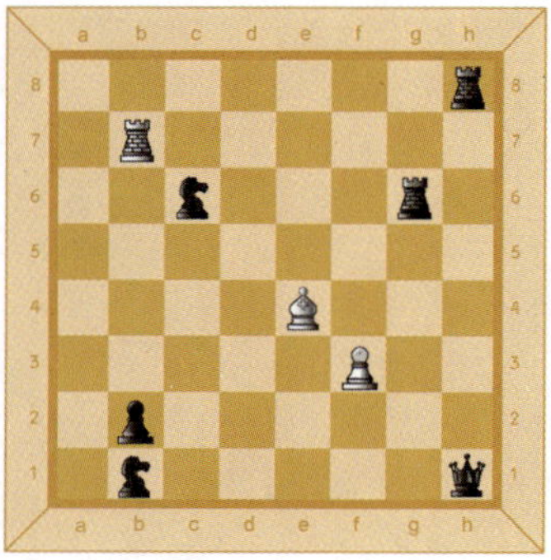

**1.** 白象可以吃掉哪些子？

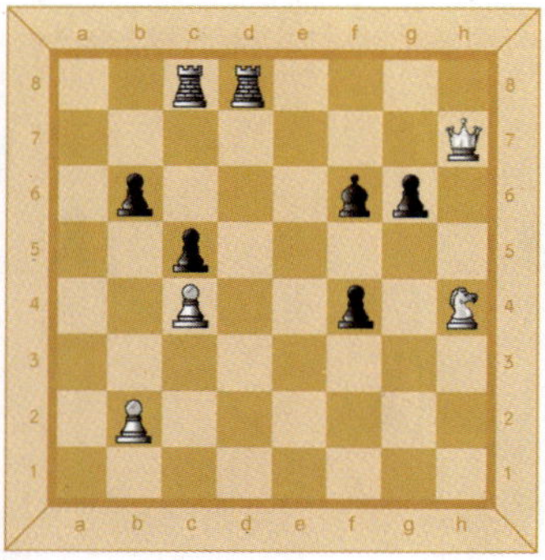

**2.** 黑象可以吃掉哪些子？

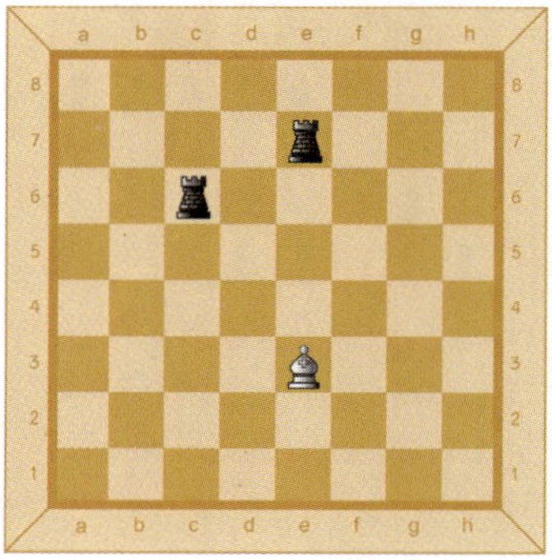

**3.** 假设黑车不动，但可以吃子，白象可以吃掉哪个车？最佳路线是什么？

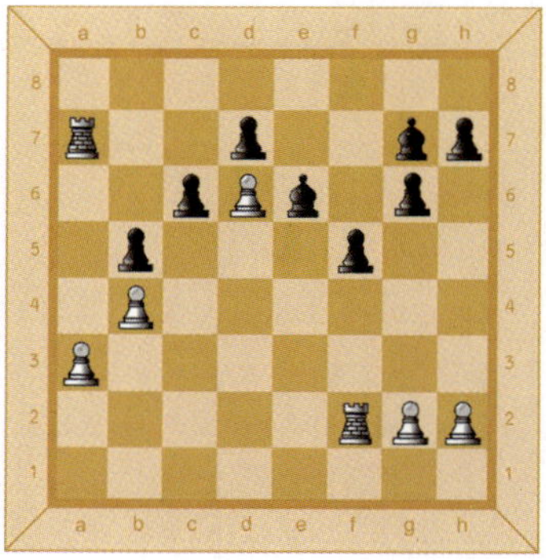

**4.** 黑象走到哪里可以同时攻击两个白车？

## 更多挑战

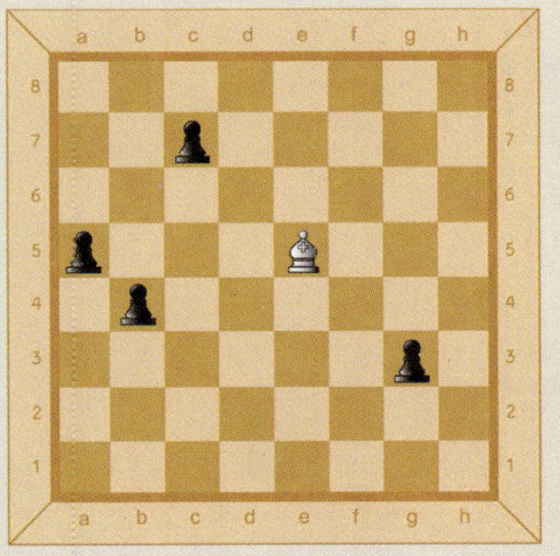

1. 假设黑兵不动，白象最少连续走几步可吃掉所有的黑兵？

______________________

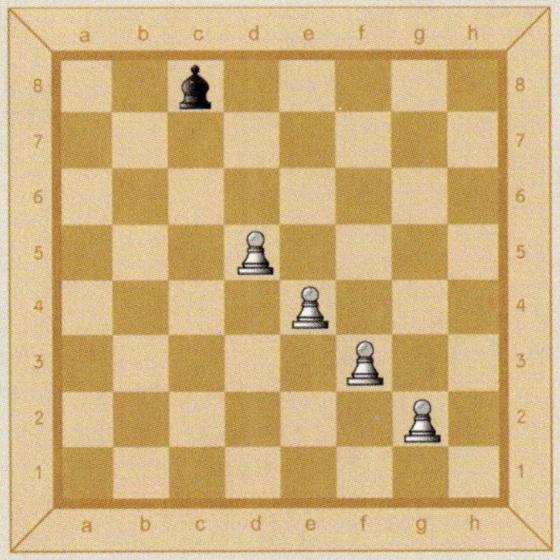

2. 假设白兵不动，但可以吃子，如何在确保黑象不被吃掉的情况下，尽快吃掉白兵？把行走路线画出来。

______________________

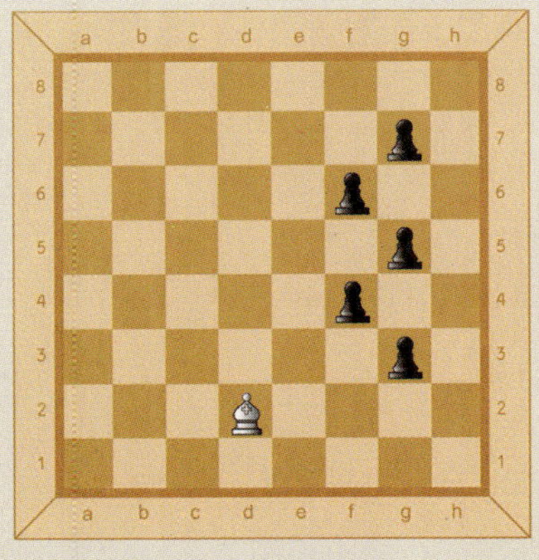

3. 假设黑兵不动，但可以吃子，如何在确保白象不被吃掉的情况下，尽快吃掉黑兵？把行走路线画出来。

______________________

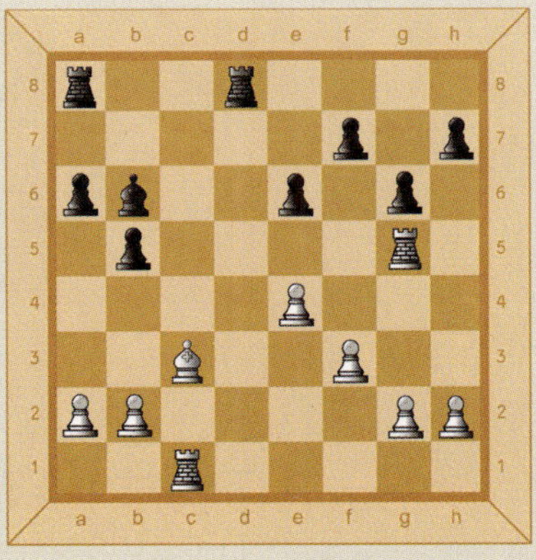

4. 黑象走到哪里可以同时攻击两个白车？

______________________

## 棋开得胜

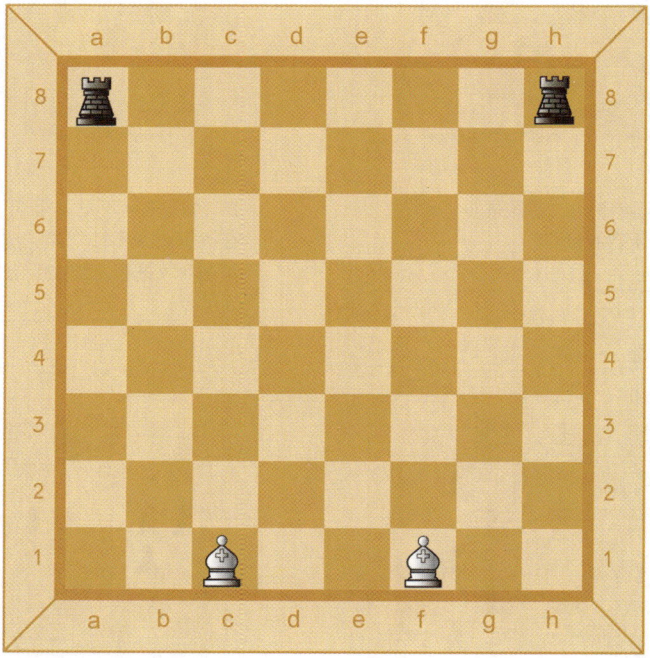


下一盘象对车的棋，先吃掉对方一个棋子的一方为胜。如果在十五个回合内都没有吃子，就算和棋。

# 第七课

# 象的特点和运用

# 一、象的特点

## （一）开放的斜线

和车一样，象要想发挥最大的威力，最好也不要被阻挡。因此在下棋时，我们要注意兵与象的配合。

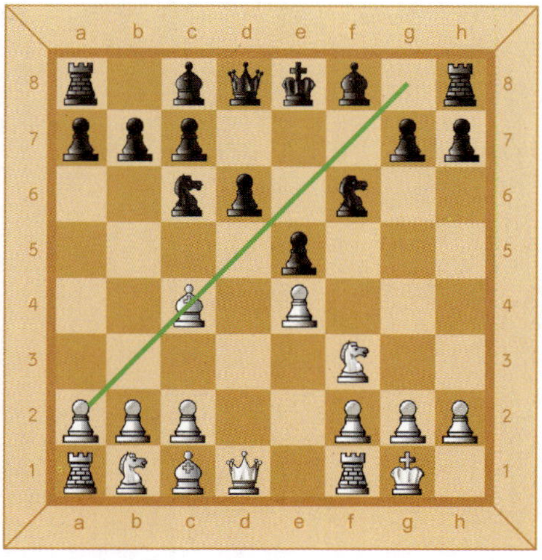

如上图，象喜欢这样开放的斜线。

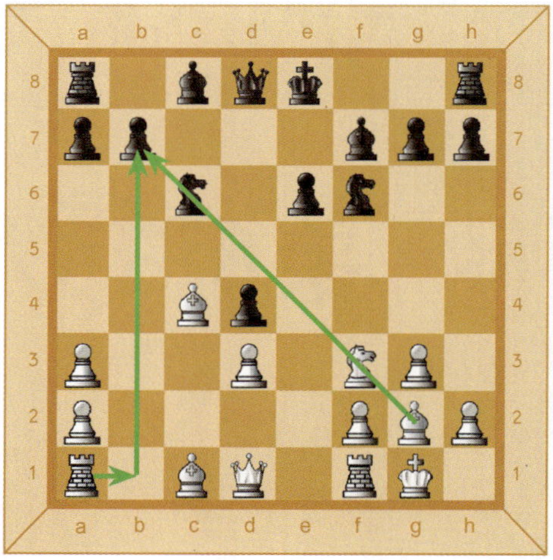

**这样的斜线越长，象能控制的格子就越多，尤其是当这条斜线上有想要进攻的目标，并且能和自己的子力配合起来，就更好了。**

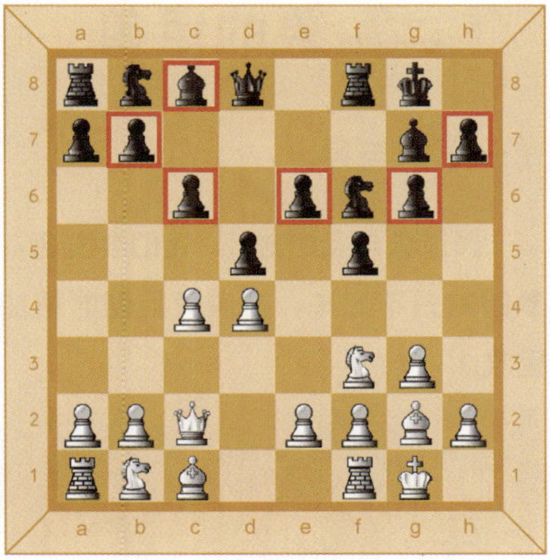

**被困在兵链里的象是非常消极的，一定要想办法调整它的位置，让它能够发挥作用。**

## （二）双象优势

我们知道，白格象只能走在白格里，黑格象只能走在黑格里。因此，一个象只能管辖局面中一半的格子，而对另一半的格子无能为力。

但如果两个象都在棋盘上，就能解决这一问题，并且可以配合默契地战斗了。

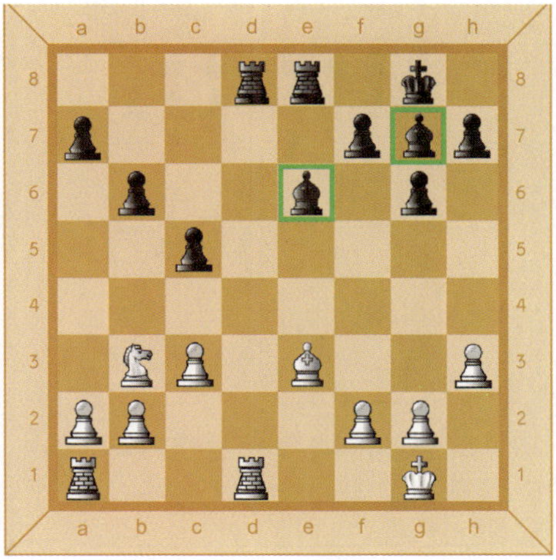

**在实战中，如果一方有两个象，一方没有，那么我们会认为有两个象的那一方有“双象优势”。**双象优势同样需要在开放的斜线上才能发挥出威力。

## 趣味问答

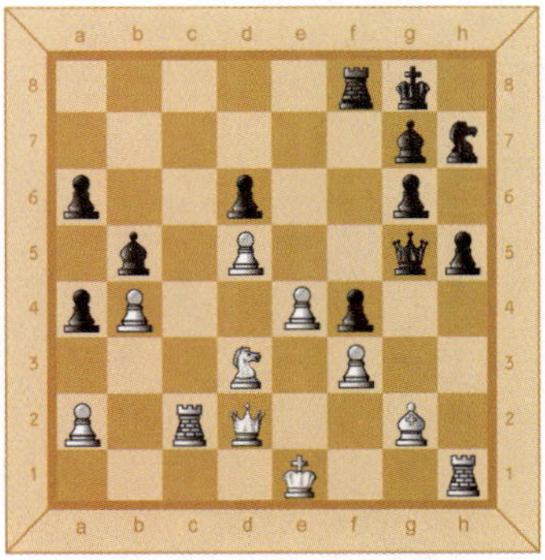

**1.** 白方的白格象和黑方的黑格象，哪一个威力更大？

______________________

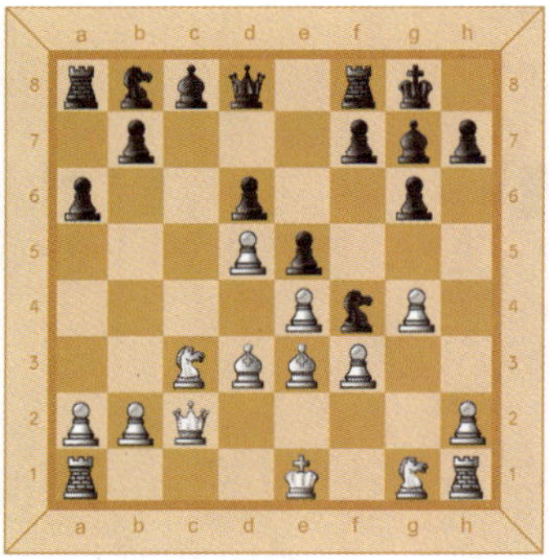

**2.** 白方用象吃掉黑马好不好呢？为什么？

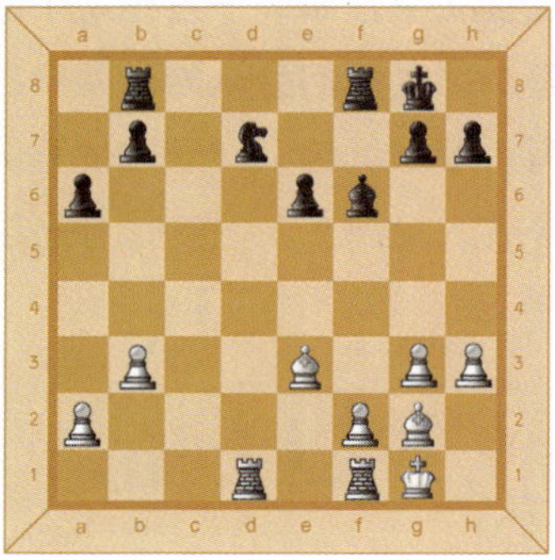

**3.** 这个局面中，白方有什么优势？

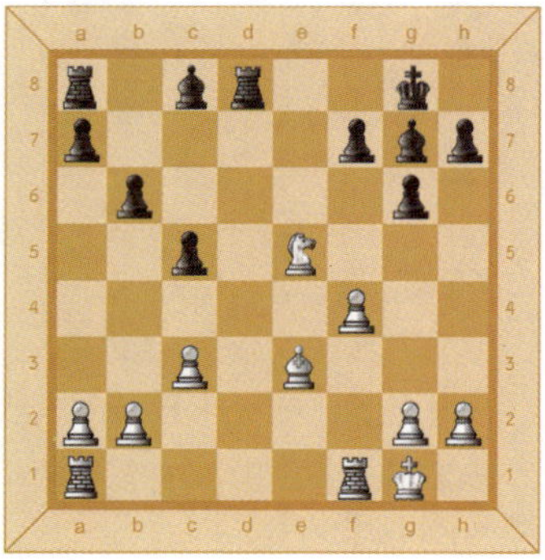

**4.** 黑方用象吃掉白马好不好呢？为什么？

# 二、象的运用

## （一）象与兵

**通过象与兵的对战，我们会发现，象的威力不如车，在消灭兵团时更加困难。**

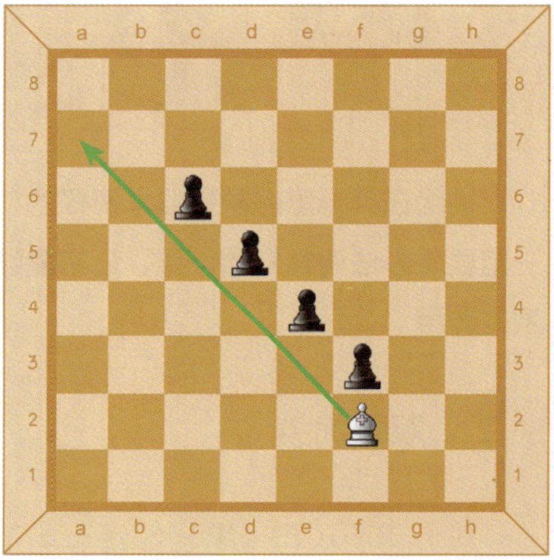

如果兵停留在和象不同颜色的格子中，象是无法吃掉黑兵的。只能想办法控制住兵前进的格子。

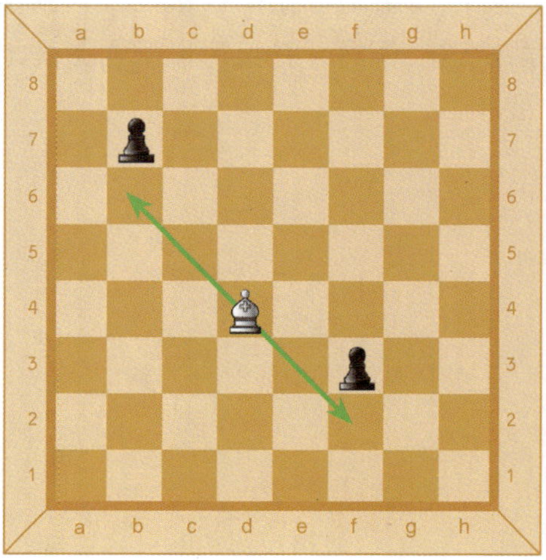

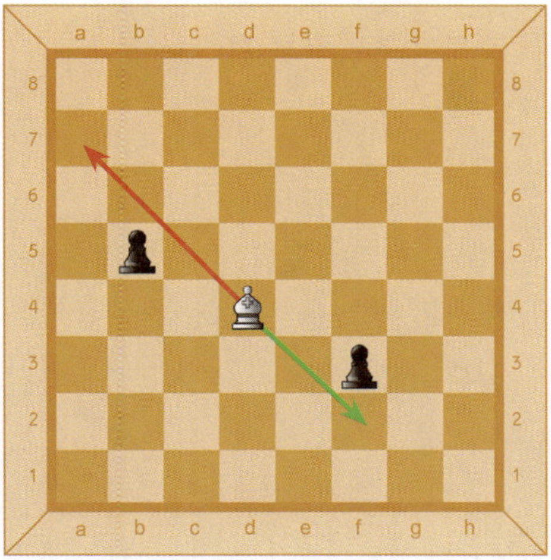

一旦兵脱离了象的控制，即使只有两个兵，也是非常危险的。

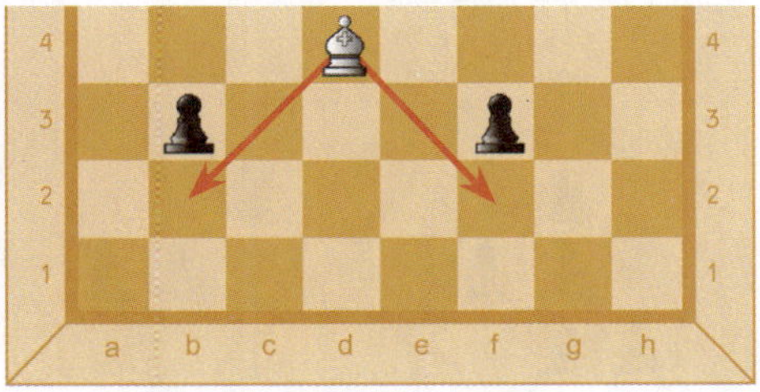

因为当黑兵接近底线时，它可以无视白象的攻击，弃掉一个兵，来争取时间让另一个兵升变。

黑兵升变无法阻挡。

## （二）象与车

**象的威力不如车，在和车的战斗中往往落入下风。我们要注意车同时攻击两个象的情况，反之，象也有同时攻击两个车的机会。**

如上页右下和本页左上的两个图是车同时攻击两个象的例子。

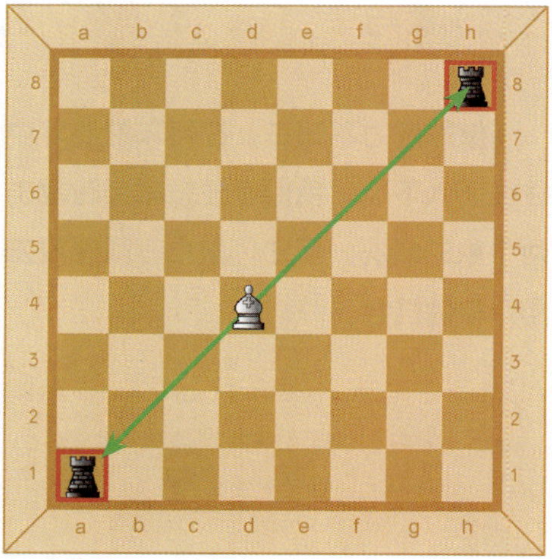

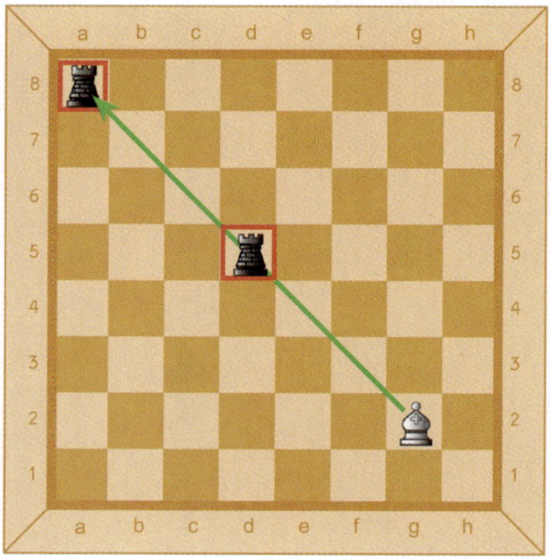

如左下和右上的两个图是象同时攻击两个车的例子。

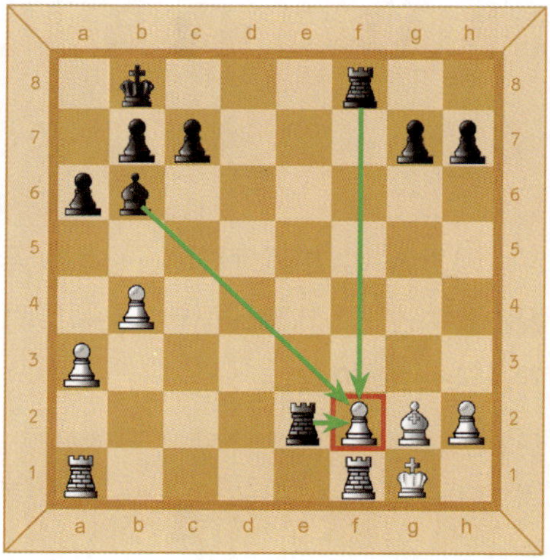

当象和车配合起来进攻同一个目标时，能够发挥出更大的作用。

## 趣味问答

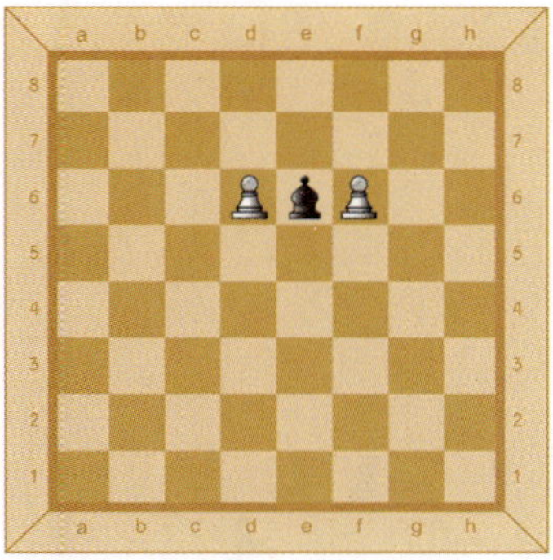

**1.** 白方先走，怎么走可以让白兵升变？

______________________

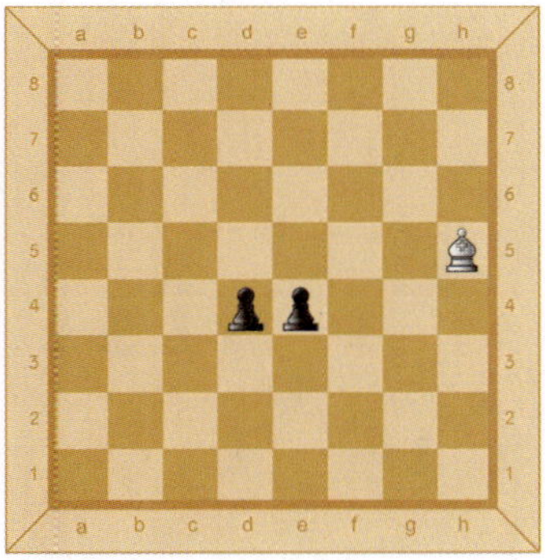

**2.** 白方先走，怎么走可以阻止黑兵升变？

______________________

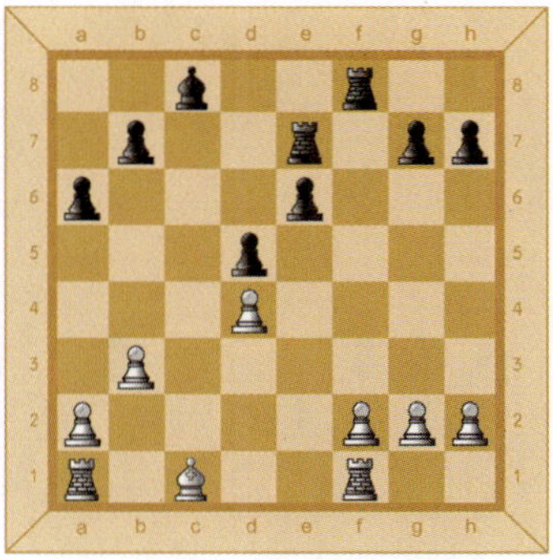

**3.** 白象走到哪里可以同时攻击两个黑车？

______________________

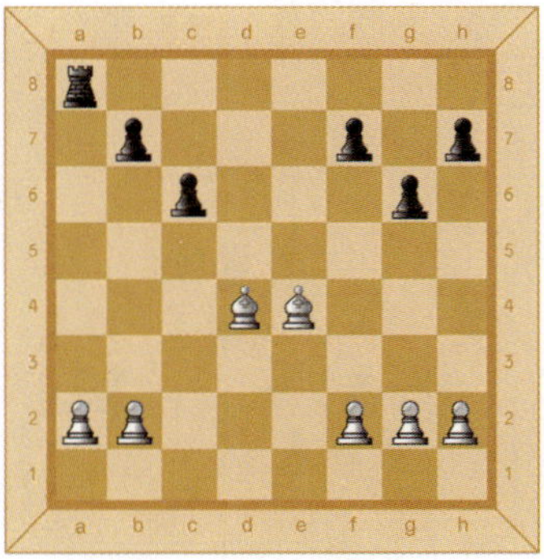

**4.** 黑车走到哪里可以同时攻击两个白象？

______________________

# 更多挑战

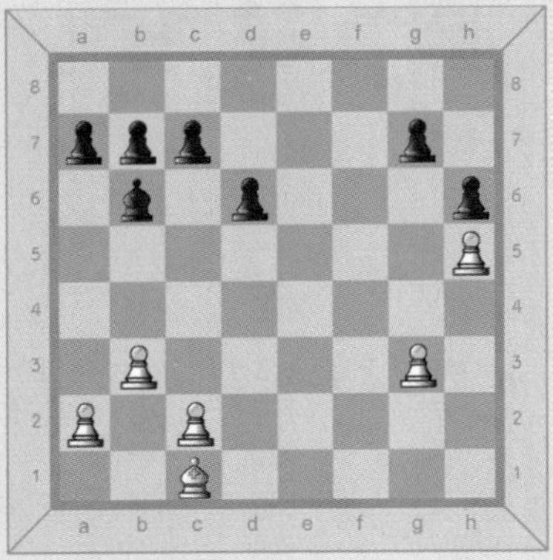


**1.** 白象走到哪里能发挥更大威力？

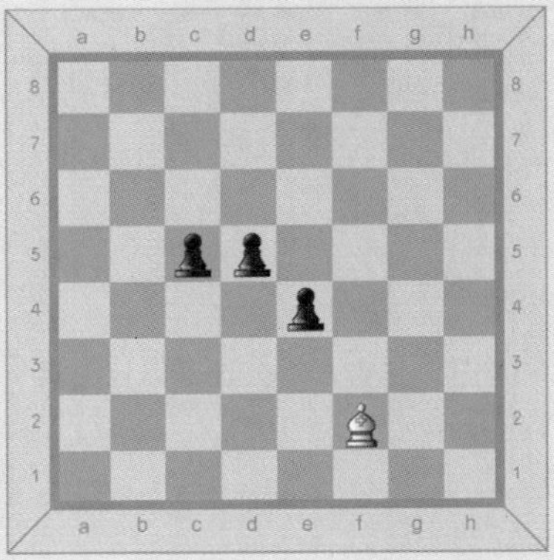


**2.** 黑方先走，怎么走可以让黑兵升变？

**3.** 黑象走到哪里可以同时攻击两个白车？

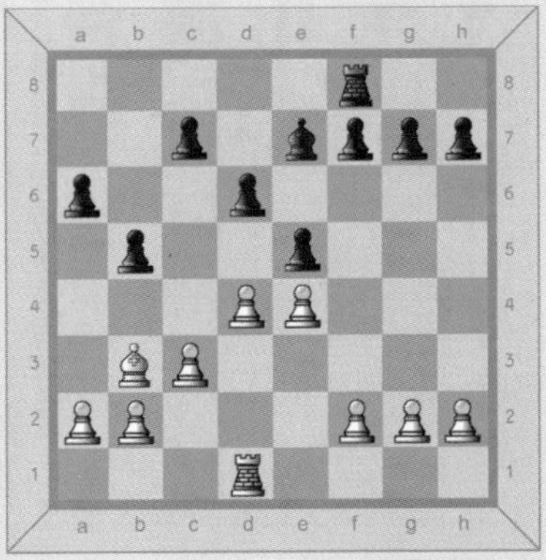


**4.** 白方先走，应该走冲兵到 d5 还是吃掉 e5 黑兵？为什么？

第八课

# 后的走法和吃法

## 一、认识后

| 棋子名称 | 英文 | 英文缩写 | 意义 | 各方棋子数量 |
|---|---|---|---|---|
| 后 | Queen | Q | 王后 | 1 |

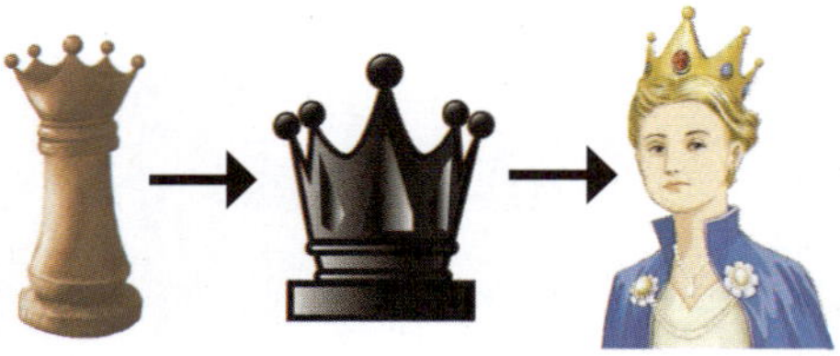

一盘棋中，每方有一个后。**后是国际象棋中威力最大的棋子**，8 个小兵们都向往着升变成后。

关于“后”这个棋子的设定，在历史长河中发生过一次翻天覆地的改变。最初，棋盘上是没有后的，同样的位置上有一个棋子，被命名为“军师”或“参谋”。军师的活动范围很小，威力也非常有限。

一直到 15 世纪，随着西班牙女皇伊莎贝拉一世执政，**弱小的军师被王后取代，英文为“Queen”。这个“后”拥有国际象棋中最广的移动范围，控制着最多的格子。**后的威力也象征着西方社会中王后的地位，因为政治联姻，王后代表着第三方的军事力量，对形势有着巨大的影响力。而这一变化，也让国际象棋变得更为激烈和有趣。

## 二、后的走法

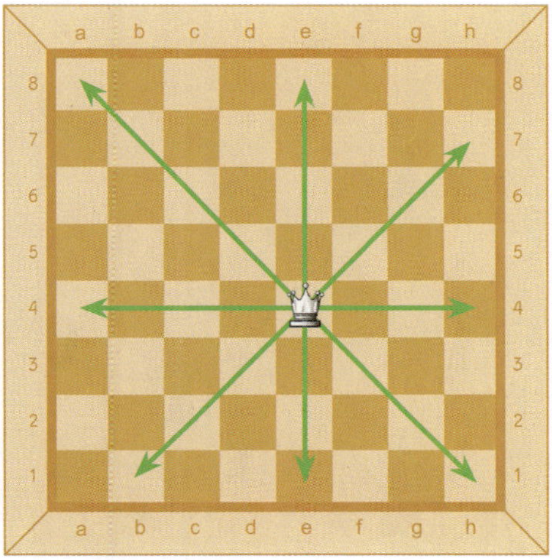

**后的走法是车和象的结合，横线、直线、斜线都可以走，像一个大大的“米”字形。**

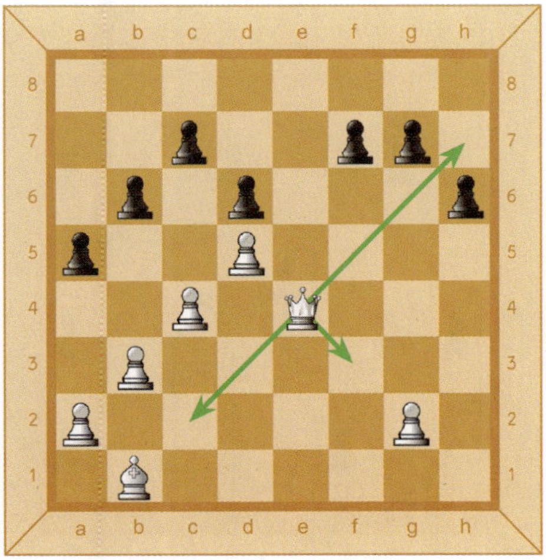

**没有棋子阻挡的时候，它的行走格数不受限制。但如果有棋子阻挡，它既不能跳过这个棋子，也不能在一步棋里转弯。**

## 趣味问答

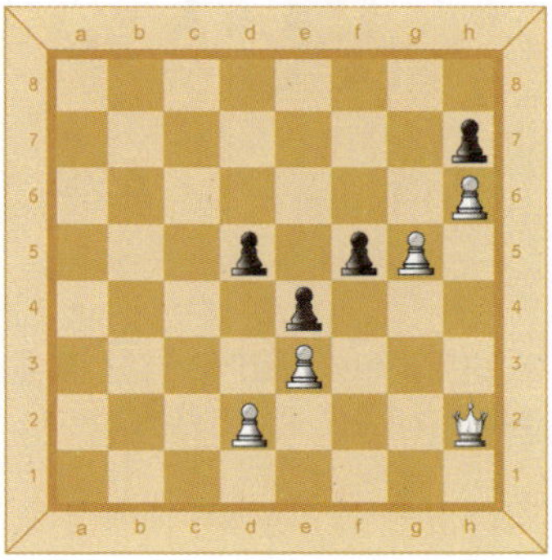

**1.** 白后可以有几种走法？把行走路线画出来。

______________________

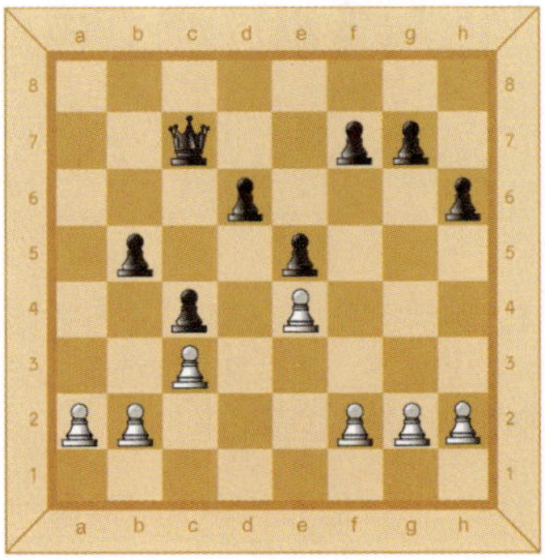

**2.** 黑后可以有几种走法？把行走路线画出来。

______________________

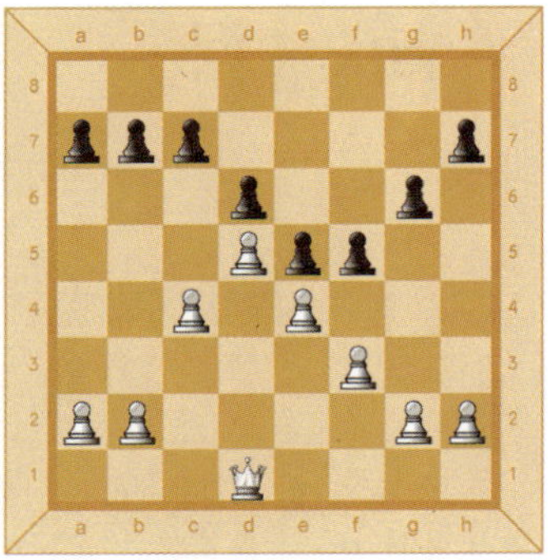

**3.** 白后要想走到 d7 格，最少需要连续走几步棋？把行走路线画出来。

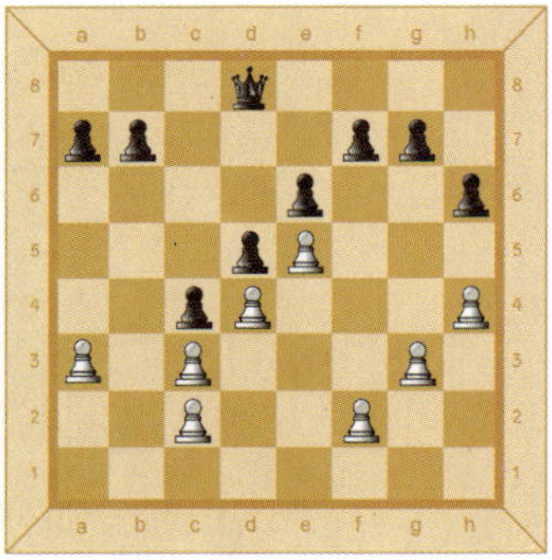

**4.** 黑后要想走到 f5 格，在不被吃掉的前提下，最少需要连续走几步棋？把行走路线画出来。

# 三、后的吃法

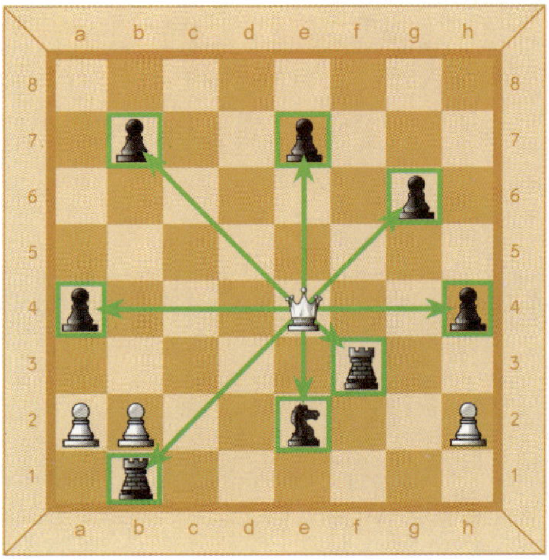

**后的吃法和走法相同，可以沿横线、直线、斜线进行吃子。**

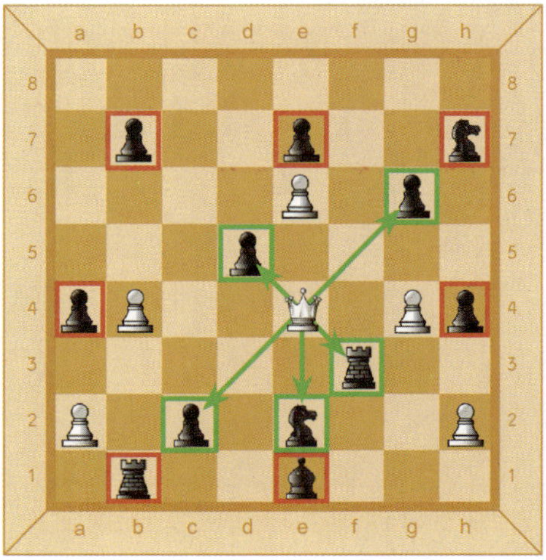

**但是后同样不能跳过棋子吃子。**

## 趣味问答

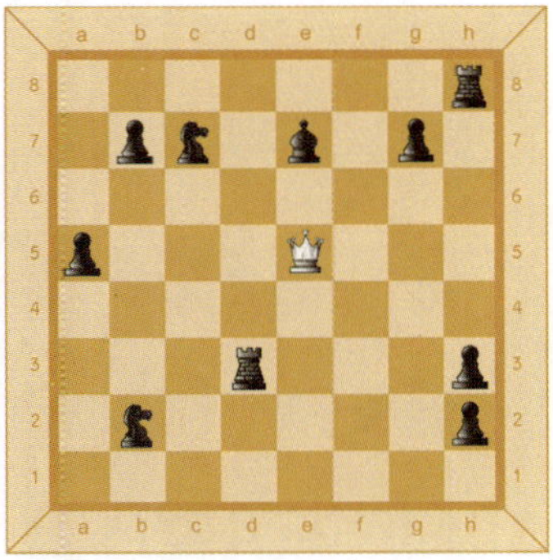

**1.** 白后可以吃掉哪些子？

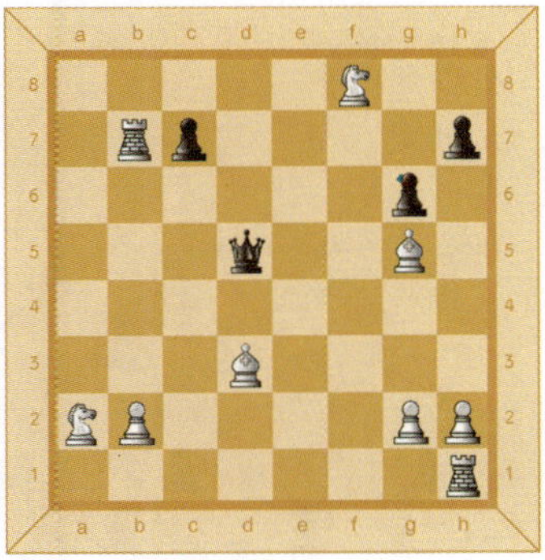

**2.** 黑后可以吃掉哪些子？

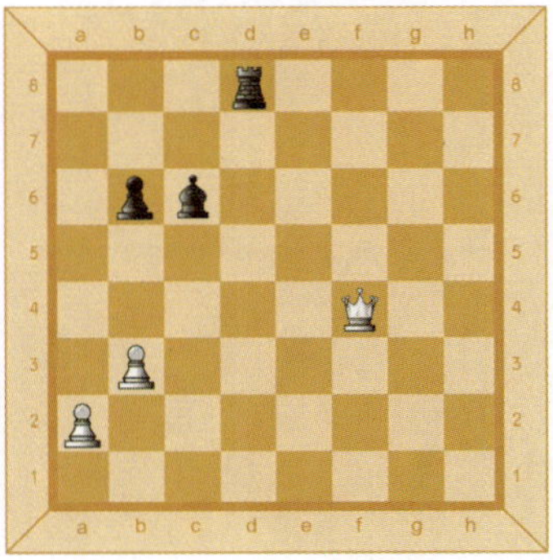

**3.** 白后走到哪里可以同时攻击黑方的车、象和兵？

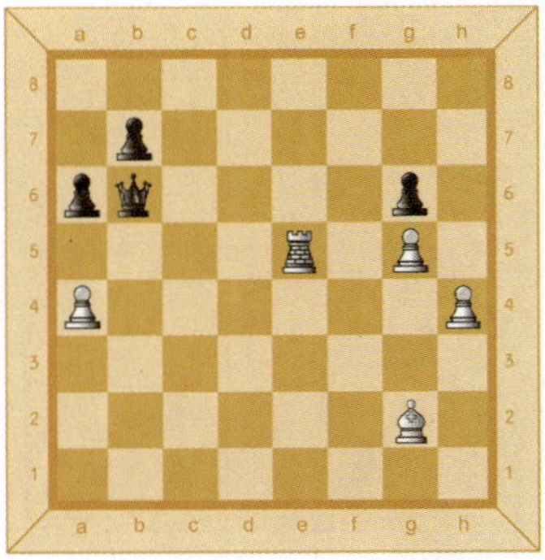

**4.** 黑后走到哪里可以同时攻击白方的车和象？

## 更多挑战

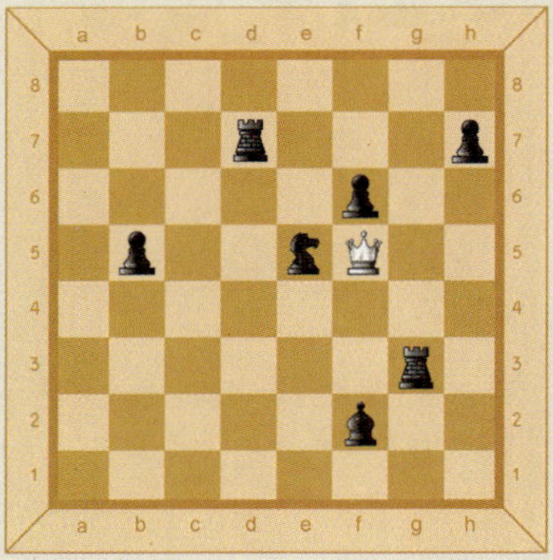


**1.** 在确保不被吃掉的情况下，白后可以吃掉哪些子？

______________________

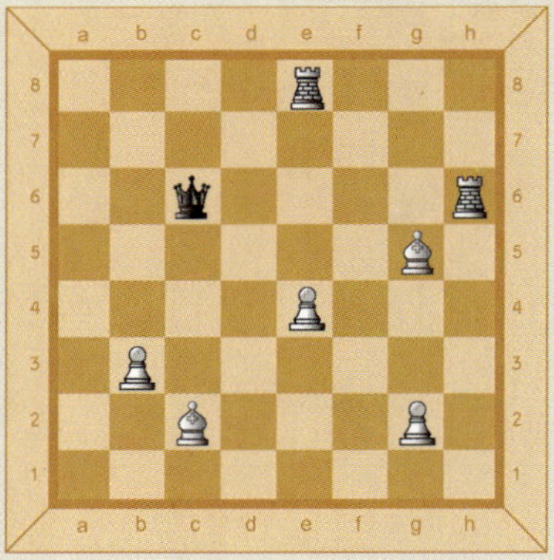


**2.** 在确保不被吃掉的情况下，黑后可以吃掉哪些子？

______________________

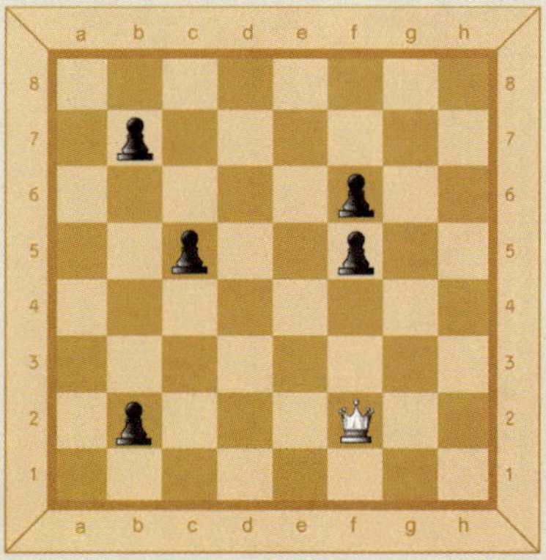


**3.** 假设黑兵不动，白后最少连续走几步吃掉所有的黑兵？把行走路线画出来。

______________________

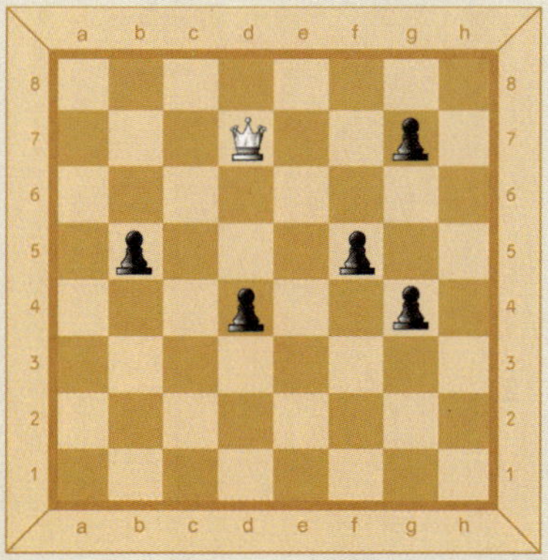


**4.** 假设黑兵不动，但可以吃子，如何在确保白后不被吃掉的情况下，尽快吃掉所有的黑兵？把行走路线画出来。

______________________

## 棋开得胜

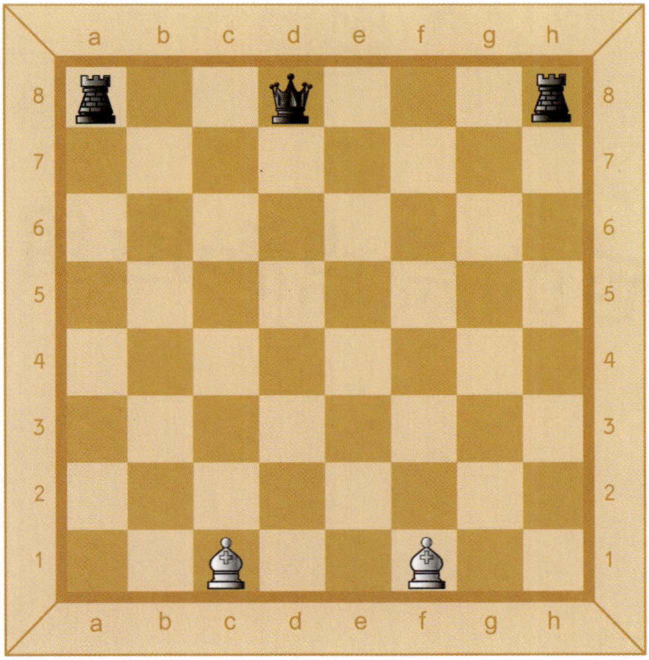


下一盘双象对后、双车的棋，黑方获胜的目标是吃掉白方所有的象，而白方只要吃掉黑方的一个棋子就算赢。如果在十五个回合内没有分出胜负，就算和棋。

# 第九课

# 后的特点和运用

# 一、后的特点

## （一）威力巨大

**因为同时结合了车和象的走法，由此产生出 1+1>2 的效果，后可以说是国际象棋中威力最大的棋子。**

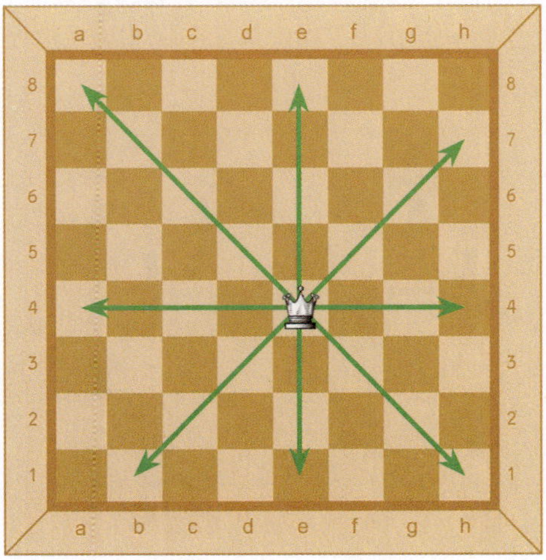


后在中心可以往 8 个方向走，控制 27 个格子。

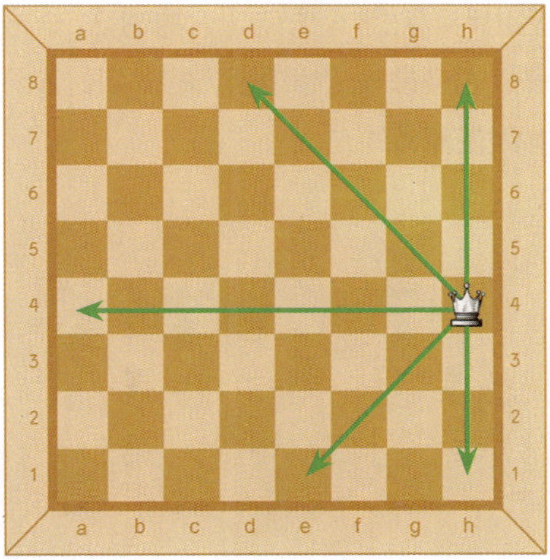


后在边线可以往 5 个方向走，控制 21 个格子。

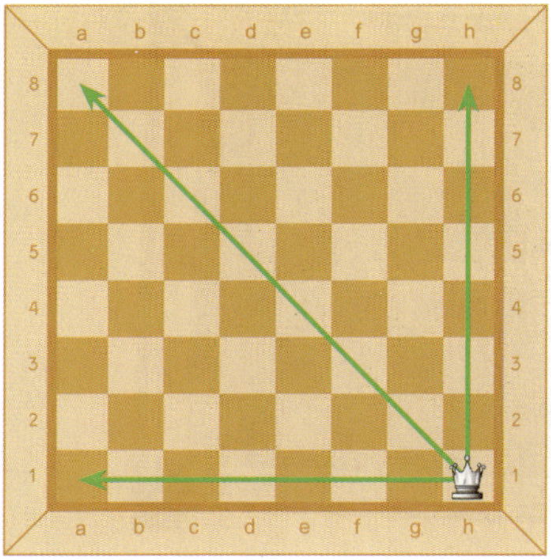

即便是所有棋子最不活跃的角落，后也可以往 3 个方向走，控制 21 个格子。它像是一轮缓缓西沉的太阳，依旧散发着耀眼的光。

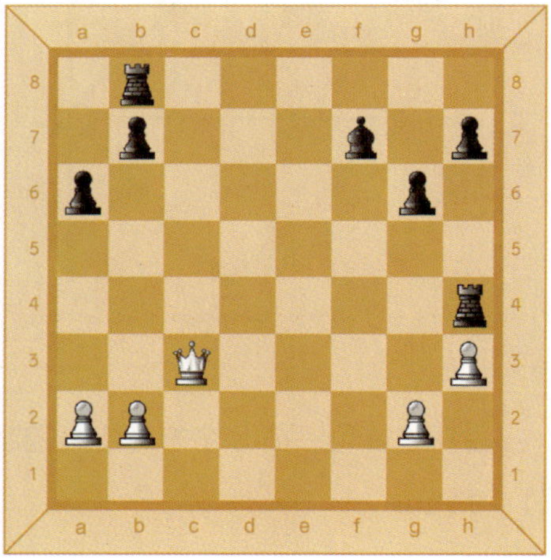

无可比拟的攻击范围让后拥有巨大的威力。如上图，就充分体现了这一特点。

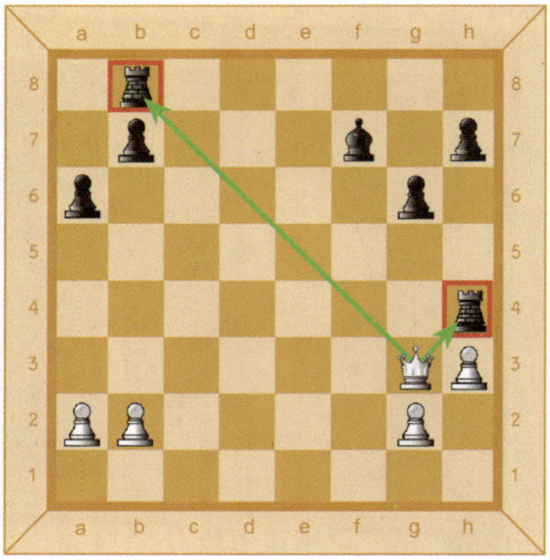

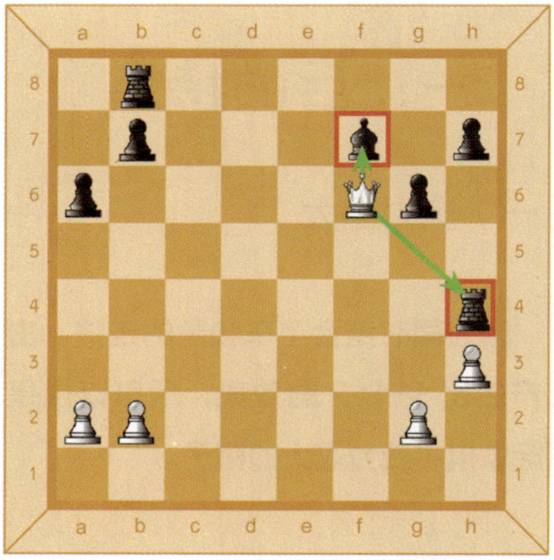

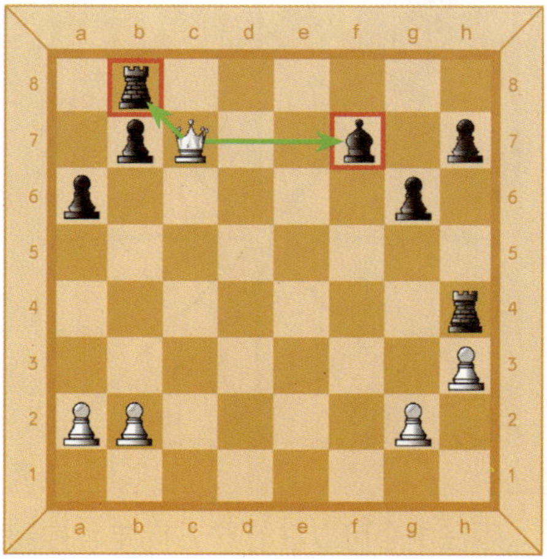

白后有多种方式可以同时攻击黑方重要的子力，让人防不胜防。

## （二）不宜单打独斗

**后虽然威力巨大，但下棋的时候，光靠一个后是不能够赢棋的。**

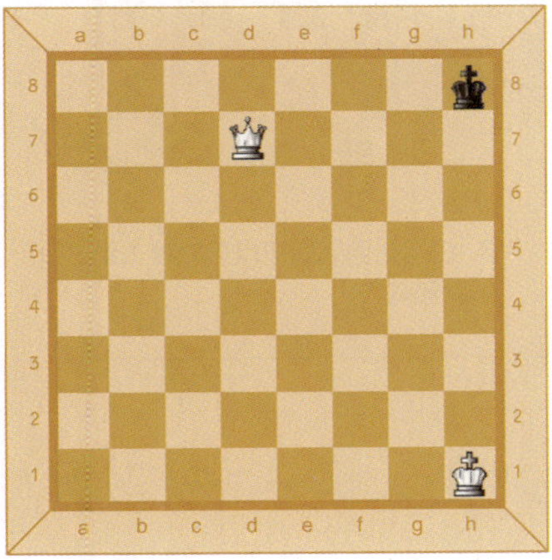

如果没有白王的配合，一个后甚至无法战胜孤零零的黑王。（具体的赢棋方法，会在之后的内容中讲解。）

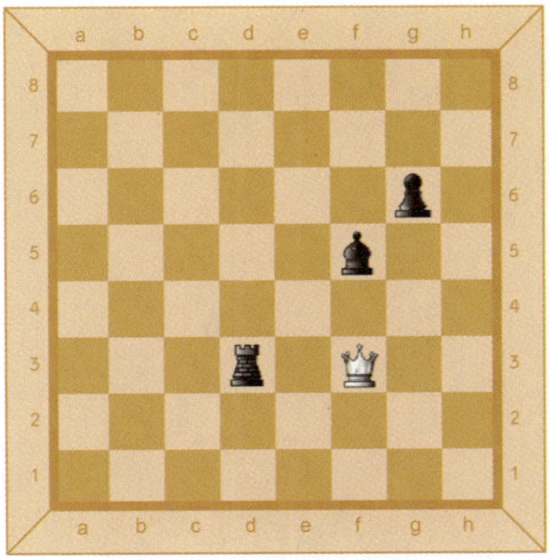

面对有保护的棋子，后在不想损失自身的情况下，也束手无策。

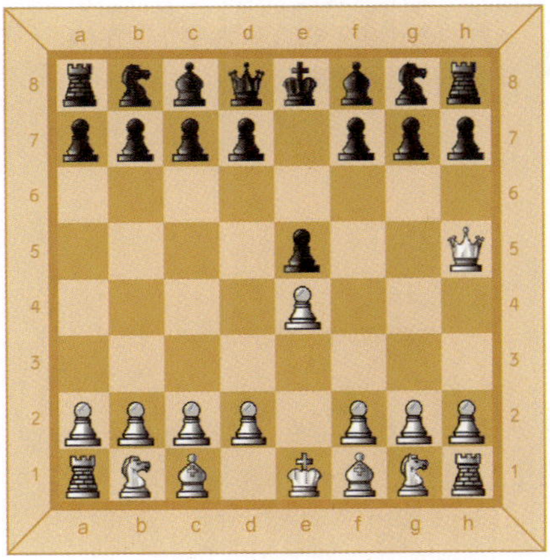

如果在开局阶段过早出后，更是会成为对方攻击的目标。

### 小贴士

**下棋规则**

我们在下棋时，需要组织好己方的子力，让每个棋子各司其职，团结协作，才能发挥出更大的威力。

## 趣味问答

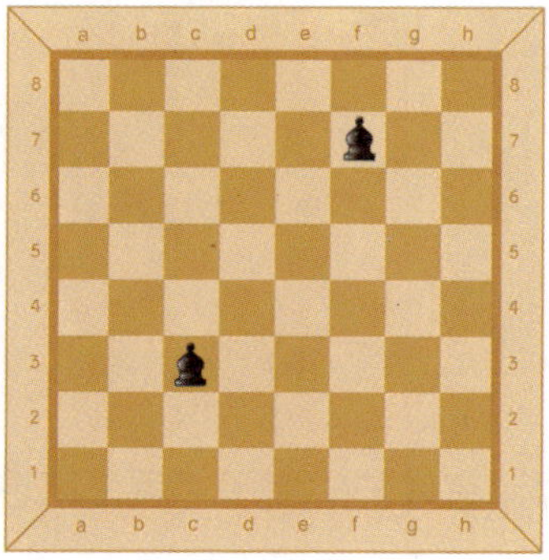

**1.** 白后在哪个位置可以同时攻击黑方的两个象？有几种方法？在正确的格子上画圈表示。

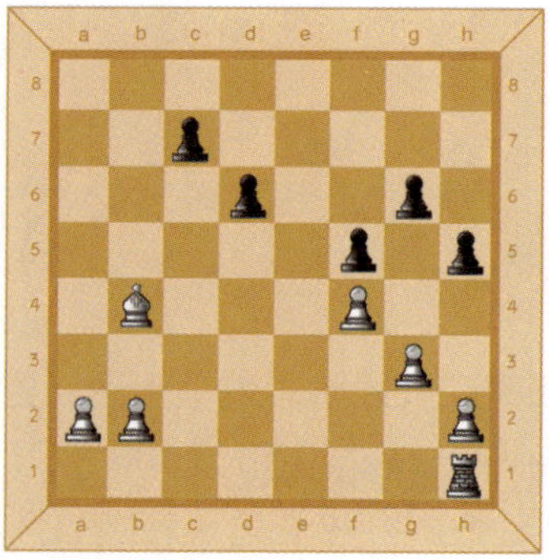

**2.** 黑后在哪个位置可以同时攻击白方的象和车？有几种方法？在正确的格子上画圈表示。

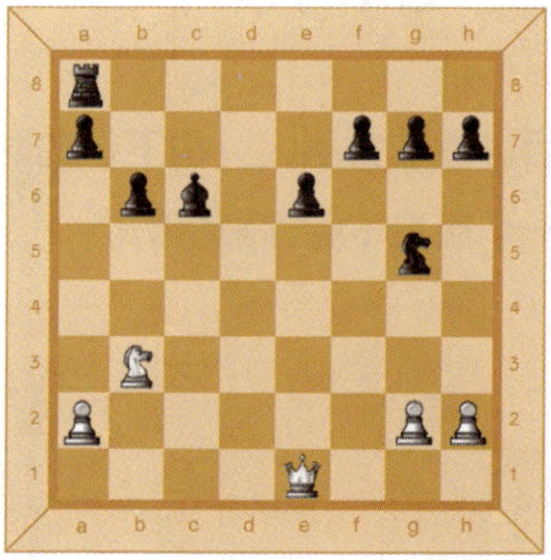

**3.** 白后走到哪里可以同时攻击黑方的象和马？

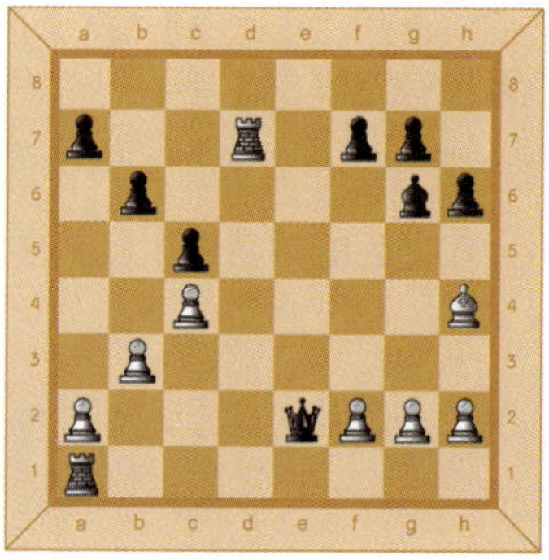

**4.** 黑后走到哪里可以同时攻击白方的车和象？

# 二、后的运用

## （一）后与象的配合

**后与象可以在斜线上互相支援。**

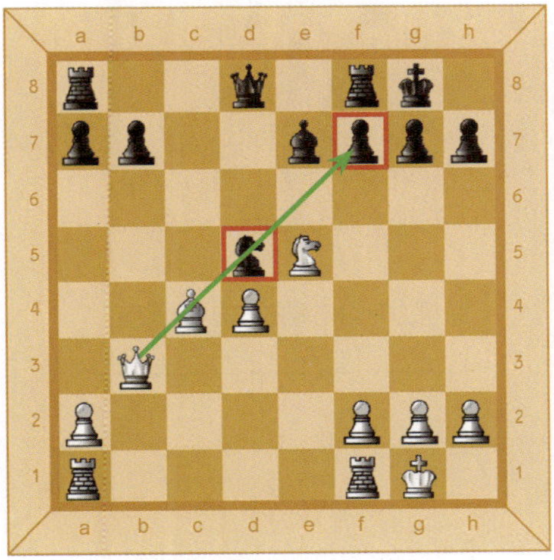


象在前面时，我们用来保全自己的后，攻击一些有保护的目标。

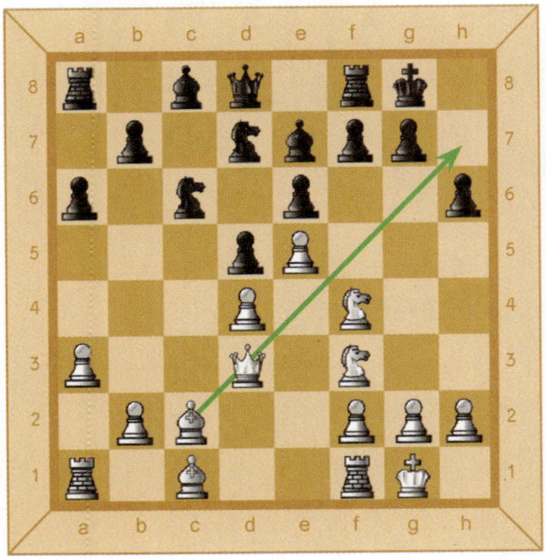


后在前面时，就组成了“后象大炮”，在对方无法阻拦时杀入敌营，效果显著。

## （二）后与车的配合

**后与车可以在直线和横线上进行叠加，聚集火力。**

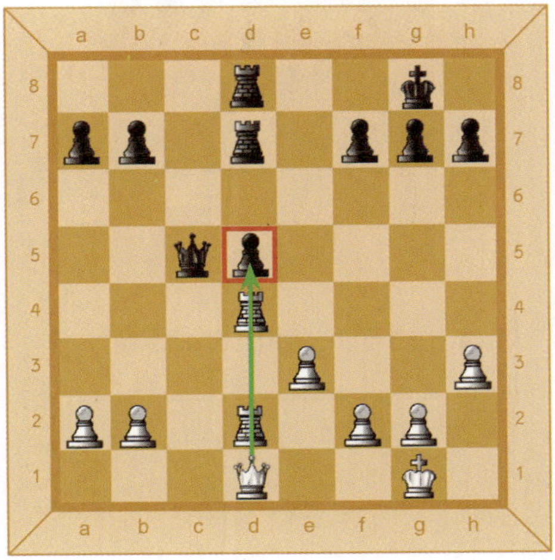


车在前面时，可以为进攻棋子或抢占开放线增加砝码。

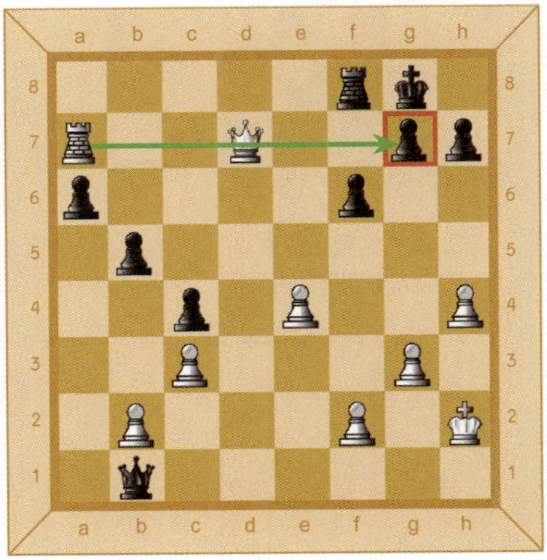


后在前面时，就构成了重型武器，威胁对方王的安全。

# 趣味问答

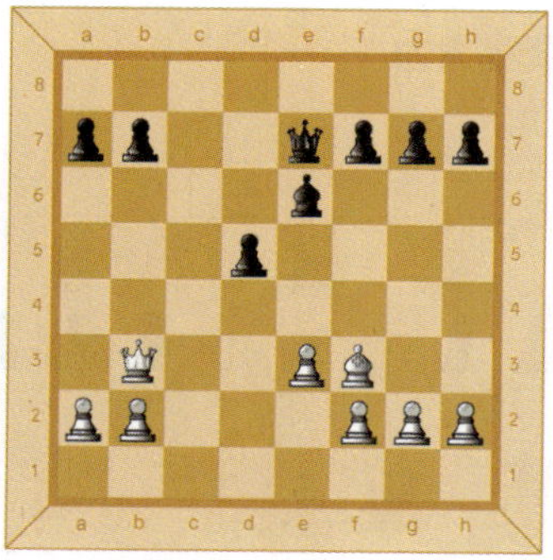

1. 白方可以吃掉黑方的 d5 兵吗？

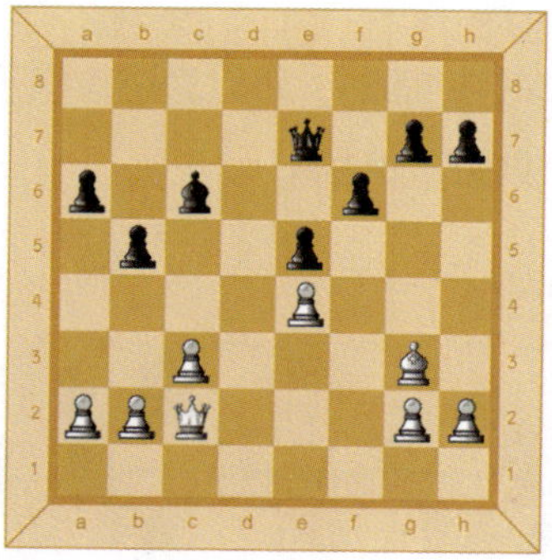

2. 黑方如果想要进攻白方的 e4 兵，后应该走到哪里呢？

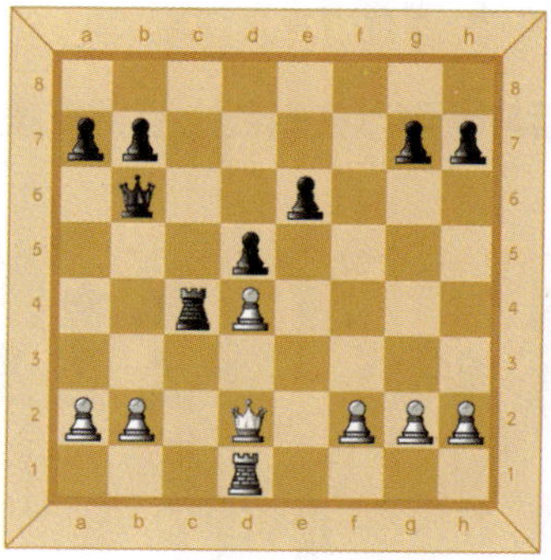

3. 黑方可以吃掉白方的 d4 兵吗？

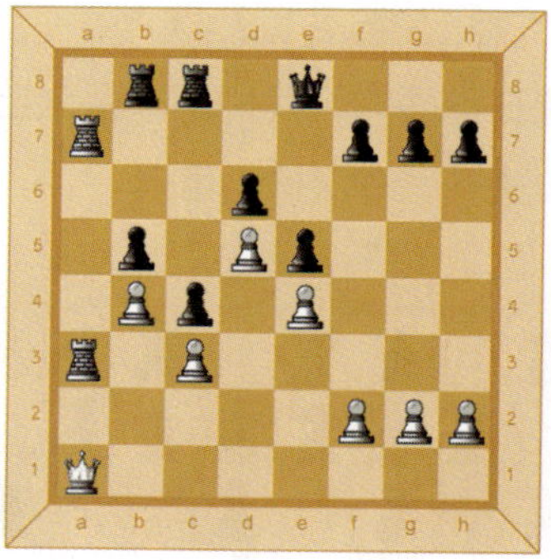

4. 黑方可以把车走到 a8，去和白方争夺开放线吗？

## 更多挑战

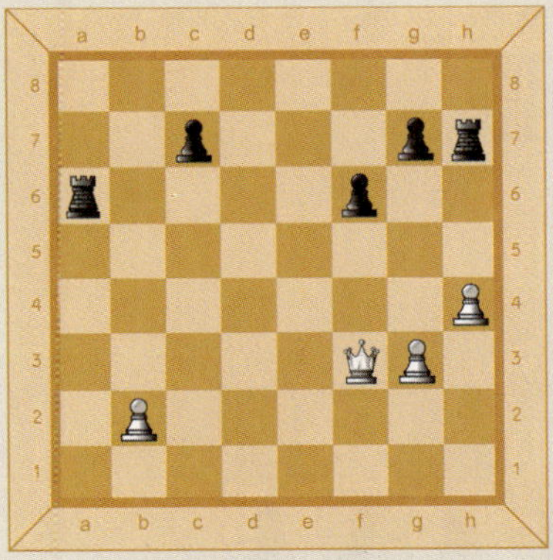


**1.** 白后走到哪里可以同时攻击黑方的两个车？

______________________

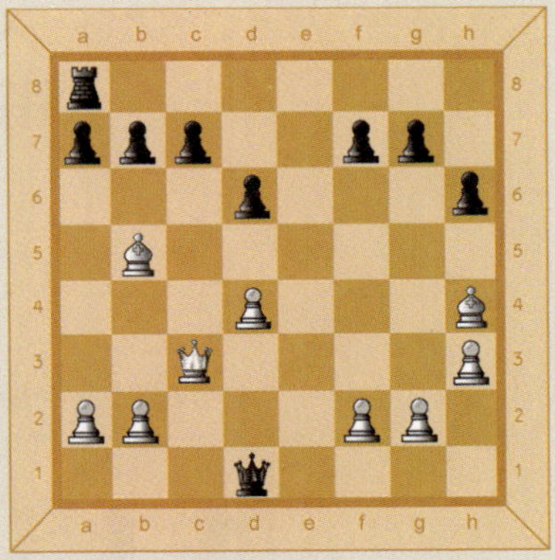


**2.** 黑后走到哪里可以同时攻击白方的两个象？

______________________

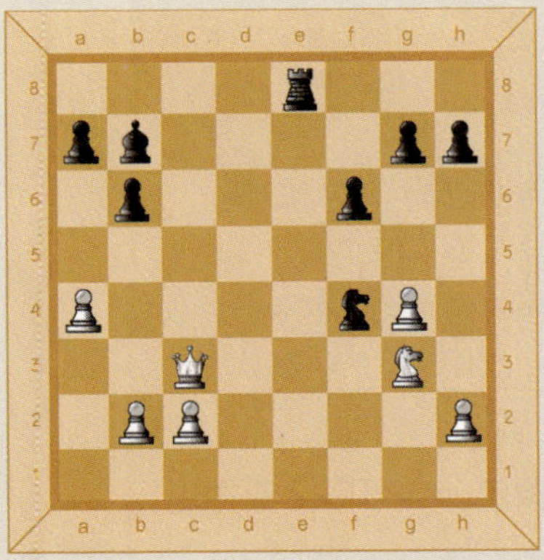


**3.** 白后走到哪里可以同时攻击黑方的象和马？

______________________

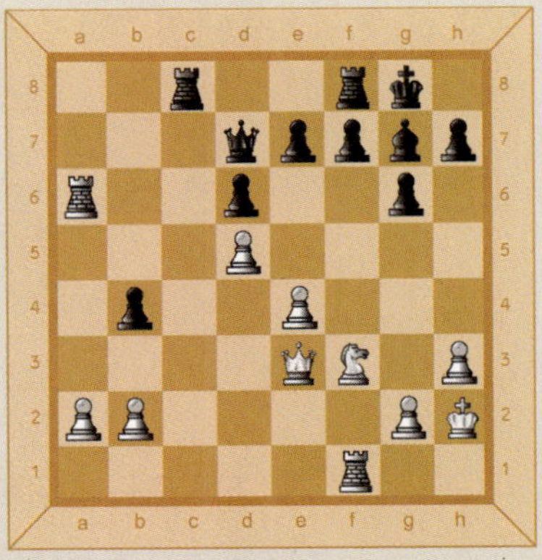


**4.** 黑后走到哪里可以同时攻击白方的两个车？

______________________

# 棋开得胜

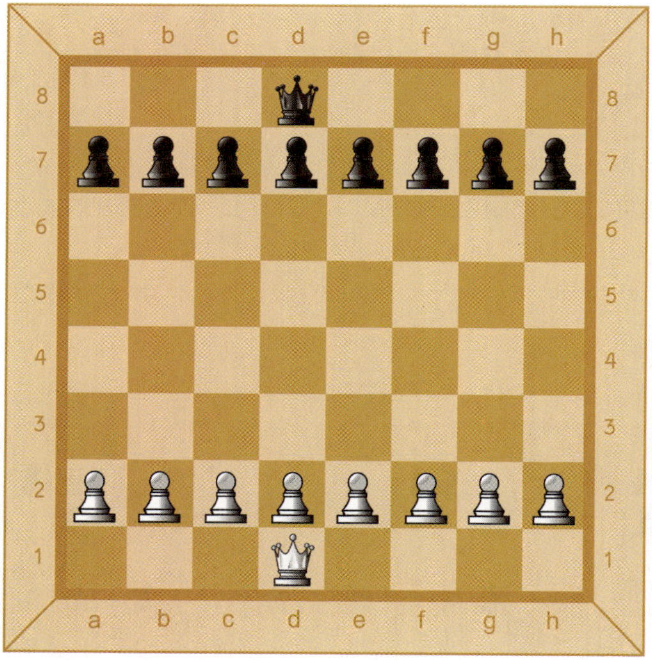


下一盘只有后和兵的国际象棋，兵可以升变为后，先吃完对方的兵算赢。

# 第十课

# 马的走法和吃法

## 一、认识马

| 棋子名称 | 英文 | 英文缩写 | 意义 | 各方棋子数量 |
|---|---|---|---|---|
| 马 | Knight | N | 骑士 | 2 |

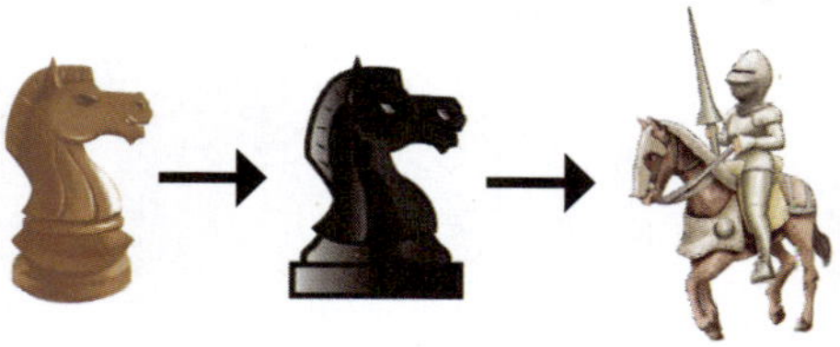

一盘棋中，每方有两个马，分别摆放在车的旁边。

**马最早代表了军队中的骑兵，后来演变成骑士，英文为“Knight”。**骑士封号来自优秀且强大的武装力量，在欧洲中世纪时期，骑士的地位非常高，上到国王、下至贵族都以成为骑士为荣。在当时，要想成为骑士，需要学习“骑士七技”并通过考核，七技中，就包含国际象棋。

## 二、马的走法

马的走法不同于其他棋子的直来直往，每一步都要拐一个弯，像是大写的英文字母“L”一样。

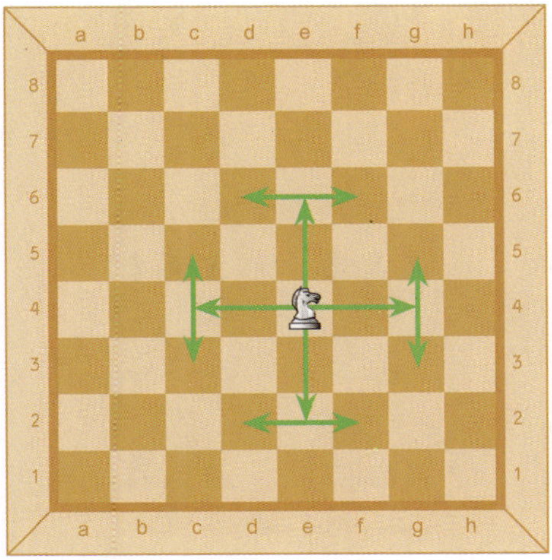

**马的行走方向有 8 个，总结起来就是：先直着走两格，再横着拐一格；或者先横着走两格，再直着拐一格。**

从马的行走中，我们发现了一个规律：**它每走一步，都会改变所在格子的颜色。总是从白格走到黑格，又从黑格走到白格。**因为这个特点，马又被称为“变色龙”。

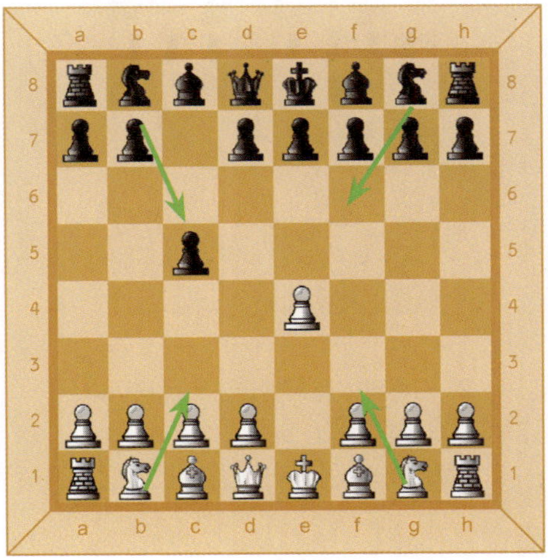

我们会在马术表演中看到骏马越过障碍，**在国际象棋里，马也同样可以越过其他棋子，所以我们经常把马的走动称为“跳马”。**而除了马以外，国际象棋中的其他棋子都没有跳跃的能力。

## 趣味问答

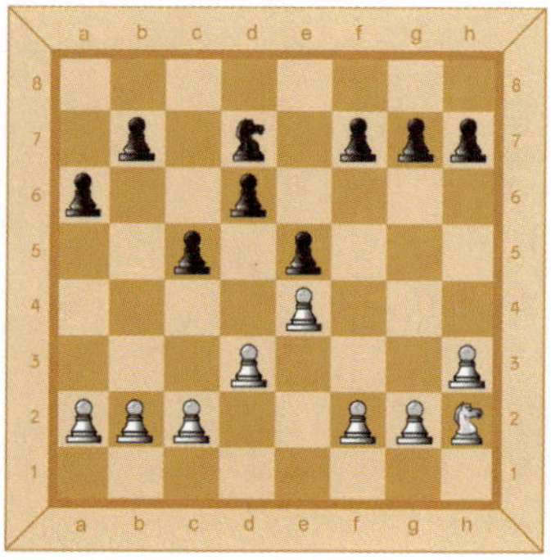

**1.** 白马可以有几种走法？黑马可以有几种走法？

______________________

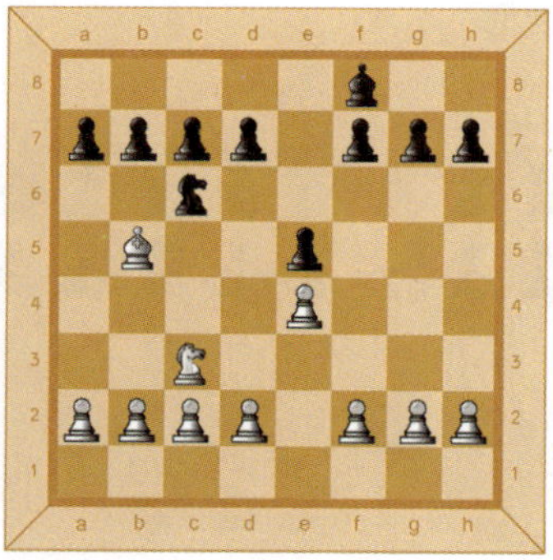

**2.** 白马可以有几种走法？黑马可以有几种走法？

______________________

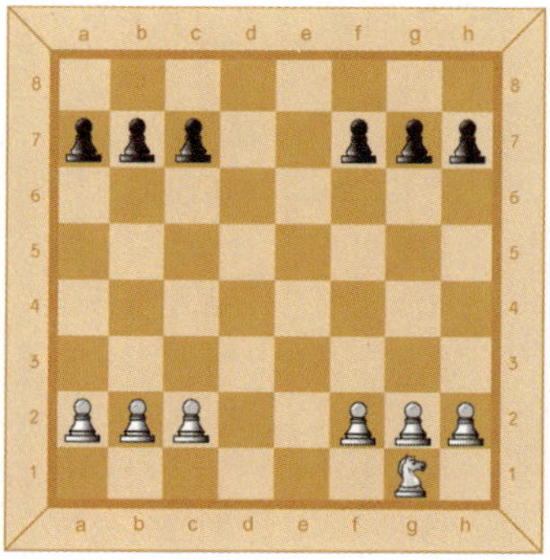

**3.** 白马想要走到 d4 格，最少需要连续走几步棋？有几种方法？把行走路线画出来。

______________________

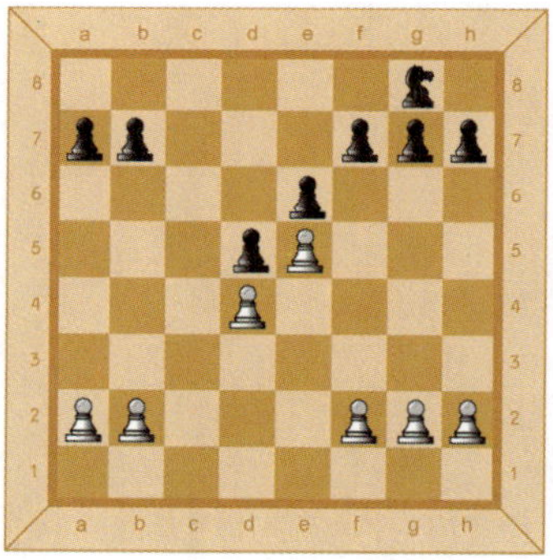

**4.** 黑马想要走到 f5 格，最少需要连续走几步棋？有几种方法？把行走路线画出来。

______________________

## 三、马的吃法

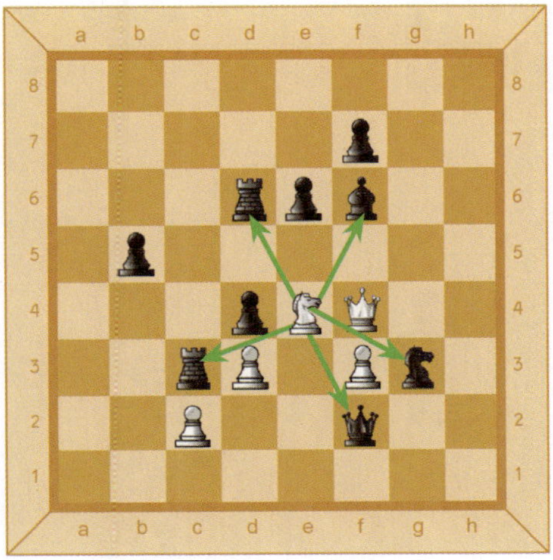

**马的吃法和走法相同，可以沿“L”字形进行吃子，并且可以跳过其他棋子。**

### 趣味问答

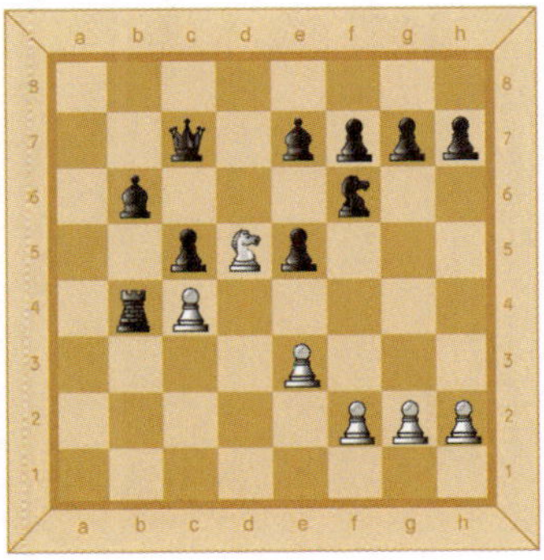

1. 白马可以吃掉哪些子？

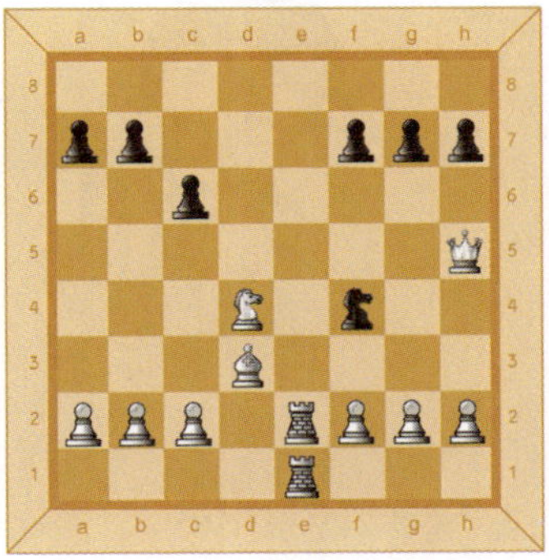

2. 黑马可以吃掉哪些子？

3. 假设黑兵不动，白马最少走几步可以吃掉黑兵，有几种方法？

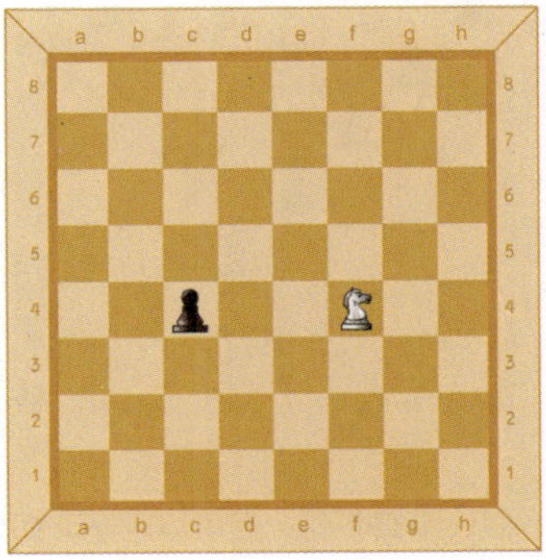

4. 假设黑兵不动，白马最少走几步可以吃掉黑兵，有几种方法？

## 更多挑战

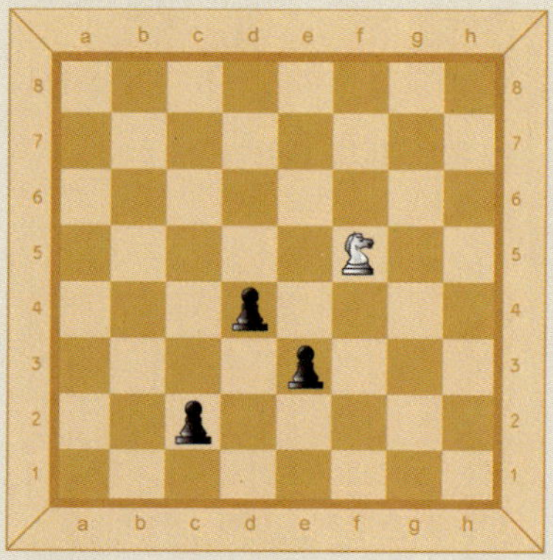


**1.** 假设黑兵不动，但可以吃子，如何在确保白马不被吃掉的情况下，尽快吃掉黑兵？把行走路线画出来。

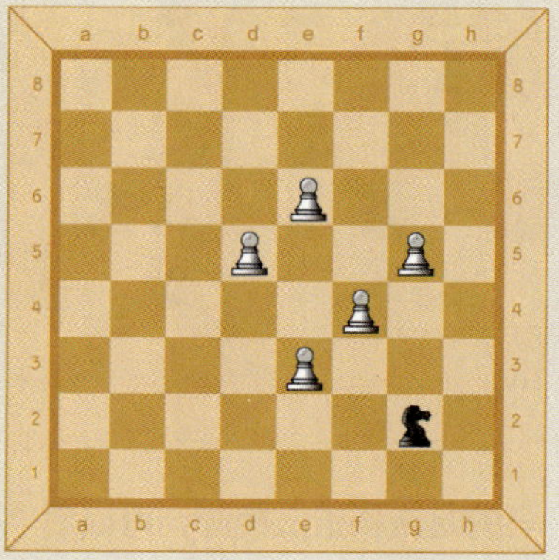


**2.** 假设白兵不动，但可以吃子，如何在确保黑马不被吃掉的情况下，尽快吃掉白兵？把行走路线画出来。

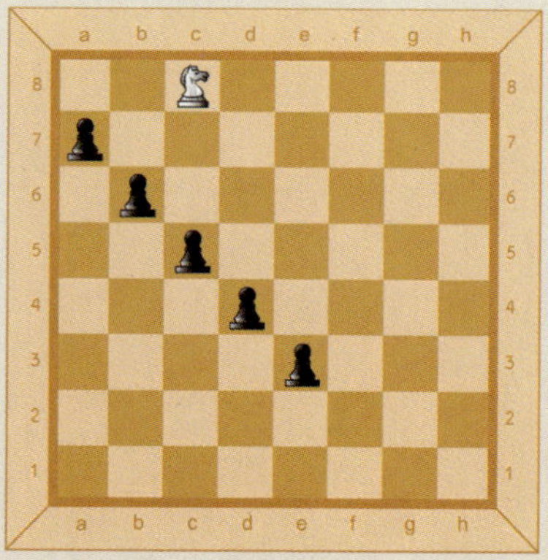


**3.** 假设黑兵不动，但可以吃子，如何在确保白马不被吃掉的情况下，尽快吃掉黑兵？把行走路线画出来。

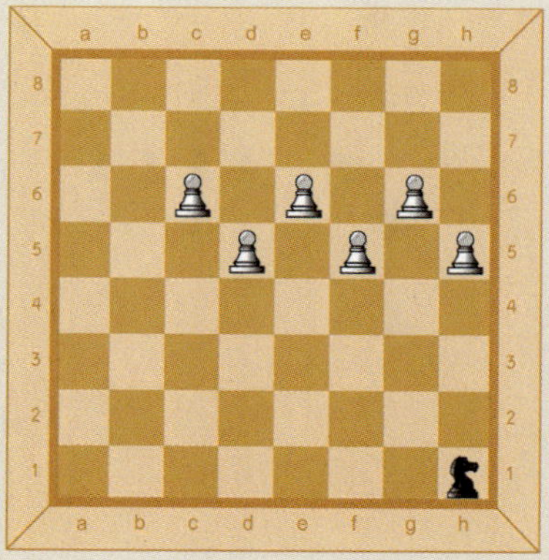


**4.** 假设白兵不动，但可以吃子，如何在确保黑马不被吃掉的情况下，尽快吃掉白兵？把行走路线画出来。

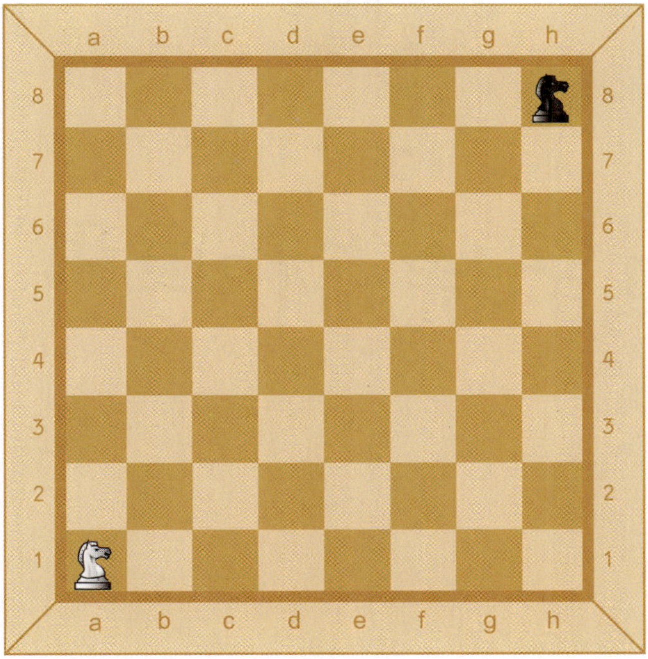


下一盘马对马的棋，白方的目标是把马走到 h8 格，黑方的目标是把马走到 a1 格，最先到达的一方获胜，如果中途吃掉对方的马也算赢。

# 第十一课

# 马的特点和运用

## 一、马的特点

### （一）喜欢中心

马是一种对位置非常挑剔的棋子，一个绝佳的位置可以让马威力倍增，而一个糟糕的位置则会让它难以发挥作用。

马在中心可以往 8 个方向走，控制 8 个格子。

马在边线可以往 4 个方向走，控制 4 个格子。

马在角落就只能往 2 个方向走，控制 2 个格子。

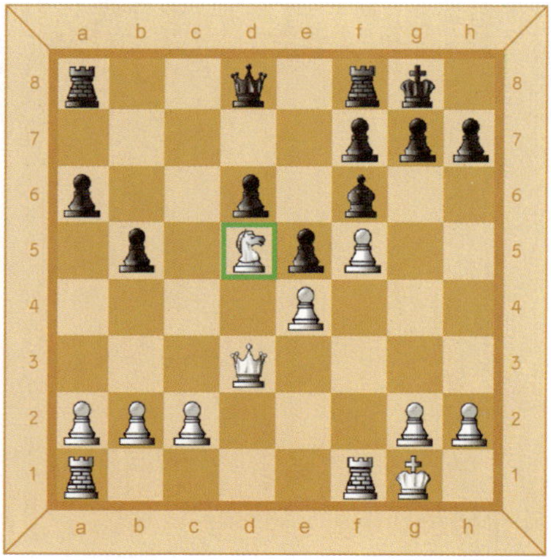


**因此，马最喜欢中心的位置，尤其是如上图这样，对方的兵无法攻击的格子。因为不会被赶走，马就能稳居中心，同时控制着四面八方。**

## （二）善于击双

因为马在活跃时可以同时向 8 个方向展开进攻，又可以跳过棋子而不受阻拦，所以**马善于同时攻击两个甚至是多个棋子，这样的走法被称为“击双”。**

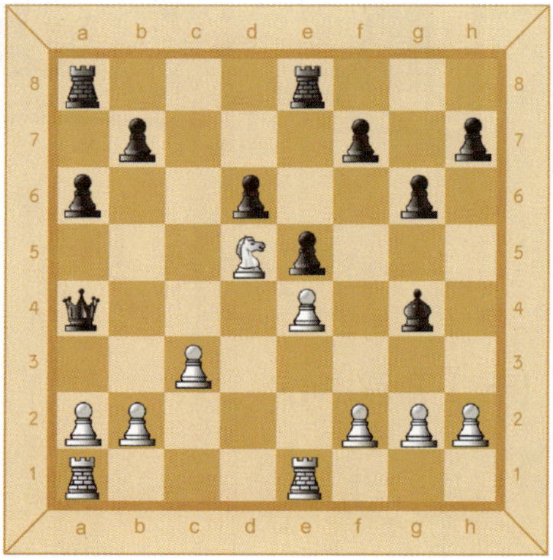


如上图就充分体现了这一特点。

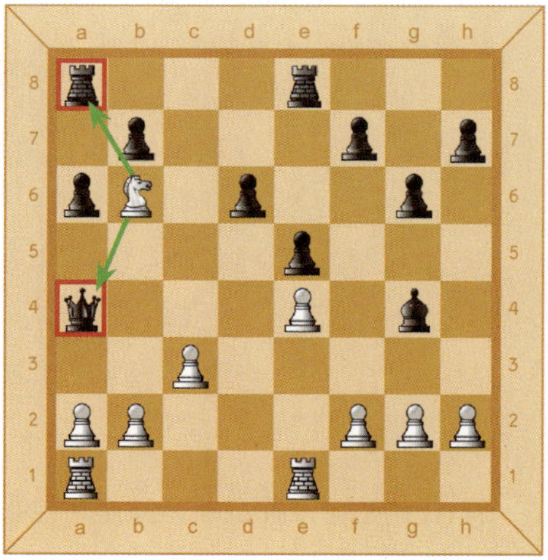

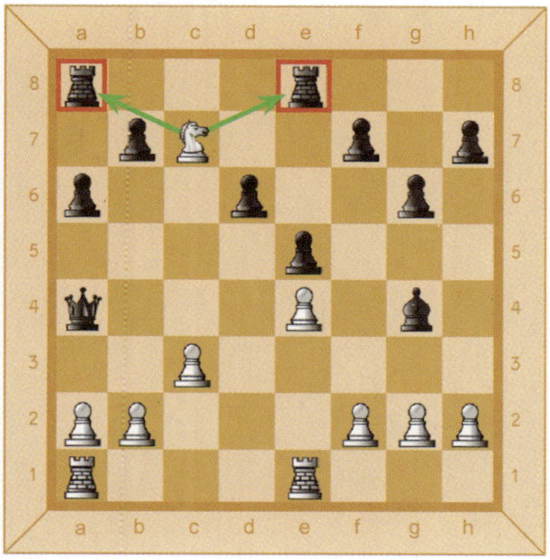

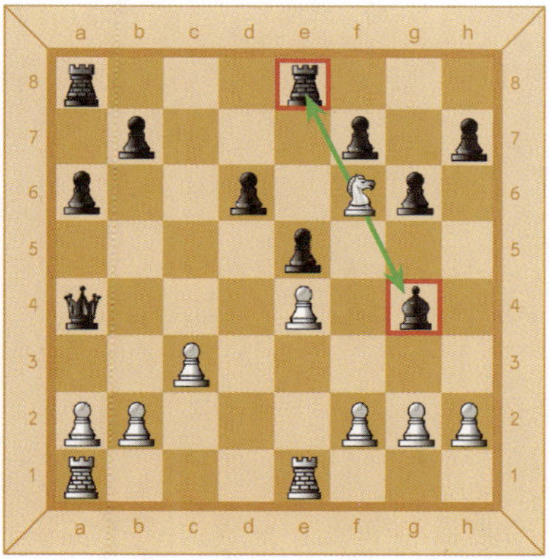

白马有多种方式可以同时攻击黑方重要的子力，非常灵活。

## 趣味问答

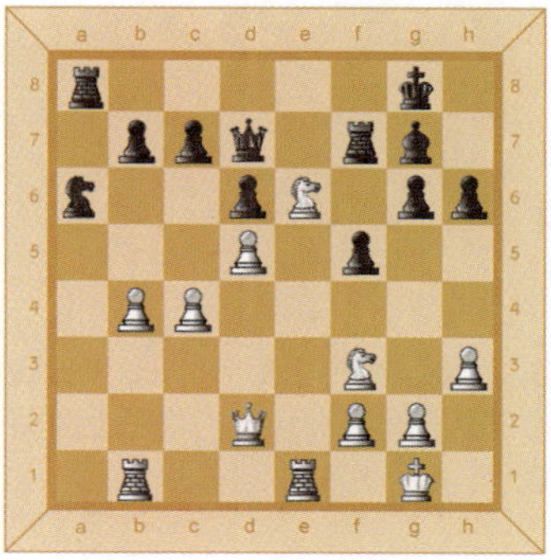

**1.** 白方的 e6 马和黑方的 a6 马谁的位置比较好？为什么？

______________________________

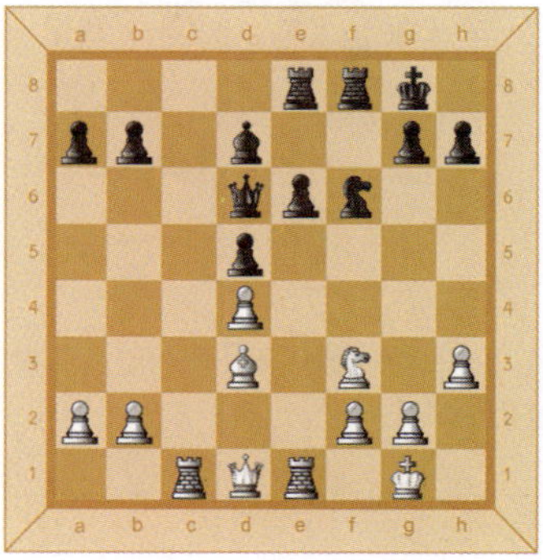

**2.** 白马应该走到哪里？

______________________________

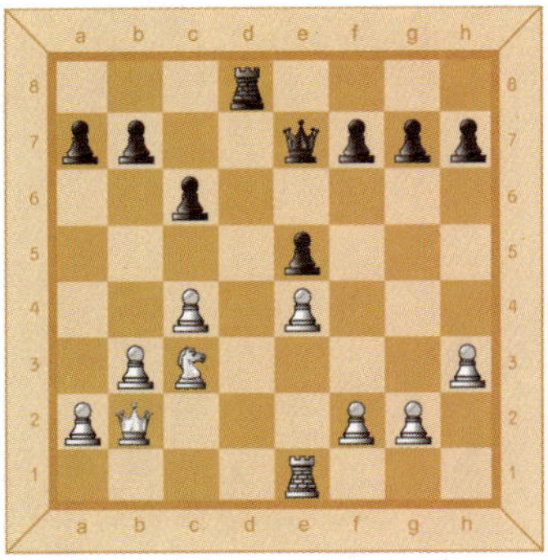

**3.** 黑马在哪个位置可以同时攻击白方的后和车？在正确的格子上画圈表示。

**4.** 白马走到哪里可以同时攻击黑方的后和车？

# 二、马的运用

## （一）马与兵

**马可以轻松控制住单个通路兵，但在面对连兵时，还是有些困难。**

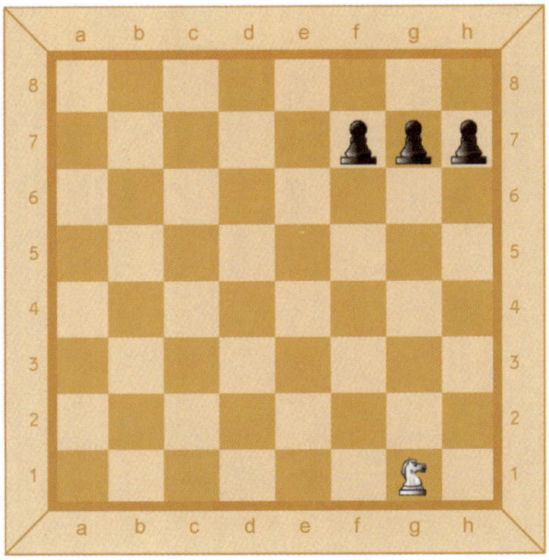

单马无法阻止三连兵升变。

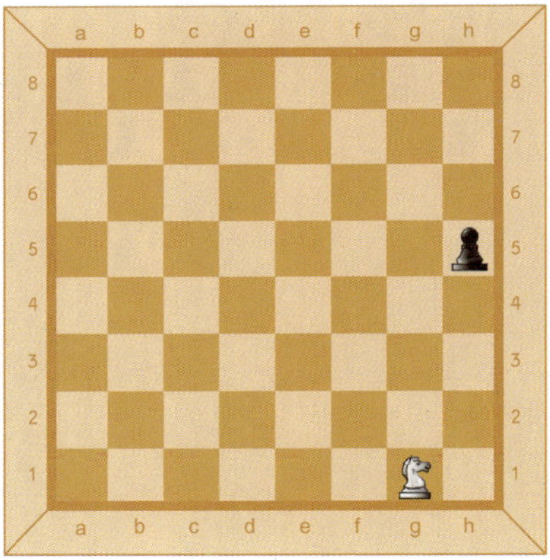

在面对边兵时，马的防守最为艰难，因为马在边线和角落时的行动能力受限。

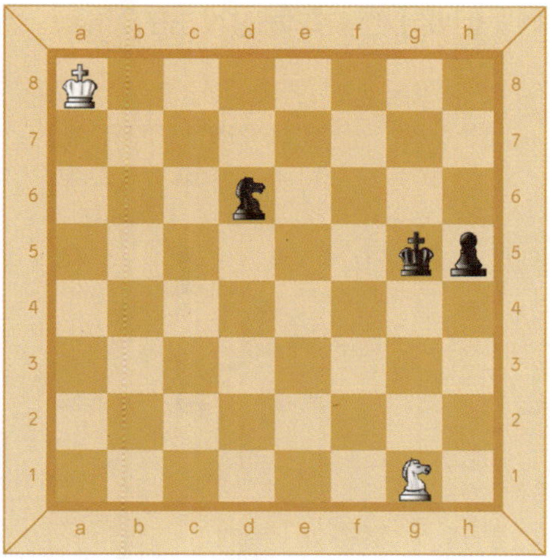

在白王来不及参与战斗的情况下，一个马无力阻挡有黑王支持的边兵升变。

## （二）马与象

**马和象的斗争由来已久，因为特点不同，这两个棋子有各自偏好的局面。**

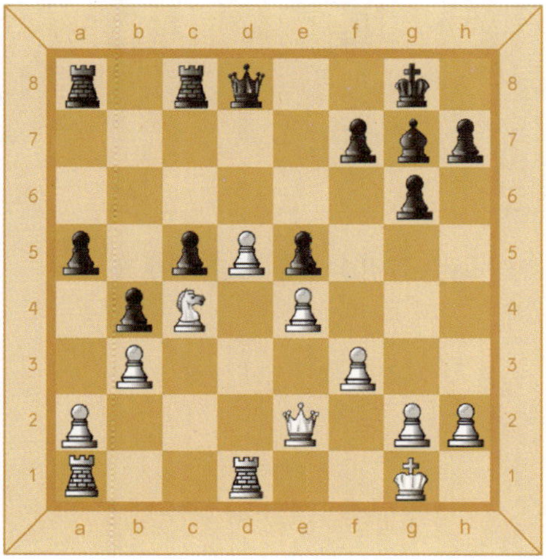

在之前的学习中，我们知道，象喜欢开放的斜线，马与象正好相反。因为马具有可以跳过棋子的特点，它的行动路线不会受到阻挡，所以马在封闭的局面中更能发挥作用。

如左下图的局面，白马的作用要大于黑象。

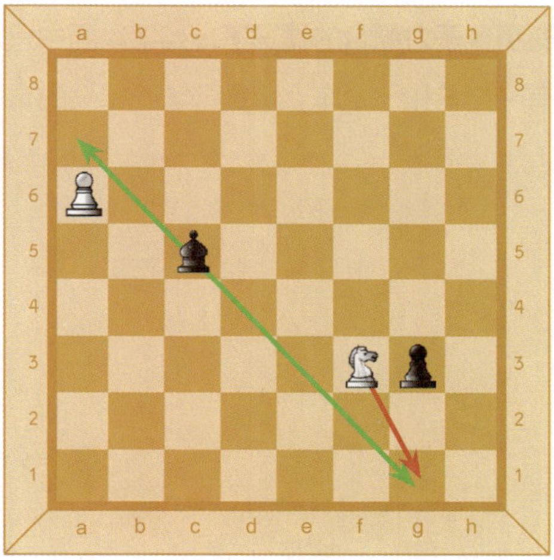

在残局中，因为象能控制更远的距离，而马在调动中要慢于象，所以在棋盘两翼都有兵的时候，象比马更容易做到攻守兼备。

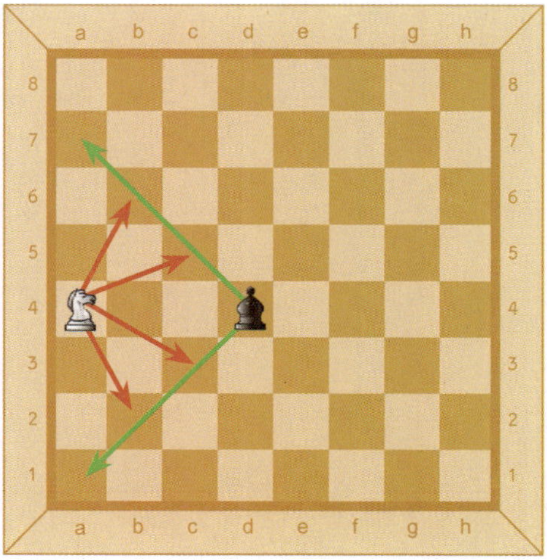

当马在棋盘边缘的时候，象可以用“扇形法”来限制马的行动。

## （三）马与车

**单马的威力要小于单车，这体现在有更多子力配合的情况下。**如果局面中只有一个马和一个车，车是无法吃掉马的。

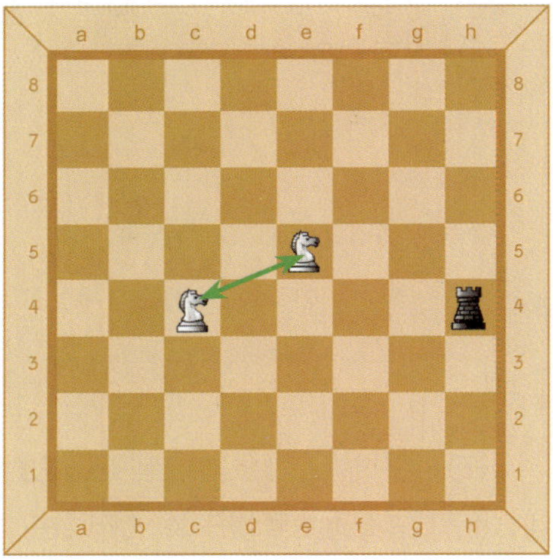

双马可以形成“连环马”，互相保护，来与单车抗衡。

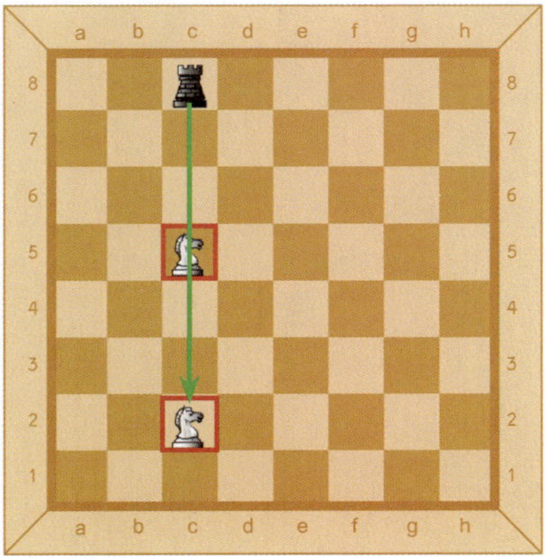

但要小心被车同时攻击的可能。

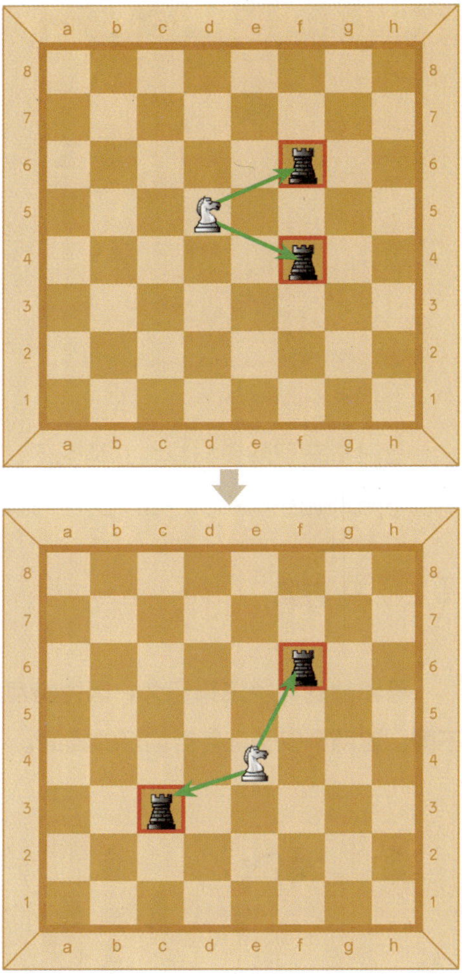

马也有机会同时攻击两个车。

## 小贴士

我们会注意到，在被马同时攻击的例子中，双车都在相同颜色的格子里，这是因为马具有“变色龙”的特点。

因此，如果双车想要避免马的同时攻击，留意走在不同颜色的格子里即可。

## 趣味问答

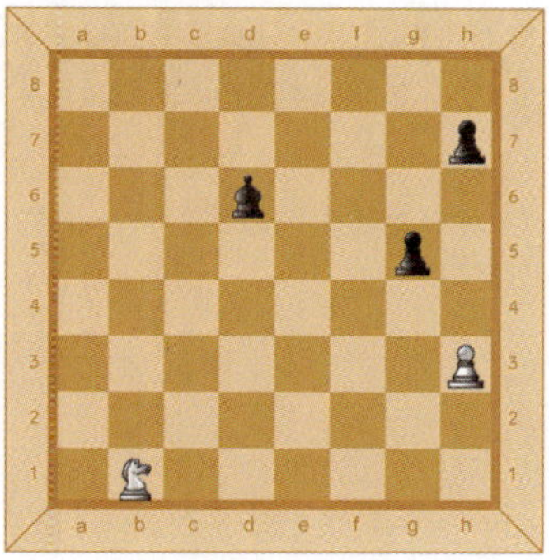

**1.** 黑象走到哪里可以控制住马的行动路线？

______________________

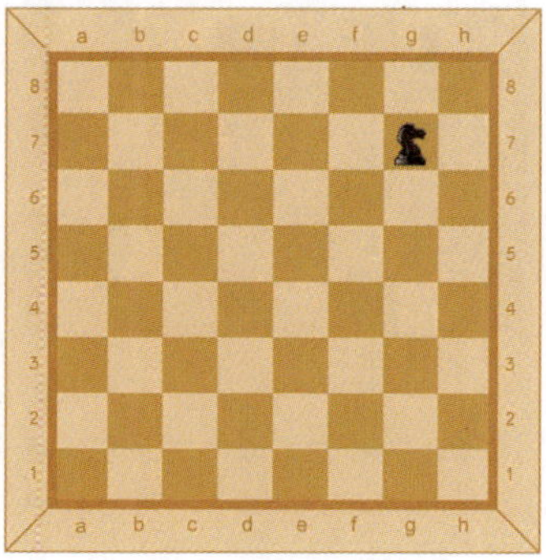

**2.** 白车在哪个位置可以控制住马的行动路线？在正确的格子上画圈表示。

______________________

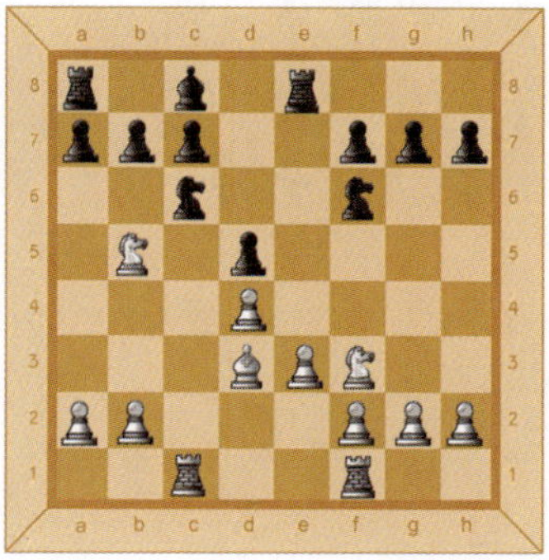

**3.** 白马走到哪里可以同时攻击黑方的两个车？

______________________

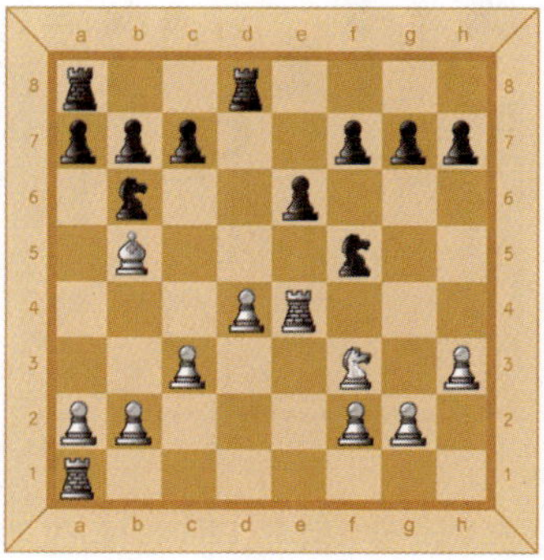

**4.** 黑马走到哪里可以同时攻击白方的车和象？

______________________

## 更多挑战

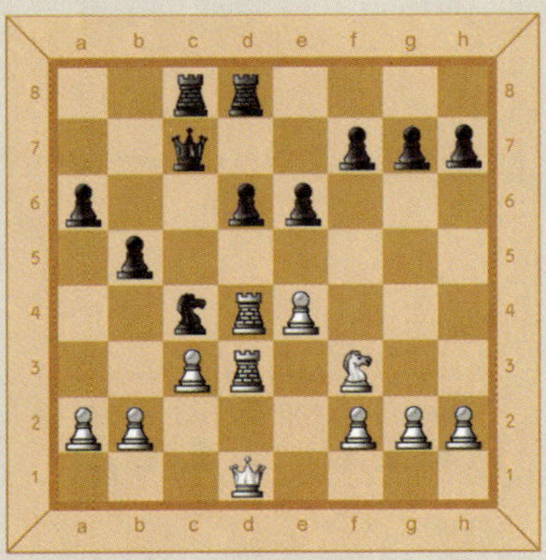

**1.** 黑马走到哪里可以同时攻击白方的后和车？

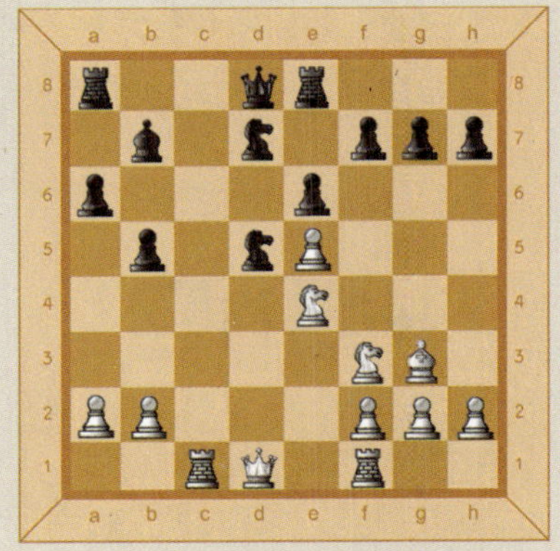

**2.** 白马走到哪里可以同时攻击黑方的车和象？

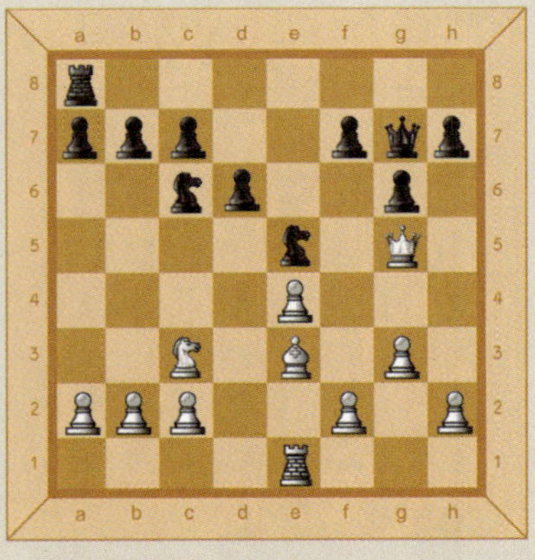

**3.** 黑马走到哪里可以同时攻击白方的后和车？

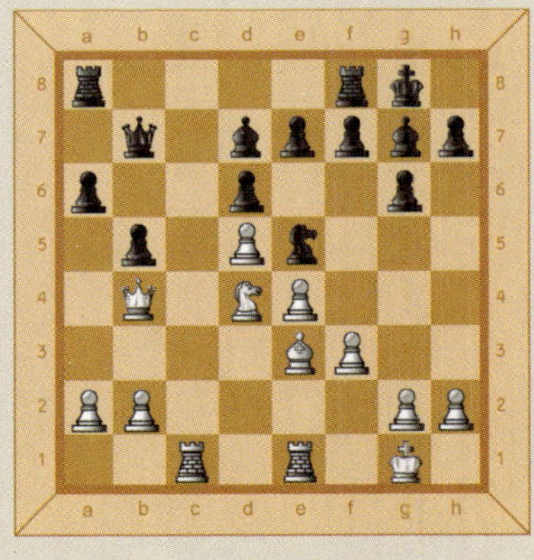

**4.** 黑马走到哪里可以同时攻击白方的后和车？

## 棋开得胜

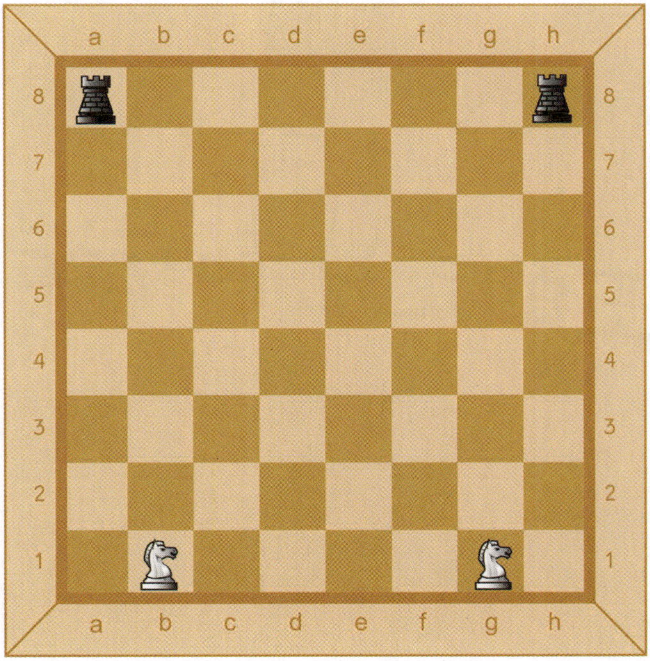


下一盘双马对双车的棋，白方的目标是吃掉一个黑车，黑方的目标是吃掉两个白马，最先达成目标的一方获胜，如果在二十个回合内没有分出胜负，就算和棋。

第十二课

# 王的走法和吃法

## 一、认识王

| 棋子名称 | 英文 | 英文缩写 | 意义 | 各方棋子数量 |
|---|---|---|---|---|
| 王 | King | K | 国王 | 1 |

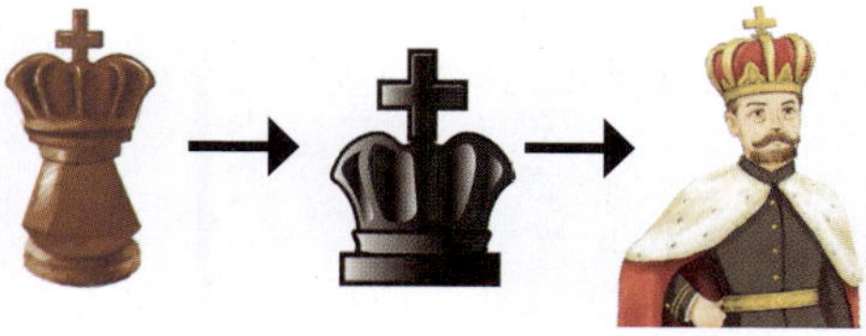

一盘棋中，每方有一个王，且数量不会随着兵的升变而增加。**王是非常重要的棋子，整盘棋中唯一不能被吃掉的就是王。**在正式的比赛中，获胜的目标不是比谁吃子多，而是看谁能先将死对方的王。

**王代表着国王，英文为“King”。**在封建社会中，国王是一个国家的最高统帅，他需要时刻掌握这个国家重要的信息，坐在宫殿的宝座上，深思熟虑后方可下达命令。如果发生战争，国王也需要保持冷静，由麾下的武将前去冲锋陷阵。在国际象棋中，王的走动范围很小，又因为是对方的进攻目标，所以常常需要许多子力守护。

# 二、王的走法

王的走法和后的走法一样，横线、直线、斜线都可以走，但是每步棋只能走一格，像一个小小的“米”字。

因为王不能被吃掉，所以需要确保它的绝对安全，不能走到任何被对方棋子攻击的格子里。

## 趣味问答

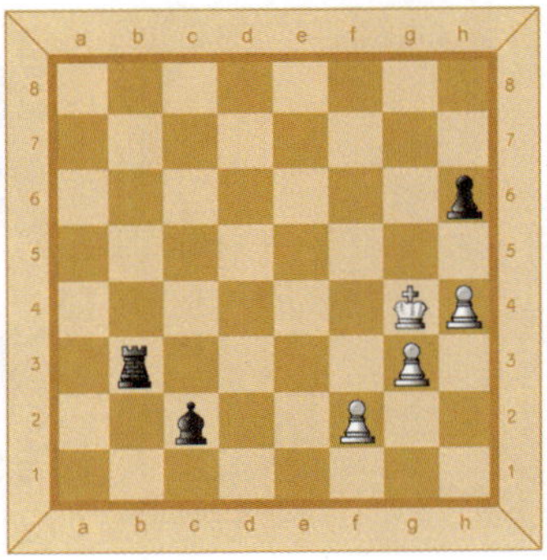

1. 白王可以有几种走法?

______________________

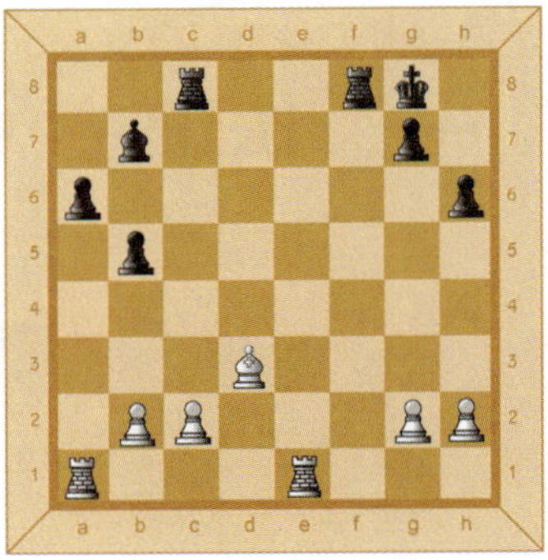

2. 黑王可以有几种走法?

______________________

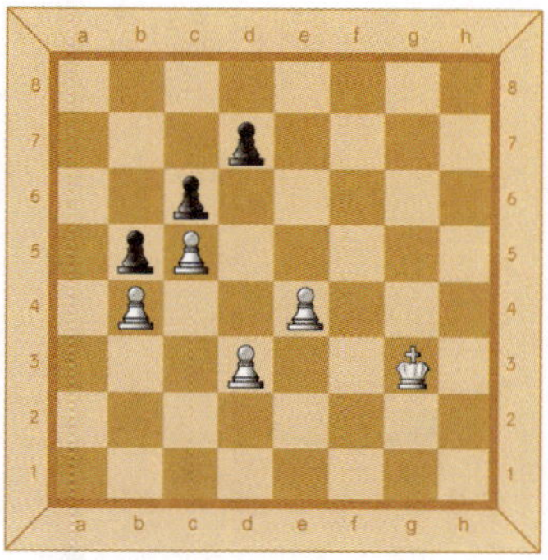


**3.** 白王要想走到 d6 格，至少需要花几步棋？把行走路线画出来。

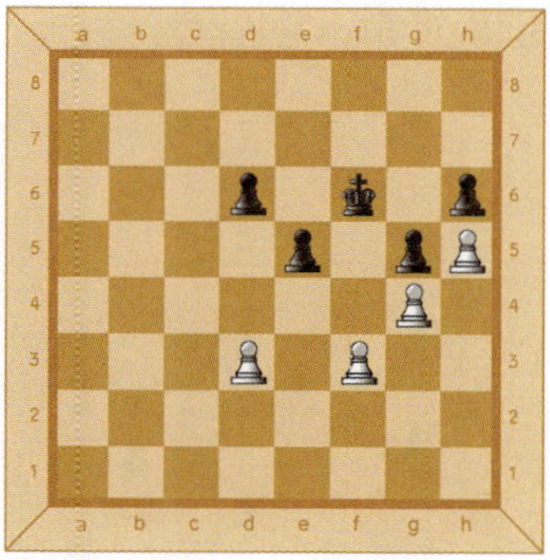


**4.** 黑王要想走到 e3 格，至少需要花几步棋？把行走路线画出来。

# 三、王的吃法

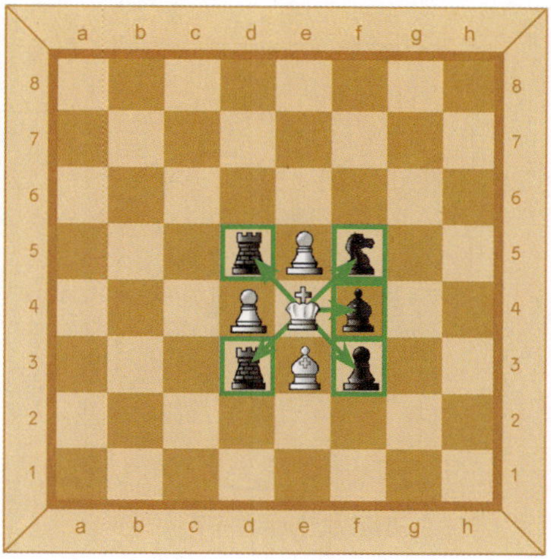


**王的吃法和走法相同，可以沿横线、直线、斜线每步棋走一格进行吃子。**

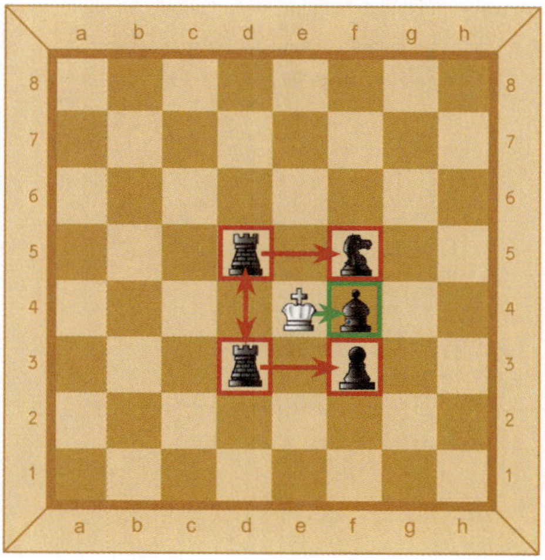


**因为王不能被吃掉，所以它不能去吃有保护的棋子。**

# 趣味问答

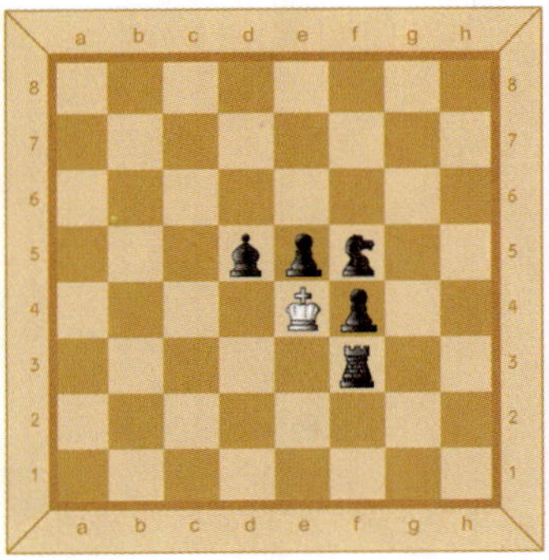

1. 白王可以吃掉哪些子？

______________________

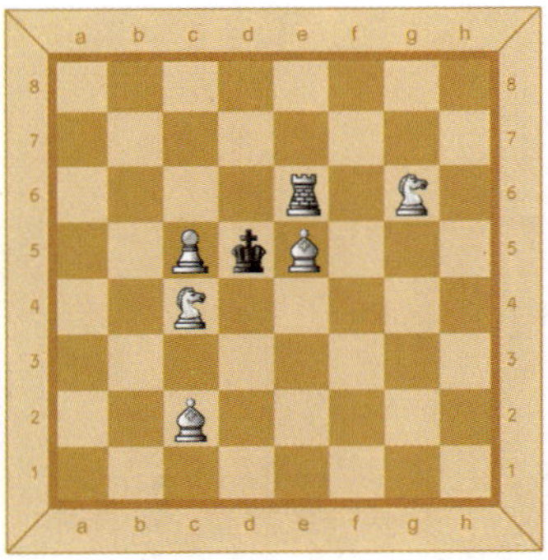

2. 黑王可以吃掉哪些子？

______________________

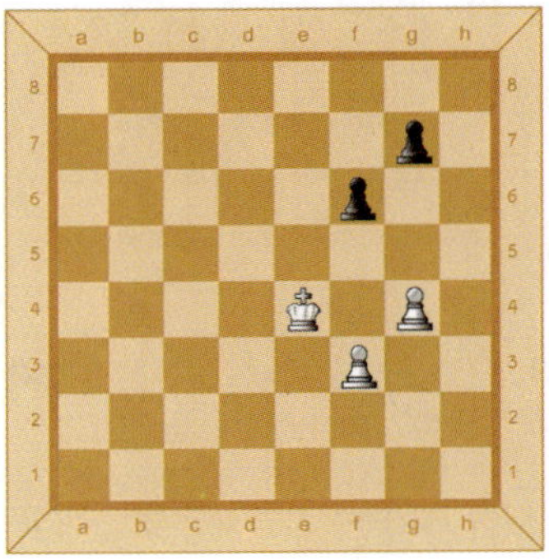

3. 假设黑兵不动，白王最少走几步可以吃掉黑兵？把行走路线画出来。

______________________

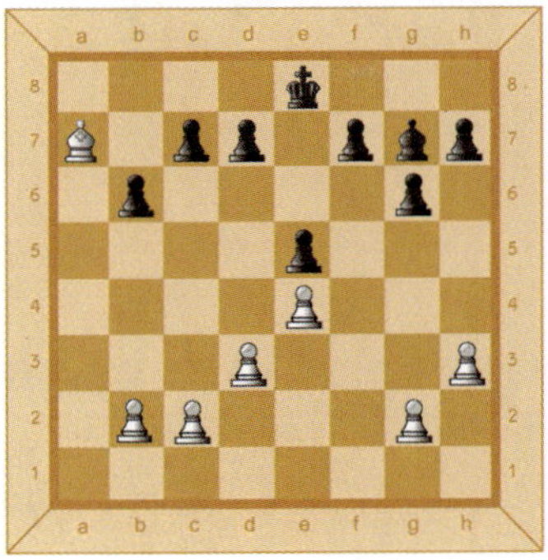

4. 假设只有黑王能动，黑王最少走几步可以吃掉白象？把行走路线画出来。

______________________

## 更多挑战

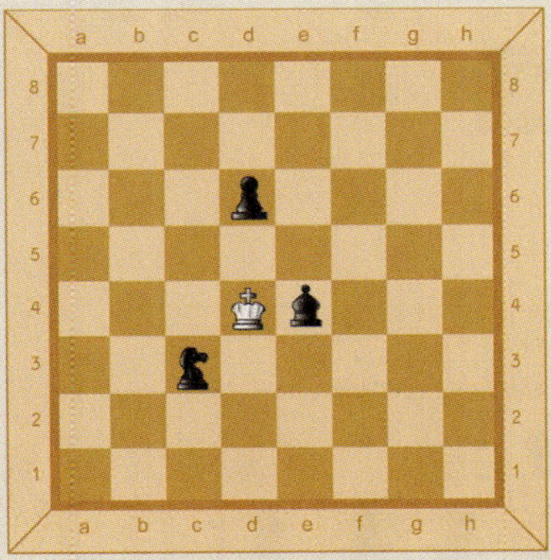

**1.** 白王有几种走法？

______________________

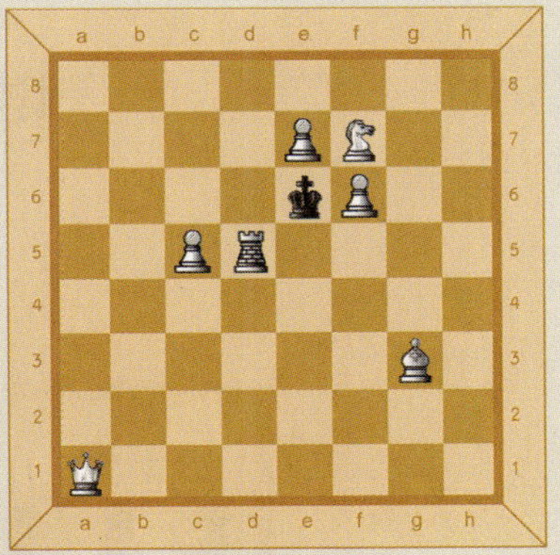

**2.** 黑王可以吃掉哪些子？

______________________

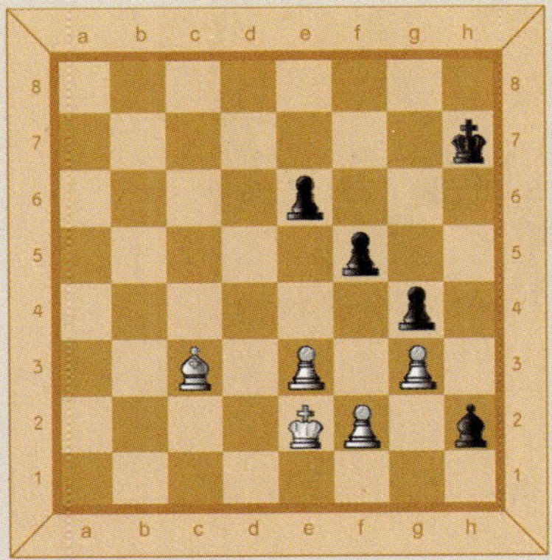

**3.** 白方先走，双方轮流走棋，白王应该怎么吃掉黑象？

______________________

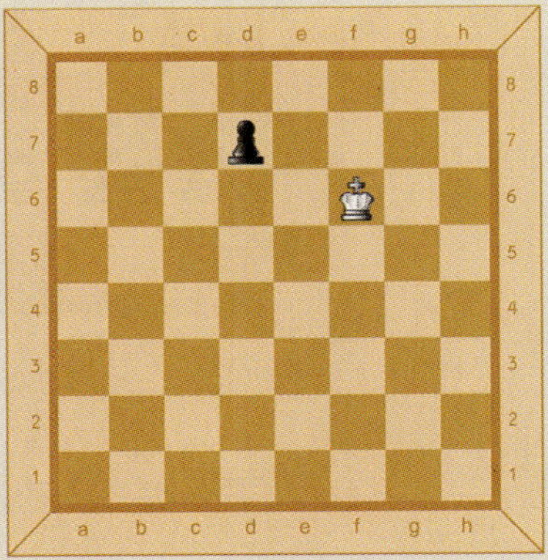

**4.** 白方先走，双方轮流走棋，白王应该怎么吃掉黑兵？

______________________

# 棋开得胜

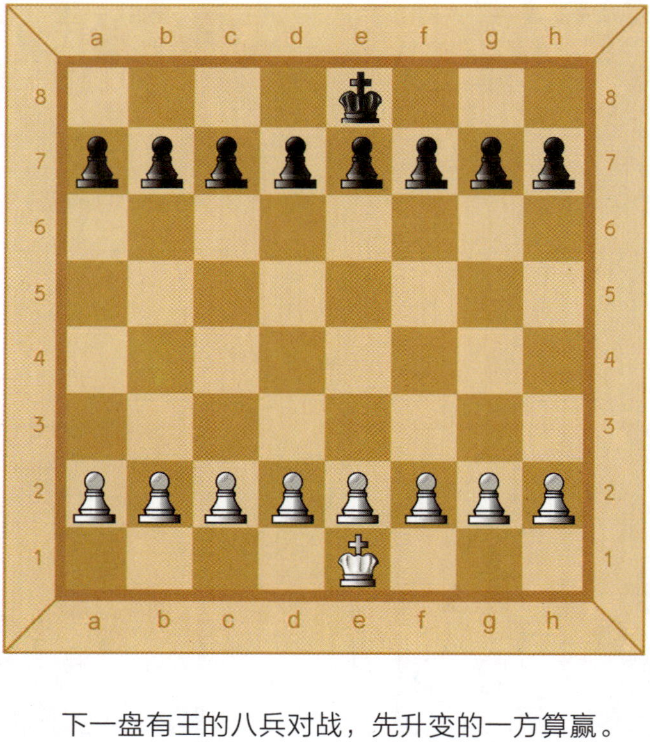


下一盘有王的八兵对战，先升变的一方算赢。

第十三课

# 王的特点和运用

## 一、王的特点

**王作为国际象棋中最重要的棋子，是整盘棋中唯一不能被吃掉的，所以也不能参与任何棋子的交换。**

如果王被对手攻击而无法化解，就意味着输棋（关于这部分内容，会在第十五课、第十六课进行详细讲解）。**我们要保护好自己的王，并且组织子力，去进攻对手的王。**

在开局和中局阶段，王会躲在兵墙之后，由子力联合守护。

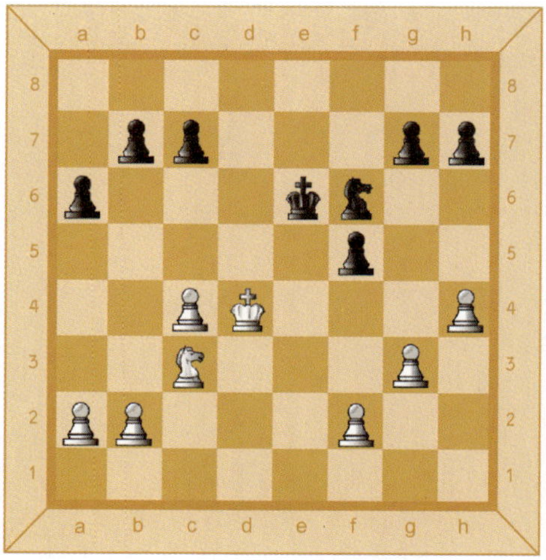

到了残局阶段，棋盘上的棋子所剩无几，王不再危险。但由于手下再无大将可用，所以必须亲自出战。

## 二、王的运用

### （一）王对王

（√）

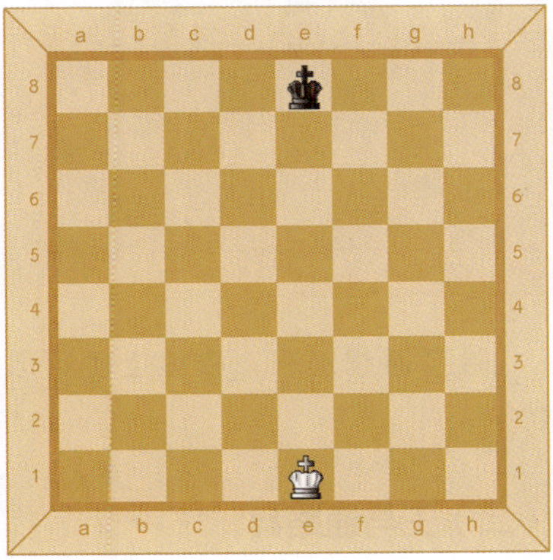


（×）

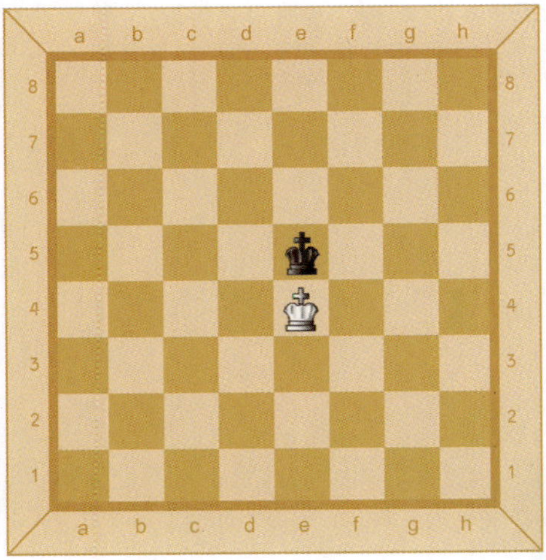


**国际象棋中不存在“王不见王”的规则，因此白王与黑王可以出现在同一条直线中。但因为王不能被吃掉，所以它们无法触碰对方。**

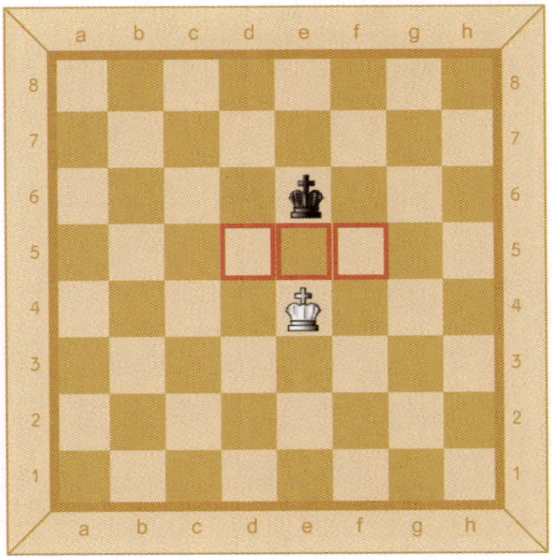


**两个王之间最常见的对抗方式是“对王”。如上图，两王相对而立，控制着面前的三个格子，阻止对方的王向前入侵。**

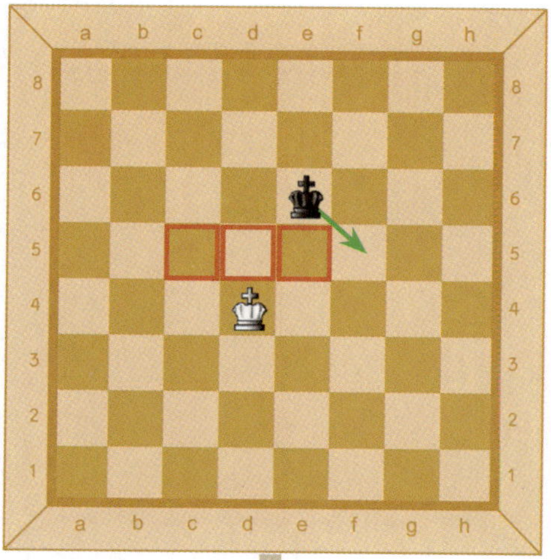


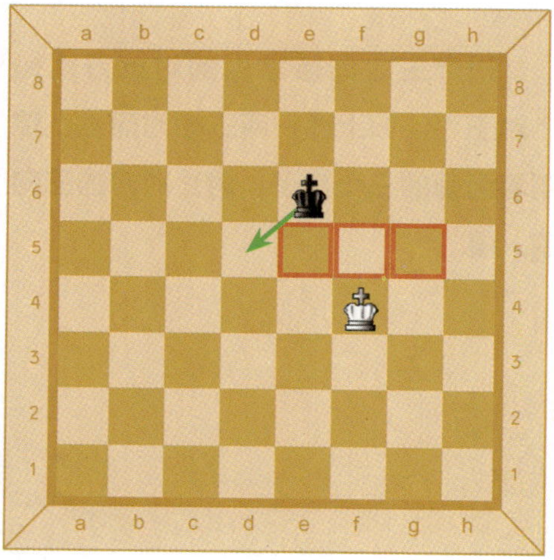


国际象棋是双方轮流走子的，不能连续走棋，也不能不走棋。**因此对王时，轮到谁走，对谁不利。**因为一旦把王走开，刚才严丝合缝的防护网就露出了破绽。

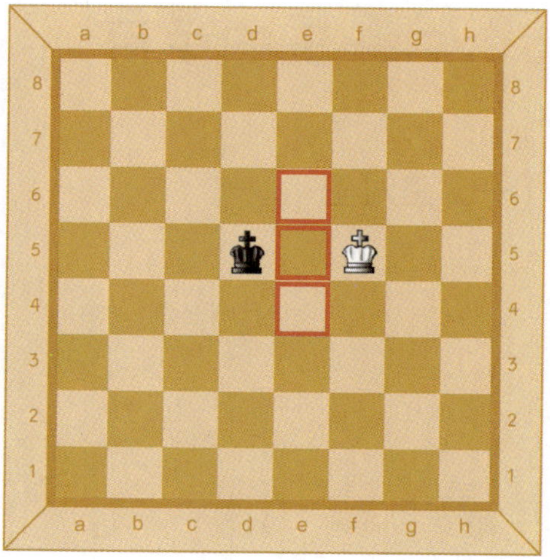


除了直线对王，横线上也可以对王。

## （二）王与通路兵

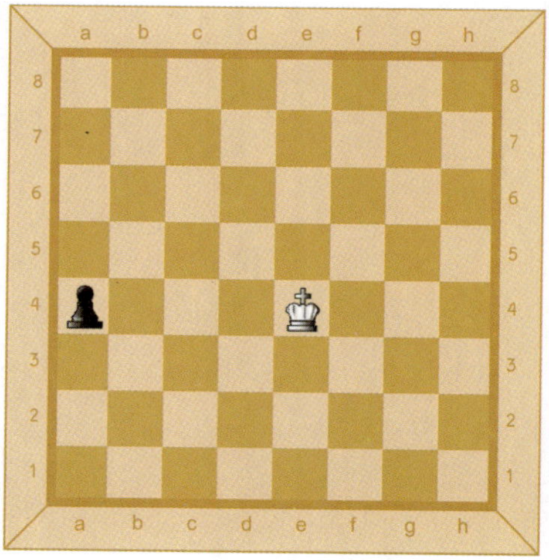


如上图，如果白方先走，那么白王能不能阻止黑兵升变呢？这里有一个简单的判断方法。

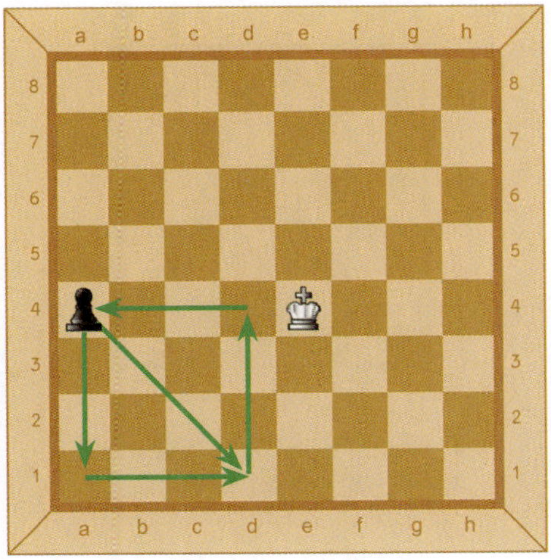


以黑兵为起点，向着白王的方向，沿着斜线画到将要升变的底线，再以这条线作为对角线，画一个完整的正方形，这就是方形区。

如果白王在这个正方形内，就可以守住黑兵，阻止其升变，反之则无法守住。

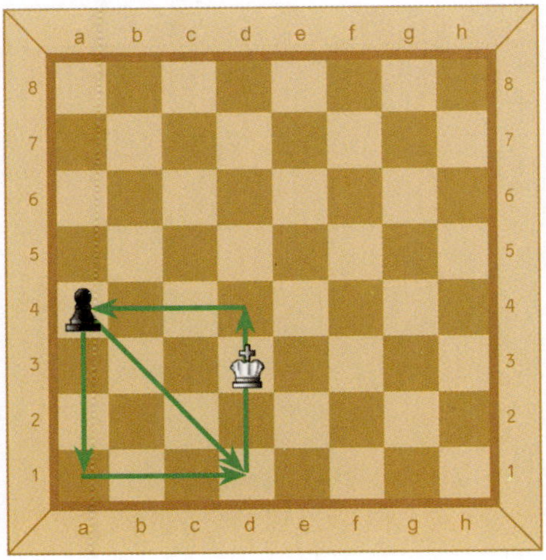


轮到白方先走，白王正好可以走到方形区内，所以它能够阻止黑兵升变。

## 趣味问答

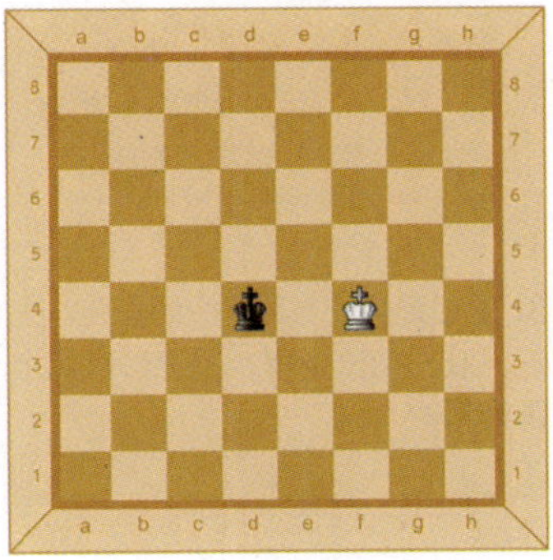


**1.** 黑方先走，白王有机会走到e线吗？

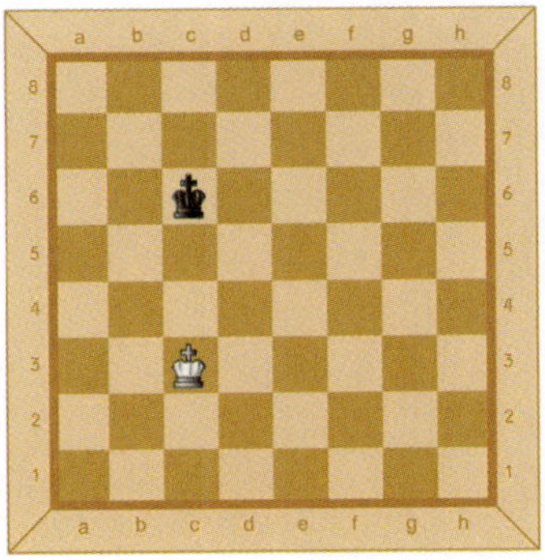


**2.** 白方先走，白王要想入侵5线，现在应该怎么走？

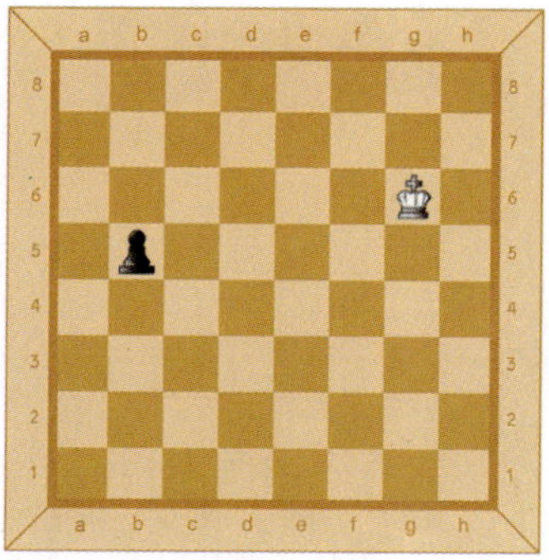


**3.** 画出黑兵的方形区，如果白方先走，双方轮流走棋，白王可以追上黑兵吗？

______________________

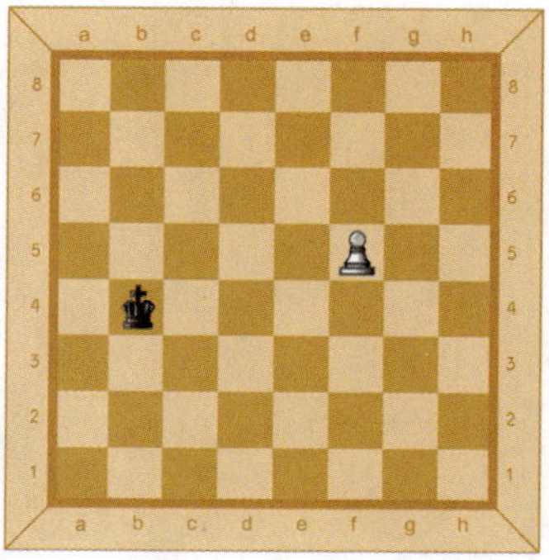


**4.** 画出白兵的方形区，如果白方先走，双方轮流走棋，黑王可以追上白兵吗？

______________________

## 更多挑战

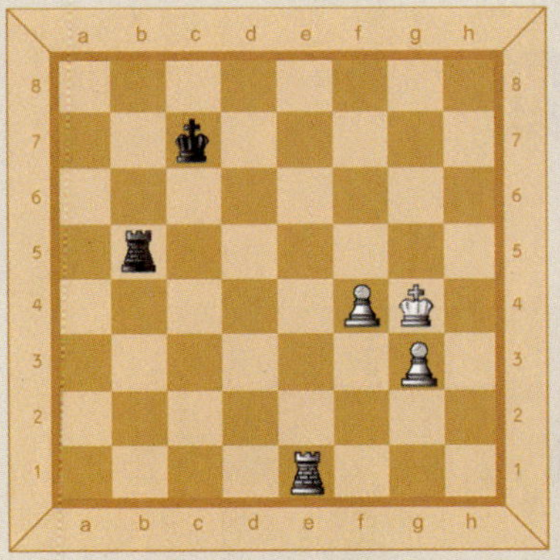

**1.** 怎么帮助白王走到 5 线去，有几种办法？

______________________

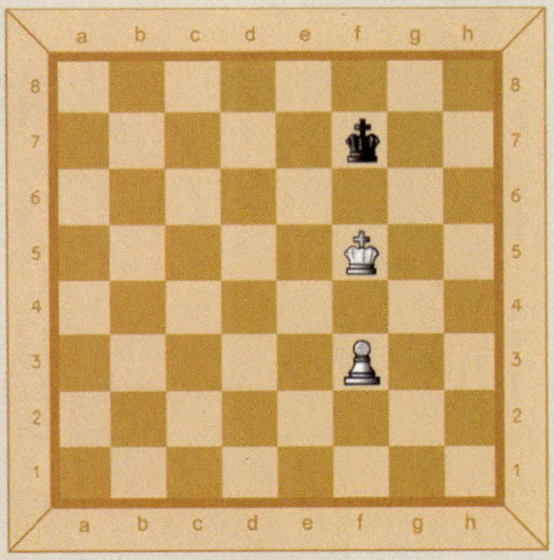

**2.** 白方先走，白王要想入侵 6 线，现在应该怎么走？

______________________

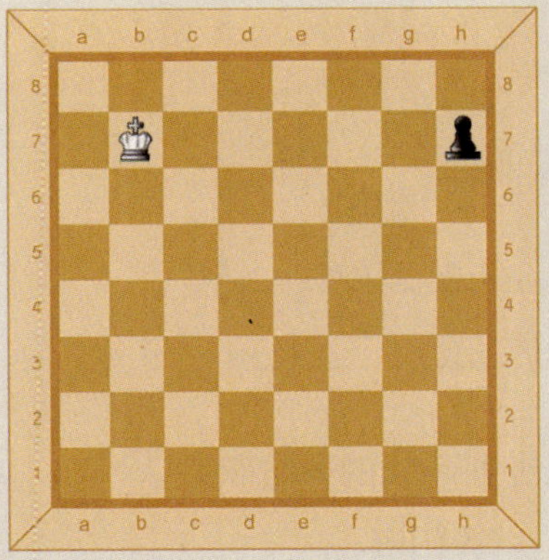

**3.** 如果白方先走，双方轮流走棋，白王可以追上黑兵吗？

______________________

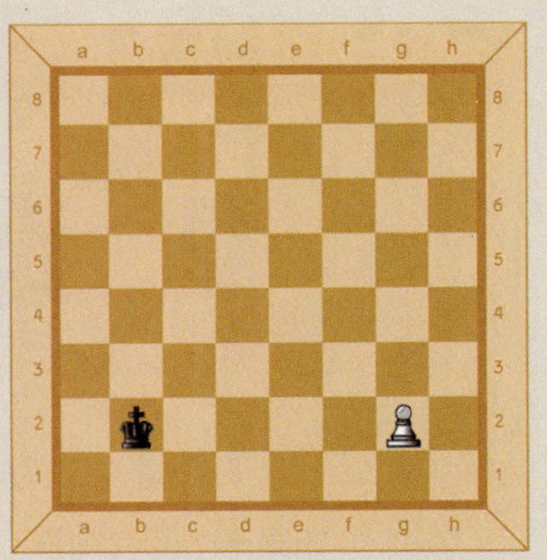

**4.** 如果白方先走，双方轮流走棋，黑王可以追上白兵吗？

______________________

# 棋开得胜

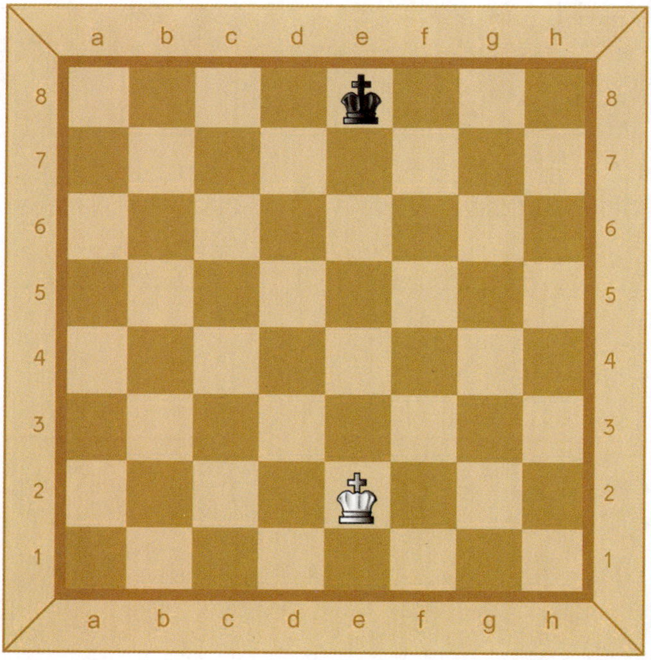


下一盘王对王的棋，王先走到 5 线的一方获胜，如果十个回合内谁都无法做到，就算和棋。

第十四课

# 棋子的分类和价值

# 一、棋子的分类

在前几节课，我们学习了所有棋子的走法，根据它们的特点将其分为“长兵器”和“短兵器”。

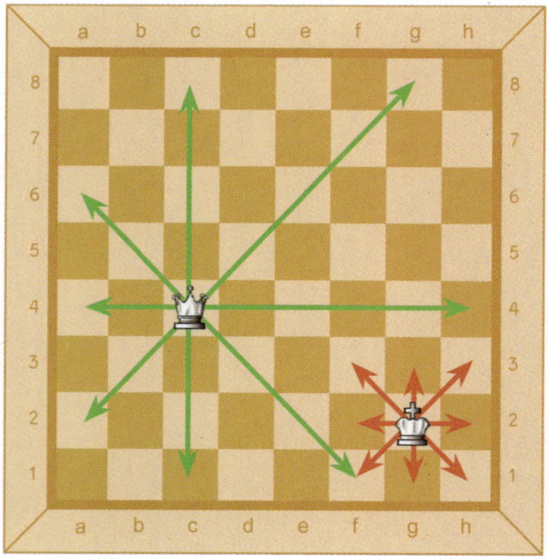

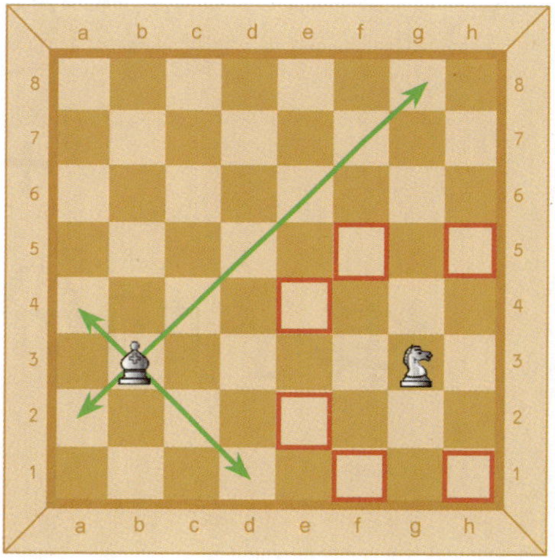

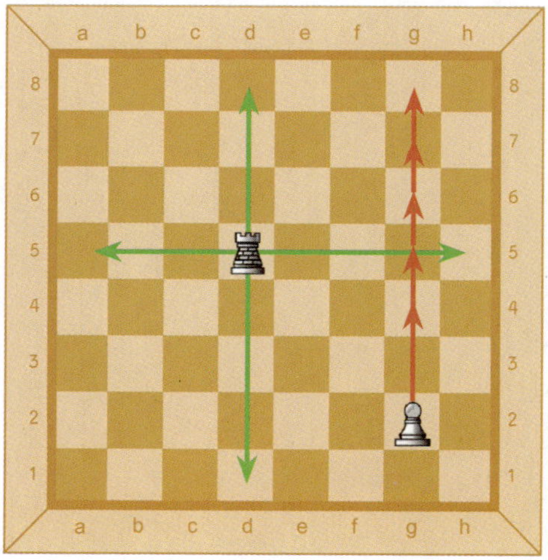

**长兵器是后、车、象，它们在没有棋子阻挡的情况下，都可以走到很远的地方。**

**短兵器是王、马、兵，它们每一步行走的格子都是有限的，“跑起来”比较慢。**

我们又按照棋子的威力，把它们分为“重子”和“轻子”。

**威力比较大的后和车是重子，威力比较小的象和马是轻子。**

## 二、棋子的价值

### （一）基础分值

除了分类之外，每种棋子都有它的价值。通常，威力越大的棋子，价值也越高。**后是 10 分，车是 5 分，象和马都是 3 分，兵是 1 分，而王作为不能被吃掉的棋子，是最珍贵的无价之宝。**

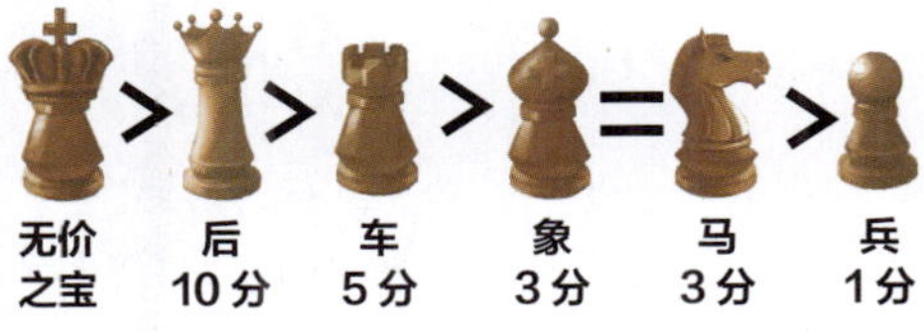


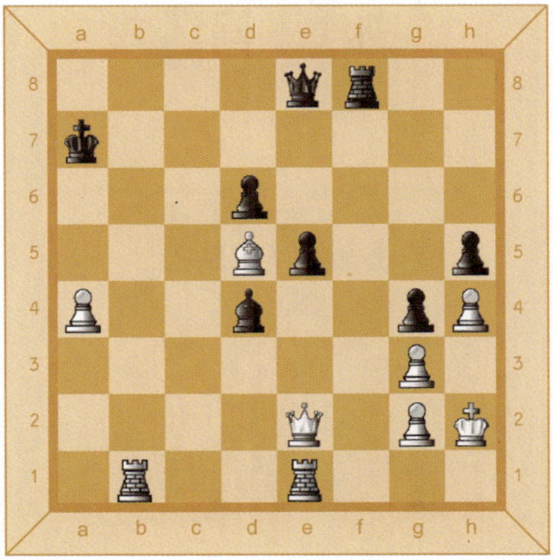

**棋子的价值可以帮助我们快速判断局势。**如上图，白方多一个车，有着 5 分的子力优势。

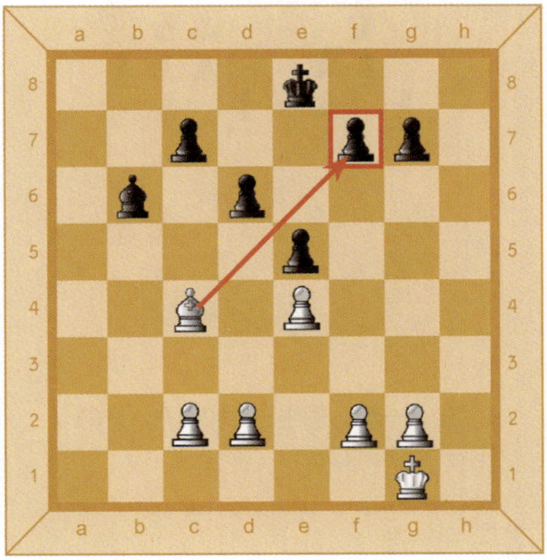

**在是否兑换子力（简称“兑子”）的问题上，棋子的价值更是重要的依据。**如上图，白象吃掉黑兵就不好，因为会被黑王吃回，象是 3 分，兵是 1 分，这样的交换，白方亏 2 分。

# 趣味问答

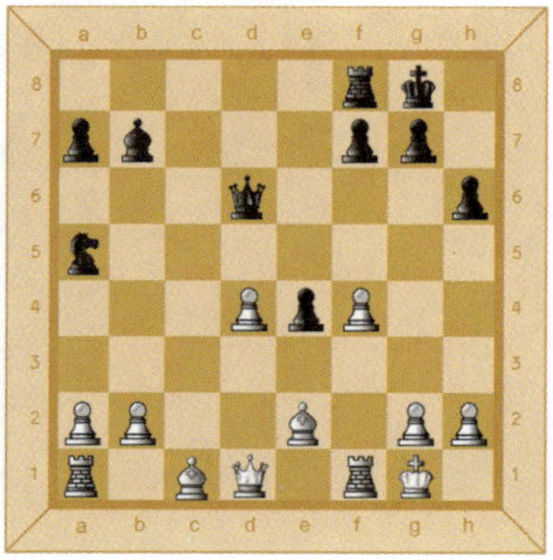

**1.** 算一算，图中白方和黑方，谁的子力更占优势？

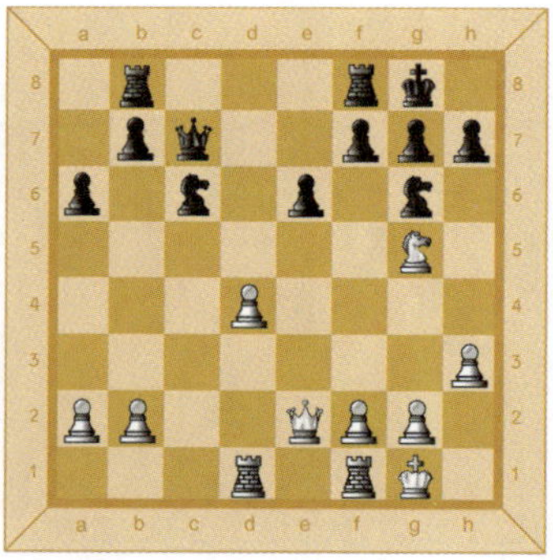

**2.** 算一算，图中白方和黑方，谁的子力更占优势？

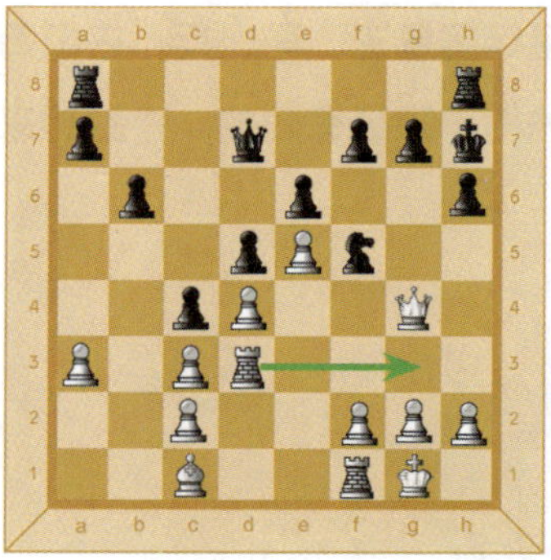

**3.** 白车走到g3格好不好？为什么？

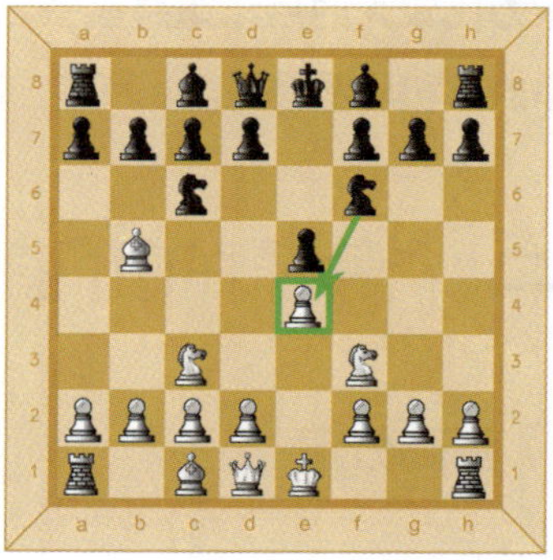

**4.** 黑马吃掉白兵好不好？为什么？

## （二）灵活变通

需要注意的是，棋子的分值只是参考，根据实际情况会上下浮动。

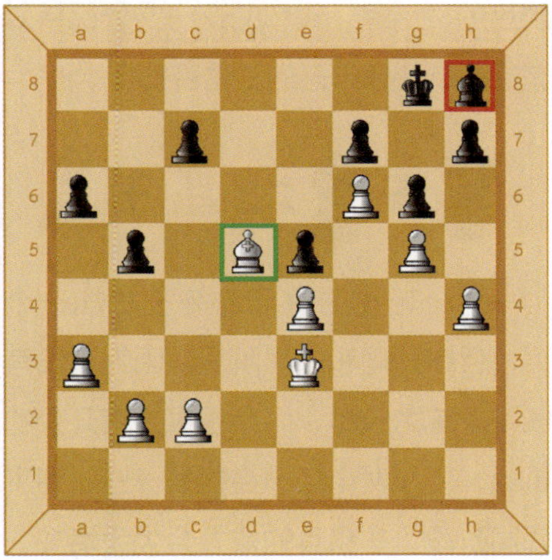

如上图，白象的价值就要高于黑象。因为，在棋盘的边缘或角落里，棋子控制的格子变少，价值也会降低；而棋子在中心时，能够发挥更大的威力，价值也就更高。

**我们要记住“威力越大，价值越大”的准则，更要灵活地去思考。**

## 趣味问答

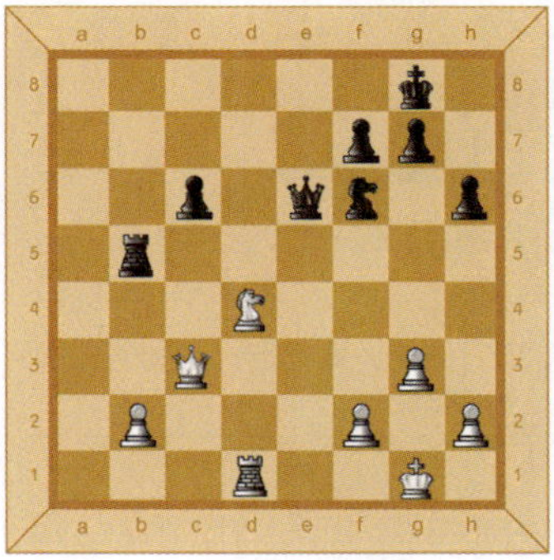

1. 白方先走，如何选择有利的兑换？

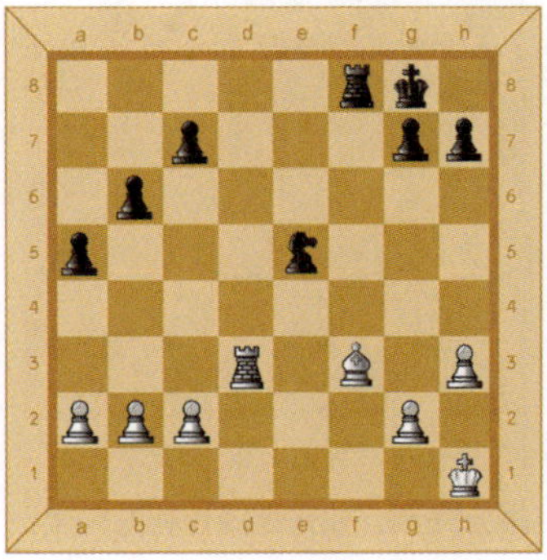

2. 黑方先走，如何选择有利的兑换？

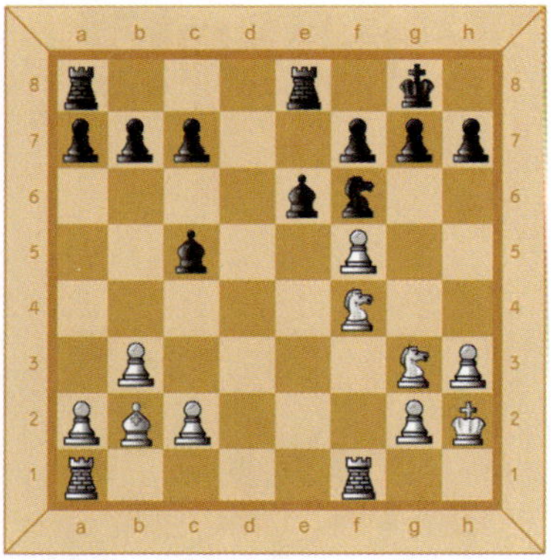


**3.** 白方先走，如何选择有利的兑换？

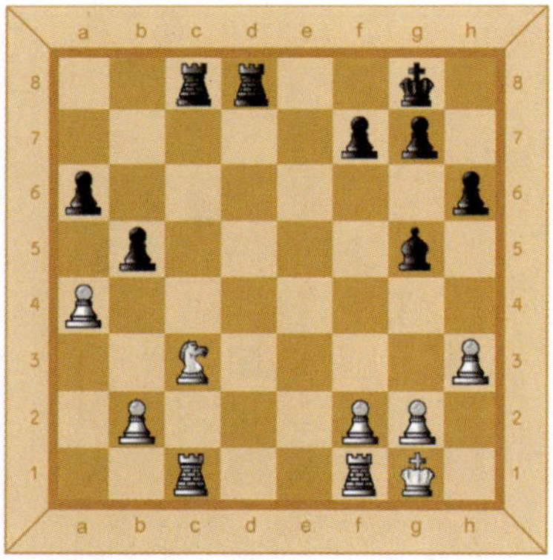


**4.** 黑方先走，如何选择有利的兑换？

## （三）不平衡兑子

在兑子之前，我们一定要想一想，这样的交换值不值得。**除了显而易见的等价交换外，还有一些不平衡兑子的情况，这就需要我们在棋子价值的基础上，根据实际情况进行判断。**

两个车的价值等于一个后，但考虑到后的灵活性，双车的这一方要保持双车连通，注意自己的王是否安全。

两个轻子的价值约等于车加一个兵，但在开局和中局阶段，因为车没有线路，威力较小，而兵也很少有升变的机会，所以两个轻子会更强一些。到了残局阶段，车和兵的威力会大大增加，这时有两个轻子的一方就要小心了。

车的价值大于一轻子加一个兵，这种情况通常被称为“多半子”，是指多“半个轻子”的意思。

一个轻子约等于三个兵，但兵的威力同样要在残局阶段才能体现出来。在开局和中局阶段，轻子的一方会更为有利。

## 趣味问答

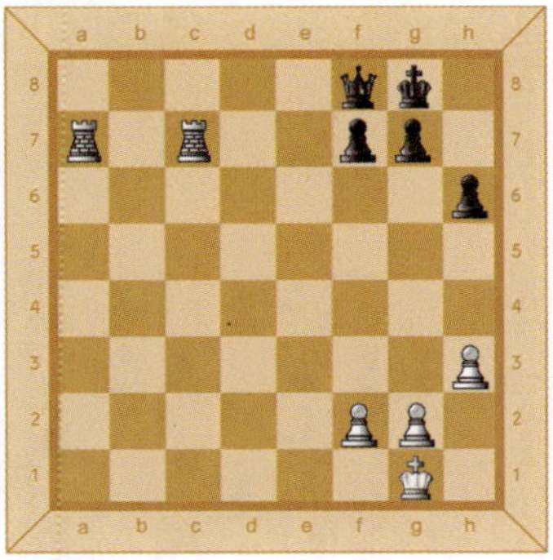


**1.** 图中白方和黑方谁更有利？为什么？

**2.** 如果白马吃兵，对谁更有利？为什么？

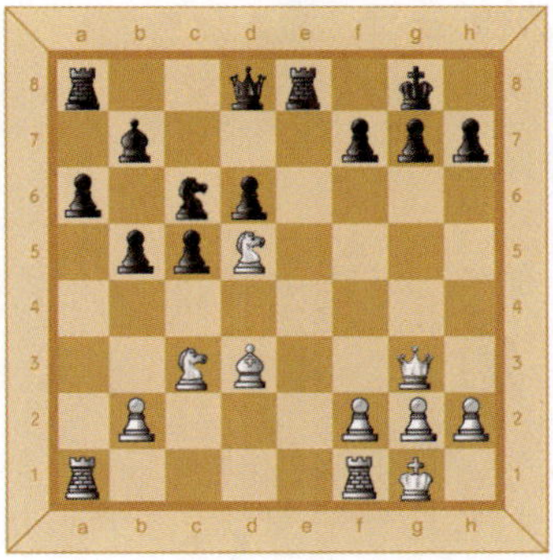


**3.** 图中白方和黑方谁更有利？为什么？

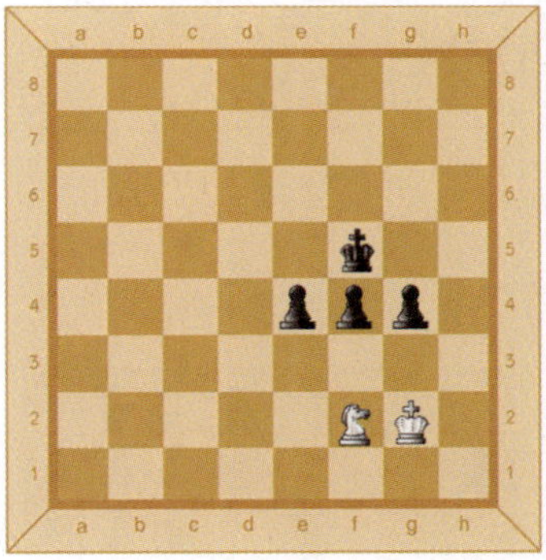


**4.** 图中白方和黑方谁更有利？为什么？

## 更多挑战

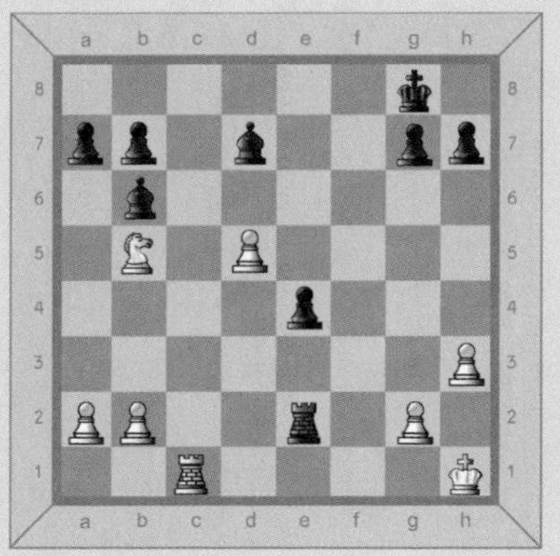

**1.** 算一算，图中白方和黑方谁的子力更占优势？

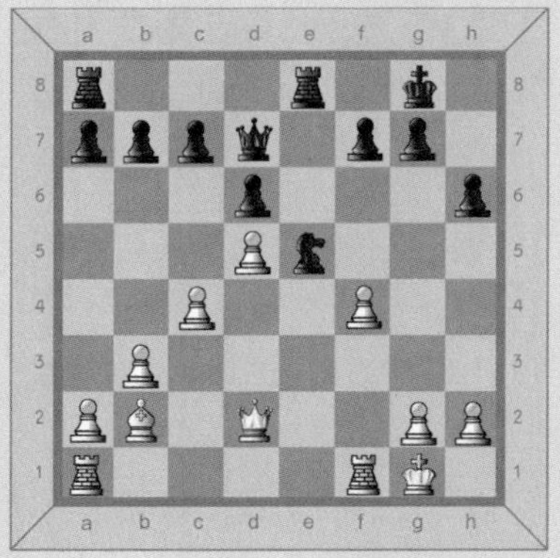

**2.** 白方先走，如何选择有利的兑换？

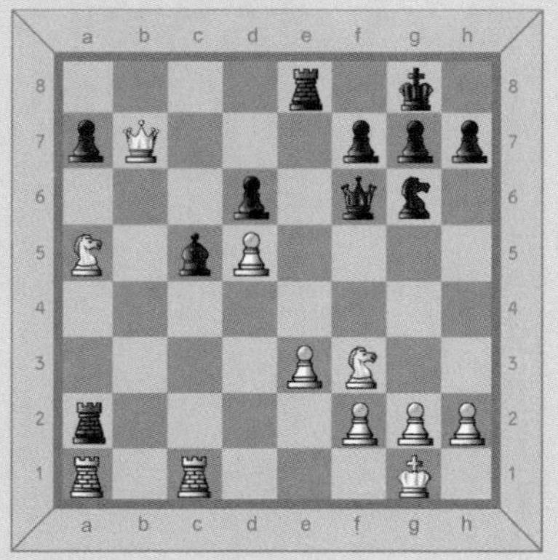

**3.** 黑方先走，如何选择有利的兑换？

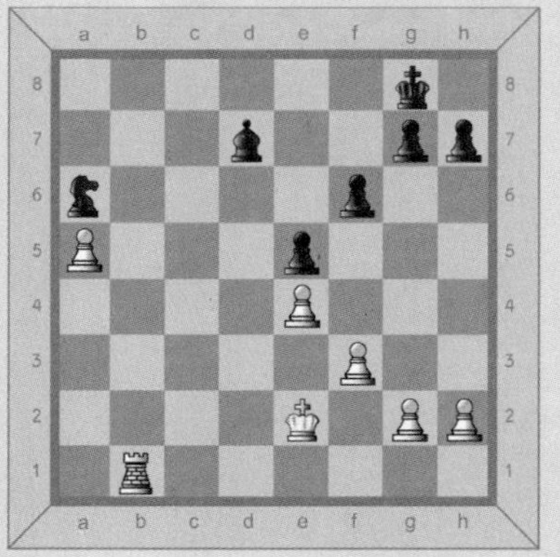

**4.** 图中白方和黑方谁更有利？为什么？

## 棋开得胜

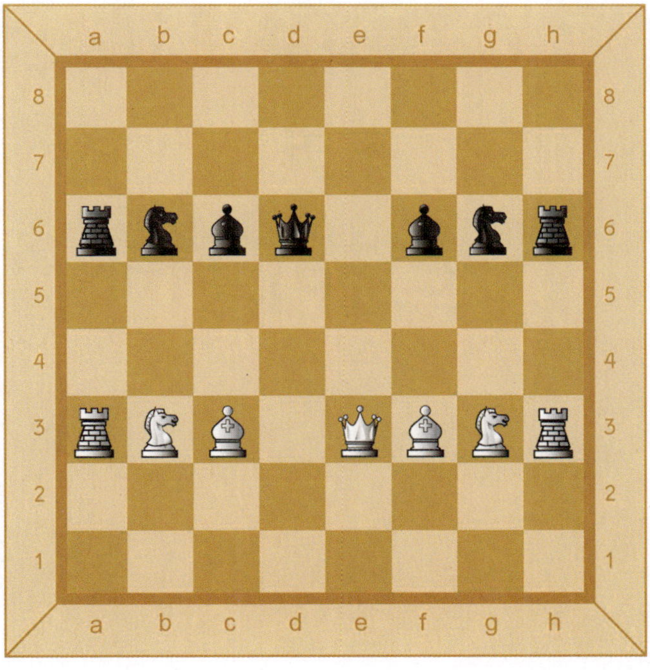


下一盘兑子游戏，白方先走，看看十五个回合内，谁吃掉的棋子价值更高。

# 第十五课

# 将军和应将

## 一、将军

跑步比赛时，运动员要冲过终点线。踢足球时，球员们要把足球踢进对方的球门。而下国际象棋时，终极目标是俘虏对方的王。

要想俘虏对方的王，先要学会进攻它。**攻击王的走法叫作将军，英文为“check”。**

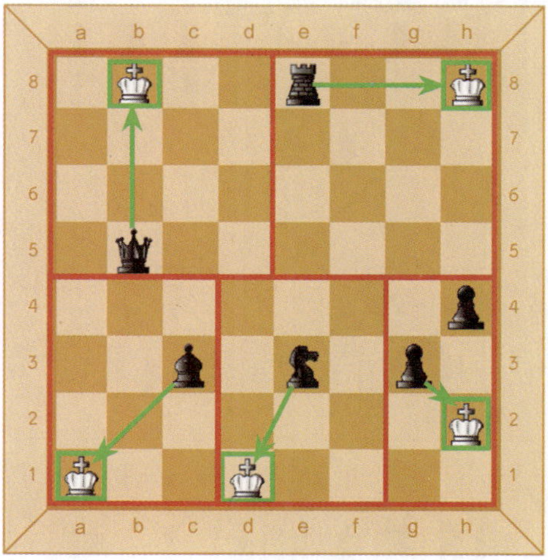


如上图，除了王以外，任何棋子都可以将军。

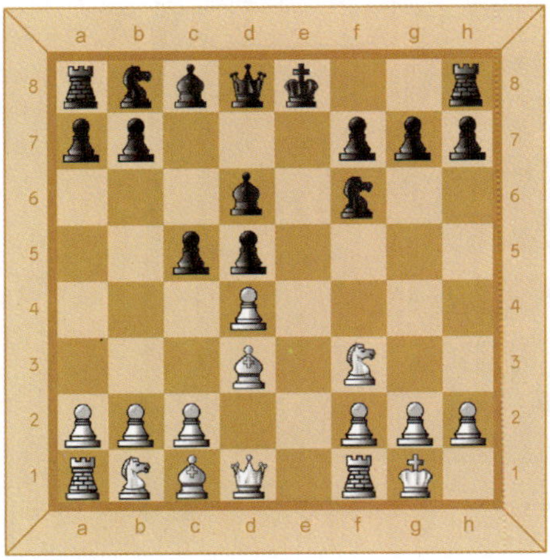

如下图，白方有四种方法可以将军。

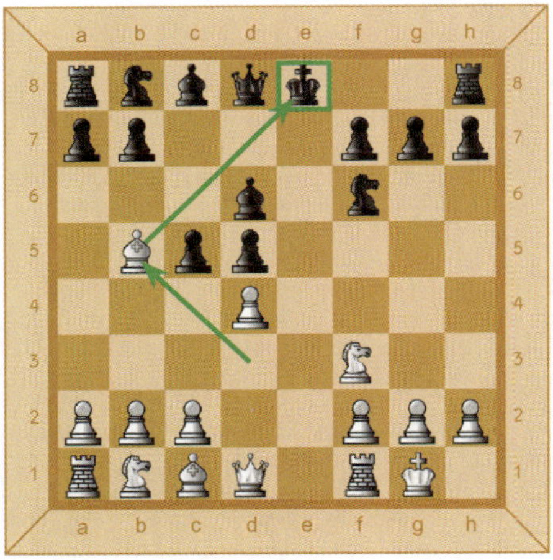

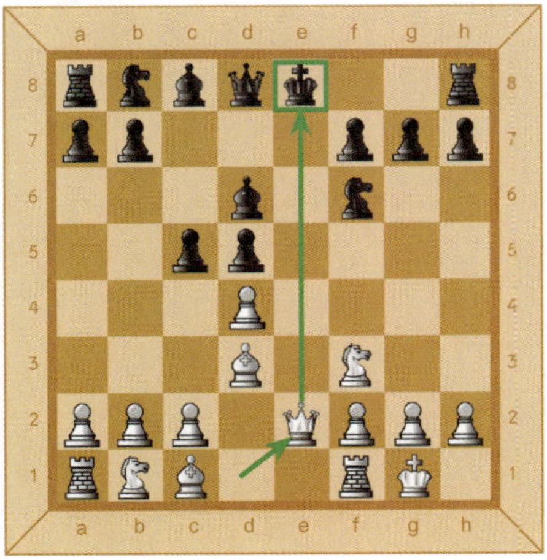

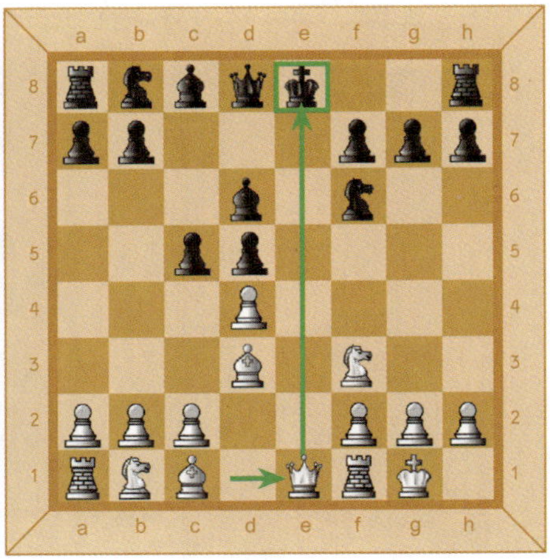

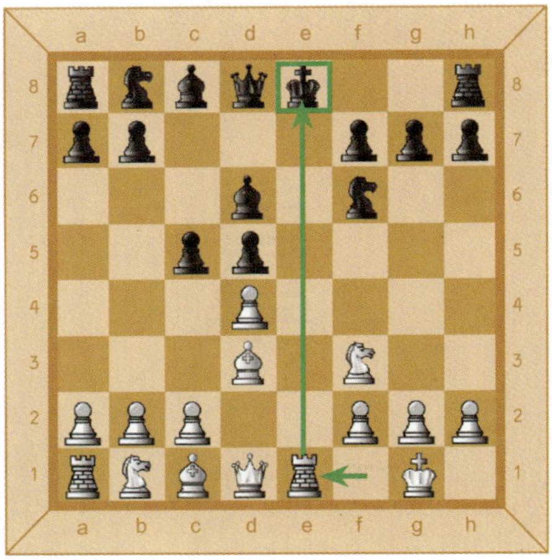

**不能盲目地将军，我们要先考虑好对手的应招。**有一句俗语是“臭棋见将甜如蜜”，说的是低水平棋手往往只顾着自己将军时的痛快，而忽略了对方的应对。

## 趣味问答

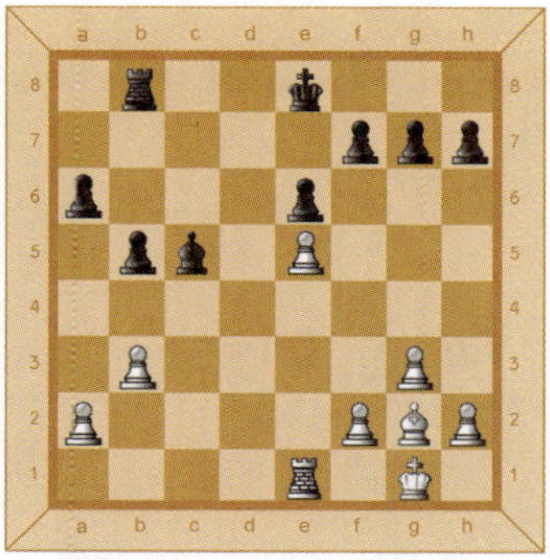

1. 白方如何将军？

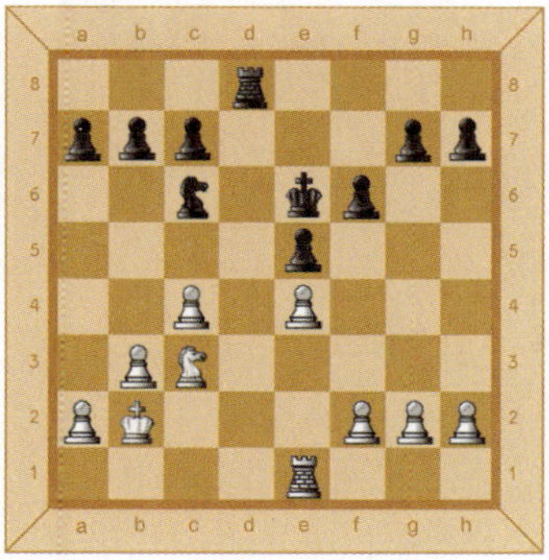

2. 黑方如何将军？

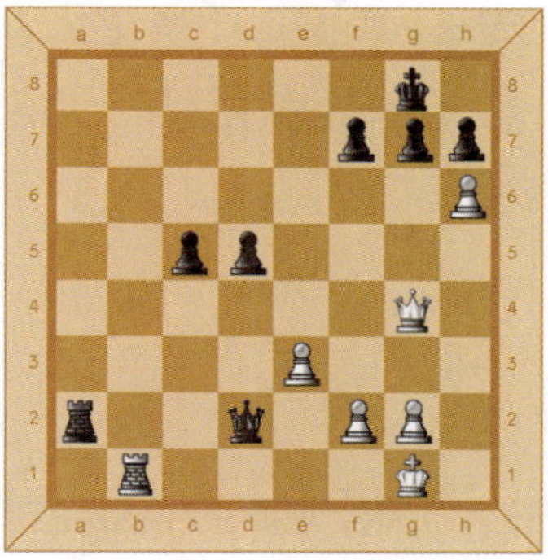

3. 白方有几种方法将军？

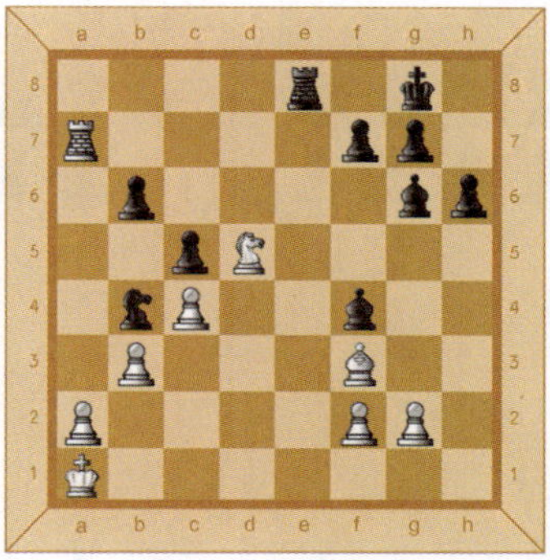

4. 黑方有几种方法将军？

## 二、应将

摆脱将军、让王不再受到攻击的走法叫作应将。应将的方法有吃、垫和逃三种。

当王被将军时，必须应将。如果没有及时应将，让王处在会被对手吃掉的境地，称为“送王”，这是违反

**规则的走法。**根据 2016 年的最新规则（注 1），在一盘棋中，违反规则两次就会被判负。

## （一）吃

**方法一：吃，吃掉正在将军的棋子。**

在交换子力时，要衡量棋子价值是不是对自己有利。

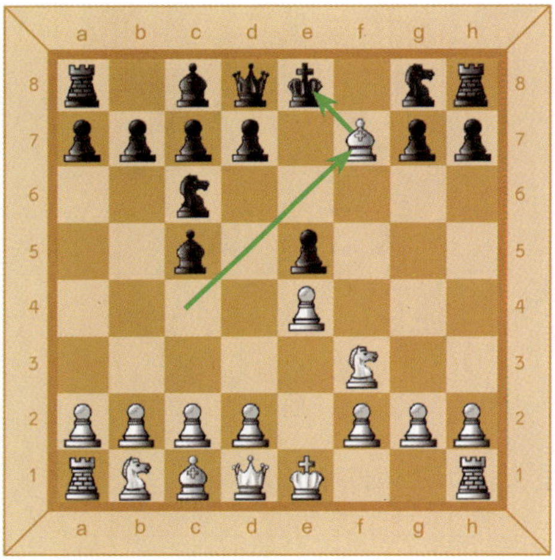

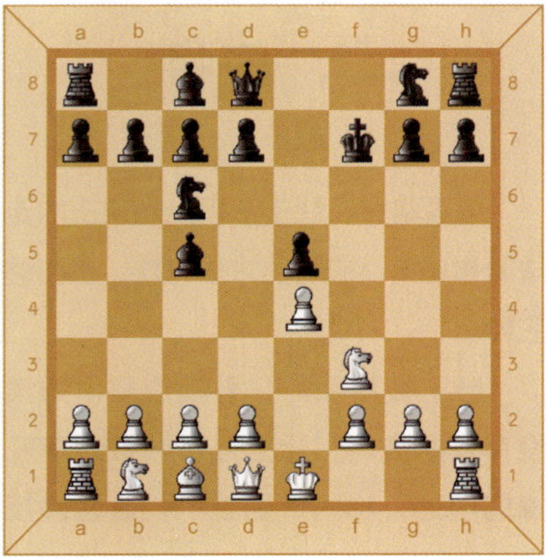

如左图，如果白方用象吃掉 f7 兵将军，由于象没有棋子保护，黑王可以直接吃掉白象来解除将军。

注 1：根据 2016 年版《国际象棋竞赛工作手册》中的规则。

## 趣味问答

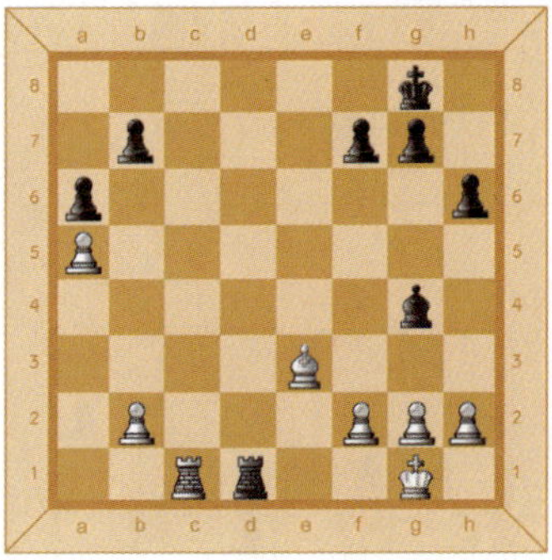

**1.** 白方如何应将?

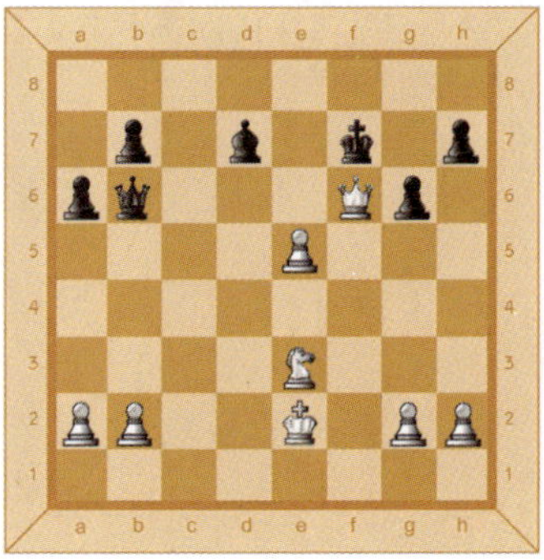

**2.** 黑方如何应将?

## （二）垫

**方法二：垫，在王和将军的棋子中加入一个棋子，挡住将军棋子的攻击路线。**

①垫子时，要考虑到如果发生交换，棋子价值是否有利。②如果攻击没有停止，垫的棋子就不能离开。

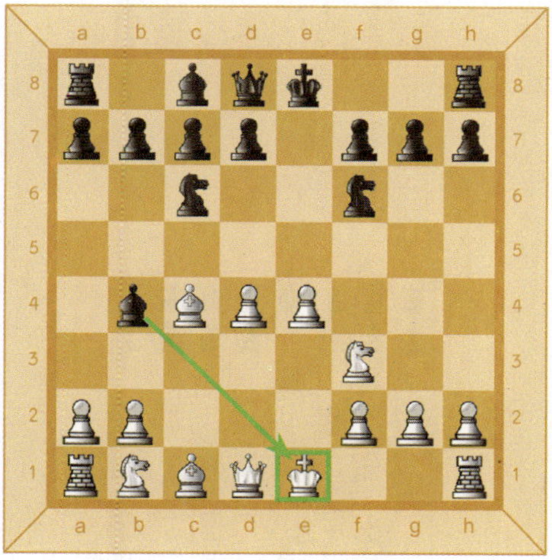

如右图，白方有两种常见的方式可以垫将。

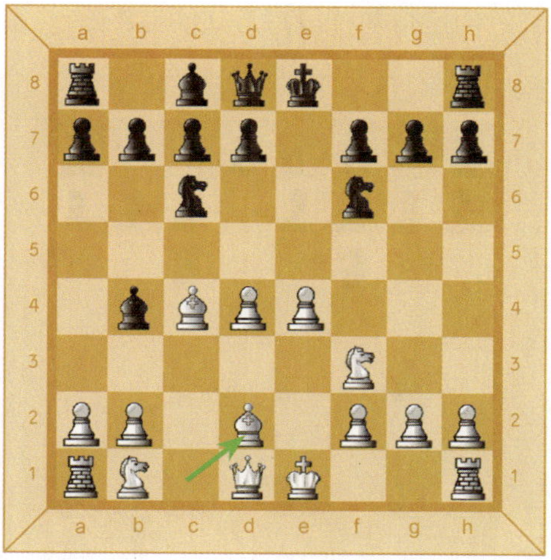

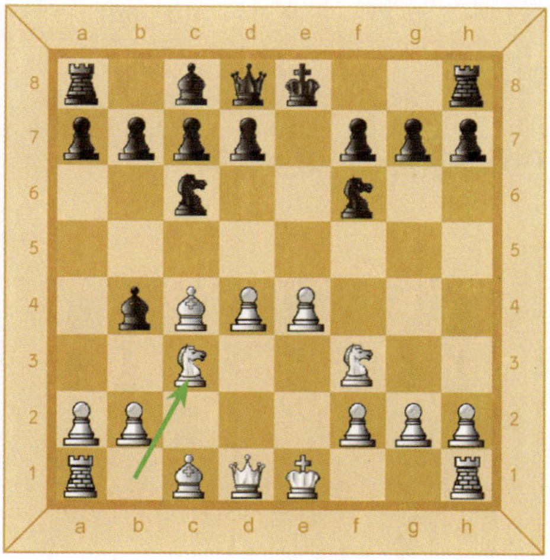

### 小贴士

马或兵将军时，无法垫将。

①由于马可以跳过棋子，所以马在将军时，垫将是无效的。

②兵在将军时，和王零距离接触，没有多余的格子可以用来垫将。

但是有两种垫将方式明显不好：

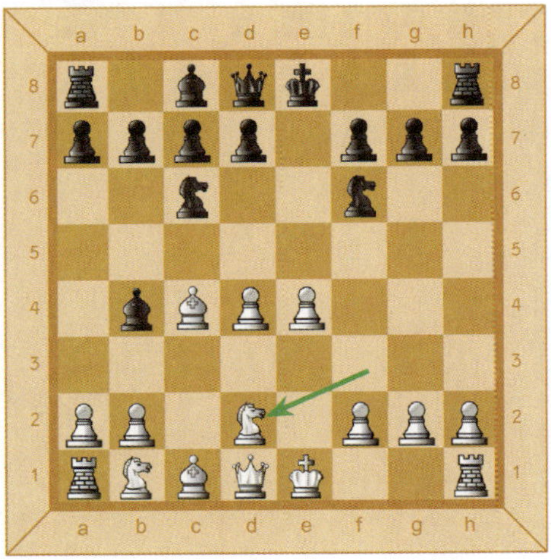

在其他子力还没有出动的情况下，白马重复走动，浪费时间。

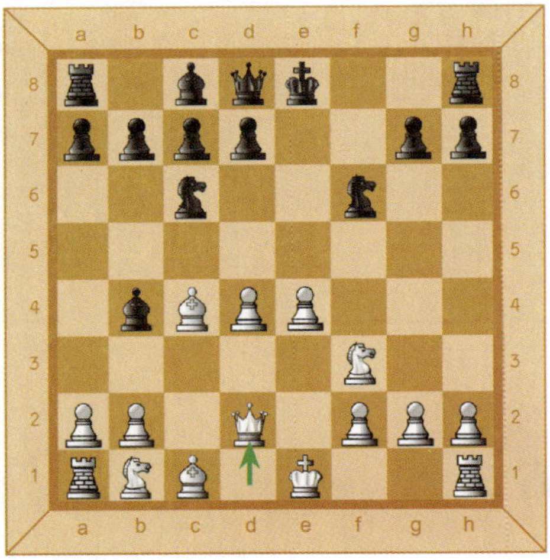

后价值 10 分，象价值 3 分，黑象交换白后，白方损失惨重。

## 趣味问答

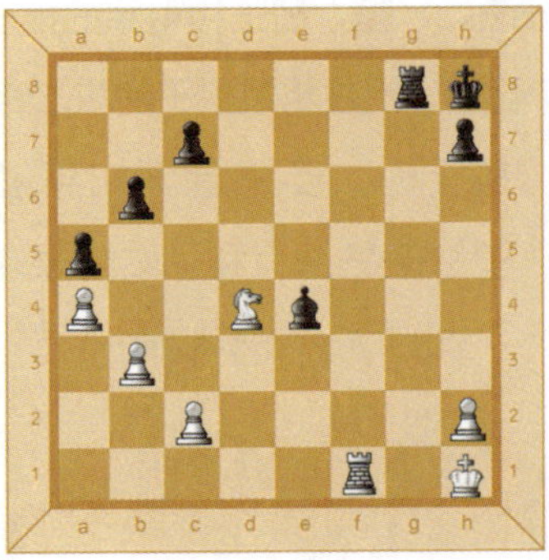

**1.** 白方如何应将？

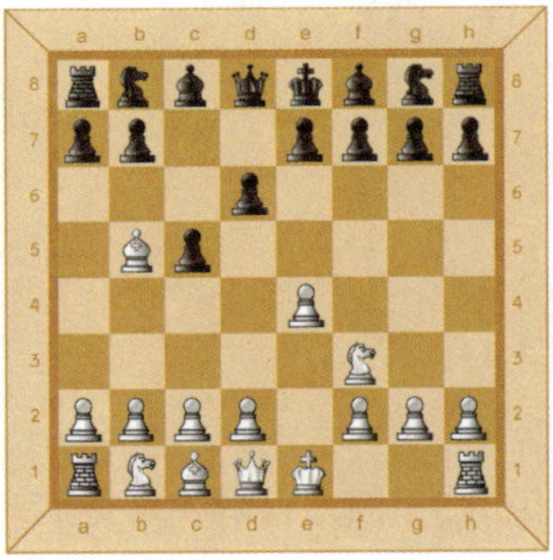

**2.** 黑方哪几种垫将方式比较合理？

## （三）逃

**方法三：逃，王离开被攻击的格子。**

① 在逃王时，要尽可能选择更安全的区域。② 在没有王车易位的情况下走动王，会失去王车易位的权利（这部分将在后面的内容中讲解）。

如下图，黑方有两种方式可以逃王。

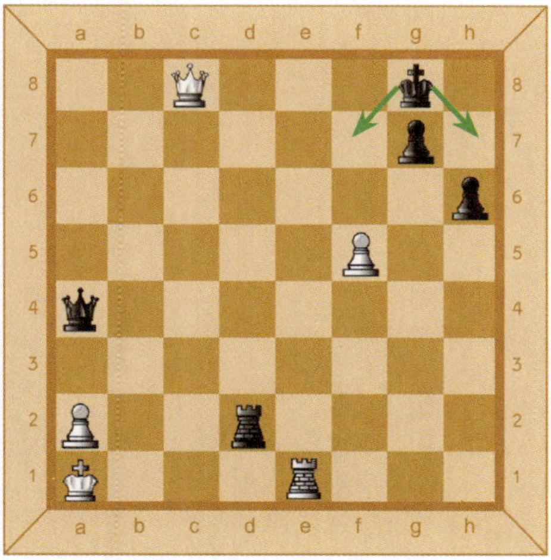

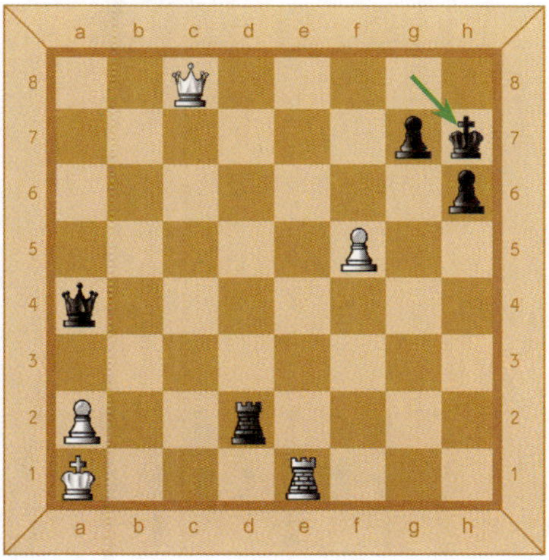

但在逃王时，要尽可能选择更安全的区域。王逃到 h7 格后，白方就无法继续将军了。

## 趣味问答

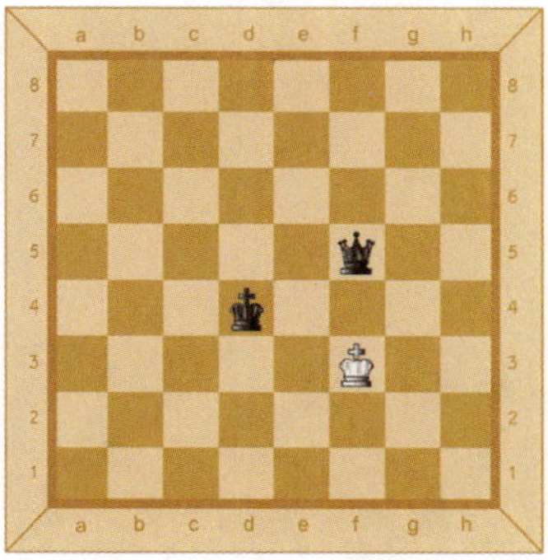

**1.** 白王可以逃到哪几个格子？

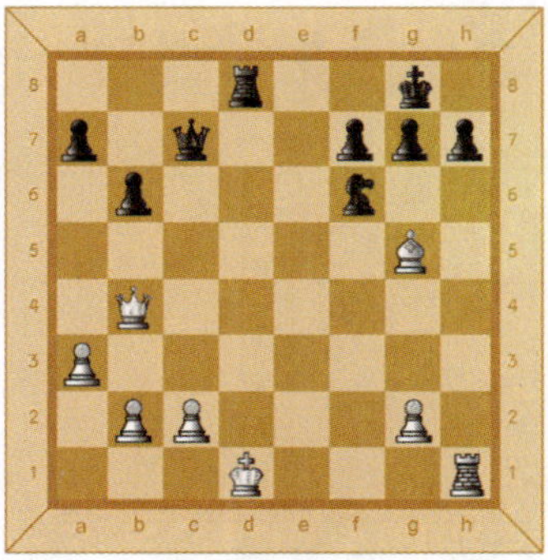

**2.** 白王逃到哪里比较好？

## 更多挑战

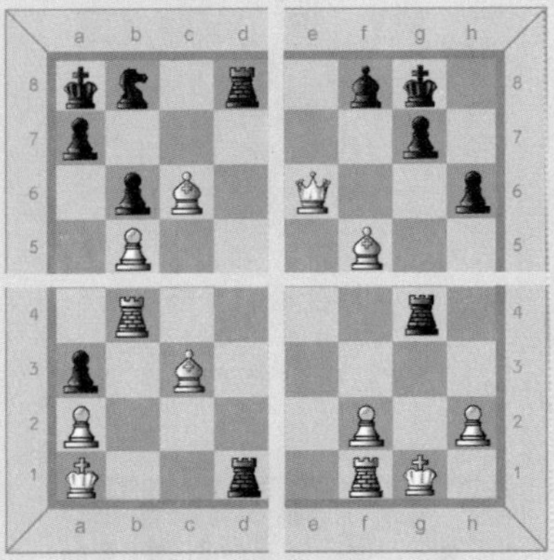


**1.** 如何应将?

**2.** 白方最好的应将走法是什么？为什么?

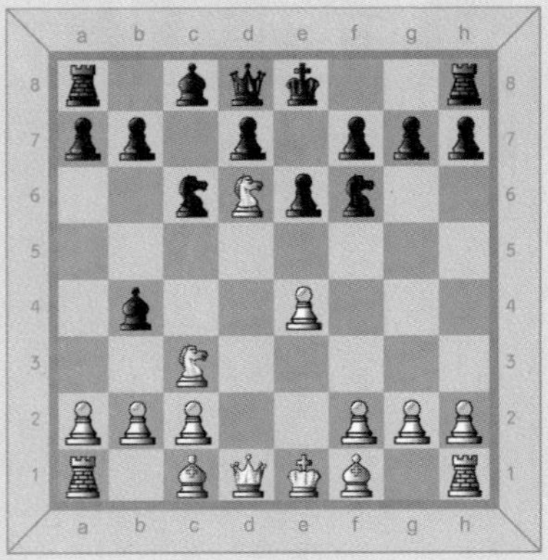


**3.** 黑方最好的应将走法是什么？为什么?

**4.** 白方最好的应将走法是什么？为什么?

# 第十六课

# 将死

## 一、将死

**当王被将军时，既不能吃掉对方将军的棋子，又不能垫将，也无法逃王，就是将死，也称作“将杀”或“杀王”，英文为“checkmate”。**简单来说，将死就是无法让王摆脱将军。

**有趣的是，将军是 check，将死是 checkmate，这直观地告诉我们，要想将死对方的王，必须先将军。**

除了将军，我们还要留意对方的应将手段。小心对方吃子或垫将，限制王的活动范围，不让它逃走。

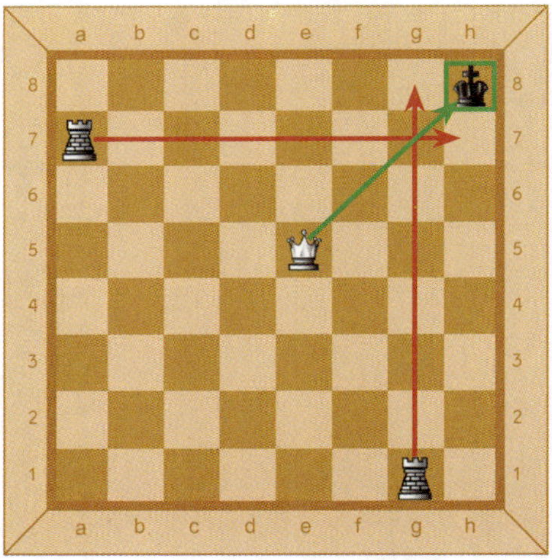


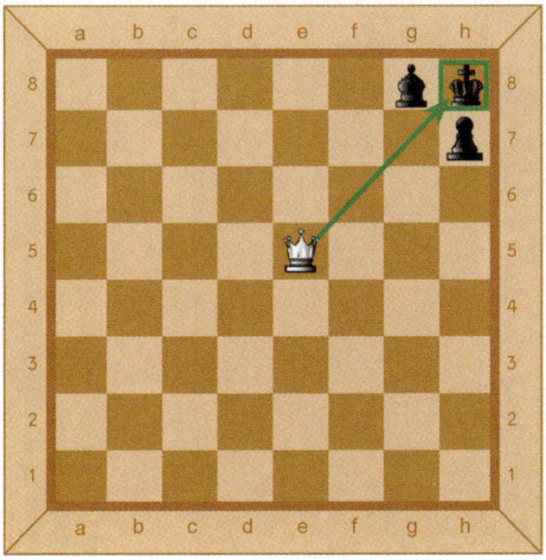

如上页图，我们可以用自己的棋子去控制对方王可能经过的格子，也可以借助对方的子力堵住王的去路。

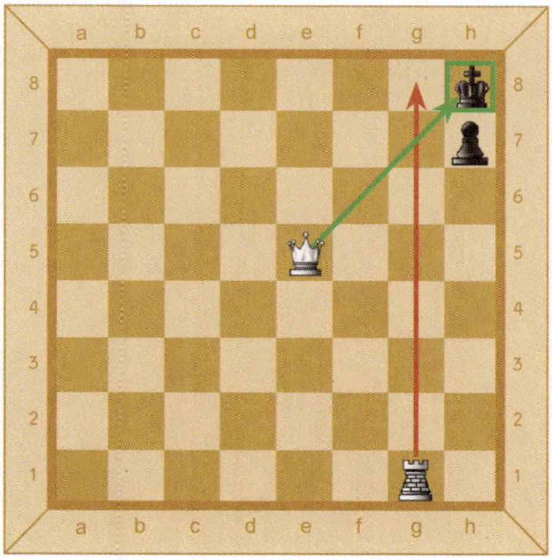


最常见的是两者兼有的情况。

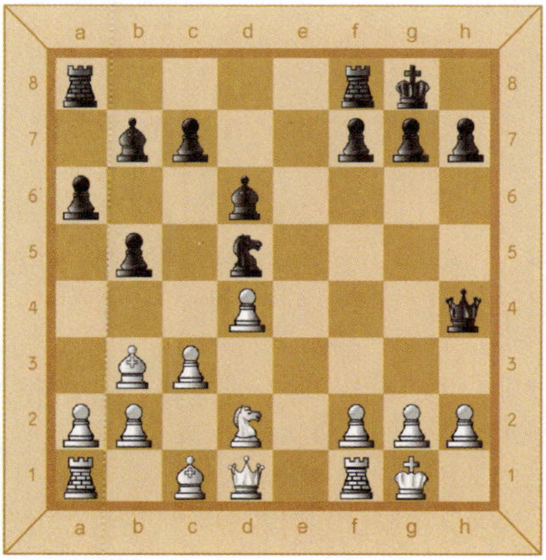


如上图，黑方先走，会这样去思考：

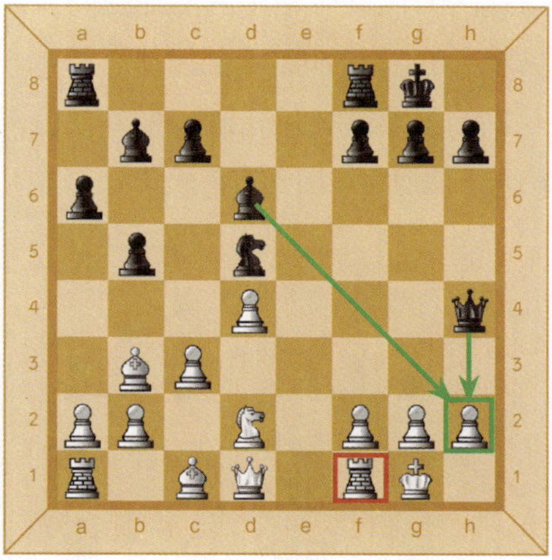


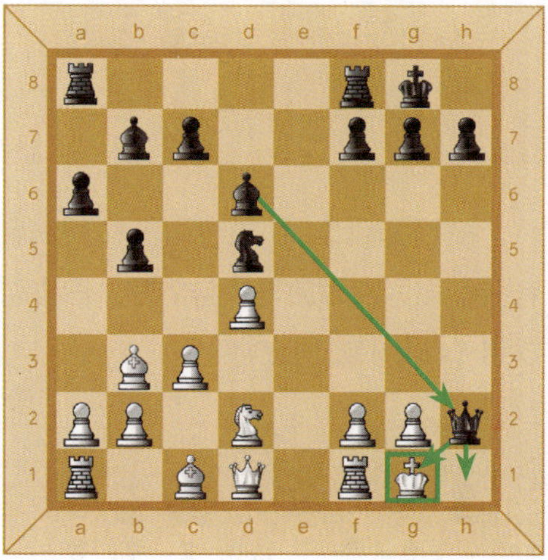


①吃：黑方两个棋子进攻 h2 兵，而白方只有一个王在防守，王不能吃掉后。

②垫：黑后吃到 h2 与白王直接会面，中间不存在垫将的可能。

③逃：白车挡住了 f1 格，白王只有 g1 和 h1 两个格子的活动空间，会被黑后在将军的同时全部控制住。

所以，当黑方后吃到 h2 将军之后，白方无法应将，白王被将死。

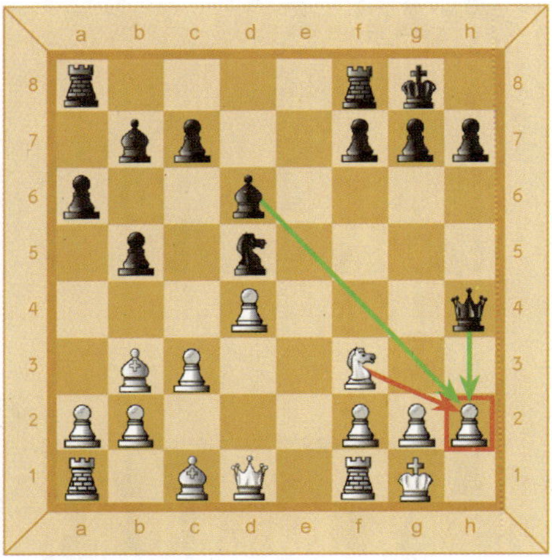

和原图相比，如果白马在 f3 格就会有所不同，因为白马参与防守，白方可以用“吃”的方法应将。

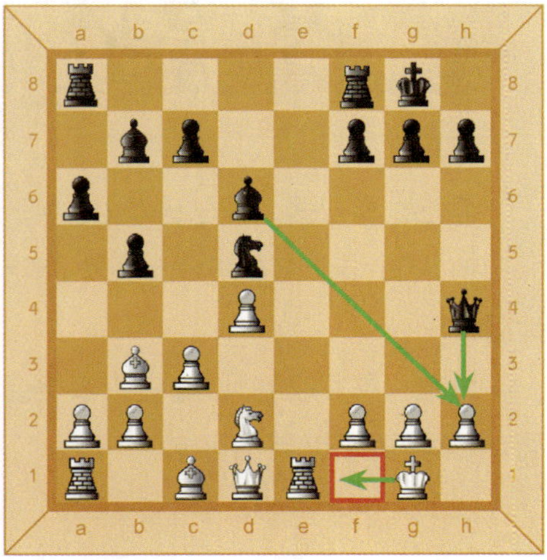

和原图相比，如果白车在 e1 格也有区别，因为白车不再阻挡白王，白方可以用“逃”的方法应将。

## 趣味问答

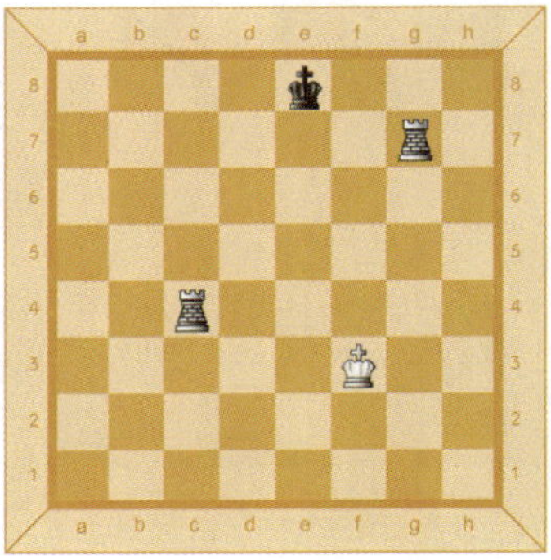

**1.** 白方先走，一步棋将死对方的王（下文简称“一步杀”）。

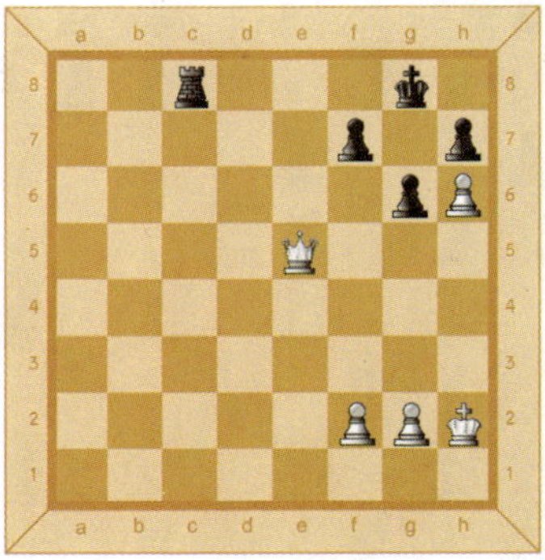

**2.** 白先一步杀。

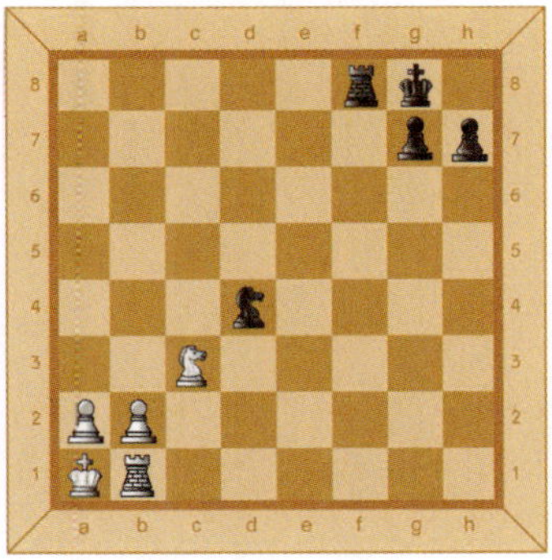

3. 黑先一步杀。

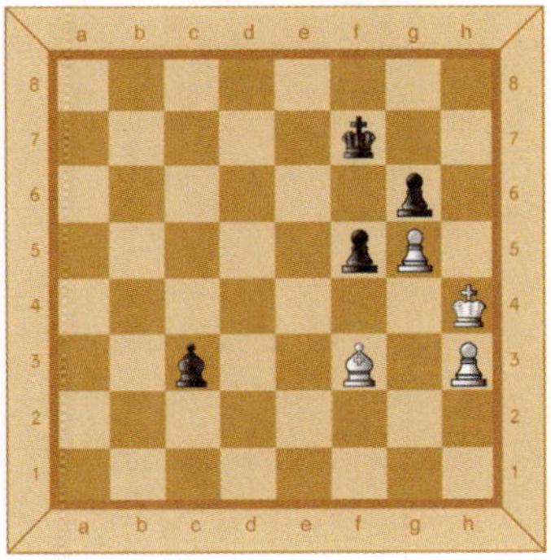

4. 黑先一步杀。

## 二、棋子的常见杀王方法

### （一）车

**车最常见的杀王是在底线和边线。**

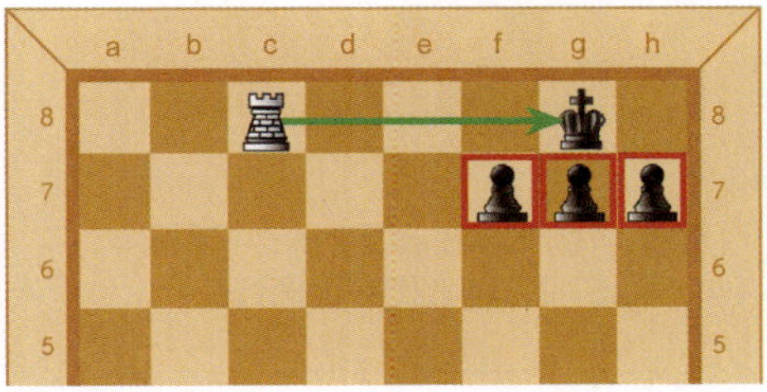

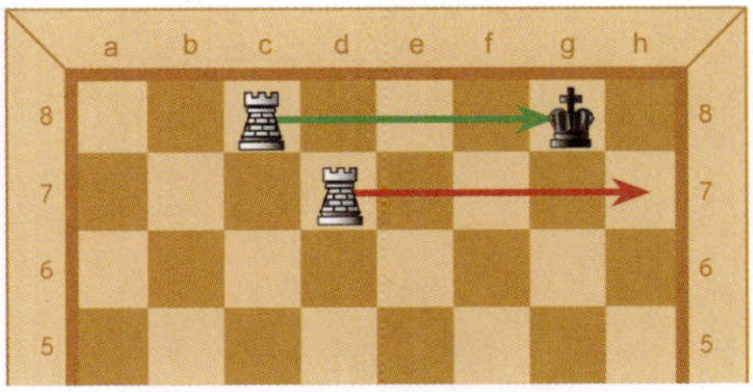

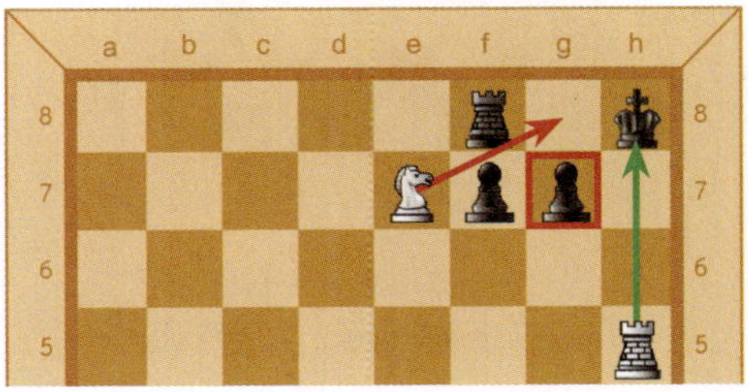

## 趣味问答

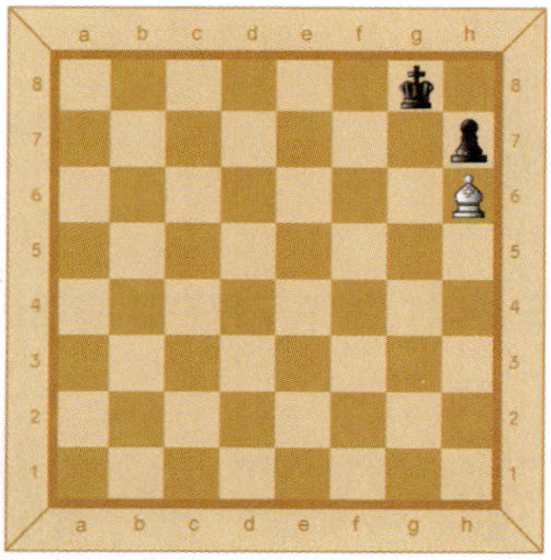

1. 白方把车放在哪个格子可以将死黑王？在正确的格子上画圈表示。

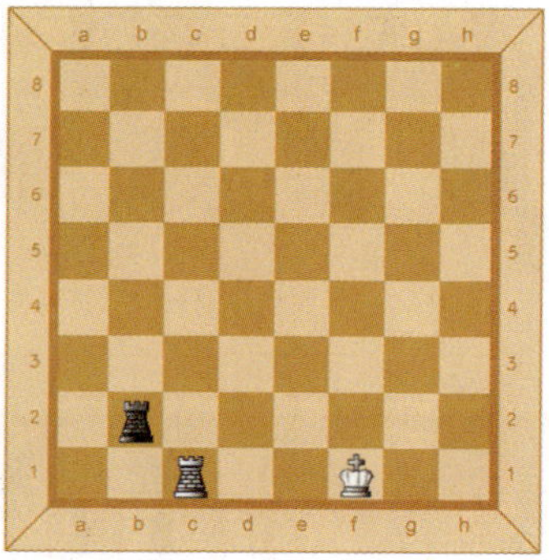

2. 黑方把车放在哪个格子可以将死白王？在正确的格子上画圈表示。

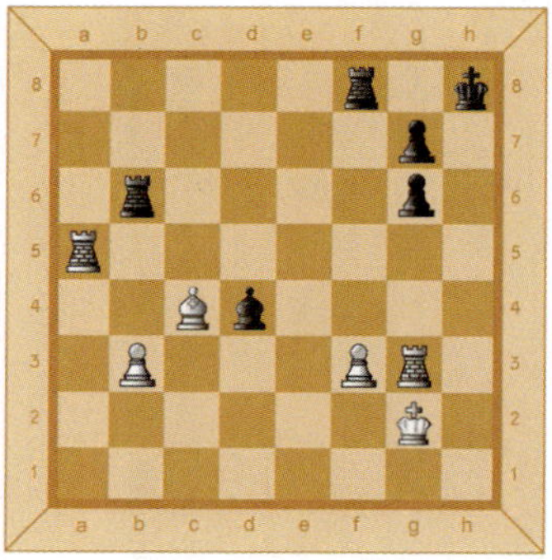

3. 白先一步杀。

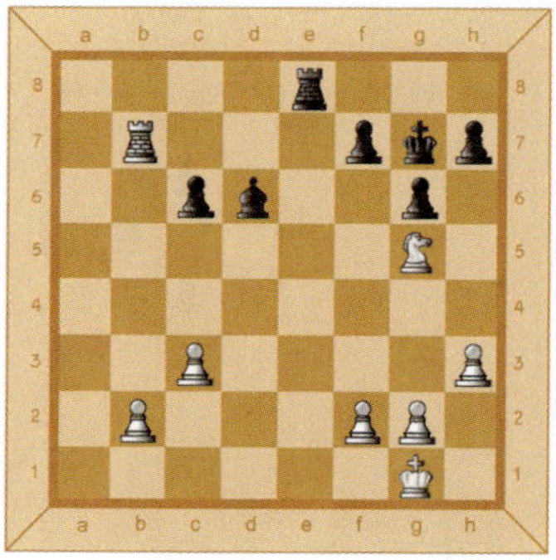

4. 黑先一步杀。

## （二）后

**后除了可以像车一样在底线和边线杀王之外，还能在王的上方当头一将，进行“头顶杀”。**

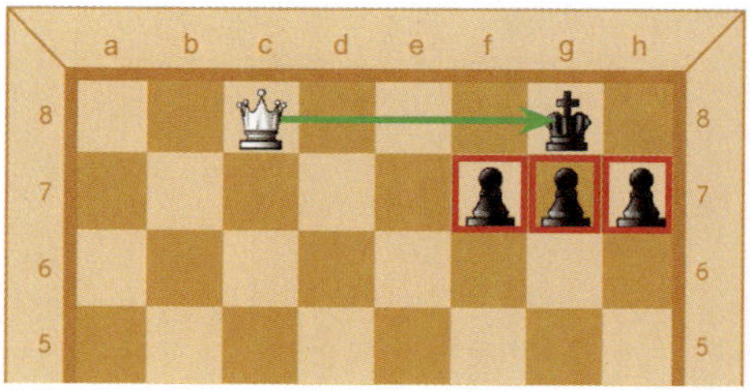

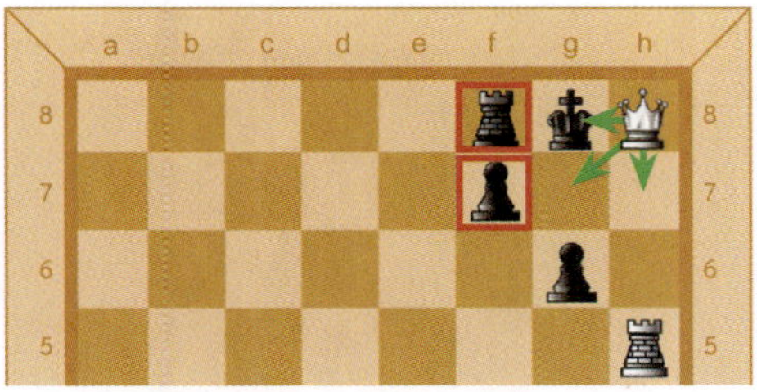

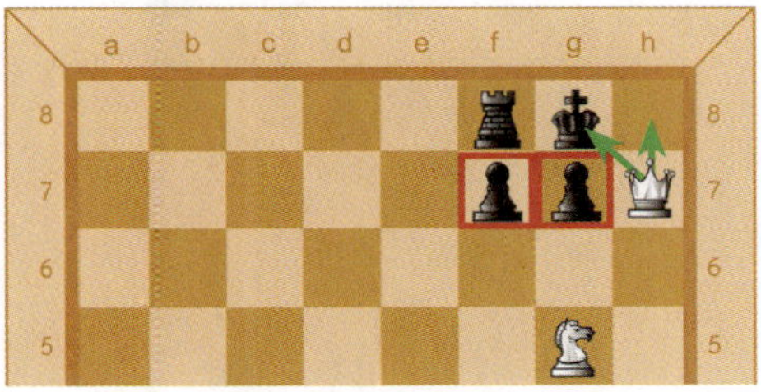

## 趣味问答

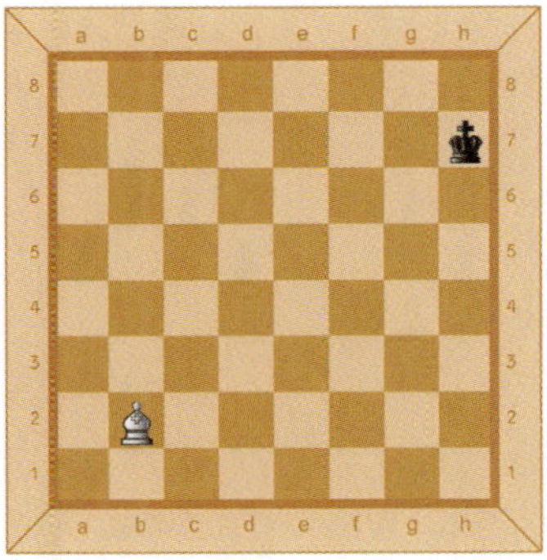

**1.** 白方把后放在哪个格子可以将死黑王？在正确的格子上画圈表示。

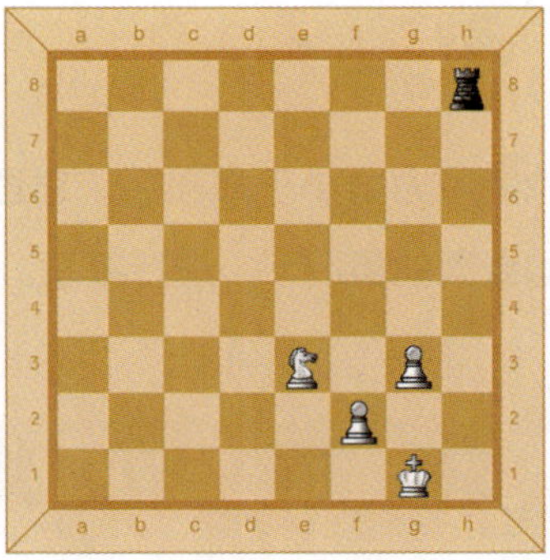

**2.** 黑方把后放在哪个格子可以将死白王？在正确的格子上画圈表示。

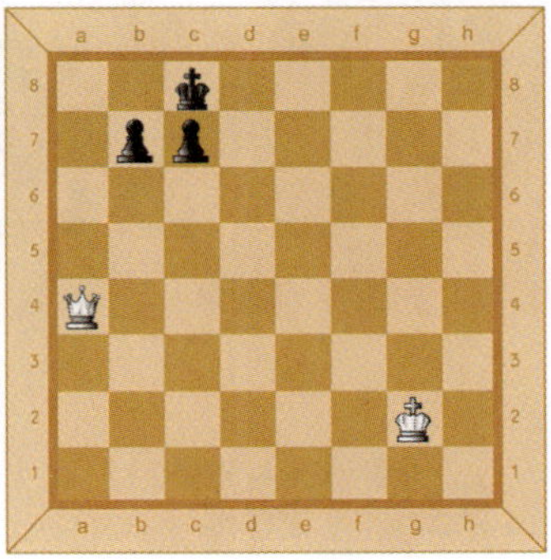

**3.** 白先一步杀。

**4.** 黑先一步杀。

## （三）象

**象的威力要小于车和后，它通常在王行动受限的情况下，进行将杀。**

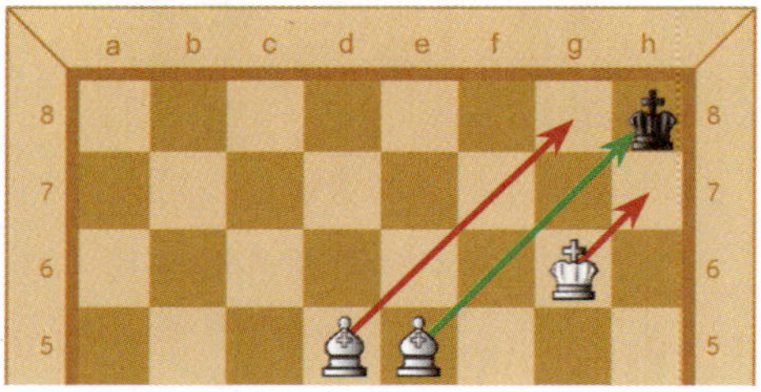

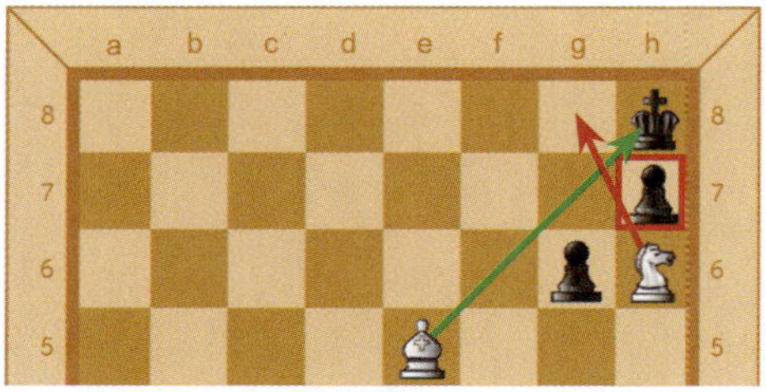

## 趣味问答

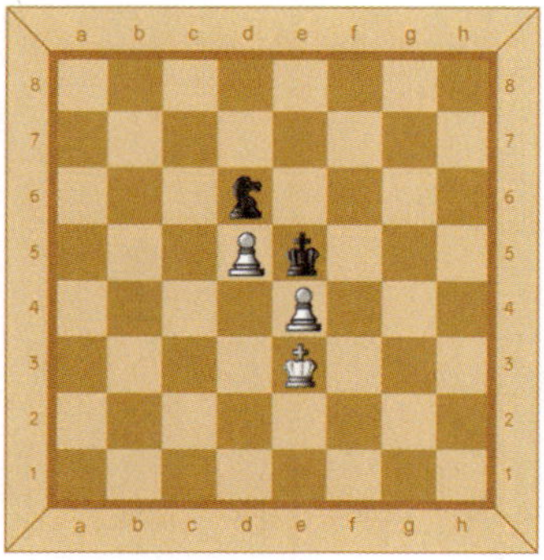

**1.** 白方把象放在哪个格子可以将死黑王？在正确的格子上画圈表示。

______________________

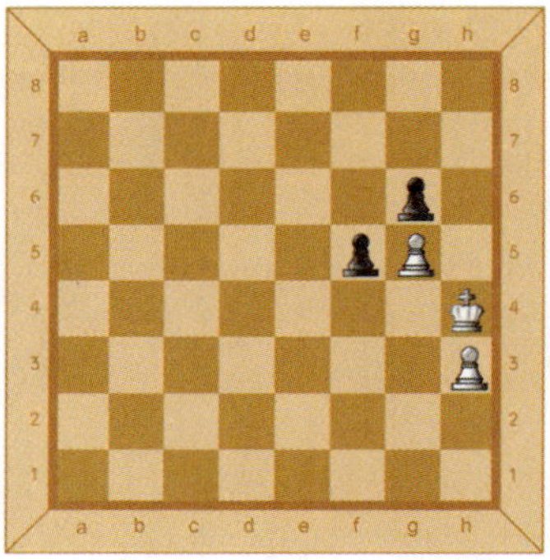

**2.** 黑方把象放在哪个格子可以将死白王？在正确的格子上画圈表示。

______________________

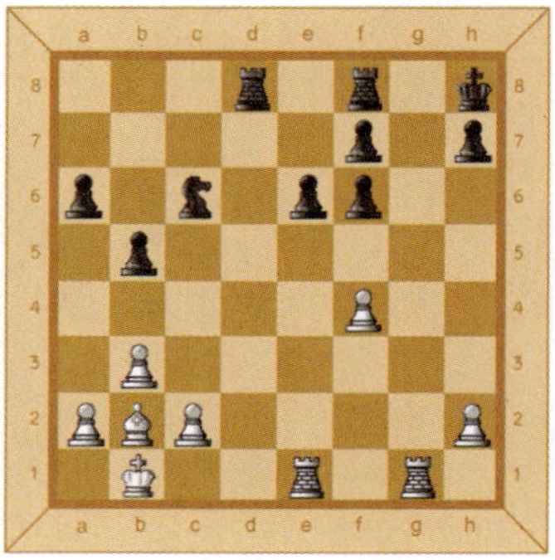

**3.** 白先一步杀。

______________________

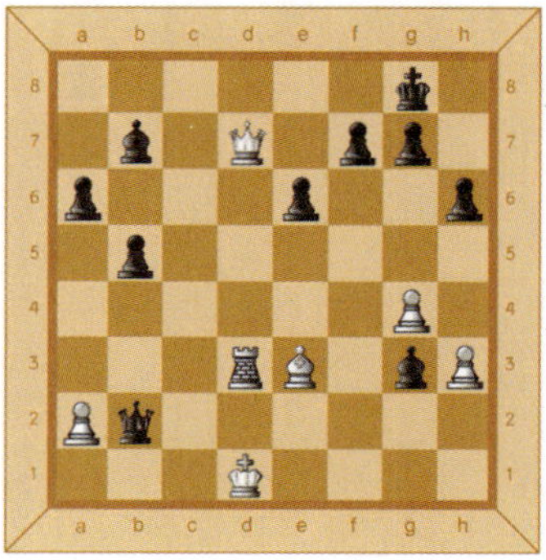

**4.** 黑先一步杀。

______________________

## （四）马

**因为马具有可以跳过棋子的特点，马更擅长在对方的王被围困时进行将杀，这种杀法被形象地称为“闷杀”。**

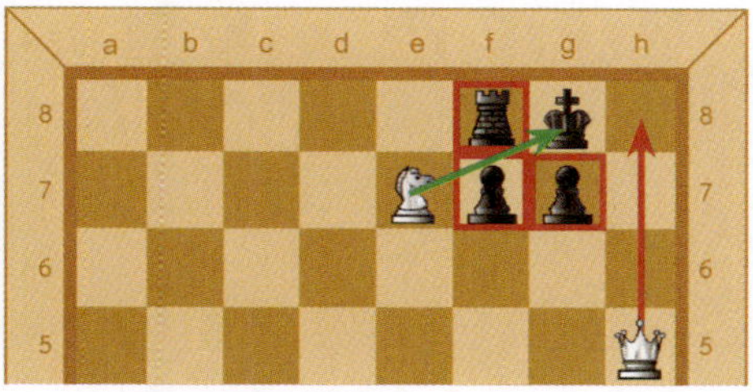

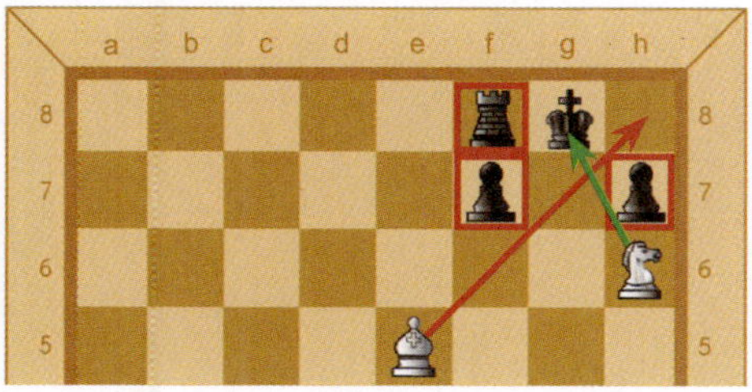

## 趣味问答

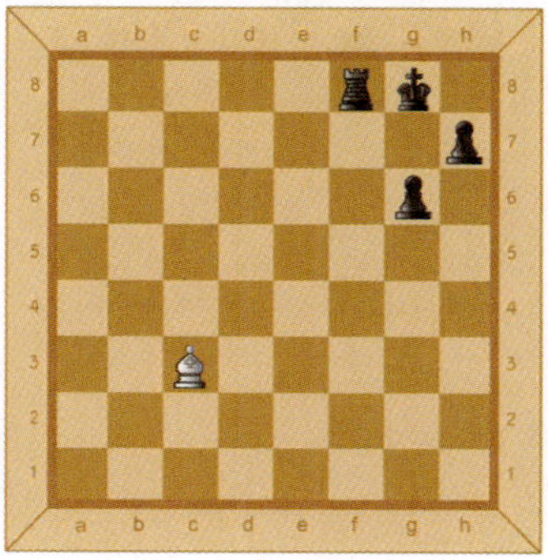

1. 白方把马放在哪个格子可以将死黑王？在正确的格子上画圈表示。

______

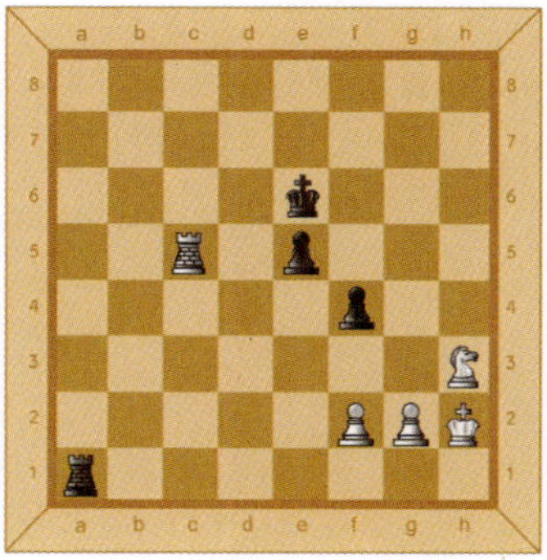

2. 黑方把马放在哪个格子可以将死白王？在正确的格子上画圈表示。

______

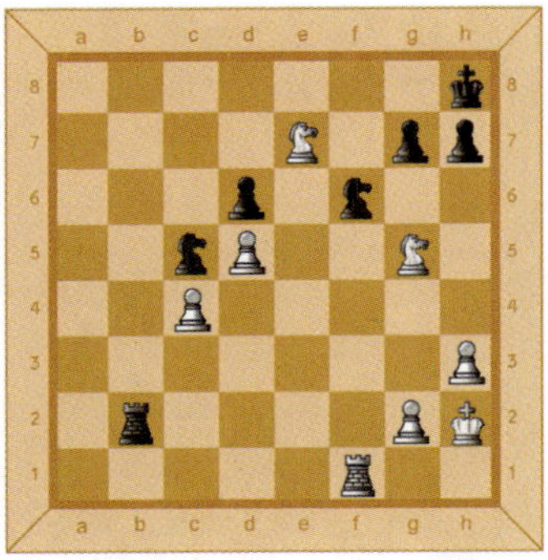

**3.** 白先一步杀。

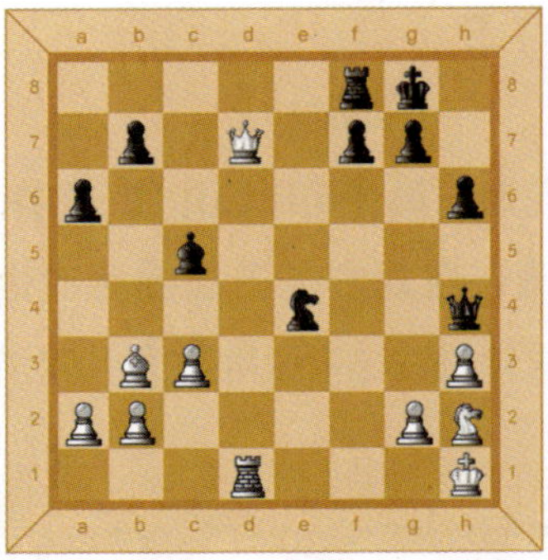

**4.** 黑先一步杀。

## 更多挑战

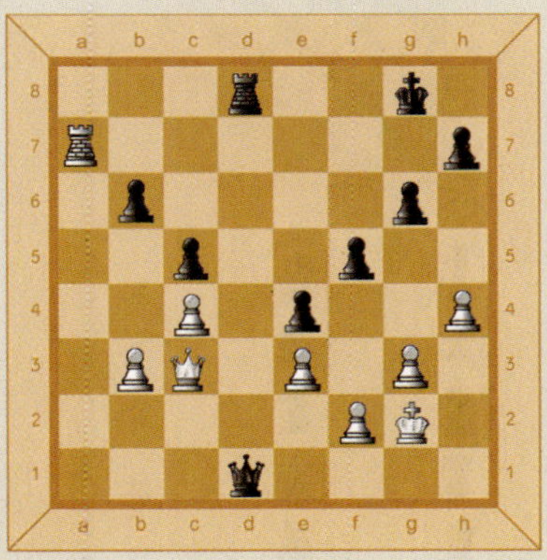

1. 白先一步杀。

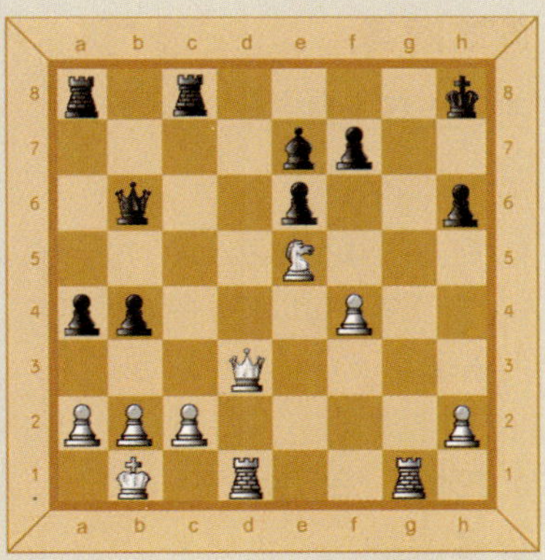

2. 白先一步杀。

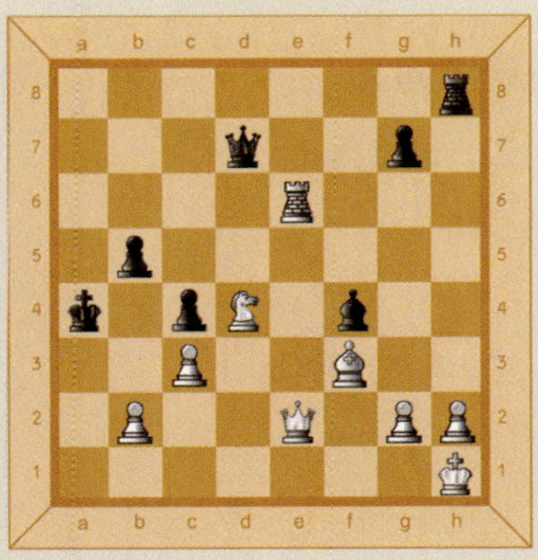

3. 白先一步杀。

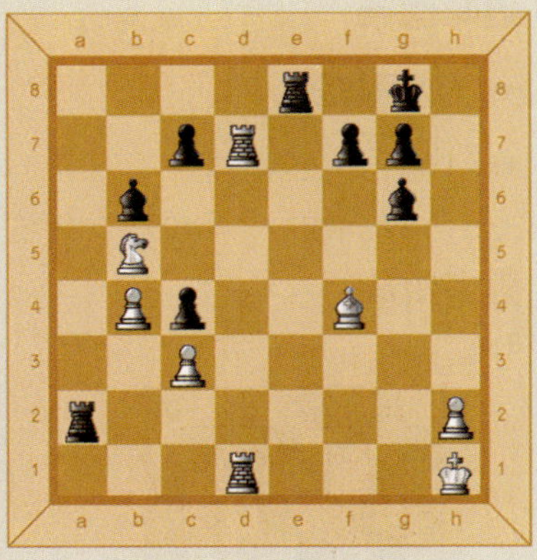

4. 黑先一步杀。

# 答案

答案供参考，记录棋谱的方法会在下册第二十一课中学习。

## 第一课

### 趣味问答

#### 三、士兵上阵

（二）兵的走法

1. 白方的 a2、b2、c2、h2 兵和黑方的 a7、f7、h7 兵可以一步棋走两格

2. 五步

（三）兵的吃法

1. 三种　　2. 六种

### 更多挑战

1. 三种　　2. 两种　　3. 三种

4. 走 1.fxe6 吃掉黑兵

## 第二课

### 趣味问答

#### 一、认识棋盘

1. b1 格　　2. h7 格

3. b1-h7 斜线　　4. d8-h4 斜线

### 更多挑战

1.

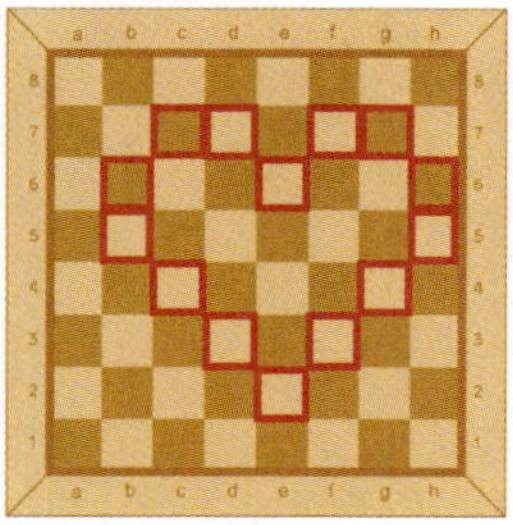

2.

3.

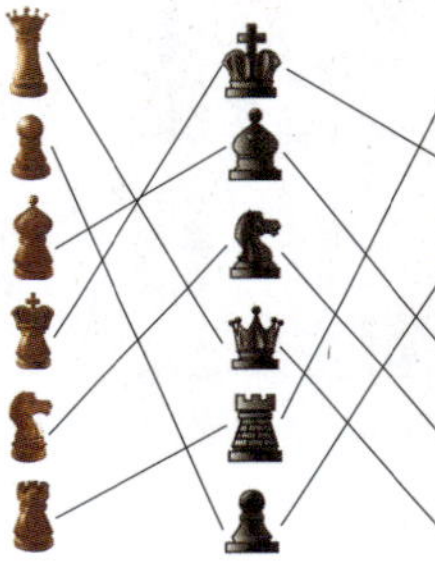


4. 王和后位置摆反了

## 第三课

### 趣味问答

#### 二、通路兵

1. 两个，a 兵和 c 兵

2. 一个，d 兵

#### 三、制造通路兵

（一）以多胜少

1. 走 1.d5　　2. 走 1...e3

3. 走 1.d6　　4. 走 1...b4

（二）调虎离山

1. 走 1.c6 bxc6　2.a6

2. 走 1...c3　2.dxc3 e3 或者 1...e3　2.dxe3 c3

3. 走 1.f6，① 1...gxf6 2.g6；
② 1...exf6 2.d6 或者先走 1.d6，
① 1...cxd6 2.c6；② 1...exd6 2.f6
4. 走 1...e3，① 2.fxe3 f2；
② 2.dxe3 c3

**更多挑战**

1. 可以吃车升变
2. 白方先升变
3. 两个，c 兵和 f 兵
4. 走 1.g5 hxg5 2.h6

## 第四课

### 趣味问答

#### 二、车的走法

1. 六种 2. 八种

3. 三步，车 e1-e7-h7，或者走到 a 线 - d 线采用相同的方式

4. 三步，车 c8-c6-f6，或者走到 d 线 - e 线采用相同的方式

#### 三、车的吃法

1. c7 兵、c2 象、h4 马
2. e6 兵和 g4 兵
3. 走 1.Rc6 4. 走 1...Rg5

**更多挑战**

1. 两步，两种方法
2. 五步，车 d2-d7-g7-g4-b4
3. 先吃掉 2 线的兵，再吃掉 3 线的兵，最后是 4 线的兵
4. 按顺序吃掉 h7-g6-f5 的兵

## 第五课

### 趣味问答

#### 一、车的特点

1. a 线和 c 线是开放线，d 线和 e 线是半开放线

2. 假设白方先走，应该走 1.Rc7 入侵次底线；假设黑方先走，应该走 1...Rac8 或 1...Rhc8 抢占开放线

3. 不能，车在 e1 缺乏保护，会被黑方吃掉

4. 可以，白方有两个车进攻 f7 兵，而黑方只有一个车防守

#### 二、车的运用

1. 先吃 2 线的兵，再吃 3 线的兵
2. 走 1.f7 Rg7 2.f8=Q
3. 走 1.Rh2
4. 走 1...Rg4

**更多挑战**

1. 可以
2. 走 1...d2，① 2.Re2 d1=Q；
② 2.Rh1 d1=Q 3.Rxd1 exd1=Q
3. 走 1.Rd1
4. 走 1.Rc6

## 第六课

### 趣味问答

#### 二、象的走法

1. 三种 2. 五种
3. 两步，象 b1-a2
4. 三步，象 d7-e8-h5

### 三、象的吃法

1. c6 马、b1 马、g6 车
2. d8 车、b2 兵、h4 马
3. 可以吃掉 e7 车，象 g5-e7
4. 走 1...Bd4

### 更多挑战

1. 四步，象 g3-c7-a5-b4

2. 先吃 2 线的兵，g2-f3-e4-d5 倒过来吃

3. 先吃 7 线的兵，g7-f6-g5-f4-g3 倒过来吃

4. 走 1...Be3

## 第七课

### 趣味问答

### 一、象的特点

1. 黑方的黑格象威力更大

2. 不好，因为 1.Bxf4 exf4 会帮助黑方打开 a1-h8 斜线，使得黑方的黑格象发挥威力

3. 双象优势

4. 不好，因为黑方有双象优势，没有必要的情况下，不需要用象换马

### 二、象的运用

1. 走 1.d7 Bxd7 2.f7 或者先走 1.f7 Bxf7 2.d7

2. 走 1.Bg6，① 1...e3 2.Bd3；② 1...d3 2.Bxe4 d2 3.Bf3

3. 走 1.Ba3

4. 走 1...Ra4

### 更多挑战

1. 走到 a1-h8 斜线上

2. 走 1...d4 再冲兵 e3、c4 往下压，避免被白象固定住即可

3. 走 1...Bc5

4. 应该吃掉 e5 兵，打开 d 线，活跃自己的车。如果走 d5 就封闭了线路，自己的车和象都不活跃了

## 第八课

### 趣味问答

### 二、后的走法

1. 14 种　　2. 11 种
3. 两步，后 a4-d7
4. 三步，后 g8（或 h8）-h7-f5

### 三、后的吃法

1. c7 马、a5 兵、b2 马、e7 象、g7 兵、h2 兵

2. b7 车、a2 马、d3 象、g5 象、g2 兵

3. 走 1.Qc7　　4. 走 1...Qb2

### 更多挑战

1. 可以吃掉 f6 兵和 f2 象
2. 可以吃掉 e8 车和 c2 象
3. 五步，后 c5-f5-f6-b2-b7
4. 五步，后 b5-f5-g4-g7-d4

## 第九课

### 趣味问答

### 一、后的特点

1. 两种方法，白后在 c7 和 f3
2. 两种方法，黑后在 b7 和 e4
3. 走 1.Qc1
4. 走 1...Qg4

### 二、后的运用

1. 可以，走 1.Bxd5 Bxd5 2.Qxd5
2. 走 1...Qb7
3. 不可以，白兵有两个子保护
4. 不可以，白方有三个子看住 a8 格，而黑方只有两个子，会被白方吃掉

### 更多挑战

1. 走 1.Qd3　2. 走 1...Qh5
3. 走 1.Qc7　4. 走 1...Qb5

## 第十课

### 趣味问答

### 二、马的走法

1. 白马有三种走法，黑马有四种走法
2. 白马有五种走法，黑马有六种走法
3. 两步，两种方法，马 f3-d4 或者马 e2-d4
4. 两步，两种方法，马 e7-f5 或者马 h6-f5

### 三、马的吃法

1. c7 后、b6 兵、b4 车、f6 马、e7 象
2. d3 象、e2 车、g2 兵、h5 后
3. 两步，例如马 d2-c4
4. 三步，例如马 d5-e3-c4

### 更多挑战

1. 马 d4-c2-e3
2. 马 e3-d5-f4-e6-g5
3. 马 a7-c8-b6-d7-c5-e6-d4-f5-e3
4. 马 g3-h5-g3-f5-e3-d5-b4-c6-d4-e6-f4-g6

## 第十一课

### 趣味问答

### 一、马的特点

1. e6 马比较好，因为 e6 马在中心且有兵保护，不容易受到攻击，a6 马在角落，无法活跃出来
2. 白马应该走到 e5
3. 黑马在 d3
4. 走 1.Nd6

### 二、马的运用

1. 走 1...Bb4　2. 白车在 e5
3. 走 1.Nc7　4. 走 1...Nd6

### 更多挑战

1. 走 1...Nb2　2. 走 1.Nd6
3. 走 1...Nf3　4. 走 1...Nd3

## 第十二课

### 趣味问答

### 二、王的走法

1. 三种　2. 两种
3. 三步，王 f4-e5-d6
4. 四步，王 e6-d5-d4-e3

### 三、王的吃法

1. d5 象、e5 兵、f5 马
2. c5 兵、c4 马、e6 车
3. 四步，王 f5-g6-g7-f6
4. 四步，王 d8-c8-b7-a7

### 更多挑战

1. 三种
2. d5 车、f7 马
3. 王 f1-g2-h2

4. 走 1.Ke5 吃兵，预防黑兵在初始位置一步棋走 2 格

## 第十三课

### 趣味问答

#### 二、王的运用

1. 有，① 1...Kd5 2.Ke3；② 1...Kd3 2.Ke5

2. 走 1.Kc4

3. 走 1.Kf5，王在方形区内，可以追上黑兵

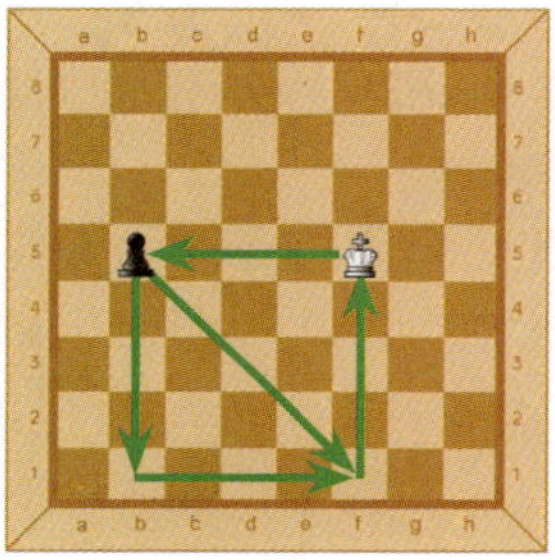

4. 走 1.f6 Kc5，王在方形区外，不可以追上白兵

### 更多挑战

1. 两种方法，① 1.Re5，用车阻拦黑车；② 1.f5，用兵阻拦黑车

2. 走 1.f4，进行主动对王

3. 可以　　4. 不可以

## 第十四课

### 趣味问答

#### 二、棋子的价值

（一）基础分值

1. 白方子力占优

2. 黑方子力占优

3. 不好，会被马吃掉，车的价值大于马，这个交换亏了

4. 不好，会被马吃掉，马的价值大于兵，这个交换亏了

（二）灵活变通

1. 走 1.Nxb5　　2. 走 1...Nxd3

3. 走 1.fxe6　　4. 走 1...Bxc1

（三）不平衡兑子

1. 白方更有利，因为双车连通在次底线，威力很大，而黑后威胁不到白王

2. 这样的交换对黑方有利，因为开中局时“马＋象”比“车＋兵”更灵活，子力价值更高

3. 白方有利，因为开中局时马比三个兵更灵活，能和其他棋子形成配合，子力价值更高

4. 黑棋有利，因为残局时兵升变的可能性增大，而马只能防守兵的升变

### 更多挑战

1. 黑方子力占优　　2. 走 1.fxe5

3. 走 1...Rxa1

4. 白方有利，因为残局中车的灵活性增大，通路兵升变的可能性增大，马和象组织进攻的可能性降低，此消彼长，白方子力价值更高

## 第十五课

### 趣味问答

#### 一、将军

1. 走 1.Bc6　　2. 走 1...Rd2

3. 三种，① 1.Rb8；② 1.Qc8；③ 1.Qg7

4. 三种，① 1...Re1；② 1...Be5；③ 1...Nc2

#### 二、应将

（一）吃

1. 走 1.Rxd1　　2. 走 1...Qxf6

（二）垫

1. 走 1.Nf3

2. 走 1...Bd7、1...Nc6 或 1...Nd7 比较合理

（三）逃

1. e2、g2 或 g3　　2. 走 1.Kc1

### 更多挑战

1.(1) 走 1...Nc6　　(2) 走 1...Kh8

(3) 走 1.Rb1　　(4) 走 1.Kh1

2. 走 1.Bh3 垫，其他的垫子走法都会被对手吃掉

3. 走 1...Bd6 吃，王还没有王车易位之前，不要轻易逃王

4. 走 1.Kh1 逃，如果走 1.Kg2 逃，会被黑方 1...Ne1，同时攻击王和后

## 第十六课

### 趣味问答

#### 一、将死

1. 走 1.Rc8#　　2. 走 1.Qg7#

3. 走 1...Nc2#　　4. 走 1...Be1#

#### 二、棋子的常见杀王方法

（一）车

1. 白车放在 f8 格　　2. 黑车放在 h1 格

3. 走 1.Rh3#　　4. 走 1...Re1#

（二）后

1. 白后放在 g7 格　　2. 黑后放在 h1 格

3. 走 1.Qe8#　　4. 走 1...Qa1#

（三）象

1. 除 f6 格以外，白象放在 a1-h8 斜线上的任意格子即可

2. 黑象放在 e1 或 f2 格

3. 走 1.Bxf6#　　4. 走 1...Bf3#

（四）马

1. 白马放在 h6 格　　2. 黑马放在 g4 格

3. 走 1.Nf7#　　4. 走 1...Ng3#

### 更多挑战

1. 走 1.Qg7#　　2. 走 1.Nf7#

3. 走 1.Ra6#　　4. 走 1...Be4#

国际象棋冠军课堂

# 国际象棋入门教程

下册

章晓雯·编著

人民邮电出版社
北京

# 目录


01 第十七课 吃过路兵

一、复习兵的走法和吃法 / 02
二、吃过路兵 / 03
三、吃过路兵的条件 / 04

07 第十八课 王车易位

一、王车易位 / 08
二、王车易位的条件 / 10

13 第十九课 胜负的判定

一、将死 / 14
二、认输 / 14
三、违例两次 / 15
四、超时 / 16
五、弃权 / 16

19 第二十课 和棋的判定

一、双方同意和棋 / 20
二、无子可胜 / 20
三、无子可动 / 22
四、长将 / 23
五、三次重复局面 / 25
六、五十回合规则 / 26

29 第二十一课 学会记录棋谱

一、记录棋谱的作用 / 30
二、走子的记录方法 / 30
三、兵的记录方法 / 33
四、棋谱符号对照表 / 35

37 第二十二课 后车杀王

一、杀单王 / 38
二、后车杀王 / 38

44 第二十三课
双车杀王

双车杀王 / 45

50 第二十四课
单后杀王

单后杀王 / 51

59 第二十五课
单车杀王

单车杀王 / 60

68 第二十六课
构建计算

一、计算的过程 / 69
二、预估对方的走法 / 71
三、提前想好对策 / 74

77 第二十七课
单兵升变（1）

一、复习方形区 / 78
二、6 线白胜、3 线黑胜 / 79
三、例外的边兵 / 81

84 第二十八课
单兵升变（2）

一、关键格 / 85
二、对王 / 87
三、总结表 / 91

93 第二十九课
开局原理

一、开局原理 / 94
二、常用开局 / 97

101 第三十课
开局陷阱

一、常见错误 / 102
二、开局陷阱 / 104

110 第三十一课
中局原理

一、中局原理 / 111
二、常用计划 / 113

116 第三十二课
残局原理

一、残局原理 / 117
二、常见残局 / 120

答案 / 124

# 第十七课

# 吃过路兵

## 一、复习兵的走法和吃法

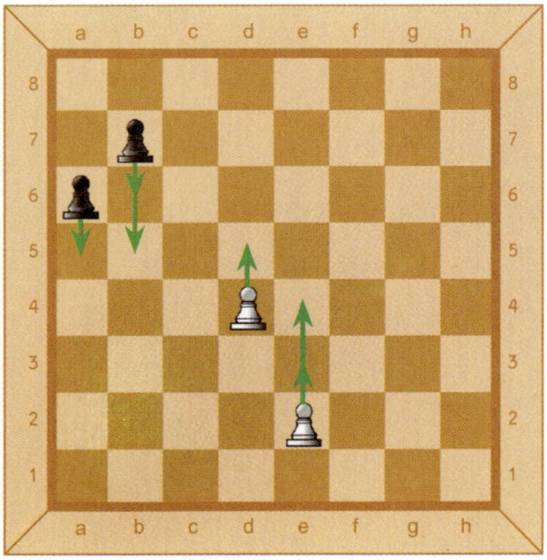

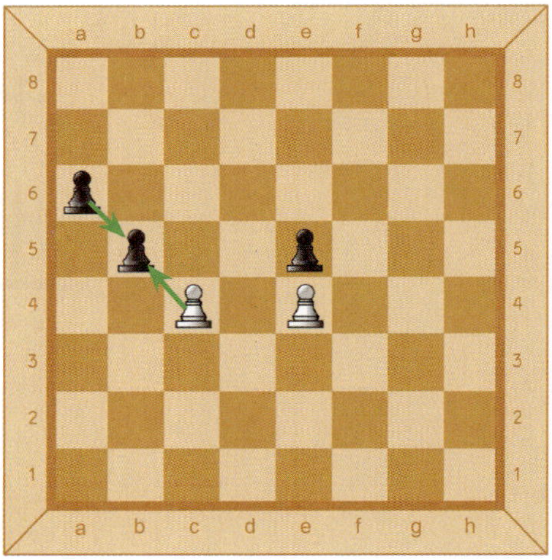

在上册，我们学习了兵的走法和吃法，知道了兵是直走斜吃的。初始位置的兵，可以选择往前直走一格或是两格，其他位置的兵每次只能移动一格，且不能倒退。

这节课，我们要来学习兵的特殊走法：吃过路兵。

## 二、吃过路兵

在国际象棋的发展史上，早期的兵没有一次走两格的权利。直到 15 世纪，才制定了“兵在初始位置可以选择一次走两格”的规则。

但随之而来产生了一个问题，棋手可以通过一次走两格来避免自己的兵被吃掉，封闭局面，让棋盘上没有可以进攻的线路。

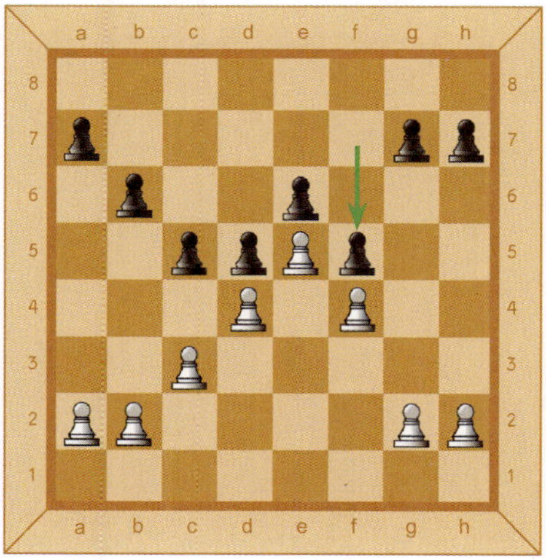


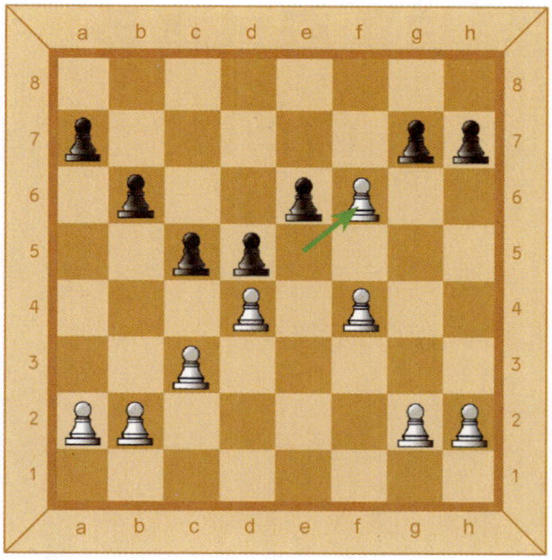


于是，规则也同时表明，**在这样的情况下，允许兵有一种特殊的走法，可以吃掉这个路过的兵，这就是“吃过路兵”。**

**需要注意的是，在吃过路兵时，兵仍然是斜着往前吃一格，而不是横向吃兵的。**

# 三、吃过路兵的条件

吃过路兵需要满足哪些条件呢？我们归纳出了以下几点。

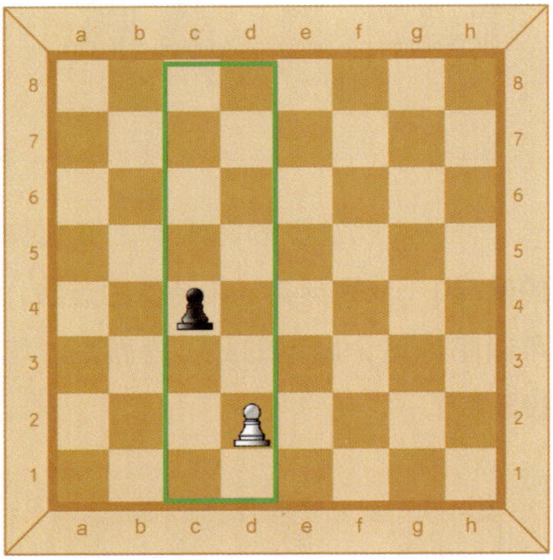


**1. 双方的兵必须是邻居。**

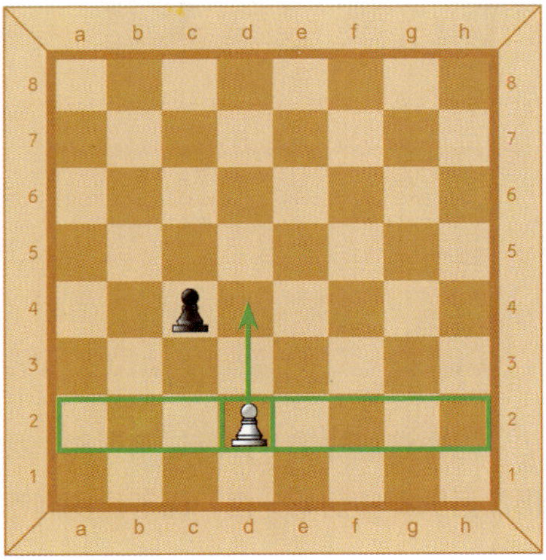

**2. 处在初始位置的兵一次走两格，和对方的兵并排时，对方才可以吃过路兵。白兵的初始位置在 2 线，黑兵的初始位置在 7 线。**

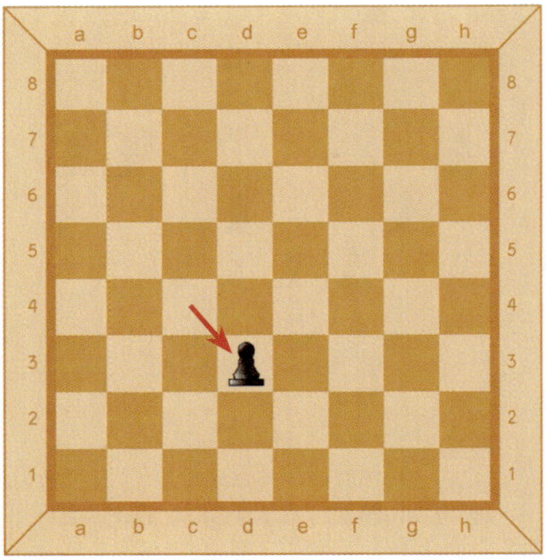


**3. 吃过路兵必须立即行动，如果错过了，就不是过路兵了，所以不能再吃了。**

## 趣味问答

**1.** 白方冲起小兵，黑方吃过路兵之后，黑兵应该放在哪个格子？

______________________

**2.** 黑方冲起小兵，白方可以吃过路兵吗？

______________________

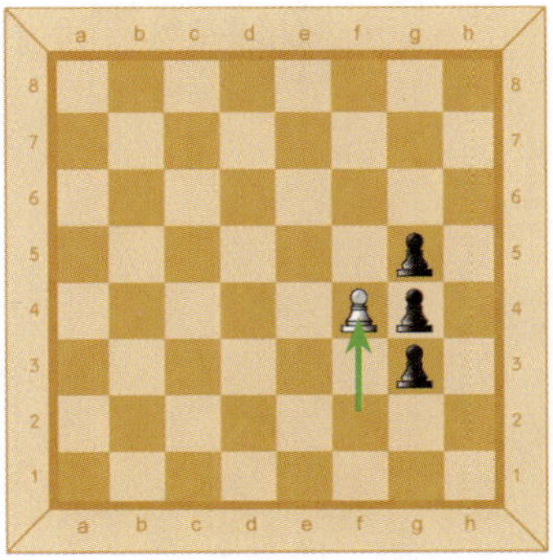


**3.** 白方冲起小兵，现在有几个黑兵可以吃掉它？

______________________

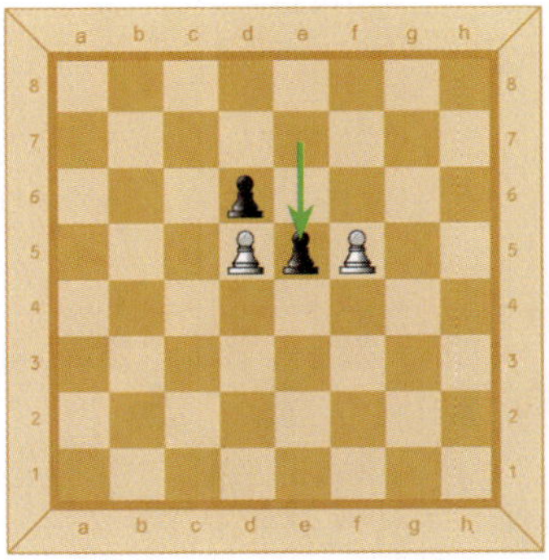


**4.** 黑方冲起小兵，现在白方有几种走法？

______________________

## 更多挑战

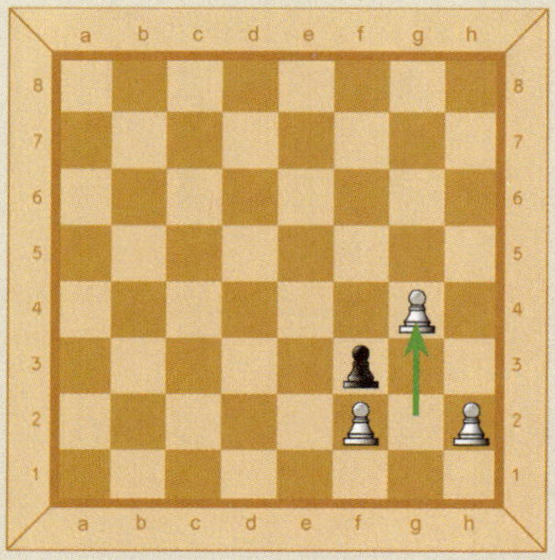

1. 白方冲起小兵，黑方可以吃过路兵吗？

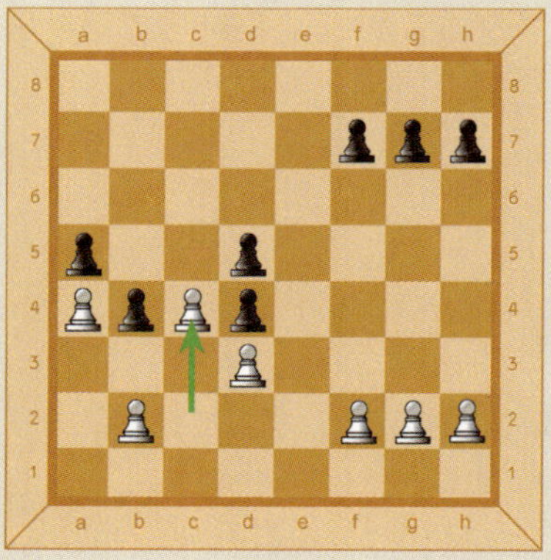

2. 白方冲起小兵，现在有几个黑兵可以吃掉它？

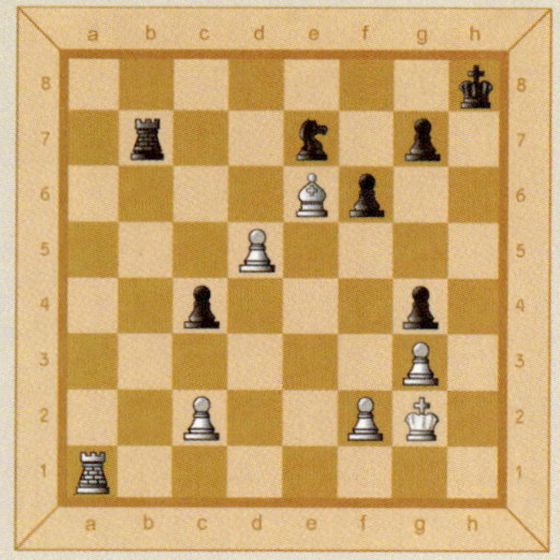

3. 白先一步杀。

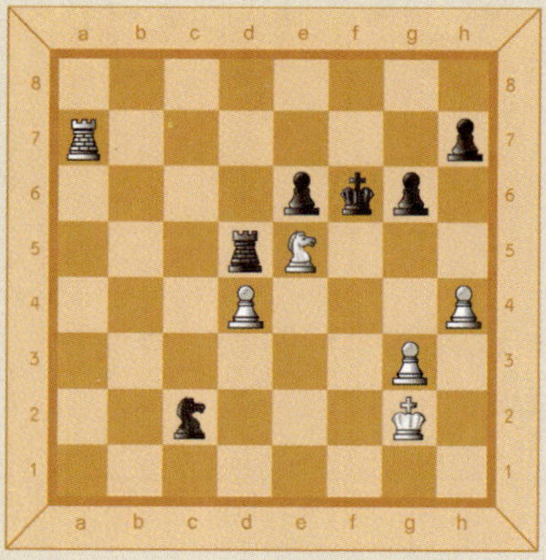

4. 白先一步杀。

第十八课

# 王车易位

# 一、王车易位

## （一）王车易位的意义

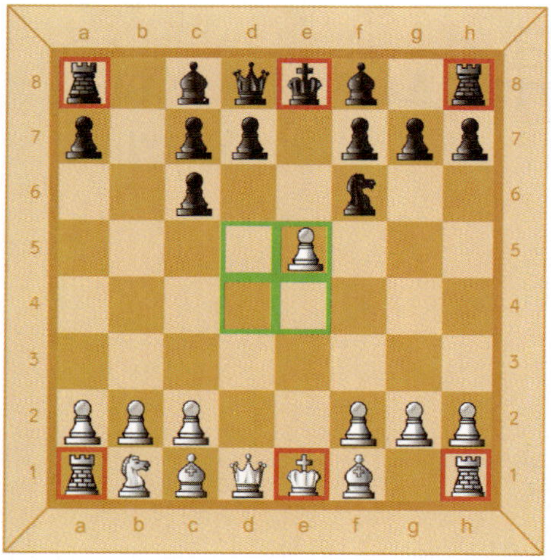


在开局阶段，我们常常需要抢占中心，冲起王前和后前的兵方便出子。但这样一来，需要重点保护的王就会暴露出来，而想要投入战斗的车又困在角落。**因此，有一条特殊的规则应运而生，那就是“王车易位”，英文为“castling”。**

**这样一来，王就顺利转移到安全的位置，车也可以出来参与战斗了。**

## （二）王车易位的走法

我们来看一下王车易位的分解动作。

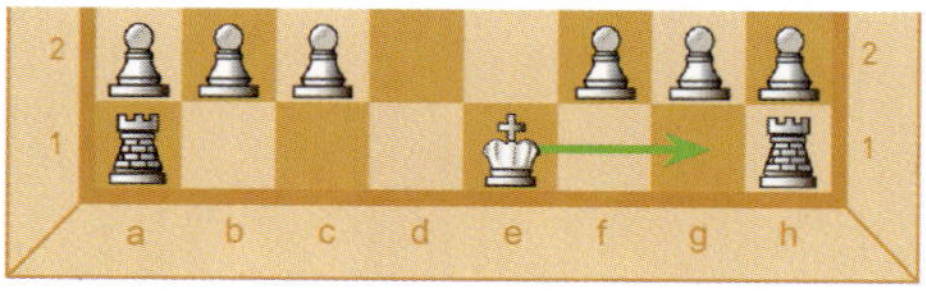


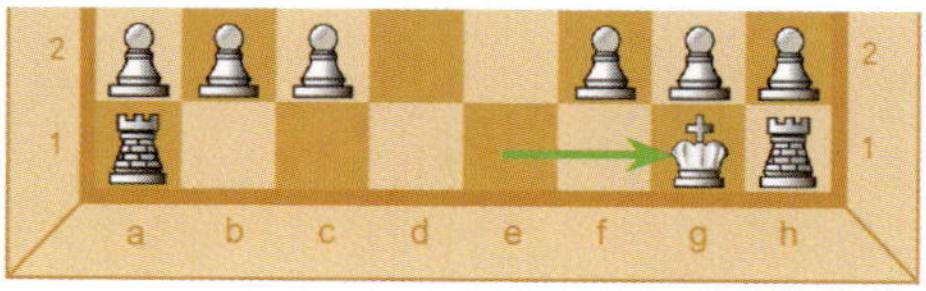

王车易位时，先把王向着车的方向走两格。

再把车拿起来，放在王的边上。

**靠近王的这半边棋盘被称作“王翼”，往这个方向易位是“王翼易位”，又因为车走过的距离较短，也称作“短易位”。**

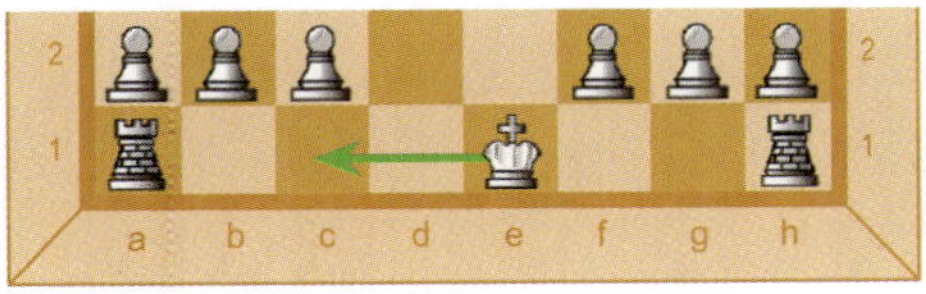

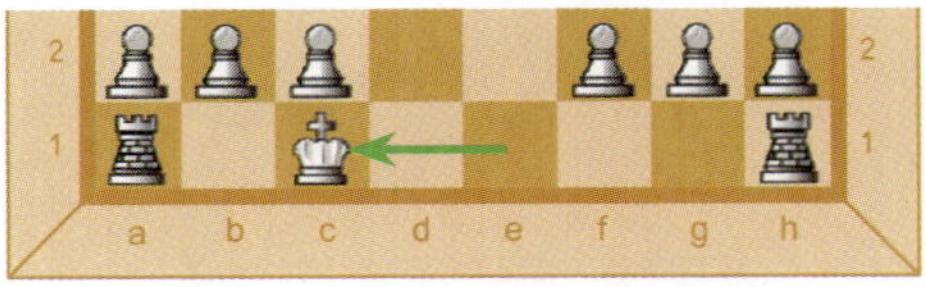

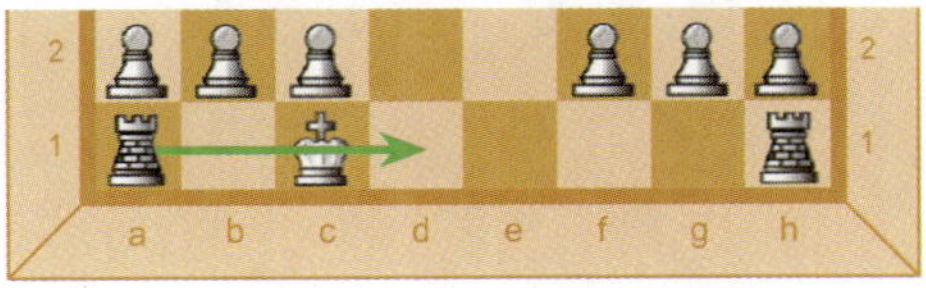

**靠近后的这半边棋盘被称作“后翼”，往这个方向易位是“后翼易位”，又因为车走过的距离较长，也称作“长易位”。**

**这两个分解动作是在一步棋内完成的，是国际象棋里唯一能够一步棋里走动两个棋子的特殊走法。**

## 小贴士

① 王车易位时，必须先走王再走车。如果先拿了车，只能按照“摸子走子”的规则走车，不能易位。

② 王车易位需要用同一只手完成，如果两只手同时拿棋子走棋，既不雅观，也违反了规则。

## 趣味问答

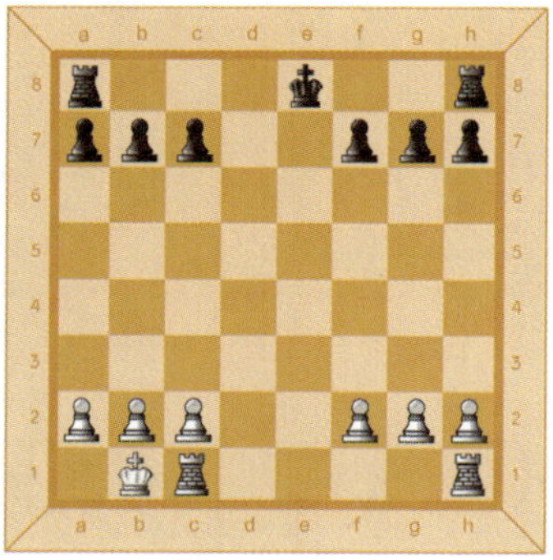

1. 请问这个王车易位正确吗？这是什么易位？

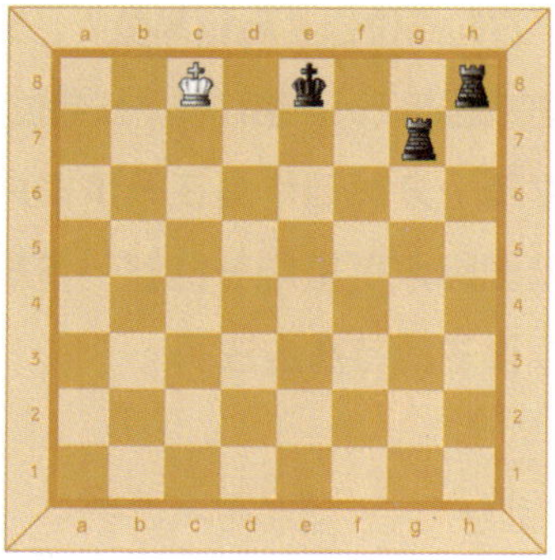

2. 黑先一步杀。

# 二、王车易位的条件

有四种情况不能王车易位。

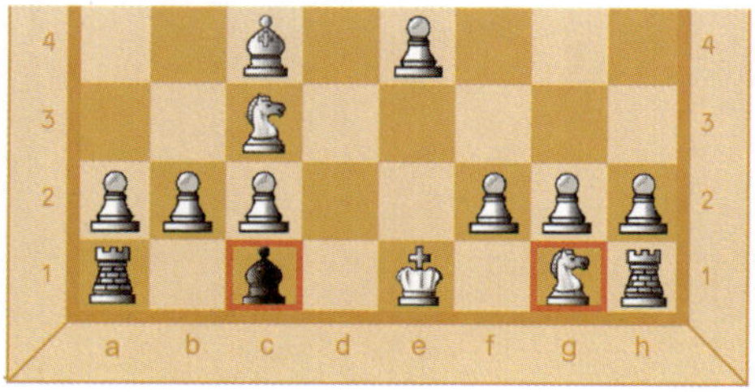

**情况一：有己方或对方的棋子挡在王和车中间。**

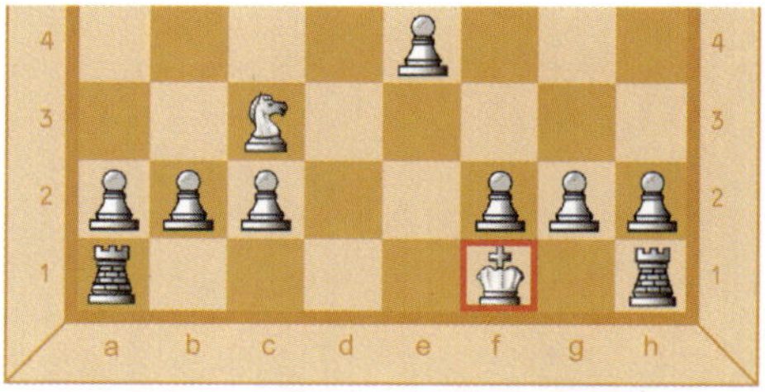

**情况二：王或车已经走动过（即使再回到原位也不行）。**

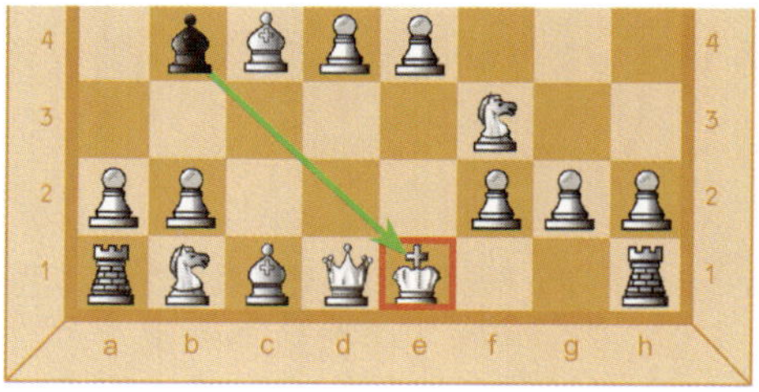

**情况三：王正在被将军。**

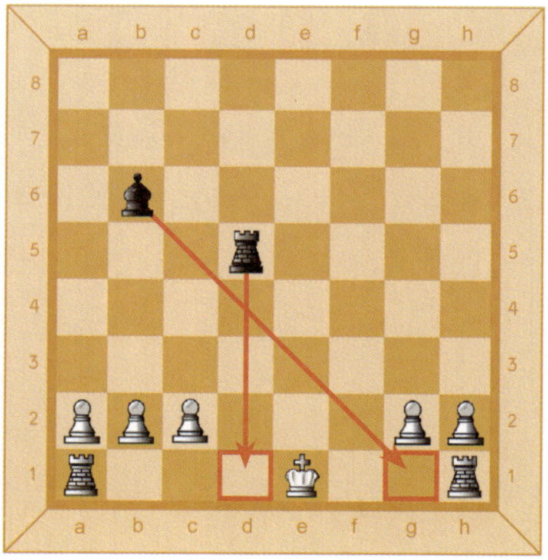

**情况四：王车易位时，王经过或到达的格子在对方棋子的攻击范围内。**

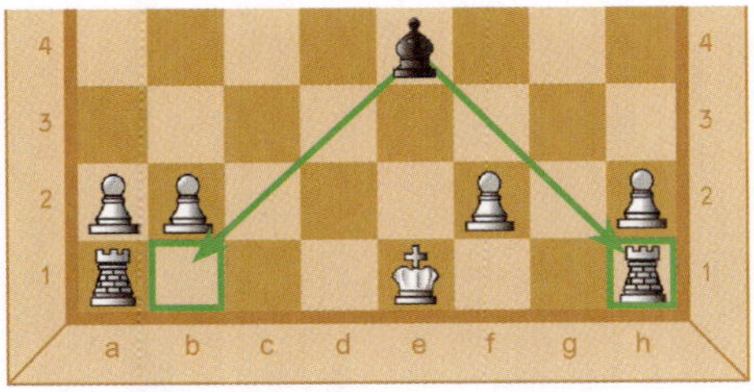

**如果是车正在被对方攻击，或是将要经过被攻击的格子，则不受影响，可以正常易位。**

## 趣味问答

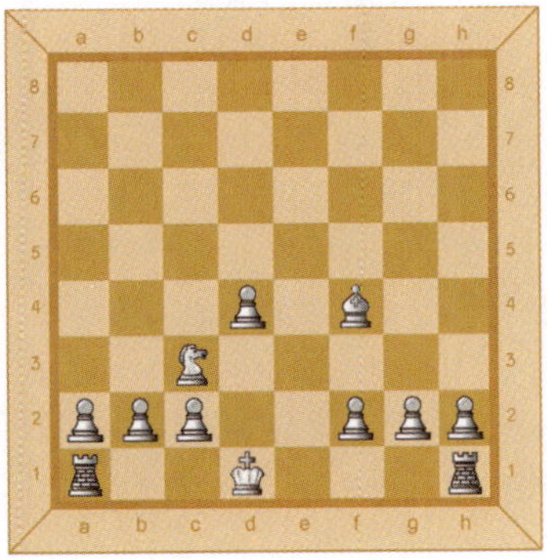

1. 白方可以王车易位吗？为什么？

______________________

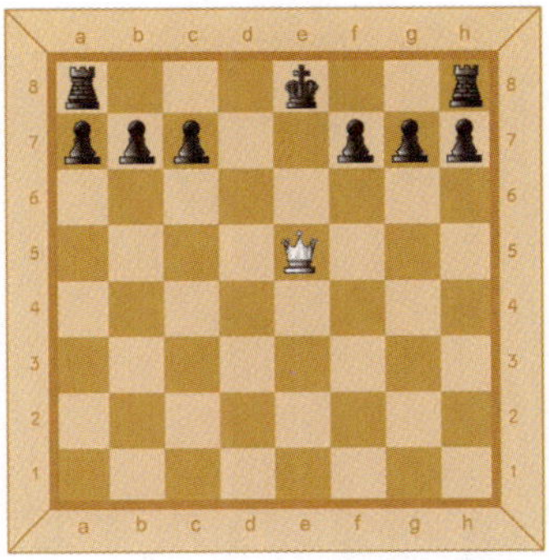

2. 黑方可以王车易位吗？为什么？

______________________

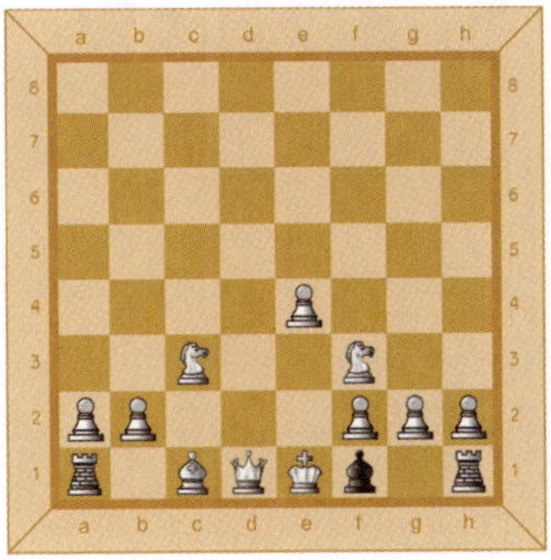

3. 白方可以王车易位吗？为什么？

______________________

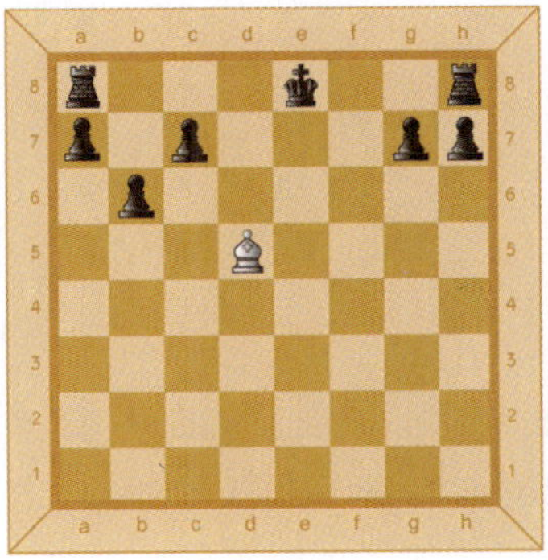

4. 黑方可以王车易位吗？为什么？

______________________

## 更多挑战

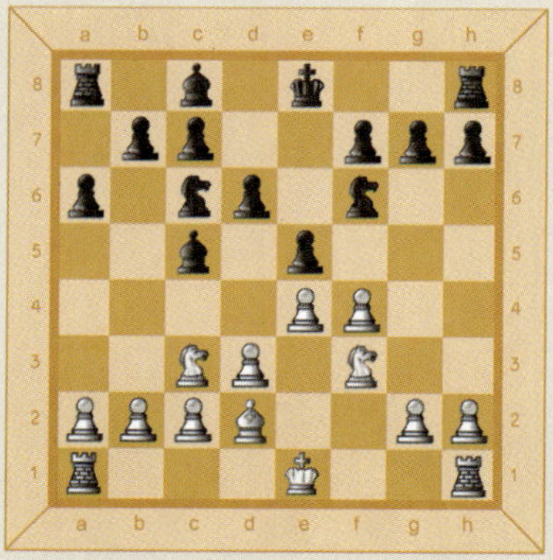

**1.** 假设白方先走，可以王车易位吗？
假设黑方先走，可以王车易位吗？

____________________

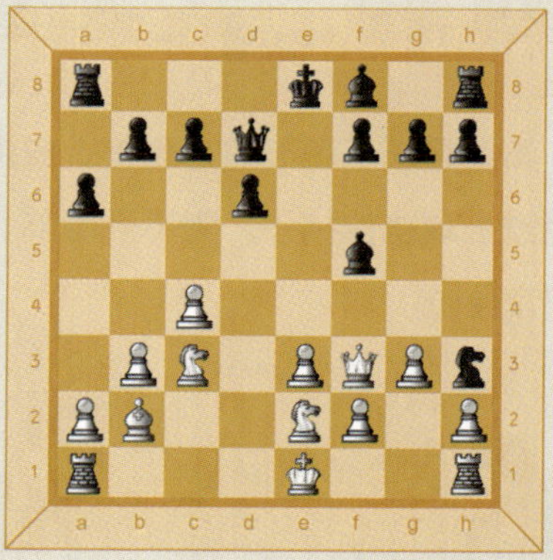

**2.** 假设白方先走，可以王车易位吗？
假设黑方先走，可以王车易位吗？

____________________

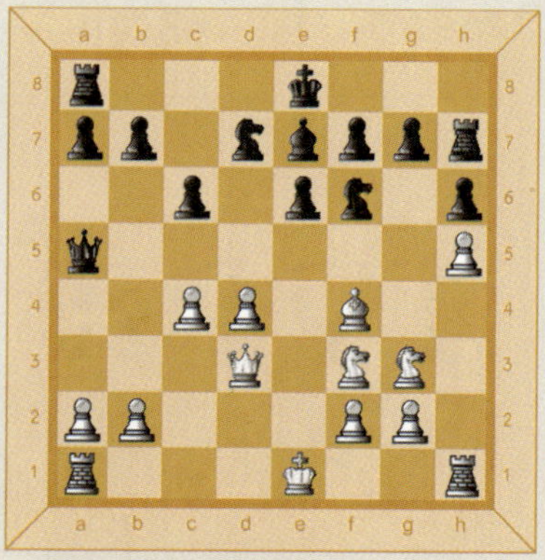

**3.** 假设白方先走，可以王车易位吗？
假设黑方先走，可以王车易位吗？

____________________

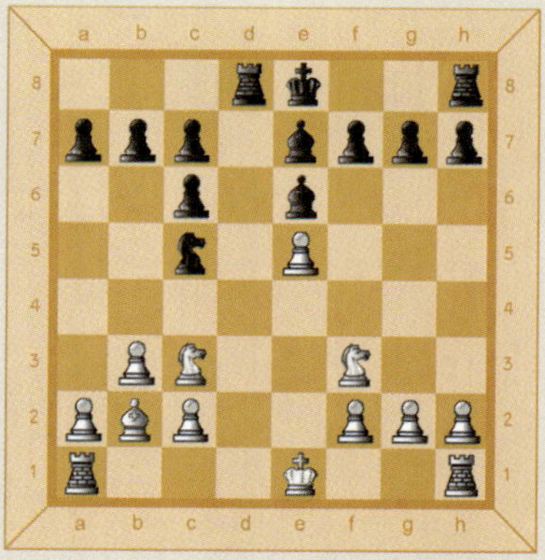

**4.** 假设白方先走，可以王车易位吗？
假设黑方先走，可以王车易位吗？

____________________

# 第十九课

# 胜负的判定

**像足球比赛一样，下一盘国际象棋的结果也有胜、负、和三种情况。赢棋的一方得1分，输棋的一方不得分，和棋时双方各得半分。**

这节课我们要来学习判定胜负的五种情况。

## 一、将死

**将死对方的王获得胜利，被将死的一方算输。这是下棋的最终目的，整盘棋从始至终都是向着这个目标前进的。**

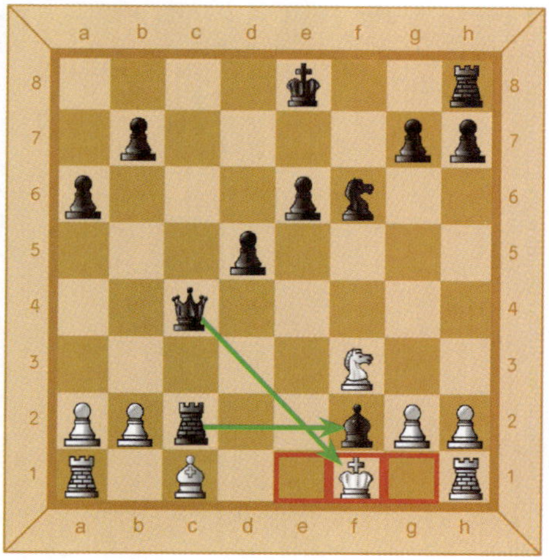


知识回顾：当王被将军时，既不能吃掉对方将军的棋子，又不能垫将，也无法逃王，就是将死，也称作“将杀”或“杀王”。

## 二、认输

**当感到局面无法挽救时，棋手可以认输，即承认输棋，对手则获得胜利。**

有一定棋艺水平的人会这么做，并将此种做法视为有风度。因为他们有足够的判断力，确信自己的对手也有相应的实力。

但初学者在下棋时不要轻易认输，要尽可能地寻找机会，顽强斗争到最后，这样既可以培养坚毅的品格，又能够得到更多的锻炼，甚至可以挽回局势。

## 三、违例两次

**违例，指违反行棋规则。比如，送王、走不符合规定的走法、比赛的时候干扰对手等。**

**根据 2016 年版《国际象棋竞赛工作手册》中的最新规定，违例两次判负。**

违例的认定和判罚需要由裁判进行决断，棋手可以在比赛中举手示意请裁判前来，对裁判说明情况，并服从裁判的判决。

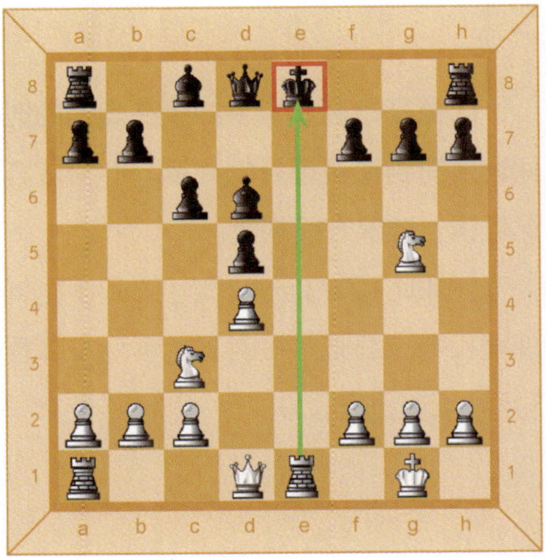


如上图，白车正在将军，黑方需要用垫子或逃王的方式应将。

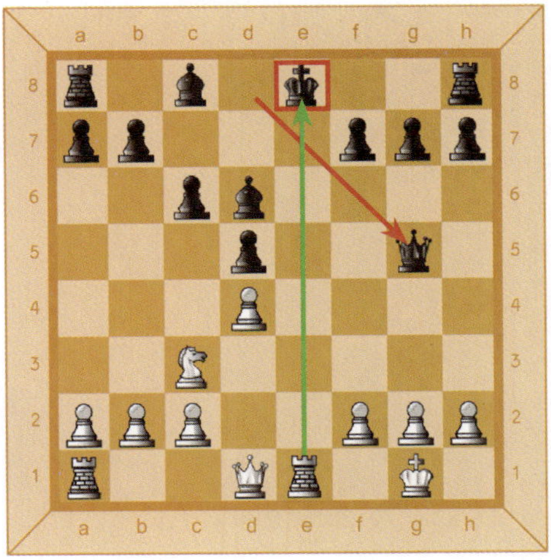


如果黑方没有应将，而是用后吃掉了白马，那就是送王。送王是违规的，此时白方需要举手告知裁判。

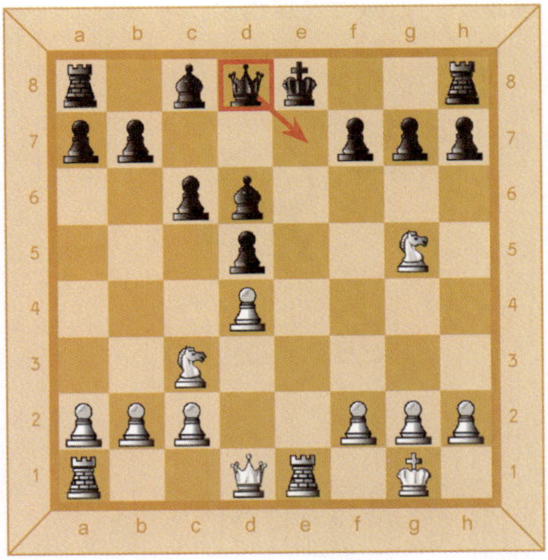


判罚后，对手重新走棋，但必须先遵从“摸子走子”的行棋规则。所以在这个局面中，只能用后去垫将，黑后被白车吃掉之后会遭受子力损失。

如果“摸子走子”无法应将，再重新选择其他的棋子走棋。

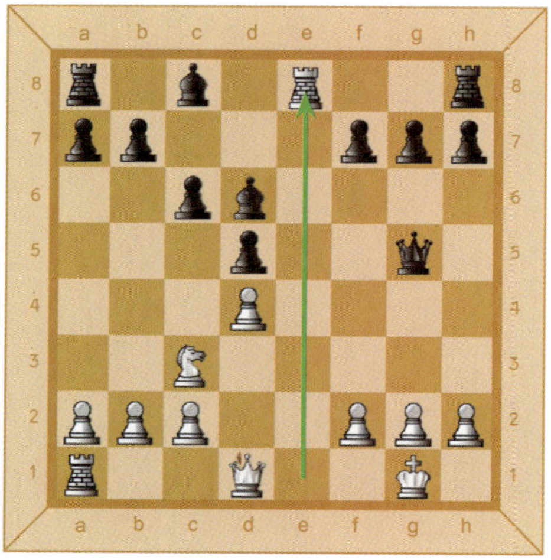


值得注意的是，在黑方送王时，白方不能一时冲动吃掉黑王。因为王只能被将死，不能被吃掉。所以这一步吃王也是不符合规定的走法。

## 四、超时

在比赛中，会用棋钟限制用时。钟面上有双方的剩余时间，轮到一方走棋时，倒数计时开始，走完一步棋，按下棋钟上的按钮代表一步棋完成。另一方的时钟开始倒数，轮到对手走棋。

需要养成规范的行棋习惯，同一只手走棋，同一只手按钟。

**超时是指在规定的比赛时间内，有一方的时间用完了，则时间用完方被判输。**

但在极少数特殊情况下，超时也会判双方和棋（一般为局面显示双方都无法取得胜利时）。

## 五、弃权

**比赛开始后，棋手如果在规定的时间内没有到达赛场开始比赛，即为放弃这盘棋，弃权方被判负。**

参加比赛时，一定要仔细阅读比赛规程和补充细则，按时到达赛场，尊重对手，避免迟到。

## 趣味问答

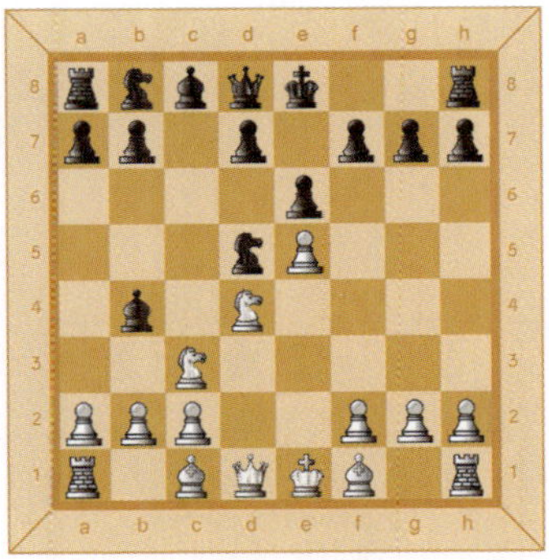

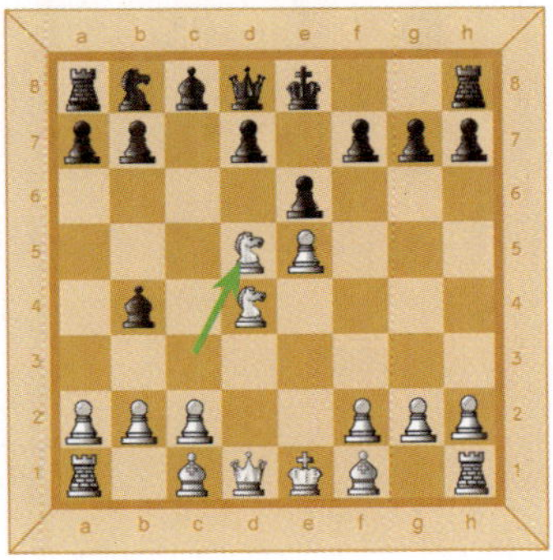

**1.** 白方吃掉黑马，请问黑方应该怎么做？

**2.** 比赛开始后，对手没有来，应该怎么做？

A. 等到规定的时间，告知裁判对手弃权

B. 等对手棋钟上的时间用完，告知裁判对手超时

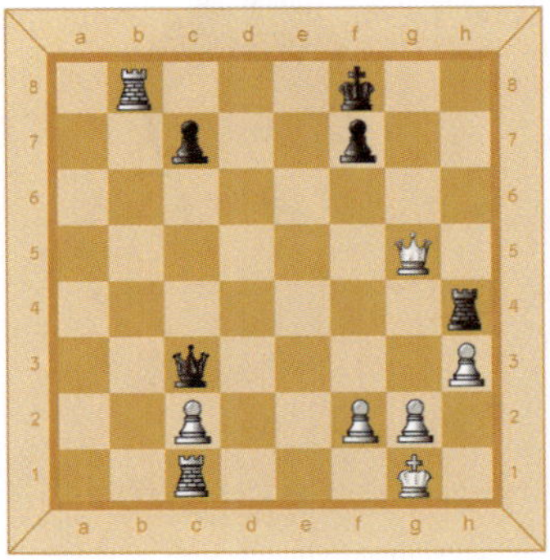

**3.** 判断这个局面的结果。

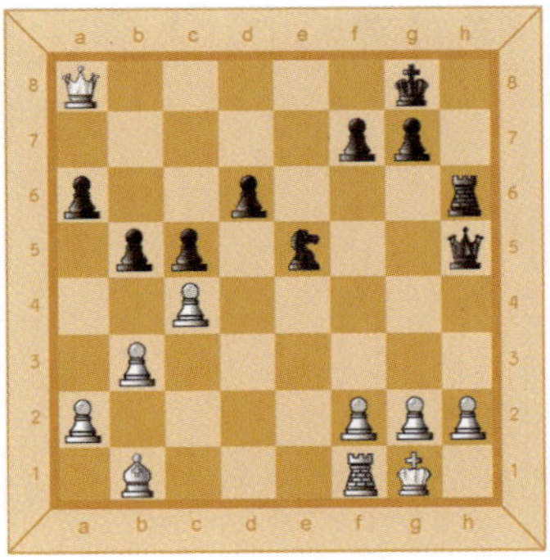

**4.** 判断这个局面的结果。

## 更多挑战

**1.** 下棋时，哪些情况算是违例？（多选题）

A. 摸子动子

B. 悔棋

C. 和对手聊天

D. 下完棋忘了按钟

E. 吃掉对方的王

______________________

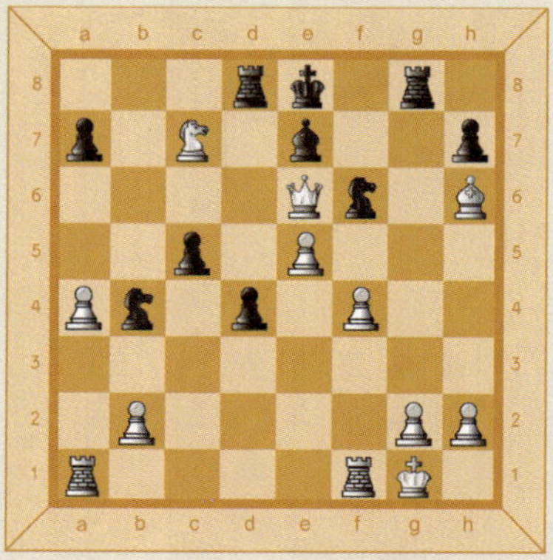

**2.** 判断这个局面的结果。

______________________

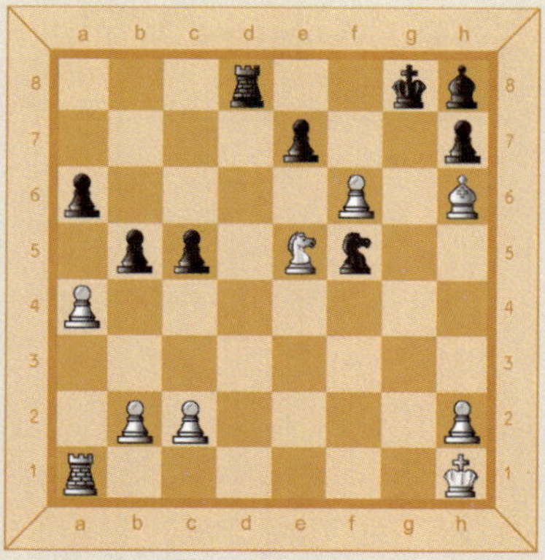

**3.** 白先一步杀。

______________________

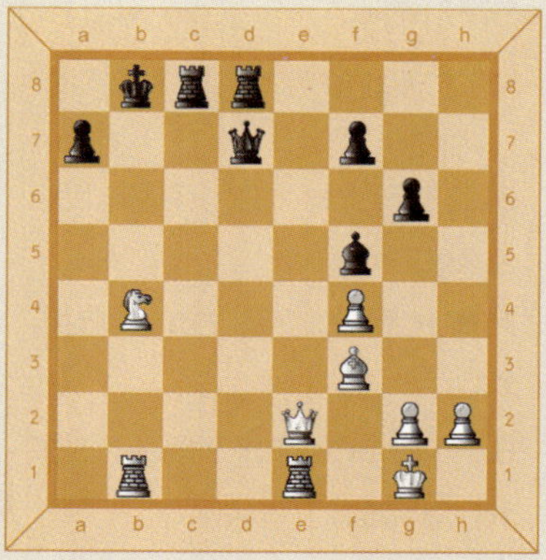

**4.** 白先一步杀。

______________________

# 第二十课

# 和棋的判定

**和棋就是双方平分秋色，不赢也不输。**这节课讲解判定和棋的六种情况。

## 一、双方同意和棋

**一方提议和棋，另一方同意，即可和棋。**

下棋时要勇于拼搏，尽量减少无意义的提和。在一些正规比赛中，为了保证对局质量，会规定整盘棋或某些回合之内不允许提和。

**需要注意的地方有以下三点。**

1. 正确的时机是在自己走完棋之后提和。

2. 如果对手继续走棋，则视为拒绝和棋。不可以在对局进行了几步棋之后，又同意之前的提和。

3. 提和被拒绝后，如果局面没有发生较大变化，不允许连续提和，会被视为干扰对手。

## 二、无子可胜

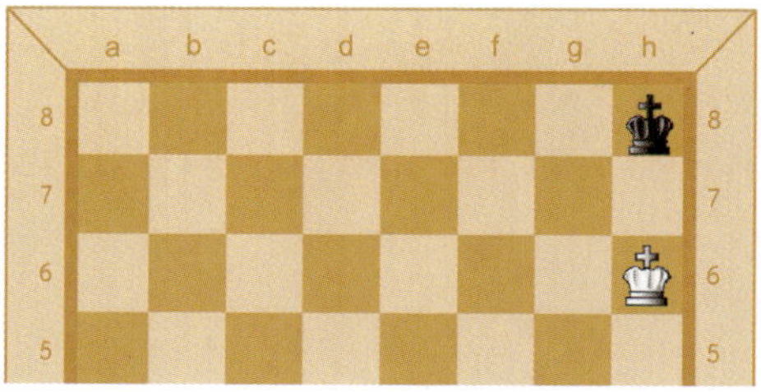

**在单王、单马、单象和双方剩下同色格象的情况下，因为剩余的棋子无法将死对方的王，即是无子可胜，可判为和棋。**

在这种情况下，即使有一方超时，因为对方不可能赢棋，仍然应判为和棋。

但是，双马仍有将杀的可能，所以不能算作无子可胜。

## 趣味问答

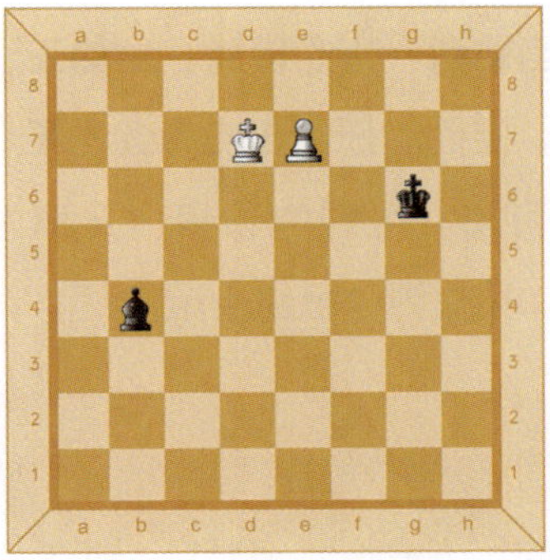


**1.** 黑方先走，应该如何守住局面？

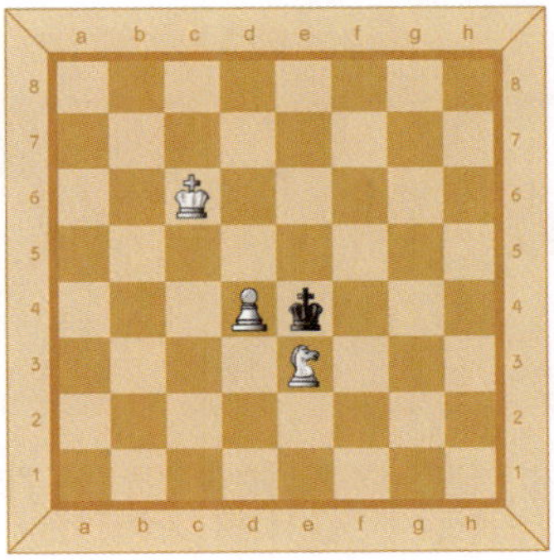


**2.** 黑方先走，应该如何守住局面？

## 三、无子可动

**当轮到一方走棋时，他的王没有被将军，但他的任何走法都会送王，即是无子可动，可判为和棋，又称为“逼和”，英文为“stalemate”。**

左上图为将死，左下图为无子可动。

## 趣味问答

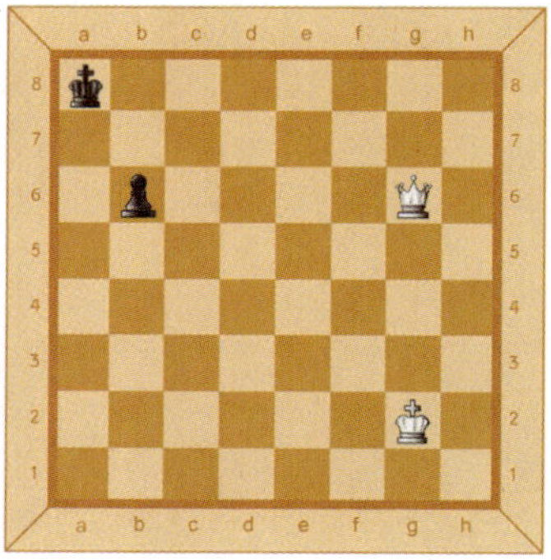


**1.** 白后吃掉黑兵好不好?

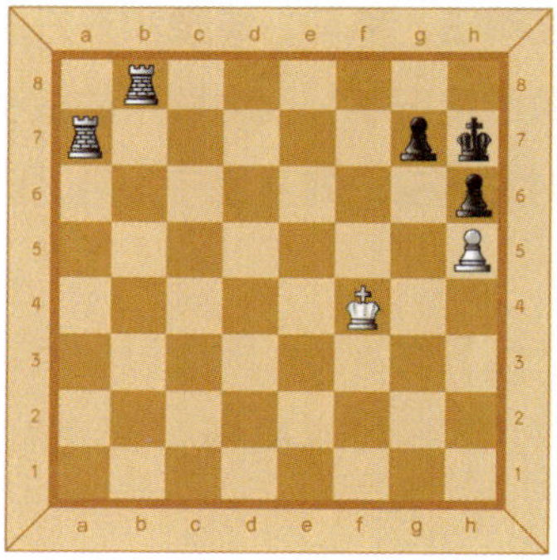


**2.** 判断这个局面的结果。

### 小贴士

这个规则从英文单词中也可见一斑。将死是 checkmate，需要 check（将军）才能 checkmate（将死），如果没有将军却不能动弹，像是被闷得 stale（不新鲜的）食物，就 stalemate（无子可动）了。

## 四、长将

**一方连续不断地将军，另一方不能避免，局面无法进展，即是长将，判为和棋。**

**长将是局面劣势一方为了避免输棋的防守手段。**

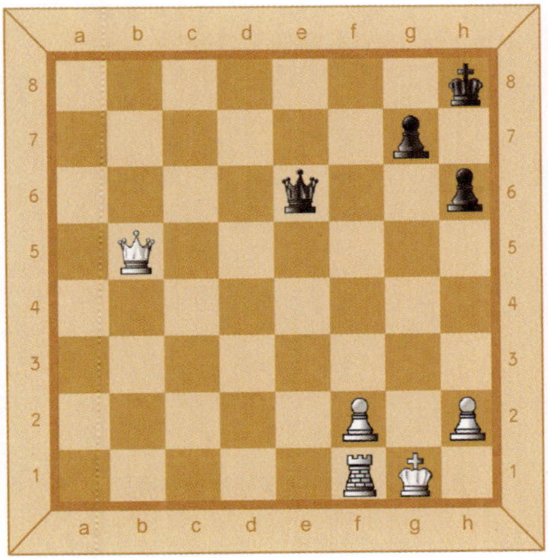


如上图，白方多一个车，有重大子力优势，黑方可以利用白王缺乏保护，进行长将。

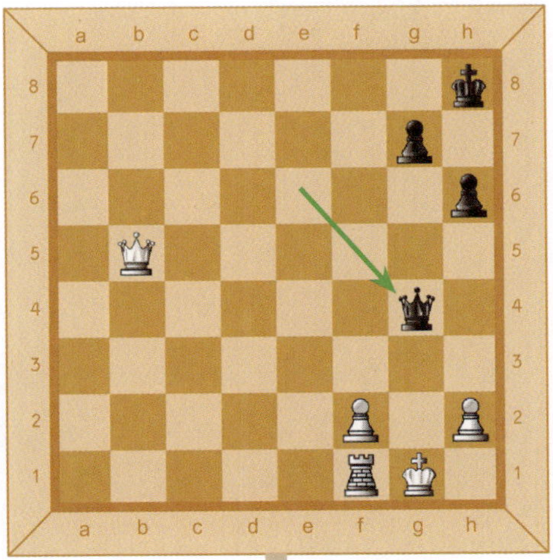


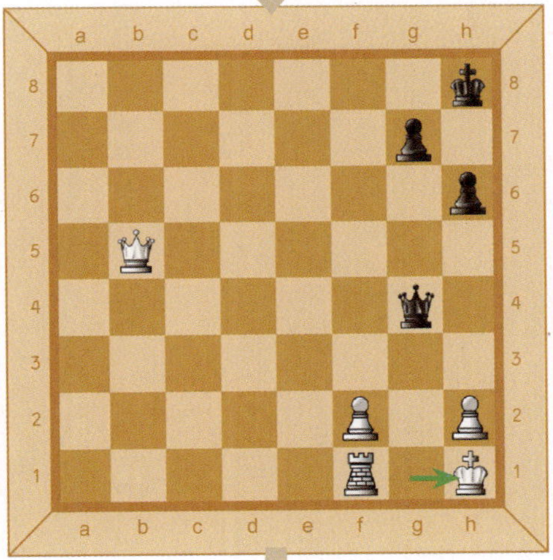


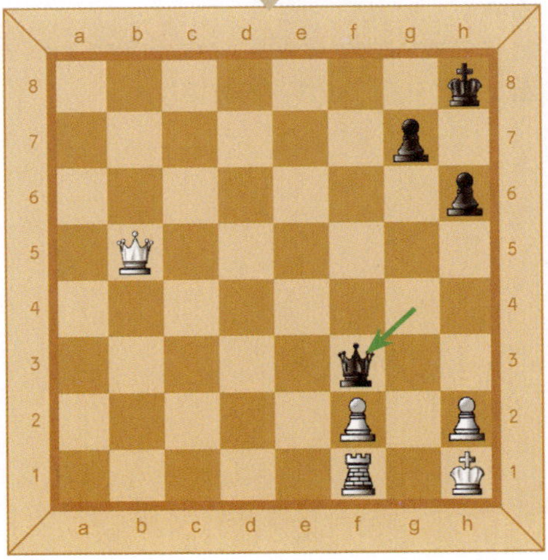

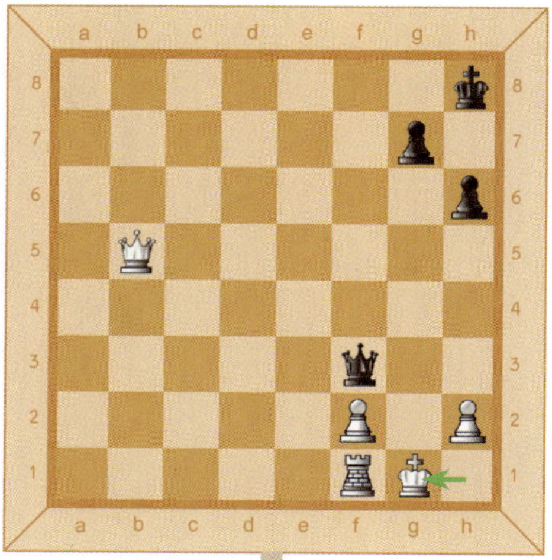

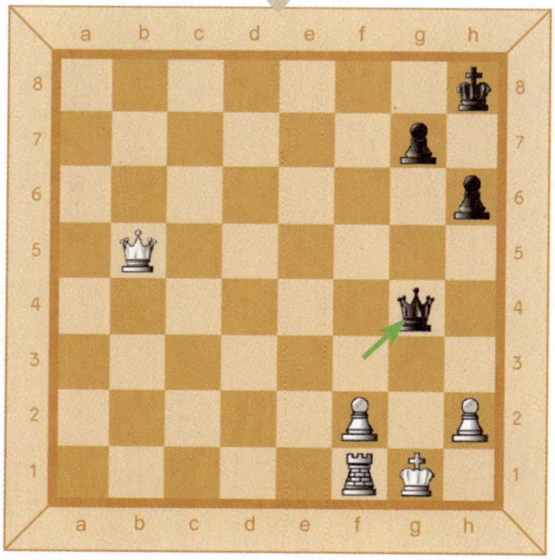

局面又回到原点，白方无法摆脱将军，黑方通过长将防守成功。

## 趣味问答

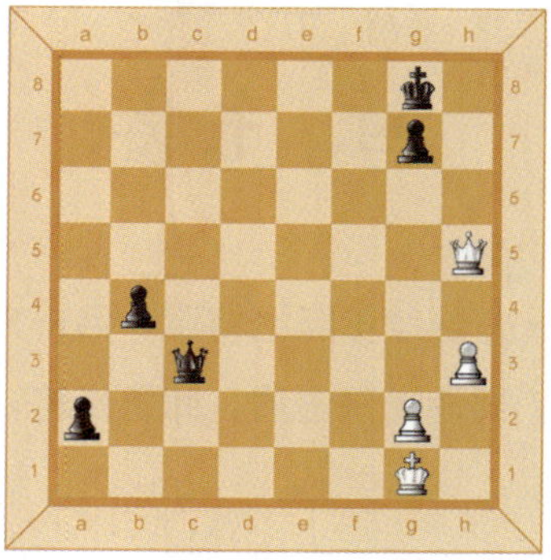

**1.** 白方先走，应该如何守住局面？

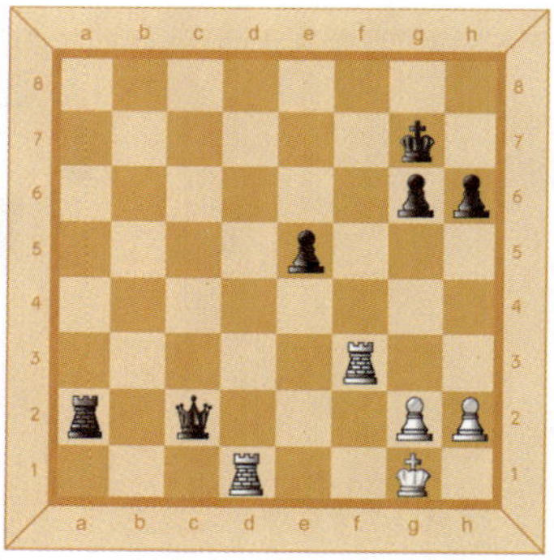

**2.** 白方先走，应该如何守住局面？

## 五、三次重复局面

**相同的局面出现三次或三次以上，即是三次重复局面，需向裁判提出和棋，经裁判核查确认后判为和棋。**

**需要注意的地方有以下三点。**

1. 相同局面的定义非常严格，必须局面完全一致，吃过路兵和王车易位的权利完全一致，且轮到同一方走棋。

2. 提和时，需在自己的记录本上写下将会形成三次重复局面的这步棋，但不能走出来，举手向裁判说明情况，提出和棋。

3. 相同的局面可以是连续的，也可以是间断的。但如果把这步棋走出来了，意味着走子权转换到对方手上，这一回合暂时失去提出三次重复局面和棋的权利。

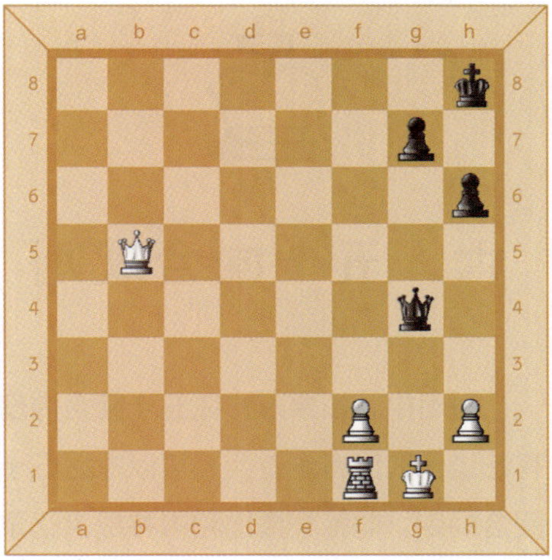

例如在上一小节的长将中，黑方可以把这个局面作为重复局面。

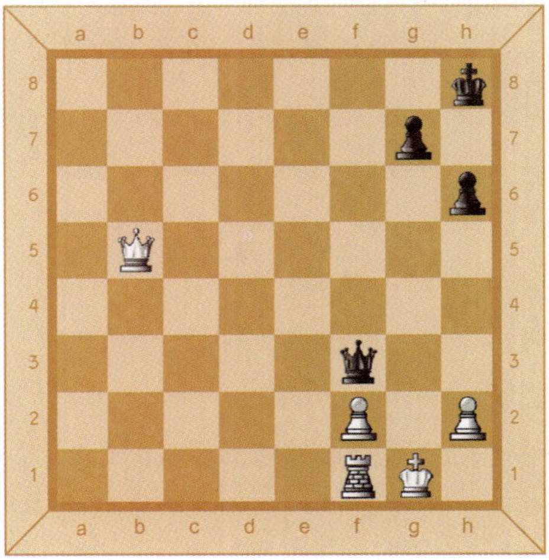

当目标局面已经出现了两次，对局进行到这里，黑方准备下一步走后到g4形成第三次重复局面时，他可以在记录本上提前写下后到g4这步棋，但是不走出来，告知裁判提和。

## 六、五十回合规则

**对局中，如果双方在五十回合内没有吃过子，没有走过兵，可以根据五十回合规则，向裁判提出和棋并提供记录证明，经裁判核查确认后判为和棋。**

这种情况多出现在无兵的残局中。

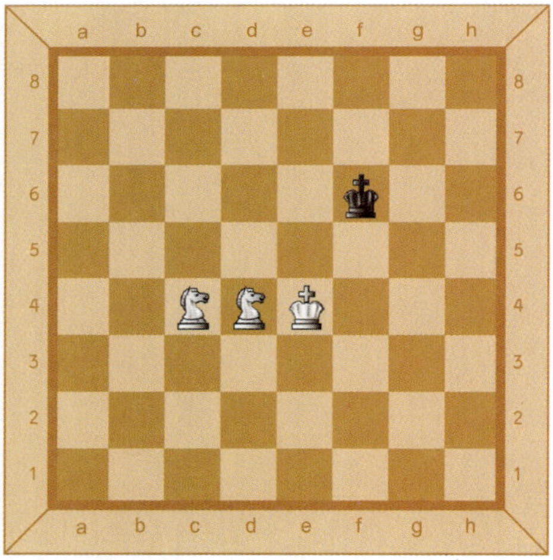


如上图，双马对单王，虽然不能按照无子可胜来判和，但只要黑王不往角落里走，白方无法将死黑方。那么在距离最后一次吃子或冲兵的那步棋开始，往后对弈到第五十回合，可以按照规则提出和棋。

## 更多挑战

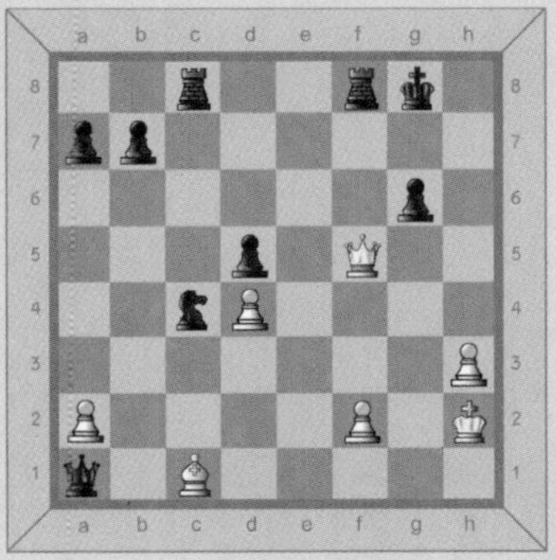


1. 白方先走，应该如何守住局面？

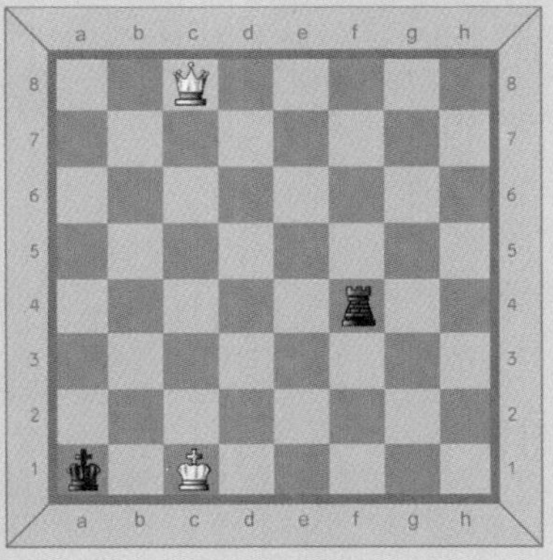


2. 黑方先走，应该如何守住局面？

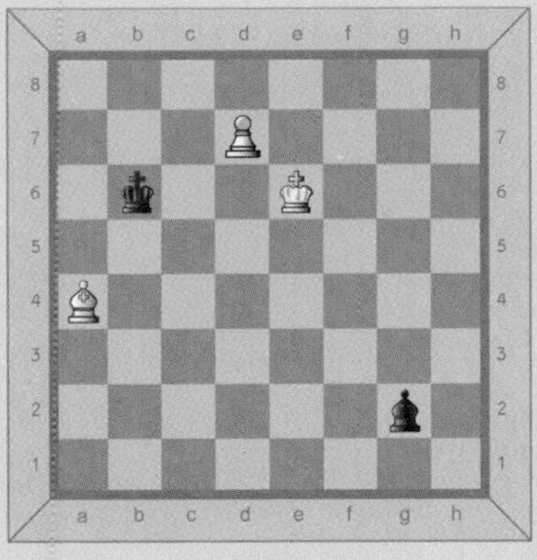


3. 黑方先走，应该如何守住局面？

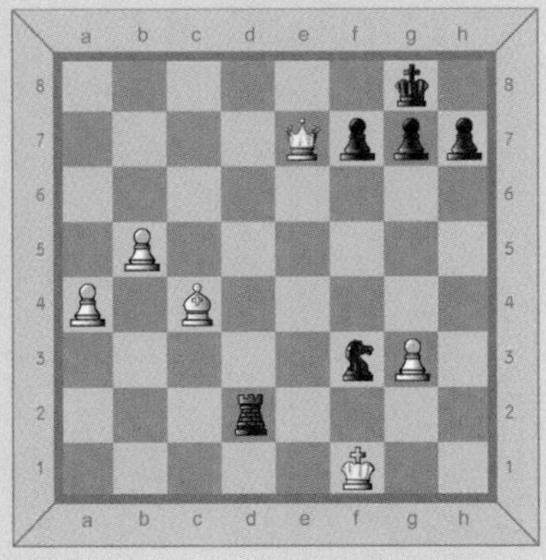


4. 黑方先走，应该如何守住局面？

棋开得胜

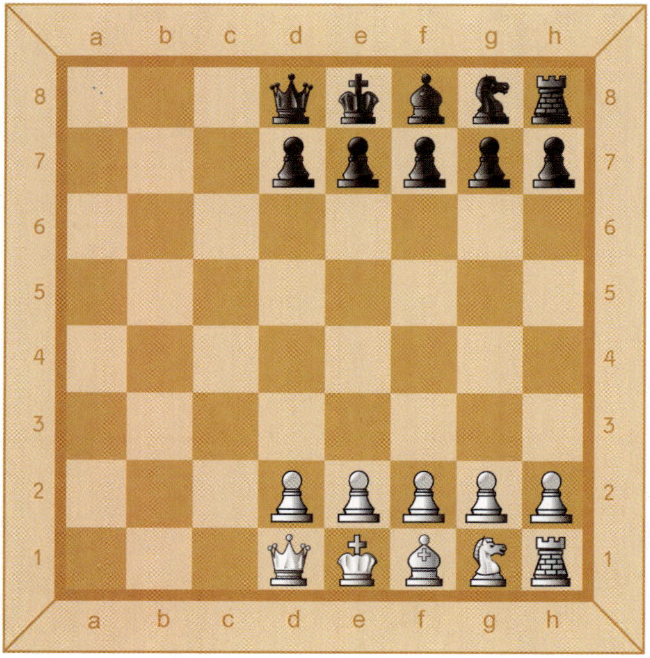


下一盘简化版的国际象棋，按规则判定胜负和。

# 第二十一课

# 学会记录棋谱

## 一、记录棋谱的作用

在许多正式比赛中，要求必须记录棋谱，这样可以避免纠纷，为裁判的判决提供依据。例如，在上节课学到的“三次重复局面和棋”和“五十回合规则”都需要向裁判提供棋谱作为证明。

除此之外，记录下自己的对局，可以方便赛后总结，分析下棋时有哪些地方需要改进，帮助棋手快速进步。

认识棋谱，就能够阅读国际象棋的相关资料和书籍，欣赏顶尖高手的精彩对局，吸收大量的知识，让棋艺突飞猛进。

## 二、走子的记录方法

现代最常用的是简易记录法，记录的方式很简单。

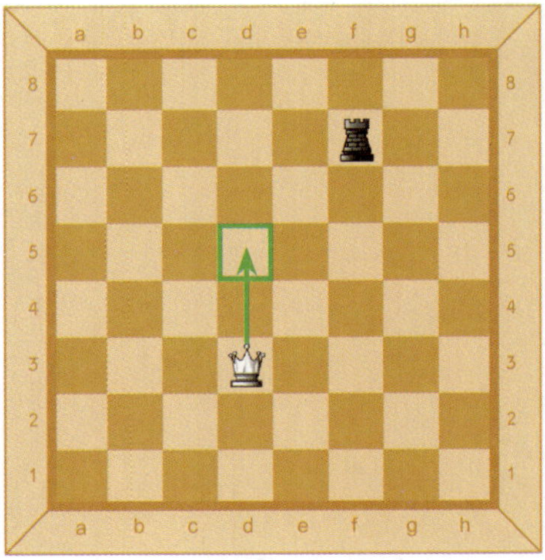

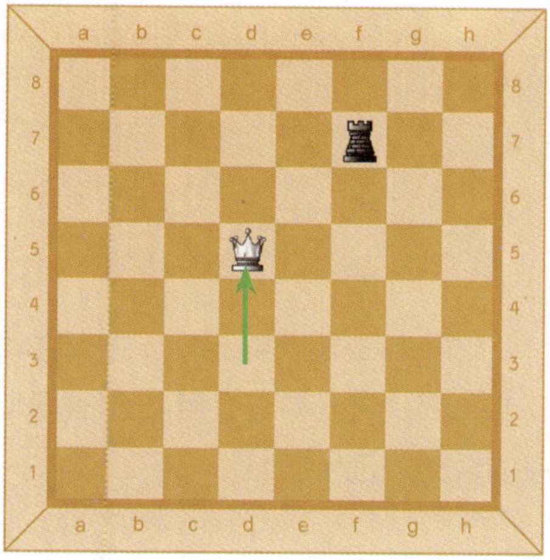

假如白后走到绿色方框的位置。我们先看这个格子的名称是 d5，因为是后走过去的，所以记为后 d5。后的代表字母是 Q，又可以记为 Qd5。

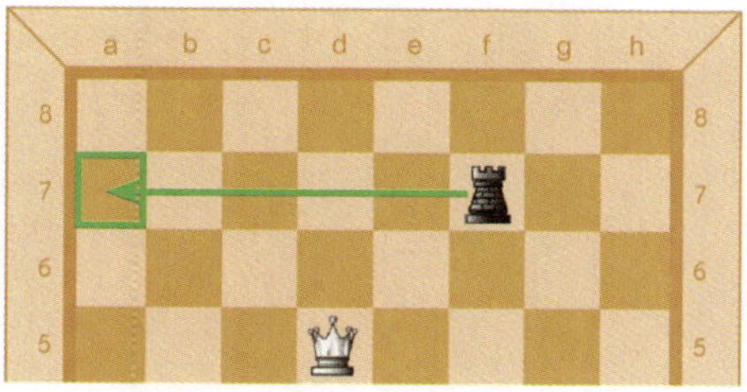

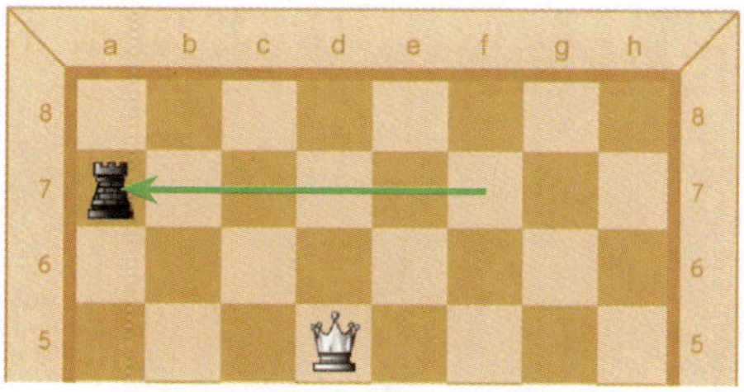

同理，如果车走到红色方框的位置，记为车 a7。车的代表字母是 R，又可以记为 Ra7。

| 中文名称 | 王 | 后 | 车 | 象 | 马 | 兵 |
| --- | --- | --- | --- | --- | --- | --- |
| 代表字母 | K | Q | R | B | N | 省略 |

**两个相同的棋子可以到达同一个位置时，需要添加所在棋子的字母或数字加以区分。**

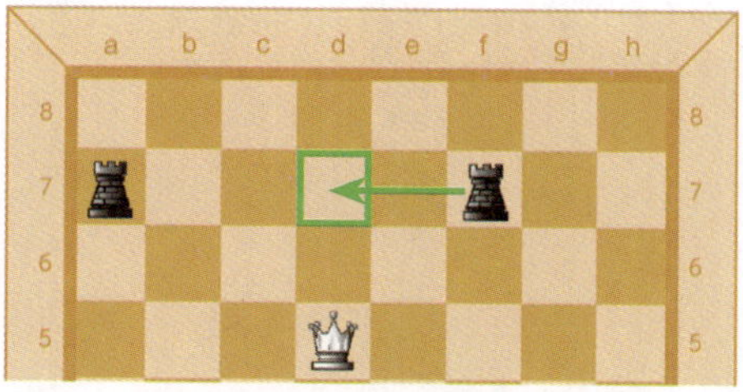

如上图，两个黑车一个在 a7 格，一个在 f7 格，都可以走到红色方框的位置。最终是 f7 格的车走了过去，所以在记录时，应添加两者间不同的字母，记为车 fd7 或 Rfd7。

如上页右下图，两个黑车一个在 f1 格，一个在 f7 格，都可以走到红色方框的位置。最终是 f1 格的车走了过去，所以在记录时，应添加两者间不同的数字，记为车 1f5 或 R1f5。

王翼易位记为 0–0。

后翼易位记为 0–0–0。

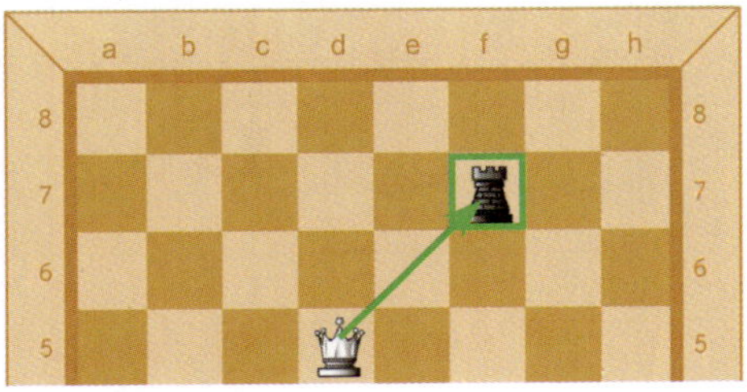

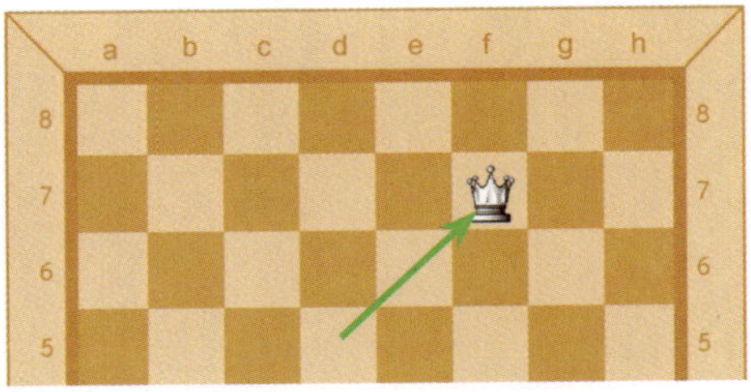

吃子也是同样的记录方式，记为后 f7 或 Qf7。有些棋谱会用“x”代表吃子的含义，记为 Qxf7。

## 趣味问答

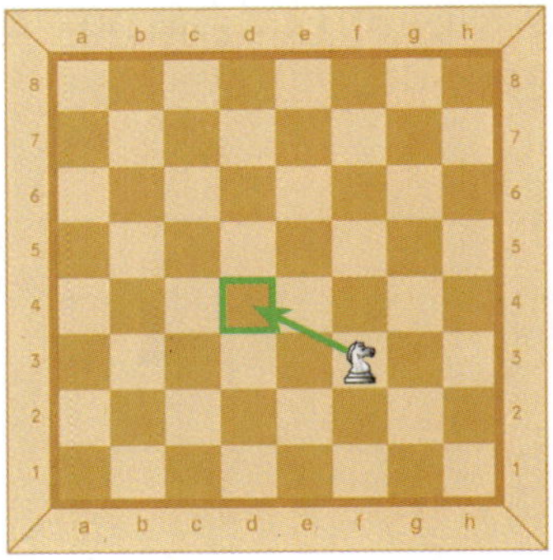

**1.** 白方按照标识走棋，记录棋谱。

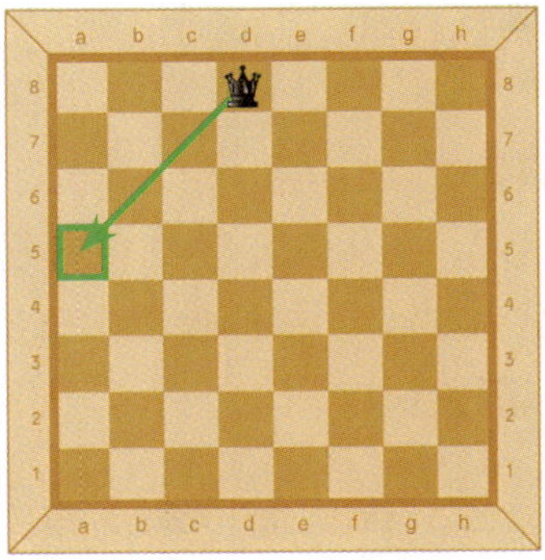

**2.** 黑方按照标识走棋，记录棋谱。

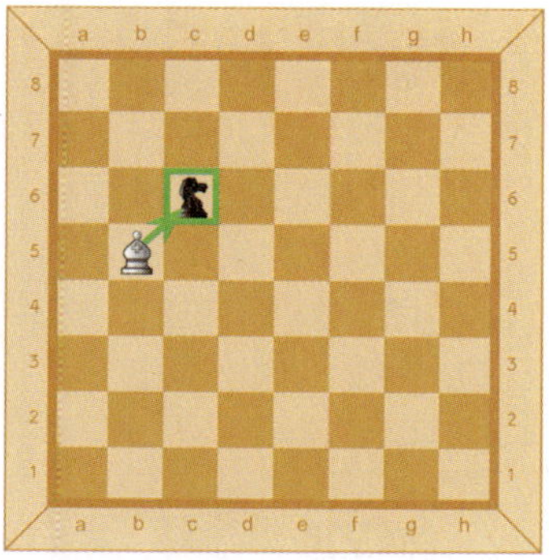

**3.** 白方按照标识走棋，记录棋谱。

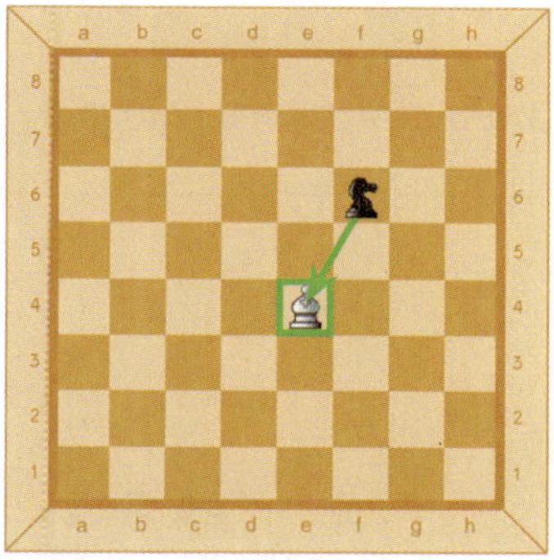

**4.** 黑方按照标识走棋，记录棋谱。

## 三、兵的记录方法

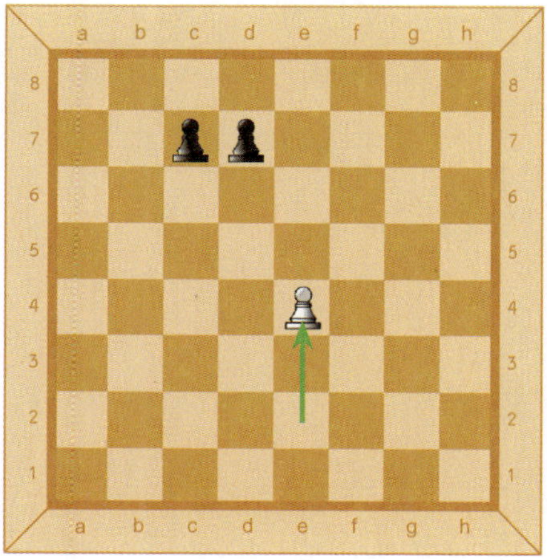

**兵的代表字母是省略的，在记录兵的走法时，直接记下兵到达格子的名称即可。**

如上图，可以记为 1.e4 d5，代表在第一回合，白方冲兵 e4，黑方冲兵 d5。

**兵吃子时，则需要把兵原来所在的直线和到达格子的名称都写下来，记为 2.ed5 或 2.exd5。**

如果需要单独记录黑方的走法，我们用省略号代替白方棋谱的位置，记为 2...c5。

吃过路兵时的记录方式和吃子相同，记为 3.dc6 或 3.dxc6。

兵在升变时，需要写出升变棋子的名称，记为 c8=Q。

## 趣味问答

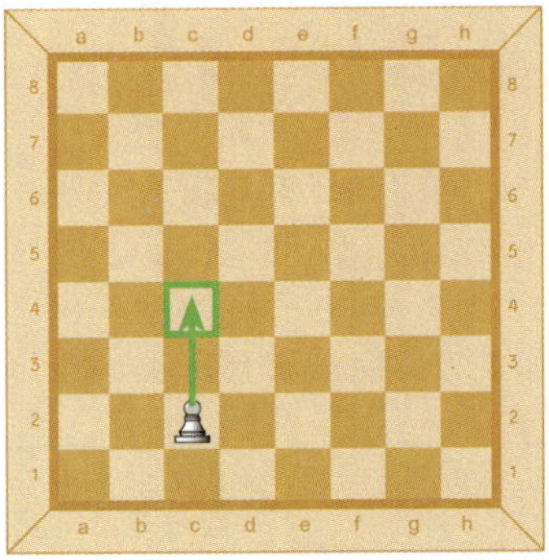


**1.** 白方按照标识走棋，记录棋谱。

________________________

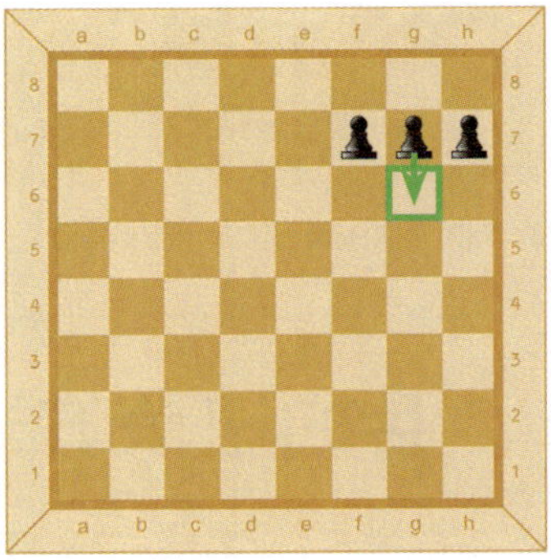


**2.** 黑方按照标识走棋，记录棋谱。

________________________

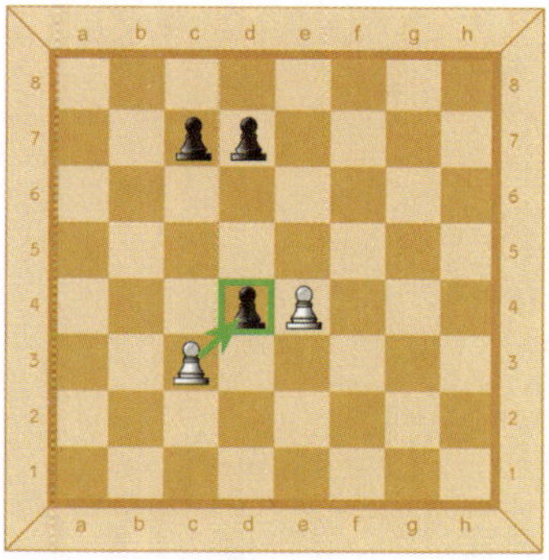

**3.** 白方按照标识走棋，记录棋谱。

______________________________

**4.** 黑方按照标识走棋，记录棋谱。

______________________________

## 四、棋谱符号对照表

| 符号 | 含义 | 符号 | 含义 |
| --- | --- | --- | --- |
| 0-0 | 短易位 | ！？ | 值得注意的棋 |
| 0-0-0 | 长易位 | ？！ | 有疑问的棋 |
| x | 吃子 | = | 均势 |
| + | 将军 | ∞ | 复杂 |
| # | 将杀 | ⩲ | 白稍优 |
| 1-0 | 白胜 | ± | 白大优 |
| 0-1 | 黑胜 | +− | 白胜势 |
| 1/2 | 和棋 | ⩱ | 黑稍优 |
| ！ | 好棋 | ∓ | 黑大优 |
| ！！ | 妙棋 | −+ | 黑胜势 |
| ？ | 坏棋 | | |
| ？？ | 败着 | | |

# 更多挑战

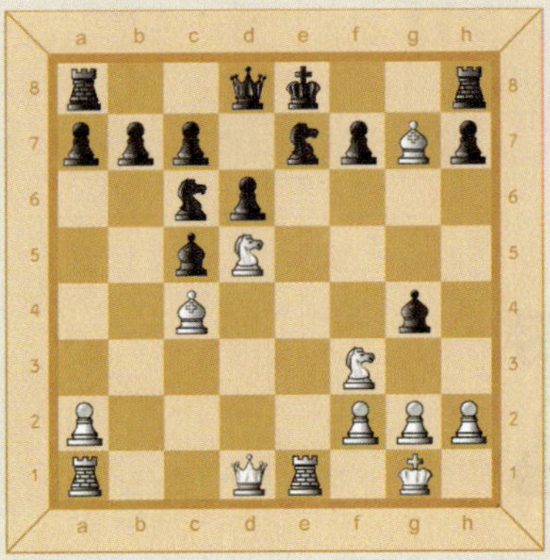

1. 白先一步杀，记录正确的走法。

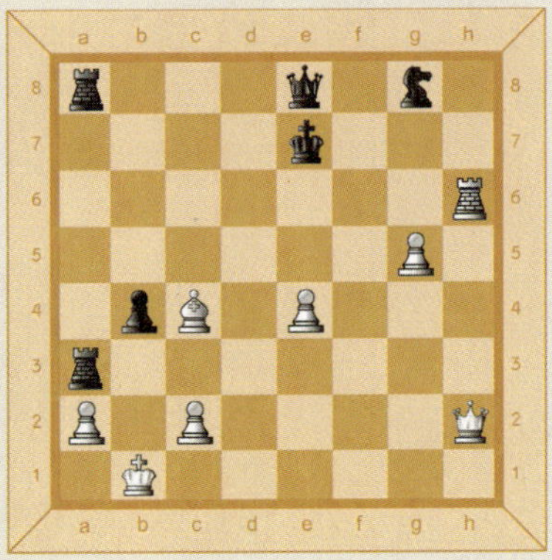

2. 白先一步杀，记录正确的走法。

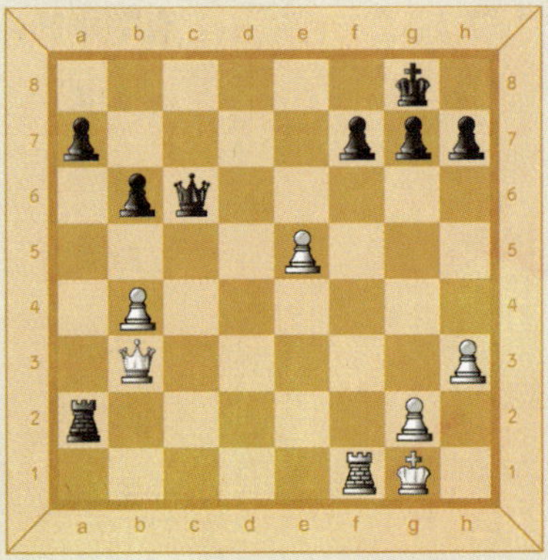

3. 黑先一步杀，记录正确的走法。

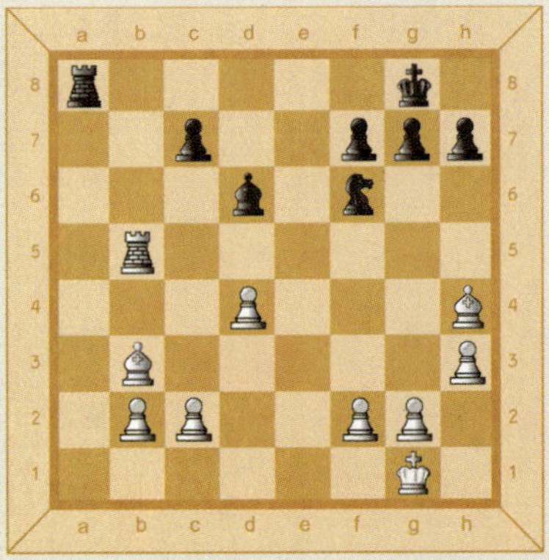

4. 黑先一步杀，记录正确的走法。

# 第二十二课

# 后车杀王

## 一、杀单王

杀单王是指一方的阵营中只剩下一个王，另一方用有限的棋子组织杀王。这是残局中的基本功，不仅可以练习如何调配子力，在掌握方法后，还能确保在比赛中锁定胜局。

**杀单王有以下两个重点。**

**1. 只用一个棋子是不可能杀单王的，必须有两个及以上棋子。**

**2. 王的活动空间越小越容易杀王，所以需要把王赶至底线或边角。**

## 二、后车杀王

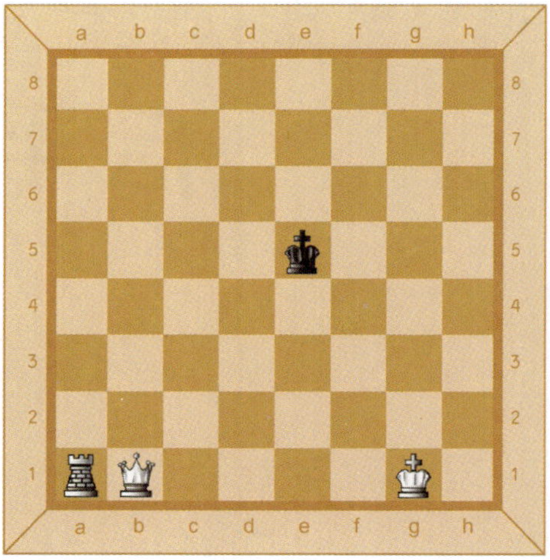


后车杀王是指一方有一个后、一个车和王，而另一方只有王的残局。

**在这个残局中，后和车相互配合，一个“守门”，另一个“将军”，轮流进行，直到把对方的王赶到底线将死。在这个过程中，可以不需要己方王的配合。**

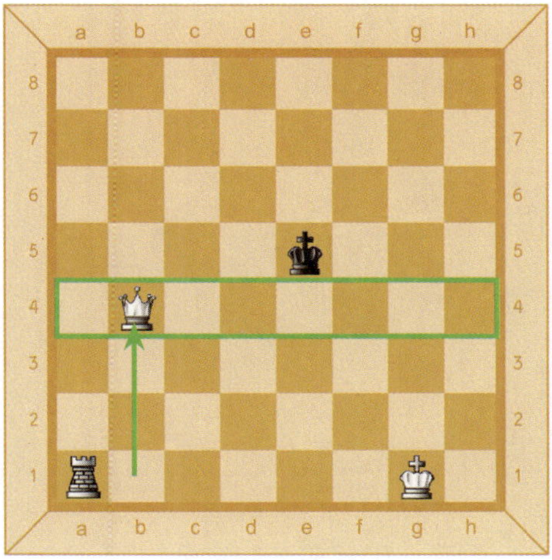


第一步，派出一个子“守门”。

“守门”可以是看守横线，也可以是看守直线，一旦确定之后，就不要轻易更改。

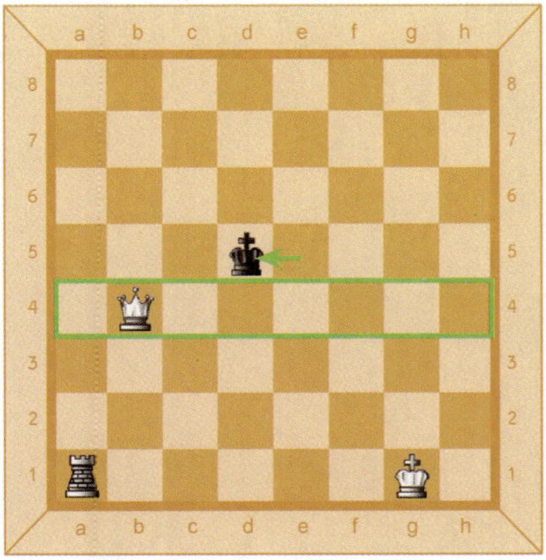


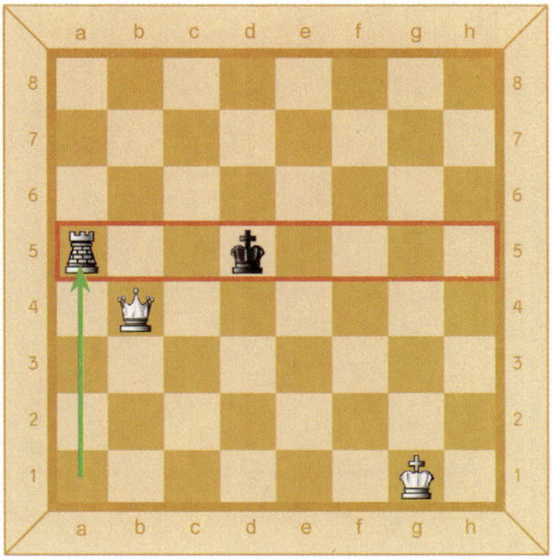


第二步，用另一个棋子“将军”。

这样，黑王被迫退往第六线。我们通过这个方法轮流将军，直到把黑王赶到底线将死。

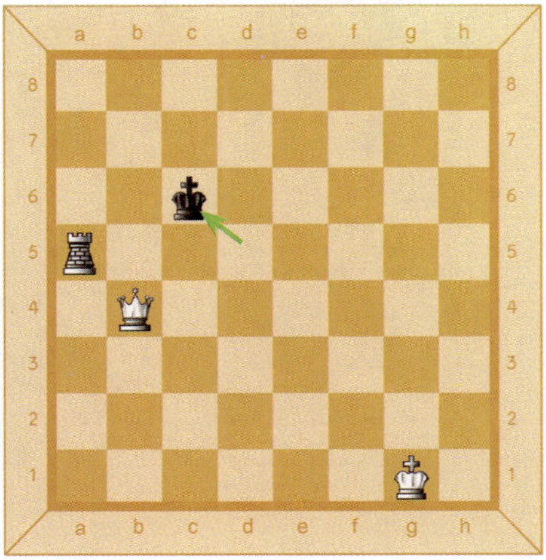

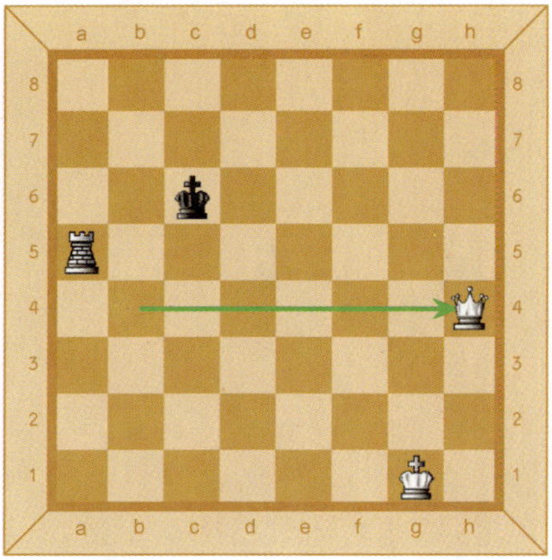

现在是白车防守 5 线，白后去 6 线将军。但是 b6 格被黑方看守住了，所以白后要远离黑王将军，避免送吃。

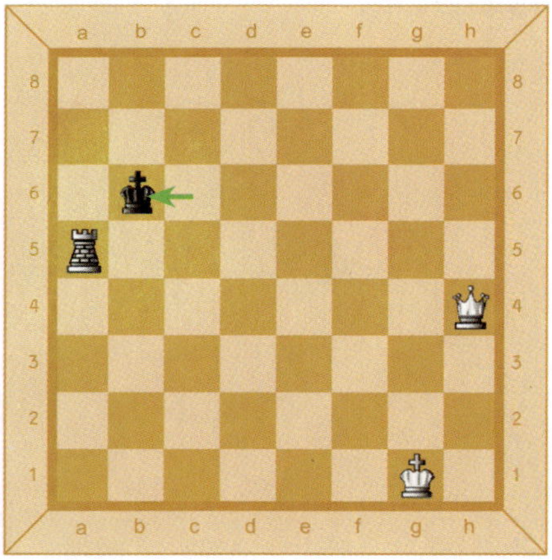

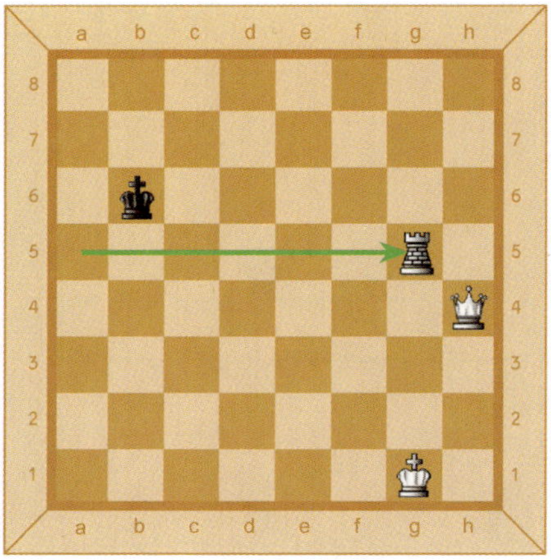

同理，确保白车的安全。

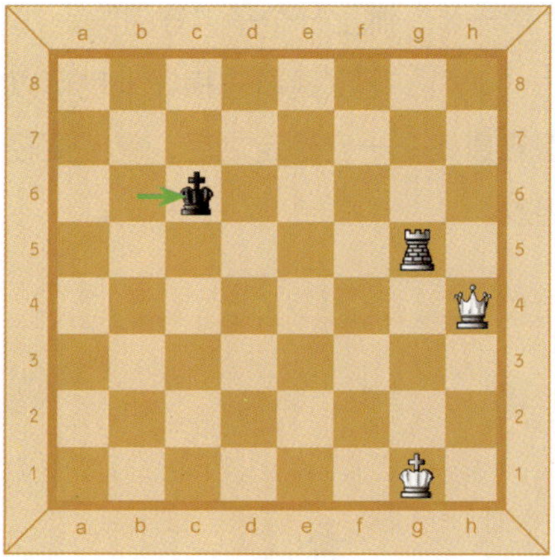

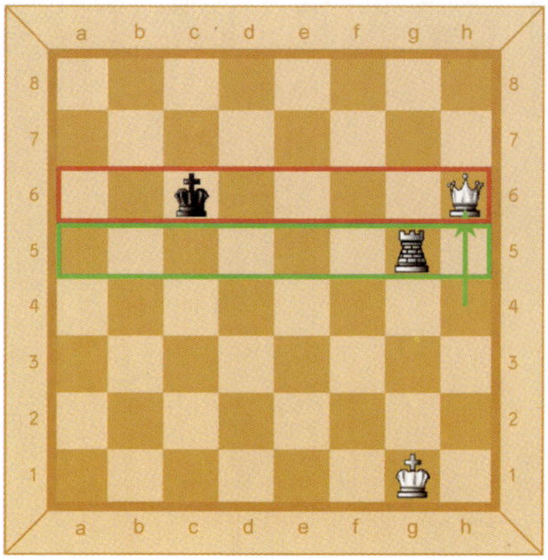

再一次的“守门”和“将军”。

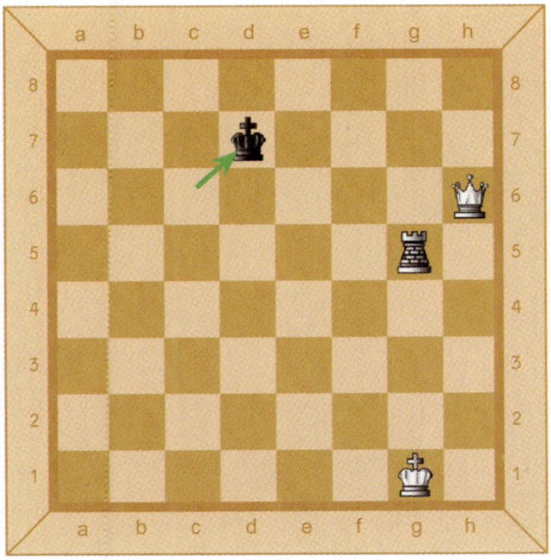

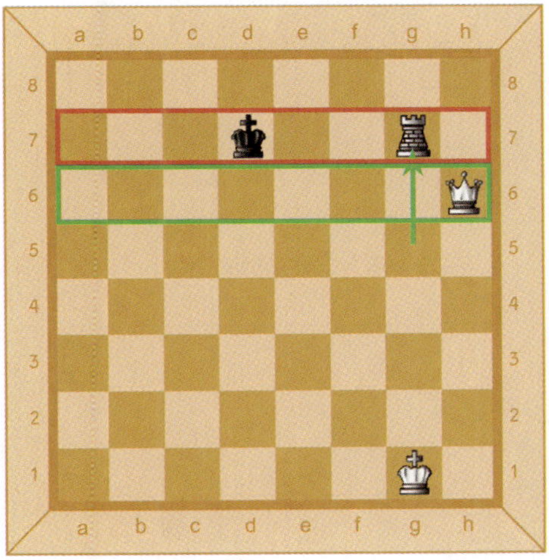

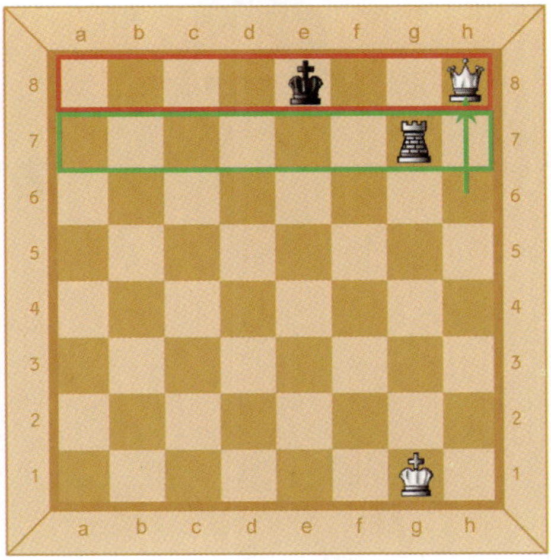

重复多次“守门”和“将军”之后，最后一步，把黑王将死在底线。

我们从原始局面按照棋谱再复习一遍。

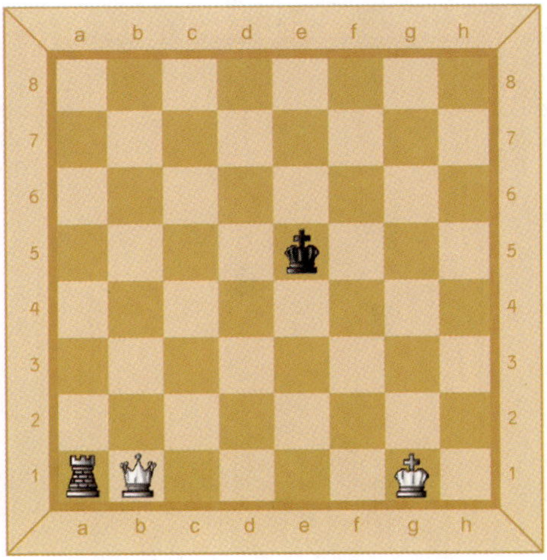

1. Qb4 Kd5 2. Ra5+ Kc6 3. Qh4 Kb6 4. Rg5 Kc6 5. Qh6+ Kd7 6. Rg7+ Ke8 7.Qh8#

## 更多挑战

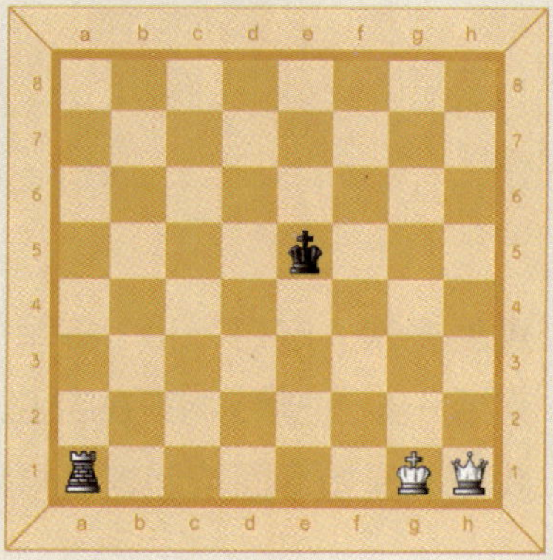

**1.** 白方先走，记录正确的走法。

______________________

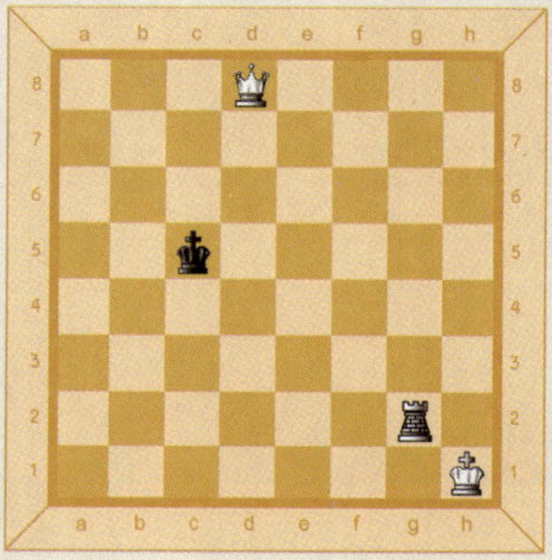

**2.** 白方先走，记录正确的走法。

______________________

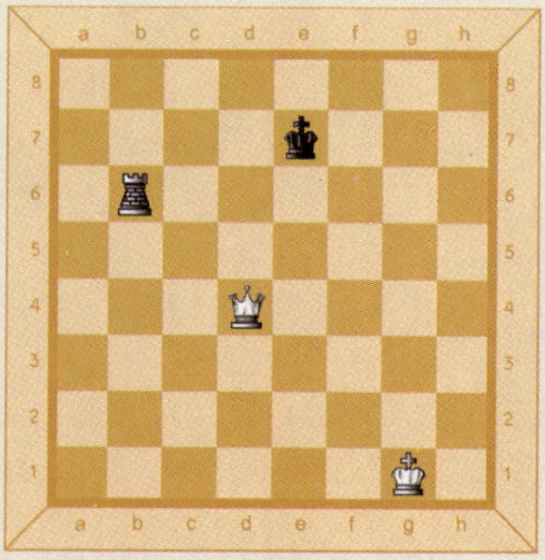

**3.** 白方先走，记录正确的走法。

______________________

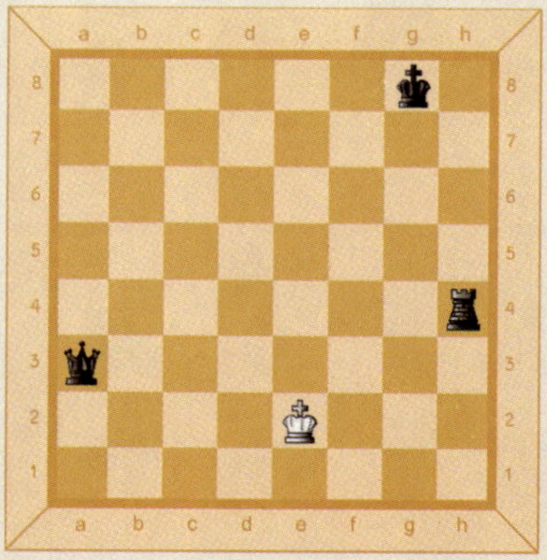

**4.** 黑先两步杀，记录正确的走法。

______________________

## 棋开得胜

1. 练习后车杀王，棋子可以放在随机的位置，把对弈过程记录下来。

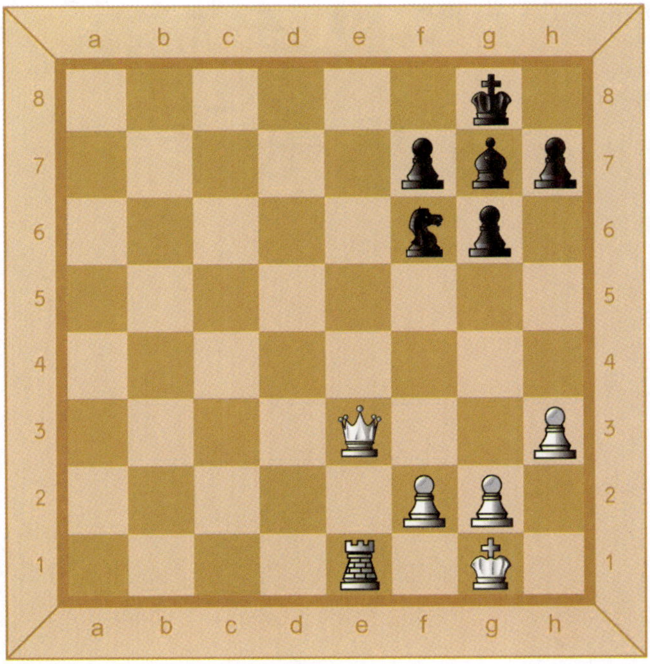


2. 下一盘白方子力价值占优的棋，把对弈过程记录下来，和棋算黑方获胜。

# 第二十三课

# 双车杀王

## 双车杀王

双车杀王的做法和后车杀王一样，也是通过“守门”和“将军”杀王。在这个过程中，可以不需要己方王的配合。

要小心保护好自己的车，被攻击或无法将军时，可以走到离对方王最远的地方，再继续行动。

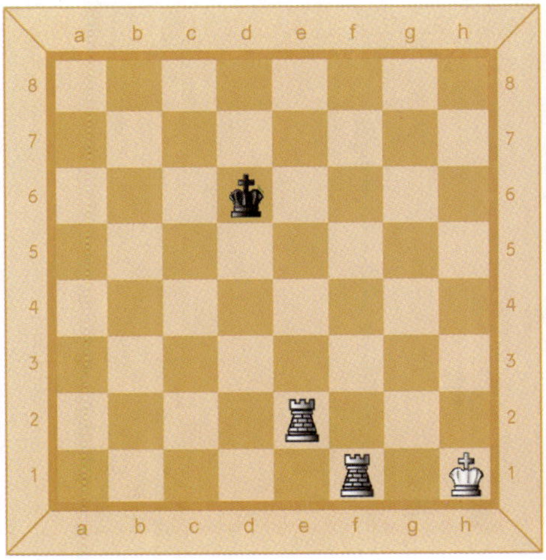


双车杀王是指一方有两个车和王，而另一方只有王的残局。

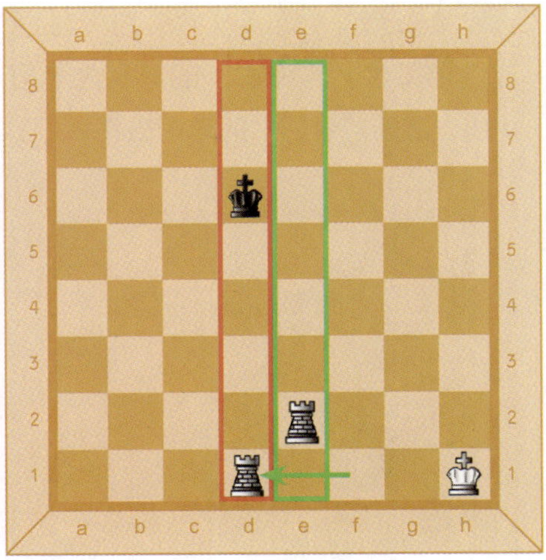


第一步，一个车守住 e 线，另一个车负责将军。

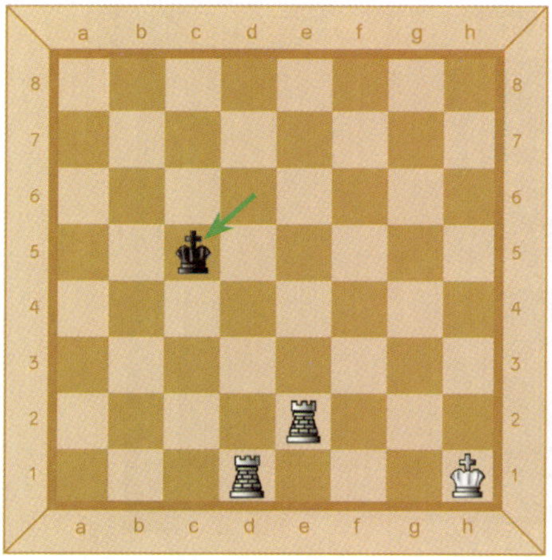


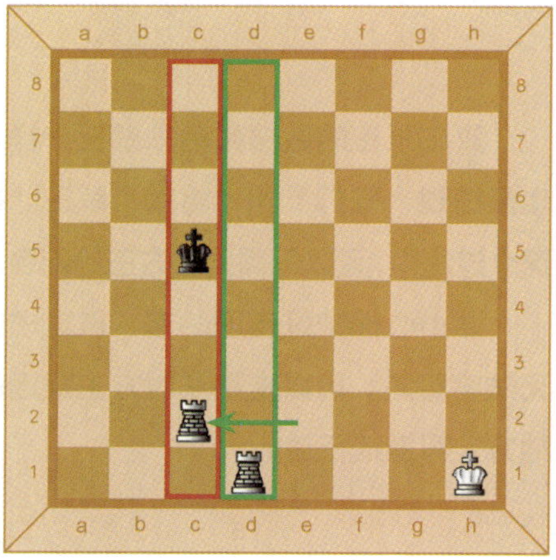


第二步，“将军”的车转为看守 d 线，之前“守门”的车前去将军。

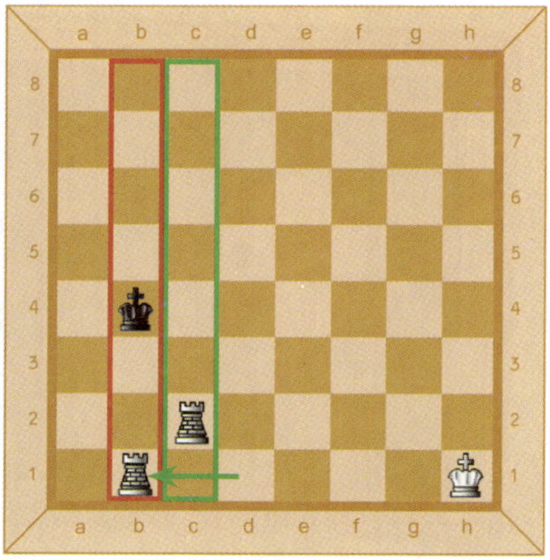


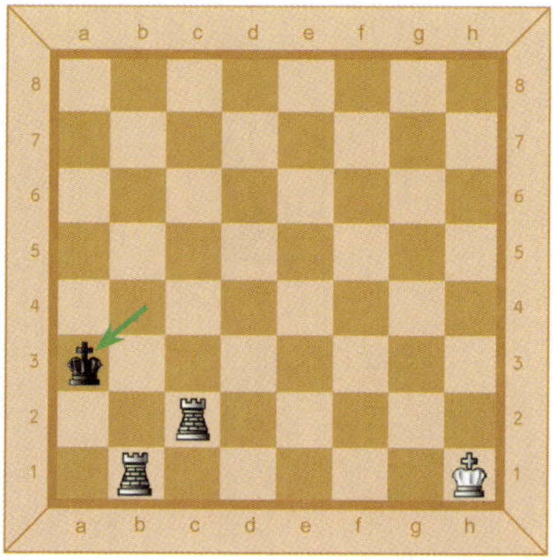


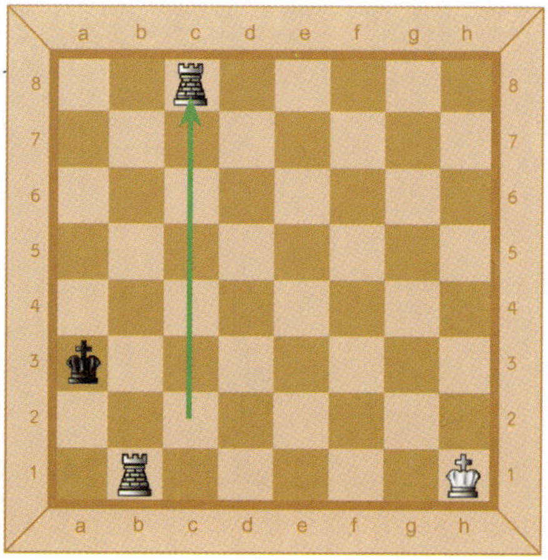


轮流进行，直到白车的安全受到威胁，不能继续将军。那我们顺着自己控制的线路，远远地走开就可以了。

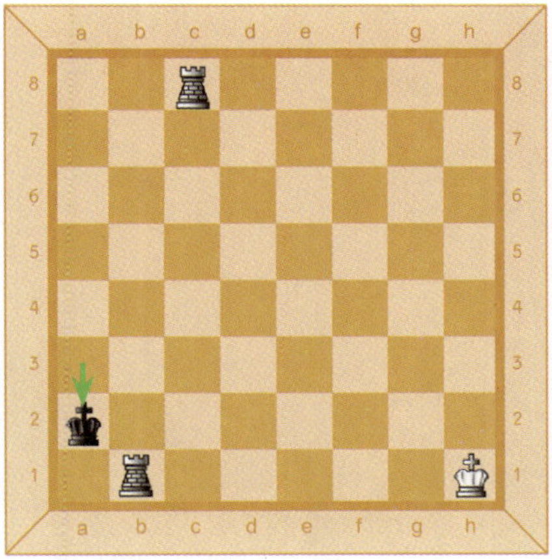

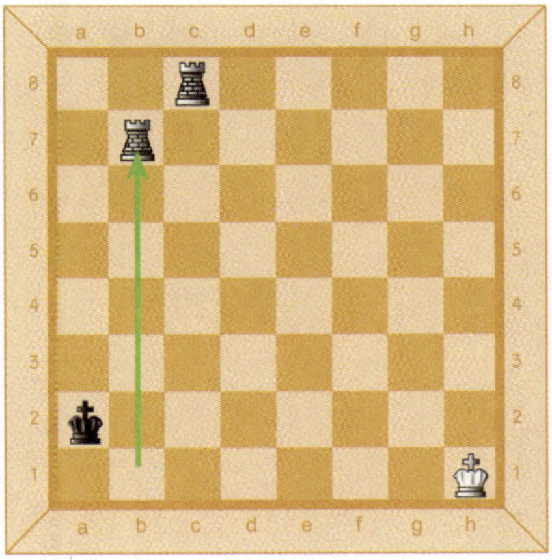

同理，b 线上的白车受到攻击，远离黑王。

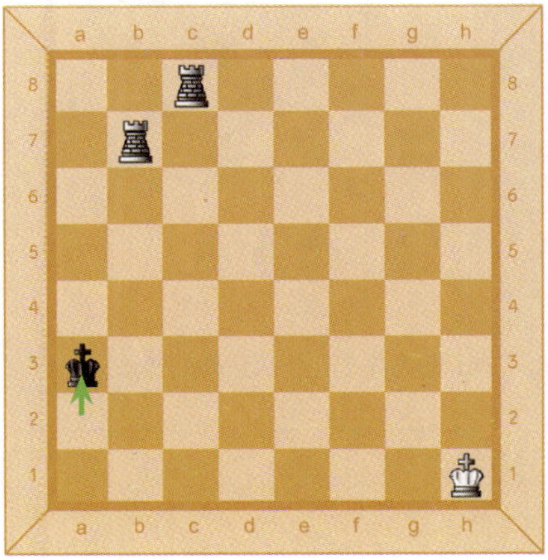

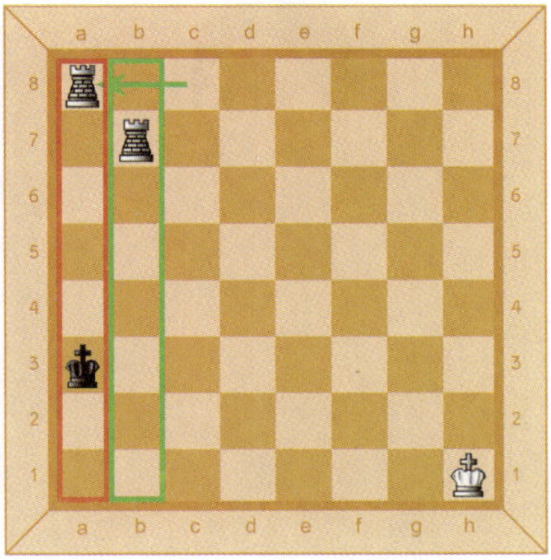

最后，给黑王致命一击，白胜。

我们从原始局面按照棋谱再复习一遍。

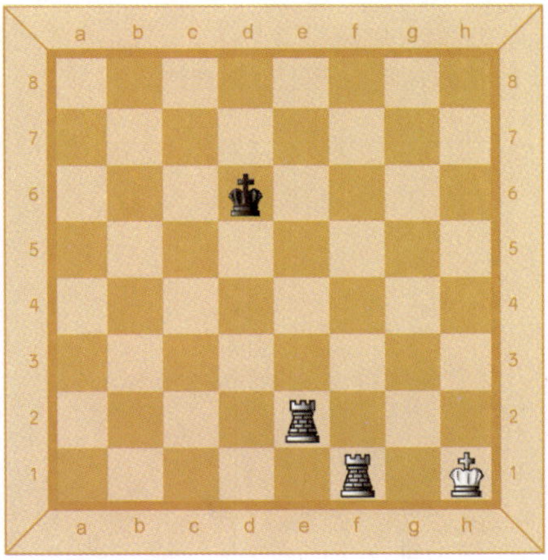

1. Rd1+ Kc5 2. Rc2+ Kb4 3. Rb1+ Ka3 4. Rc8 Ka2 5. Rb7 Ka3 6. Ra8#

## 更多挑战

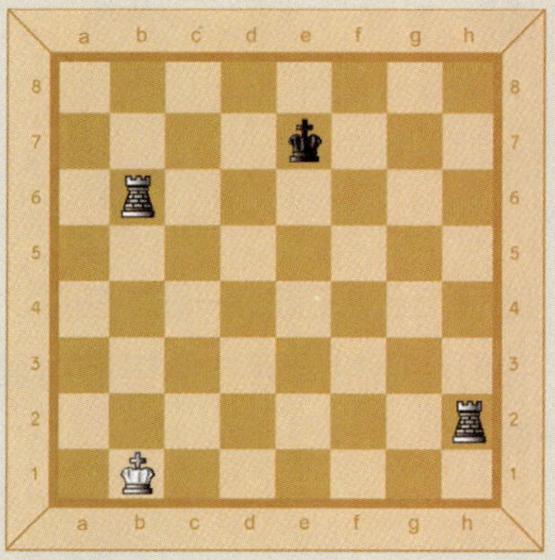

**1.** 白方先走，记录正确的走法。

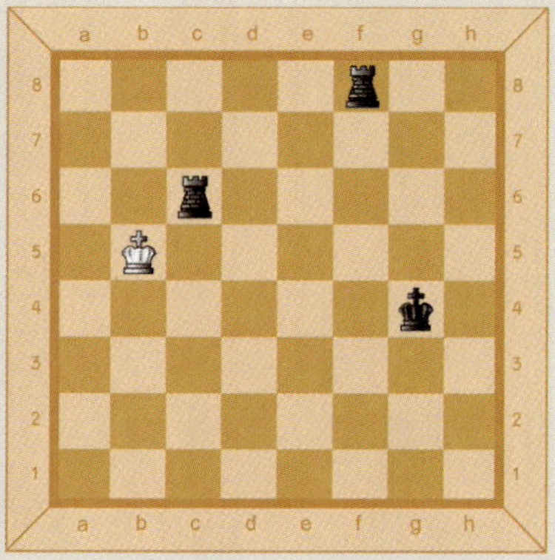

**2.** 黑方先走，记录正确的走法。

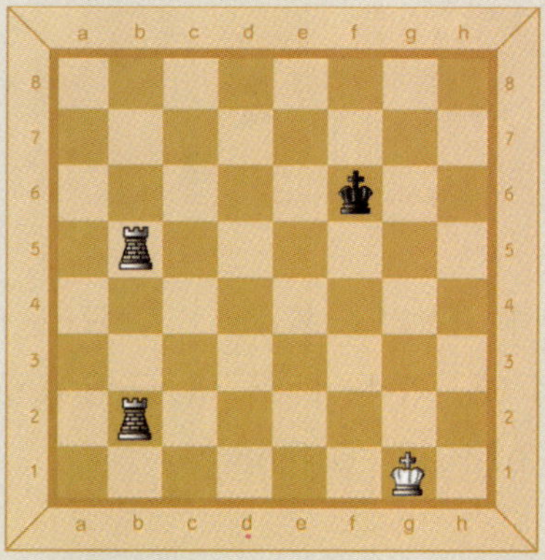

**3.** 白方先走，记录正确的走法。

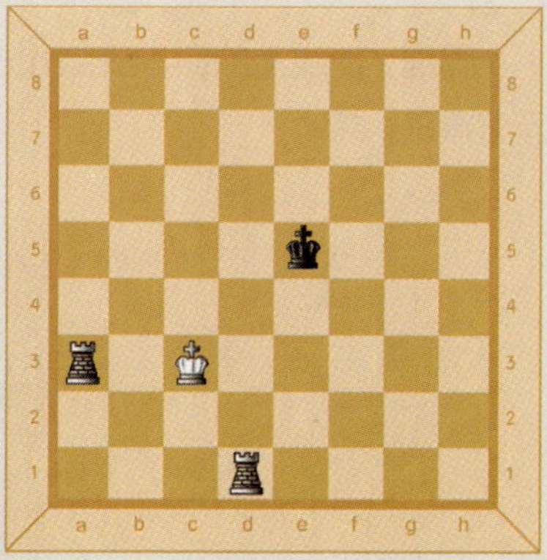

**4.** 白方先走，记录正确的走法。

## 棋开得胜

1. 练习双车杀王，棋子可以放在随机的位置，把对弈过程记录下来。

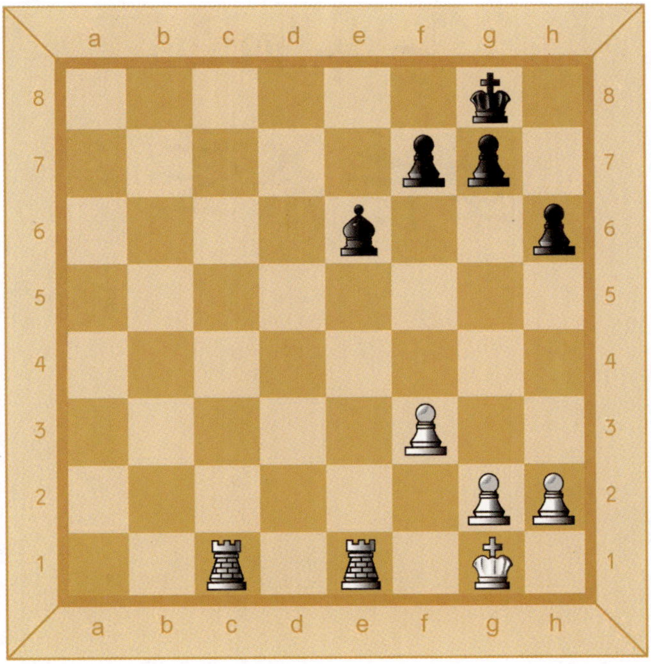


2. 下一盘白方子力价值占优的棋，把对弈过程记录下来，和棋算黑方获胜。

第二十四课

# 单后杀王

# 单后杀王

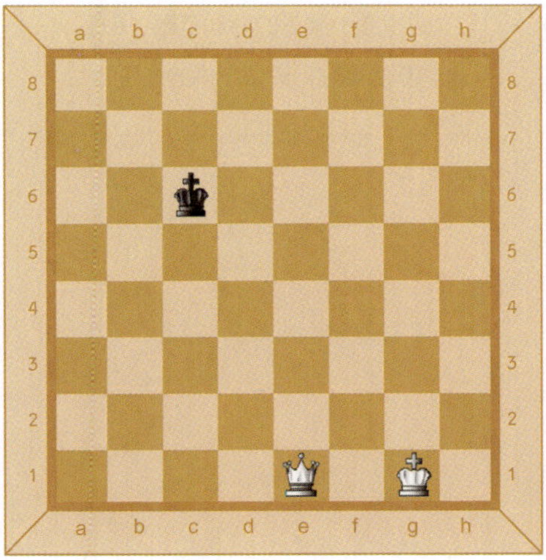


单后杀王是指一方有一个后和王，而另一方只有王的残局。

**仅凭一个后是无法完成杀王的，需要王的配合。**

单后杀王共分为三个步骤。

## （一）划分地盘，越小越好

**我们先用后来“守门”，限制对方王的活动范围。**通过对比，可以发现不同的划分区域，尽可能让对方王的活动空间越小越好。

例如，在左边的局面中：

计划 A

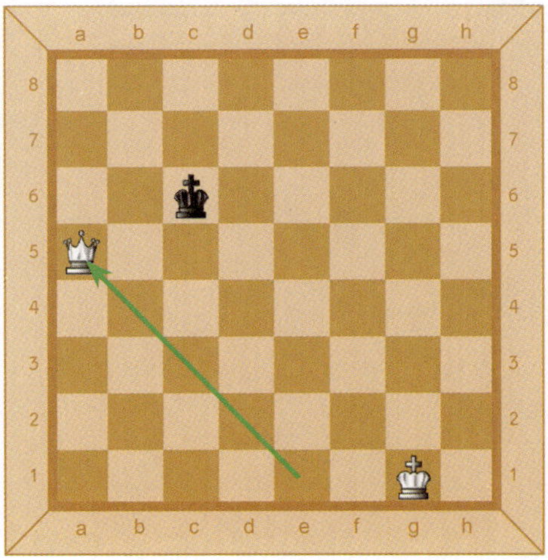

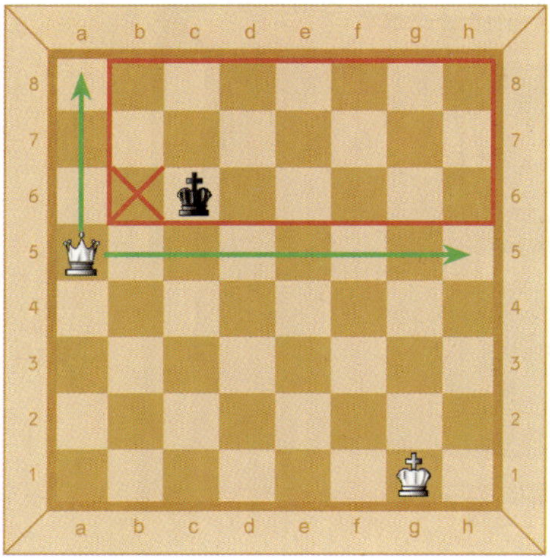


计划 B

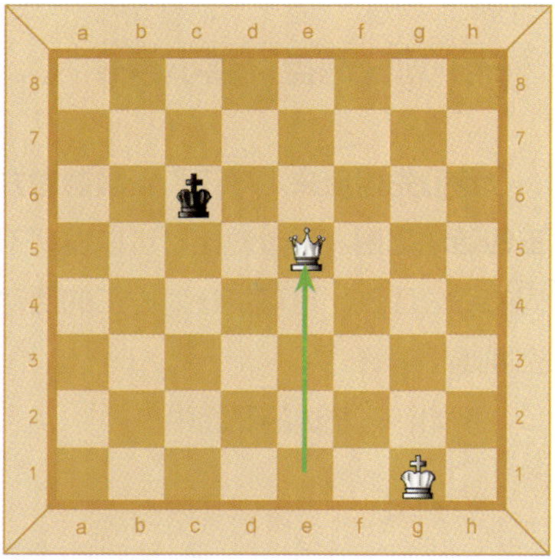


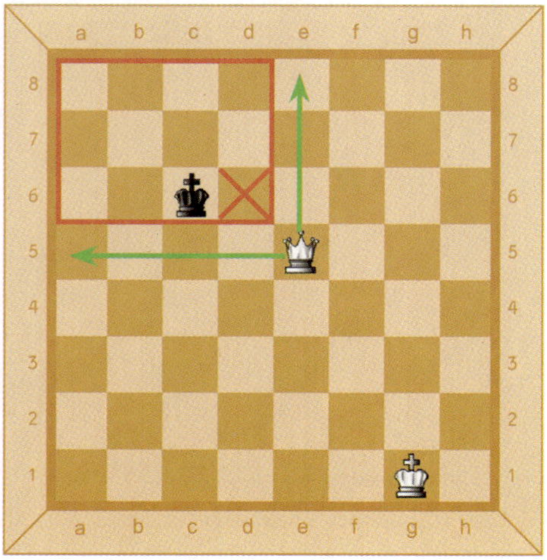


对比黑王的活动范围，显然计划 B 的要比计划 A 的更小，所以计划 B 是最佳选择。

## 趣味问答

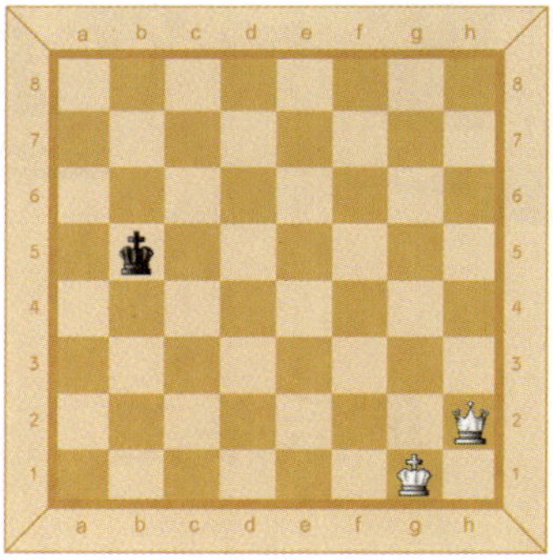


**1.** 要想缩小黑王的活动范围，白后走到哪里最好？记录正确的走法。

______________________________

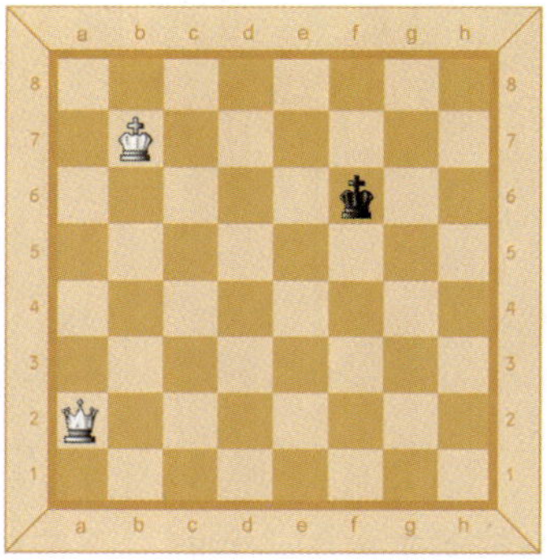


**2.** 要想缩小黑王的活动范围，白后走到哪里最好？记录正确的走法。

______________________________

## （二）马步对王，赶到底线

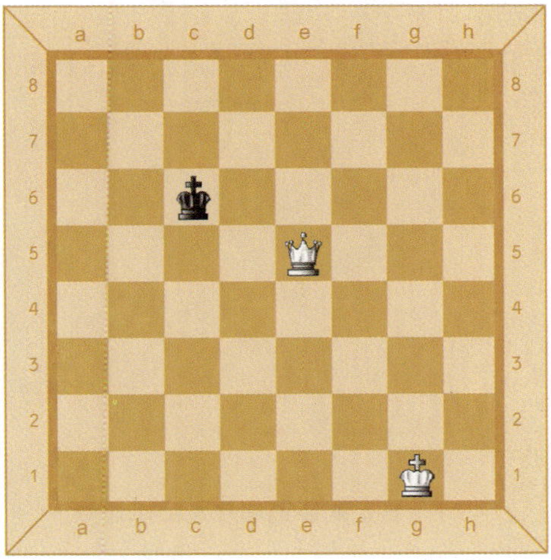


**划分好地盘之后，白后接下来就要通过马步对王的方式，把黑王赶到底线。**

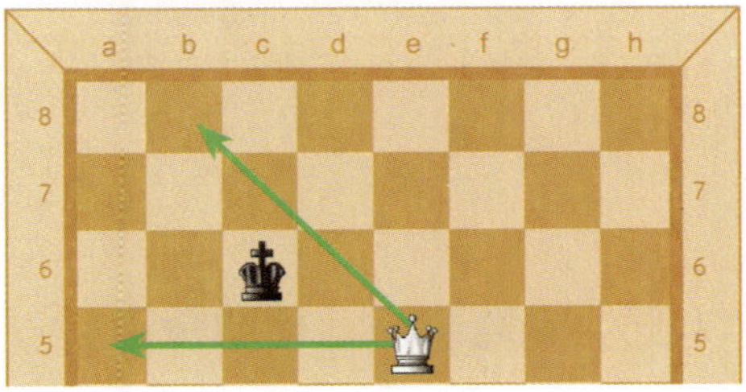


**马步对王是指后和对方的王正好是马走一步棋的位置，后像两把“交叉的剑”，逼迫对方的王节节败退。**

如果这时轮到黑方走棋，黑王就只能往后退。**如果轮到白方走棋呢？没关系，白方往上走一步王，顺便把走子权交还给黑方，“等一步”。**

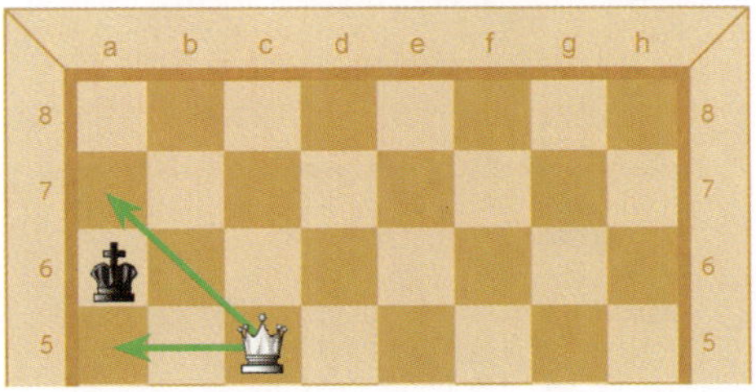


假设黑王继续坚守在 6 线，白后可以保持马步对王，继续逼迫它。

注：

黑王只能回到 7 线，白后继续保持马步对王，直到把黑王赶到底线。

白后完成任务，等待白王支援。

## 趣味问答

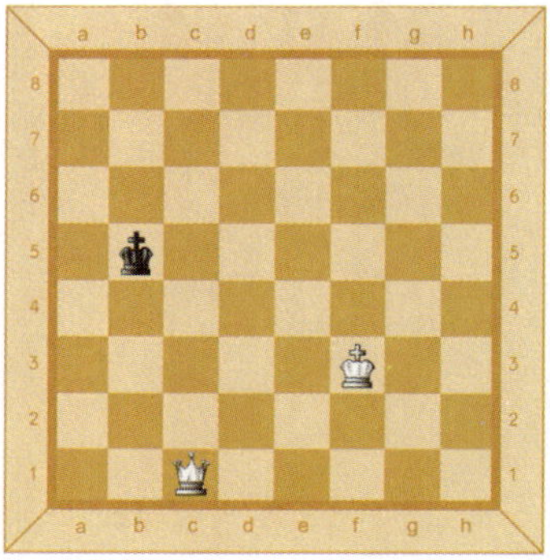

**1.** 白后走到哪里最好？记录正确的走法。

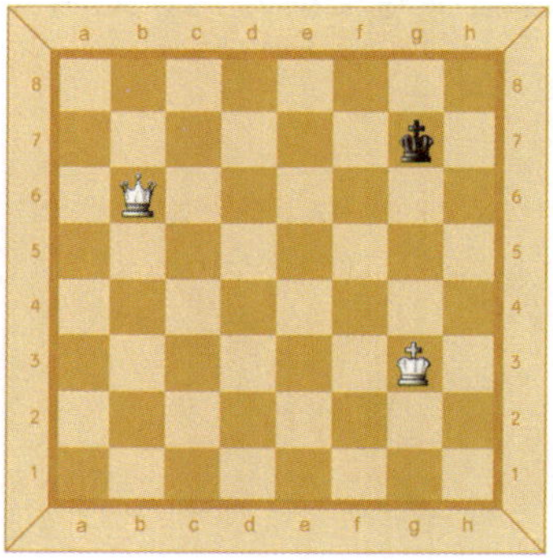

**2.** 白后走到哪里最好？记录正确的走法。

## （三）御驾亲征，帮助杀王

后只能把对方的王赶到角落，却无法杀王。

这是错误的走法，会形成无子可动而被迫和棋，错失胜利！

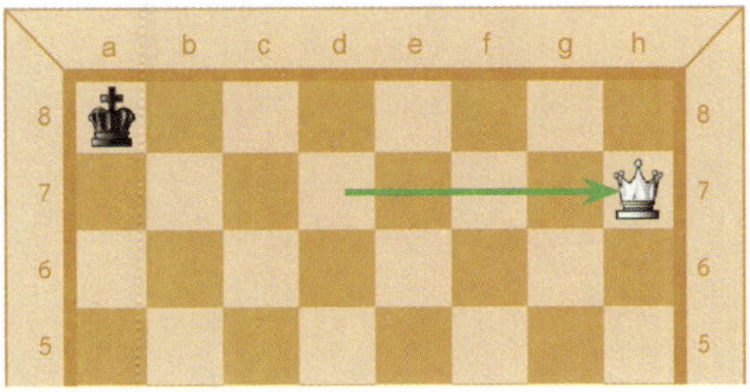

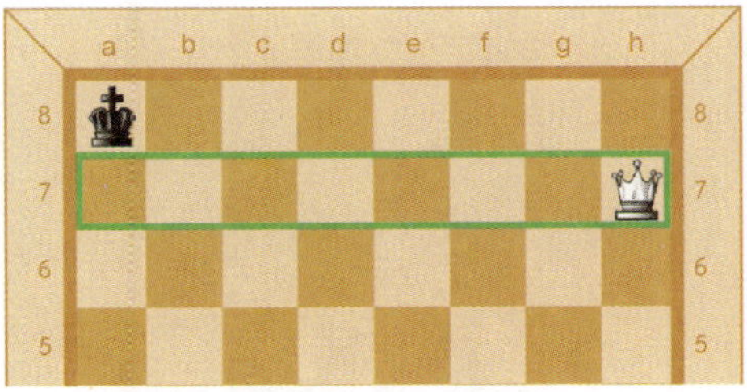

**因此，当对方的王被压制在底线后，为了避免造成无子可动的失误，我们先让后远离对方的王。**

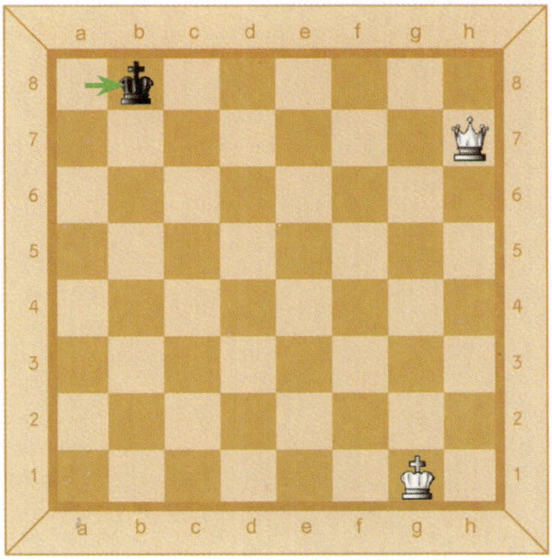

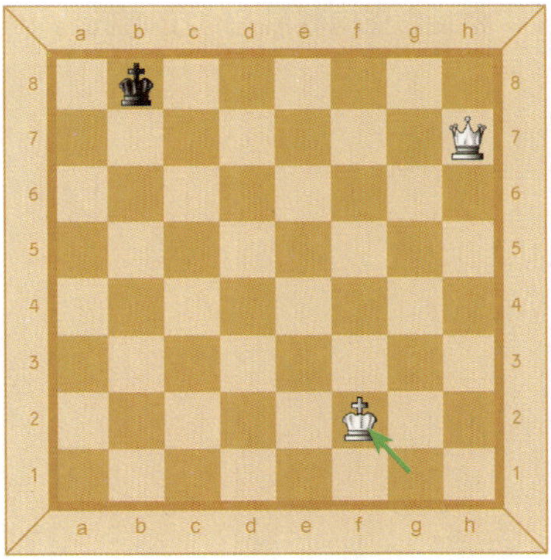

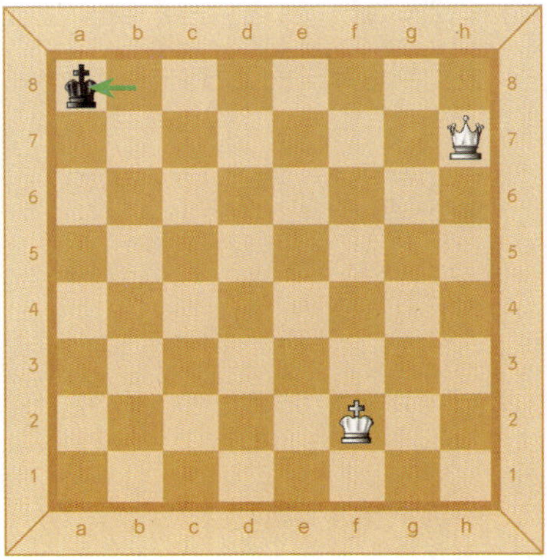

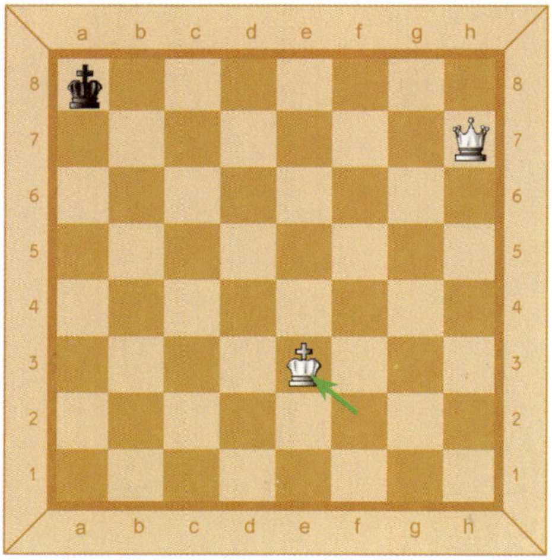

**然后白王向着黑王的方向前进。**

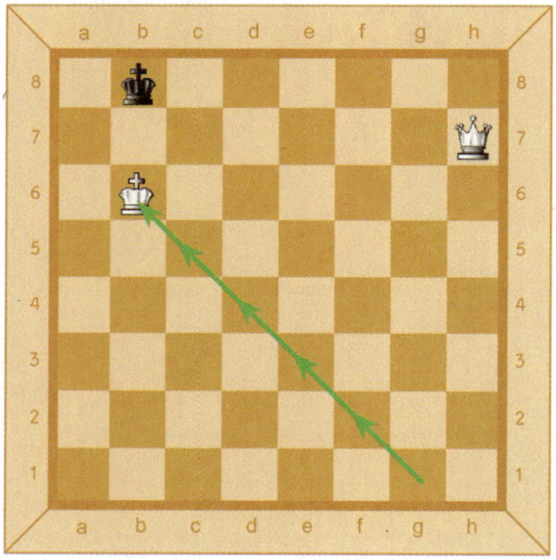

直到到达黑王的上方。

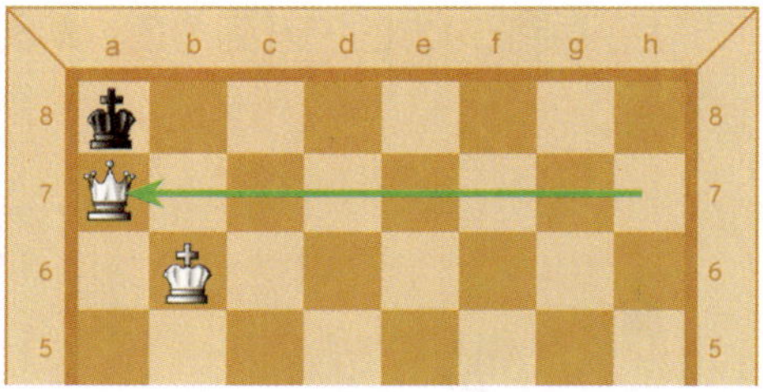

不管黑王往哪里走，都可以用后进行将杀。

## 趣味问答

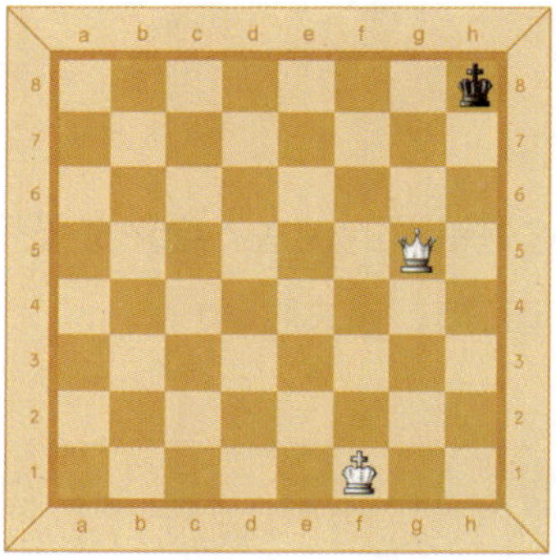

**1.** 白方应该走什么？记录正确的走法。

______________________

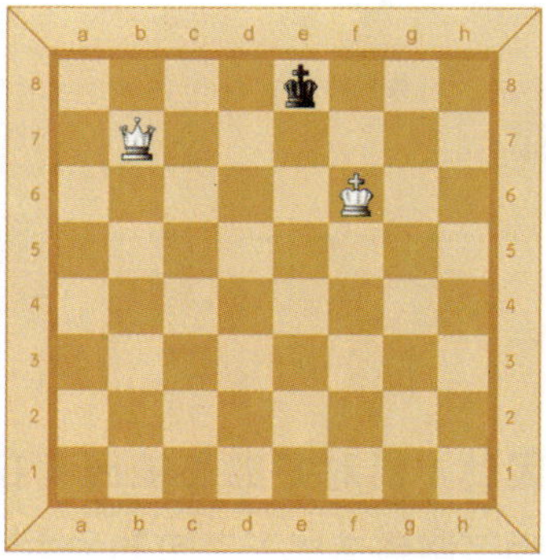

**2.** 白方有几种一步杀的方法？把走法记录下来。

______________________

## 小贴士

**单后杀王的三个步骤：**

① 划分地盘，越小越好。

② 马步对王，赶到底线。

③ 御驾亲征，帮助杀王。

我们从原始局面按照棋谱再复习一遍。

1. Qe5 Kb6 2. Qd5 Ka6 3. Qc5 Kb7 4. Qd6 Ka7 5. Qc6 Kb8 6. Qd7 Ka8 7. Qh7 Kb8 8. Kf2 Ka8 9. Ke3 Kb8 10. Kd4 Ka8 11. Kc5 Kb8 12. Kb6 Ka8 13. Qa7#

注：

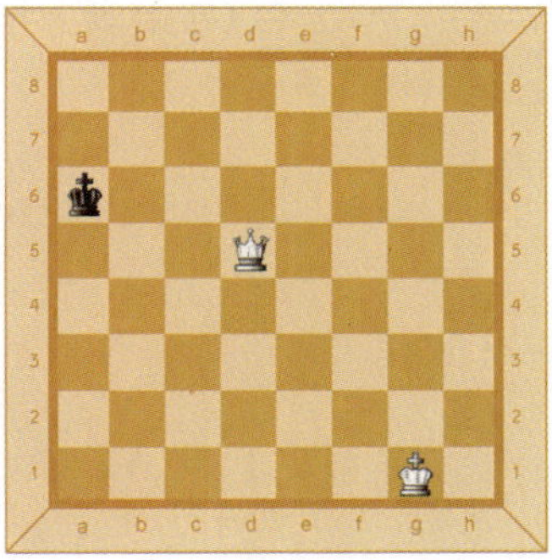

在前文的这个局面中，如果已经熟练掌握单后杀王的技巧，可以根据形势灵活变通。

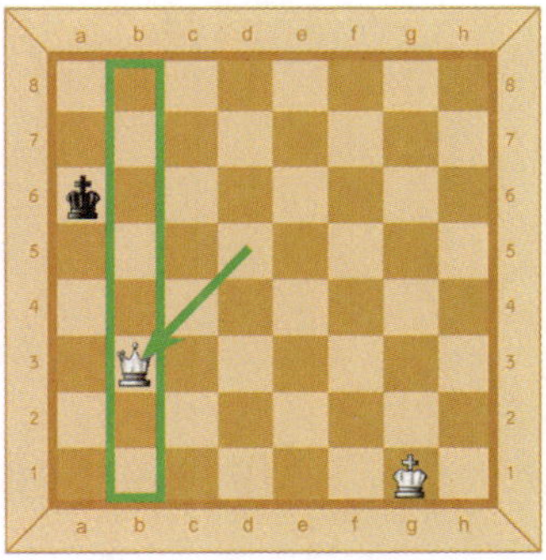

直接走 3. Qb3，改变把黑王赶到底线的目标，将它限制在边线，再让白王参与协助，可以更快地完成杀王。

## 棋开得胜

1. 练习单后杀王，棋子可以放在随机的位置，把对弈过程记录下来。

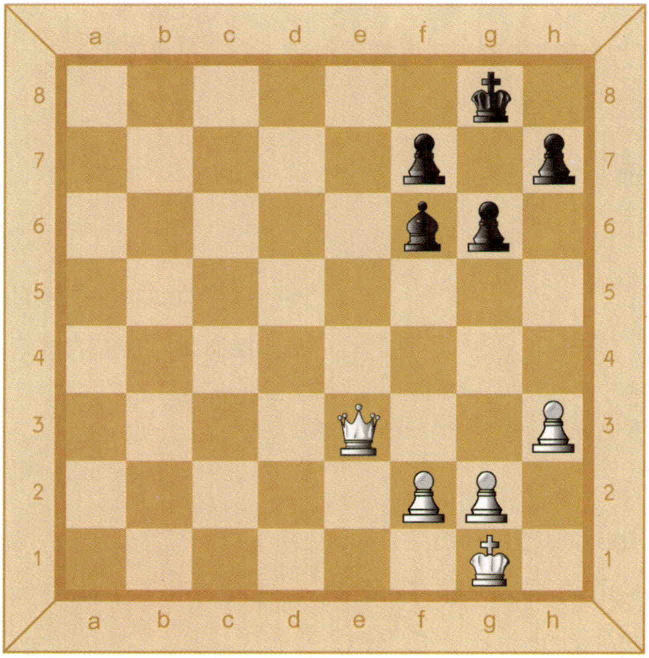

2. 下一盘白方子力价值占优的棋，把对弈过程记录下来，和棋算黑方获胜。

# 第二十五课

# 单车杀王

## 单车杀王

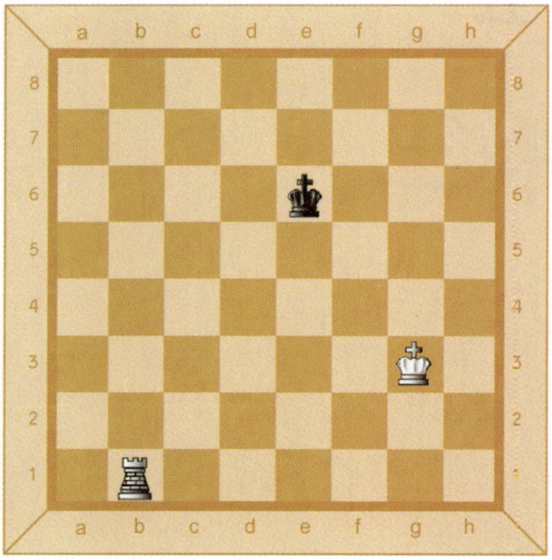


单车杀王是指一方有一个车和王，而另一方只有王的残局。

**因为车的威力小于后，不能控制斜线，所以需要王的配合才能将对方的王赶到底线，完成杀王。**

单车杀王有一个理想局面和三个重点。

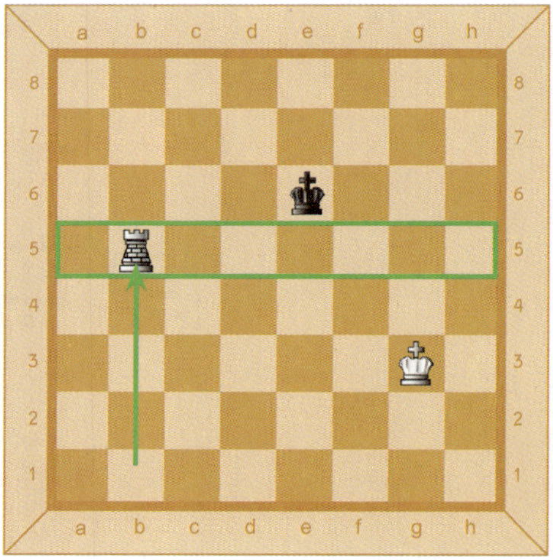


我们先用车来“守门”，限制对方王的活动范围。

车守住门之后，就需要王的协助了。

来看一下想要达成的理想局面。

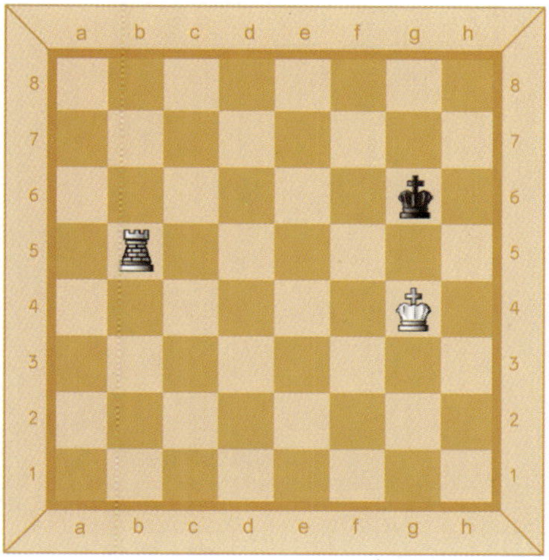

**在这个局面中，双方两王相见，如果轮到白方走，就可以用车将军。**

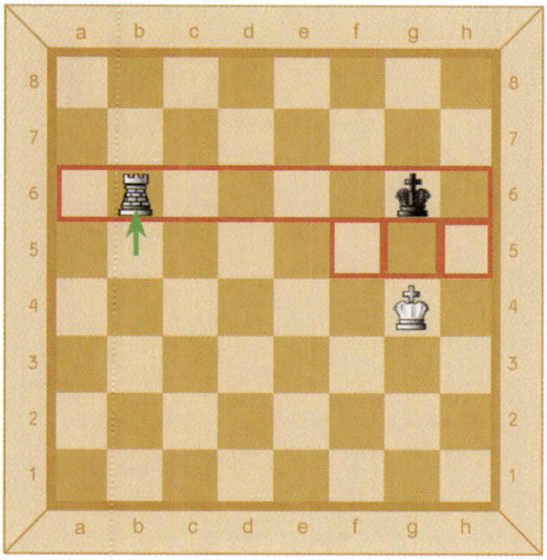

因为王控制了面前的三个格子，守住了“门”，所以黑王只能往后退。

那要如何达成这个理想局面呢？

**重点一：对王。我们需要用到“马步对王”。**

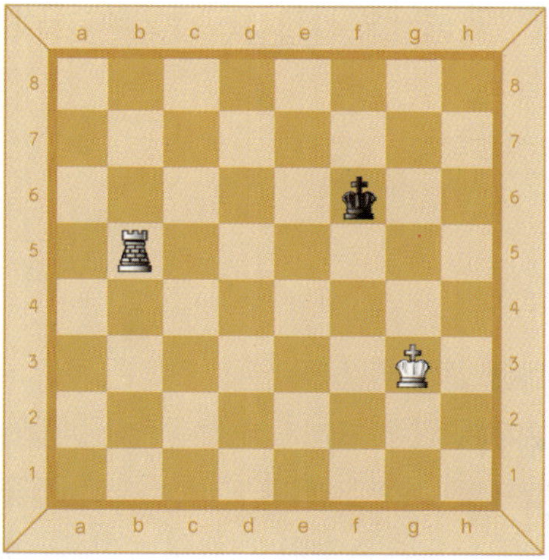

在这个局面时，把王走到 g4。

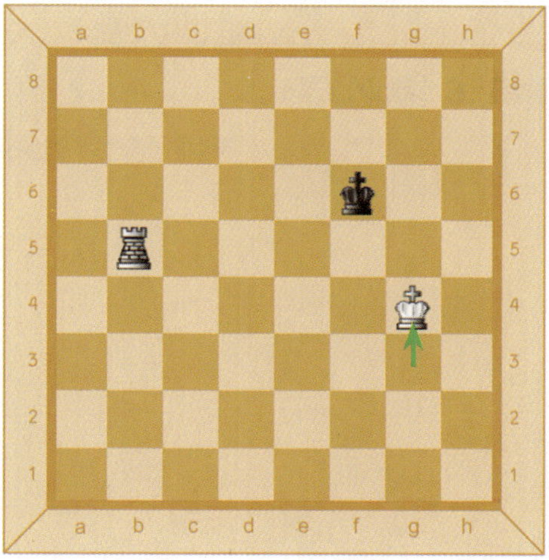

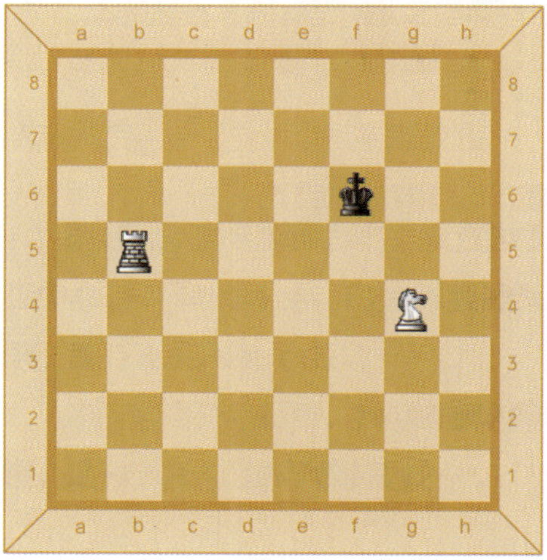

形成一个马步的关系，主动“马步对王。”

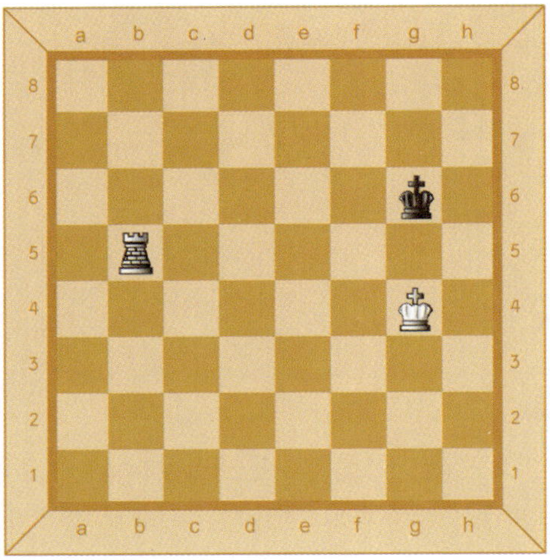

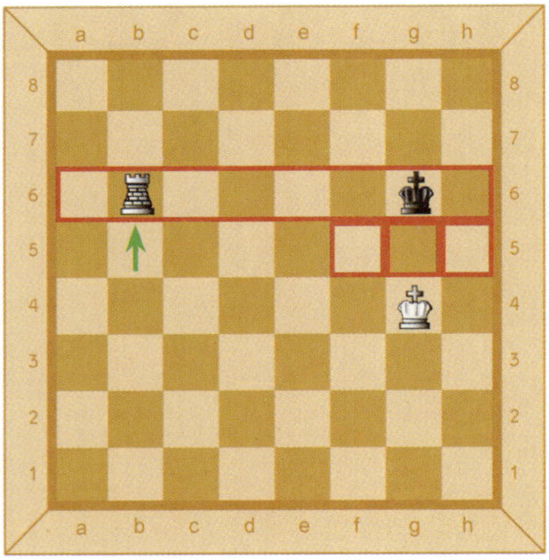

如果黑王走到 g6，就是理想局面，可以用车将军了。

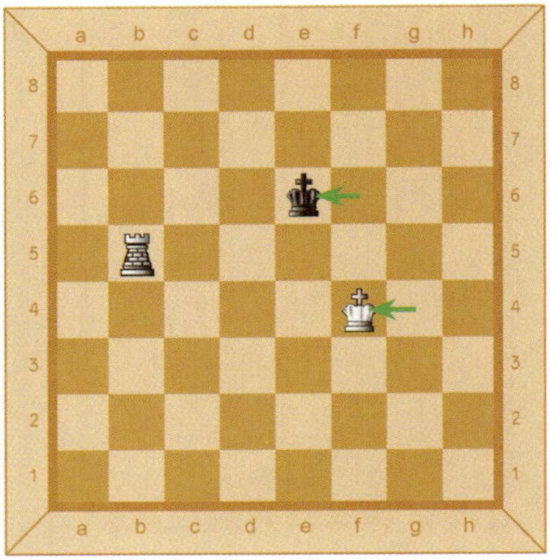

如果黑王走到 e6，白王就追过去，继续主动对王。

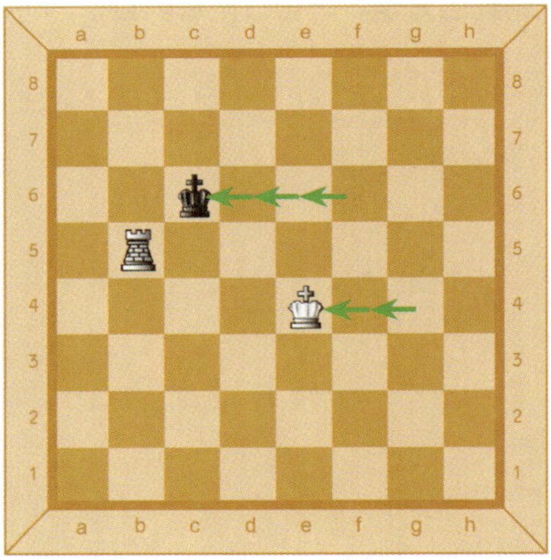

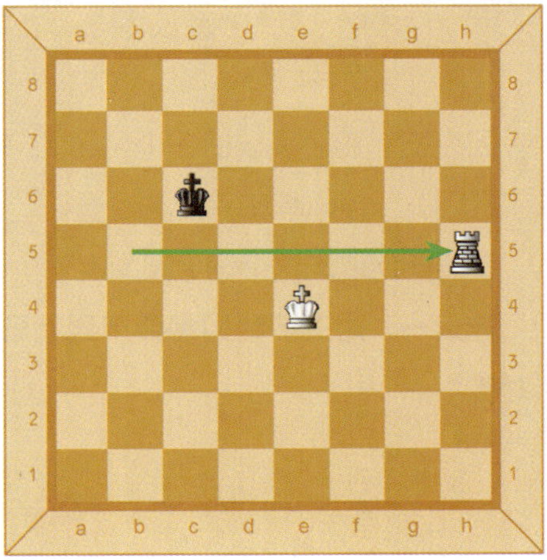

**重点二：逃。黑王攻击白车，白车要顺着自己守住的线，逃到离王最远的格子。**

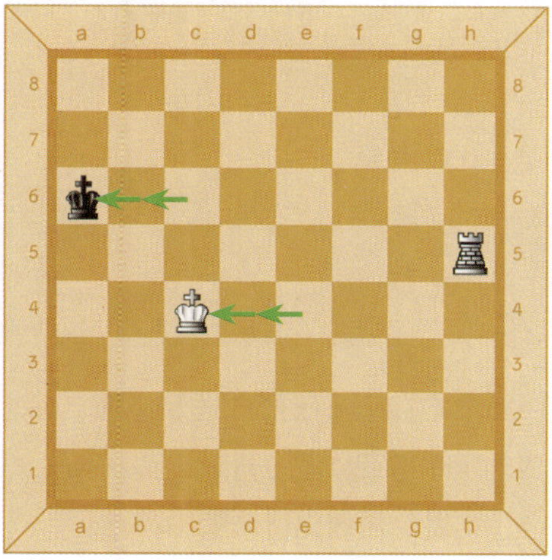

然后白王继续追逐黑王。

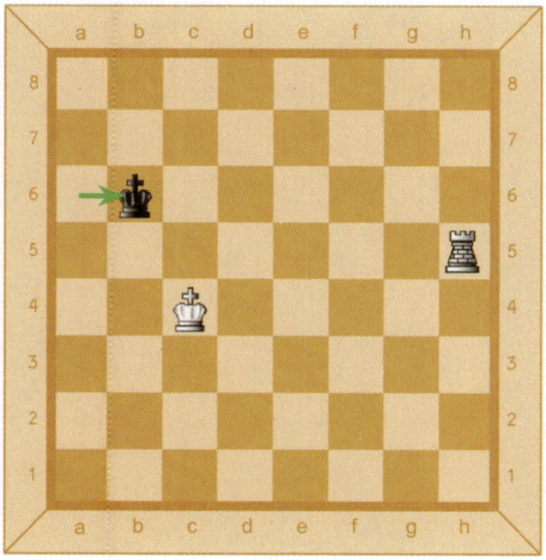

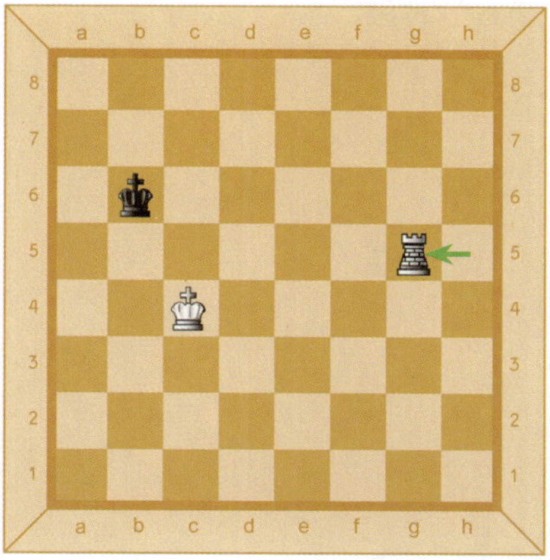

黑王因为躲到了边线无路可去，为了坚守 6 线，只能再走到 b6 格。

**重点三：等。虽然两王之间也是马步对王，但轮到白方走棋，走子顺序不对，所以我们要用车等一步。**

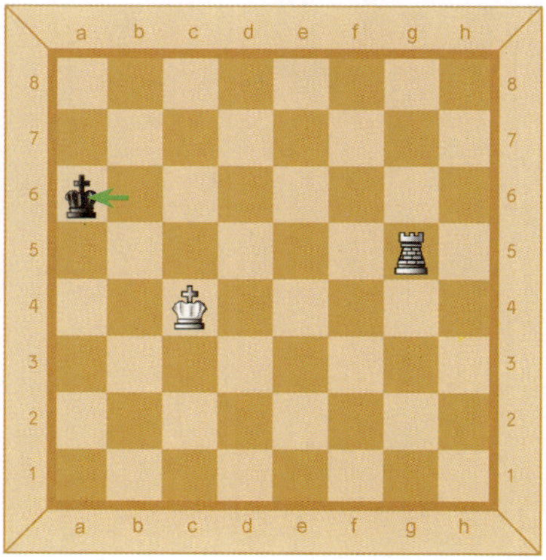

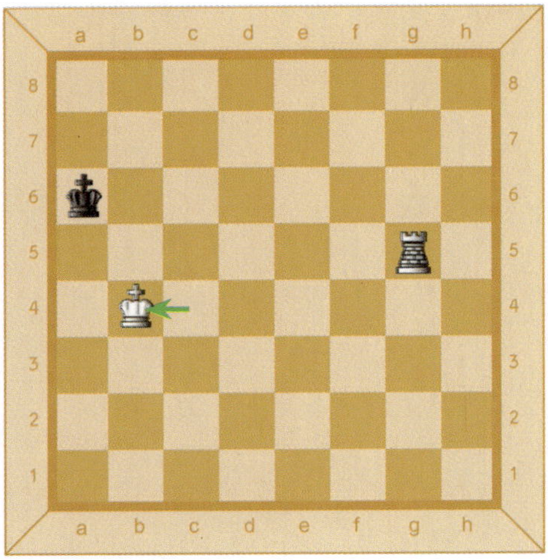

这样又恢复到了白方主动马步对王的局面。

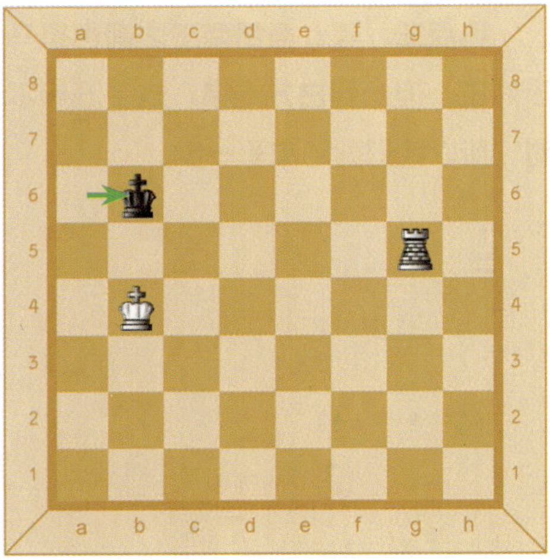

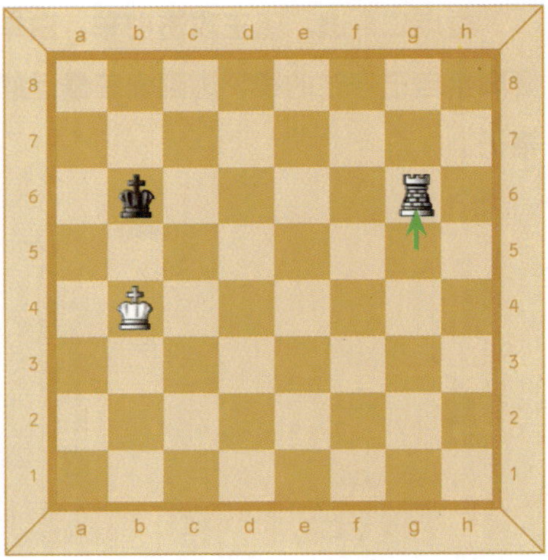

黑方被迫出王形成理想局面，白方成功用车将军，把王赶到 7 线。

接着，重复以上步骤……

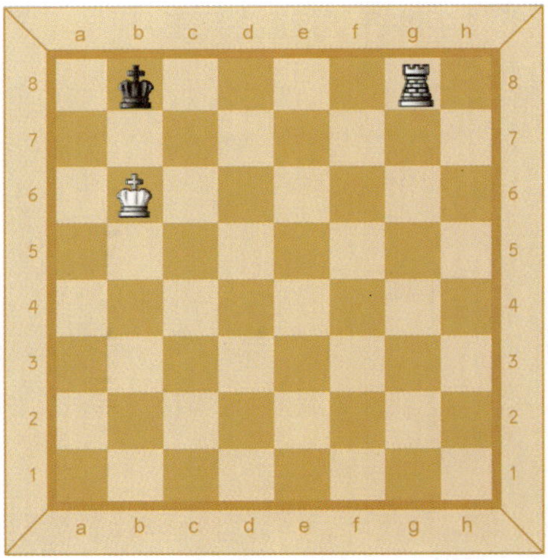

直至将黑王赶到底线将死。

我们从原始局面按照棋谱再复习一遍。

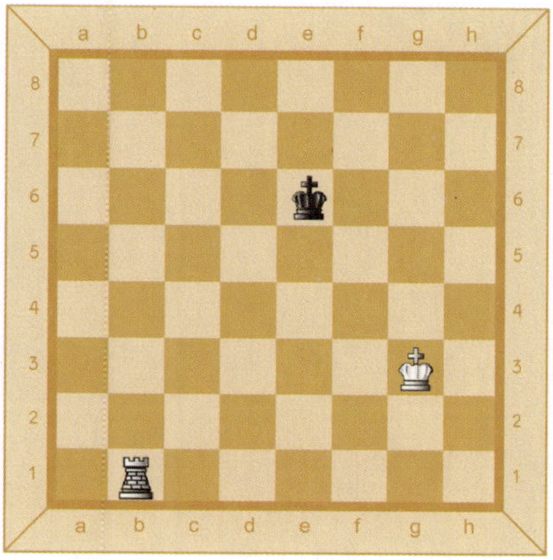


1. Rb5 Kf6　2. Kg4 Ke6
3. Kf4 Kd6　4. Ke4 Kc6
5. Rh5 Kb6　6. Kd4 Ka6
7. Kc4 Kb6　8. Rg5 Ka6
9. Kb4 Kb6　10. Rg6+ Kc7
11. Kb5 Kd7　12. Kc5 Ke7
13. Kd5 Kf7　14. Ra6 Kg7
15. Ke5 Kh7　16. Kf5 Kg7
17. Rb6 Kh7　18. Kg5 Kg7
19. Rb7+ Kf8　20. Kg6 Ke8
21. Kf6 Kd8　22. Ke6 Kc8
23. Rh7 Kb8　24. Kd6 Ka8
25. Kc6 Kb8　26. Rg7 Ka8
27. Kb6 Kb8　28. Rg8#

## 小贴士

单车杀王需要车和王的默契配合，像在跳一出双人舞。

概括来说就是：车先守，王来追，对王，车逃，对王，车等，对王，车将……直到底线，将死。

# 更多挑战

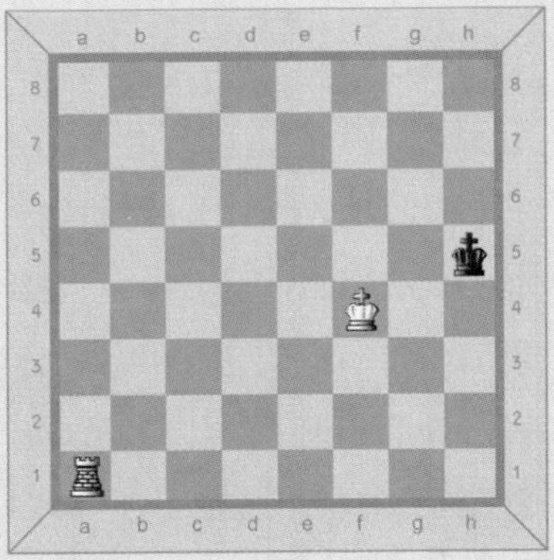

**1.** 白方先走，记录正确的走法。

______________________

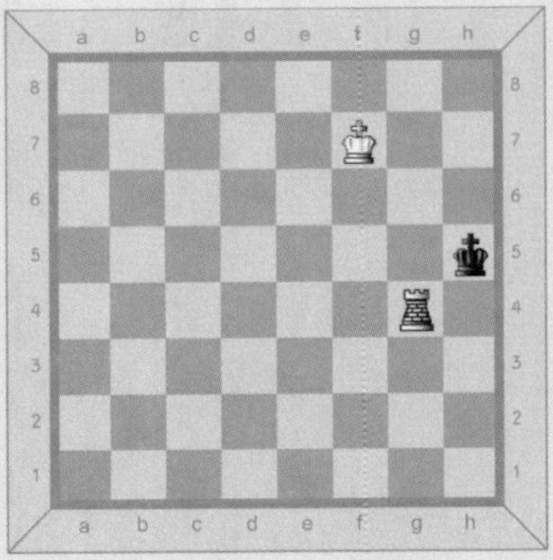

**2.** 白方先走，记录正确的走法。

______________________

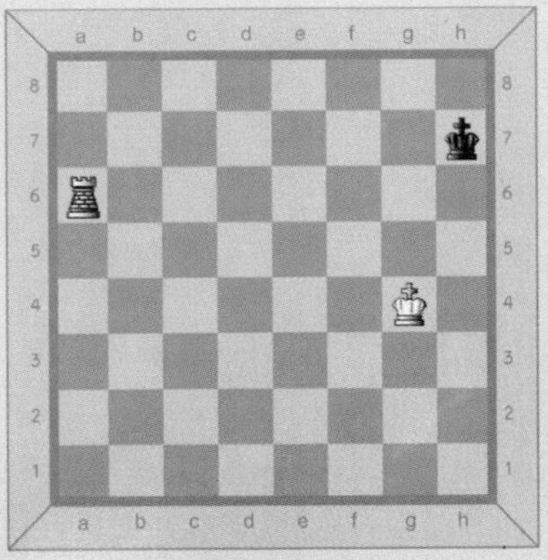

**3.** 白方先走，记录正确的走法。

______________________

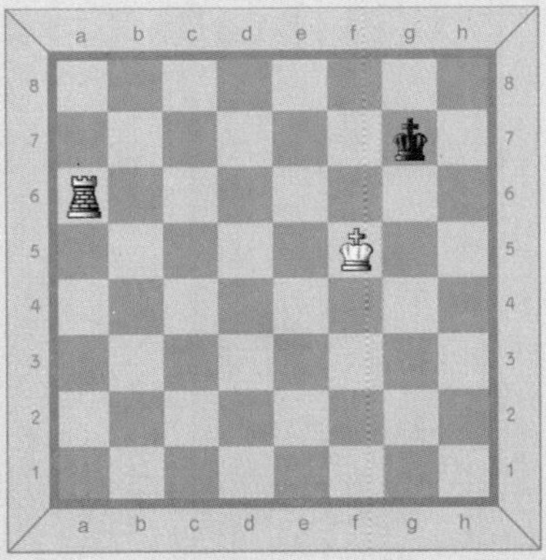

**4.** 白方先走，记录正确的走法。

______________________

## 棋开得胜

1. 练习单车杀王，棋子可以放在随机的位置，把对弈过程记录下来。

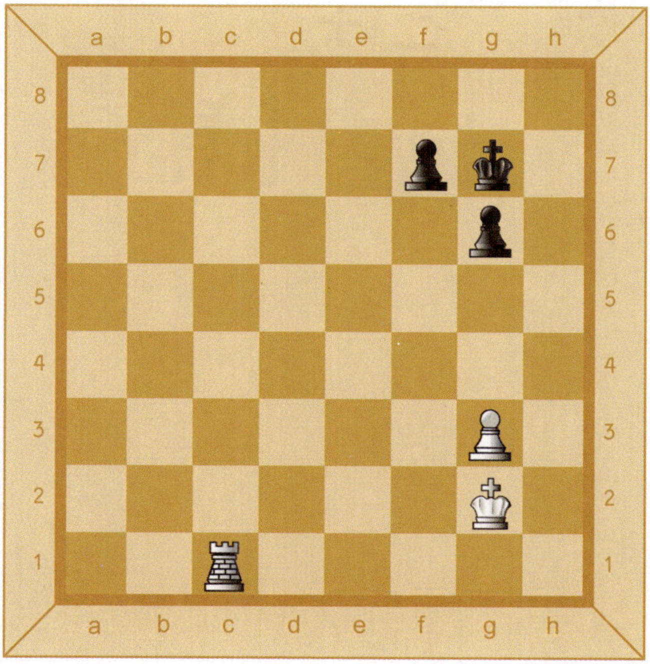


2. 下一盘白方子力价值占优的棋，把对弈过程记录下来，和棋算黑方获胜。

# 第二十六课

# 构建计算

## 一、计算的过程

刚开始下棋，我们常常是“走一步，看一步”。但当局面变得复杂，对手更加强大时，这样的习惯就行不通了。

**要想成为国际象棋高手，必须仔细思考自己的走法和对方有可能的应对，评估结果，选择对自己最有利的那一个。这样的过程就是计算。**

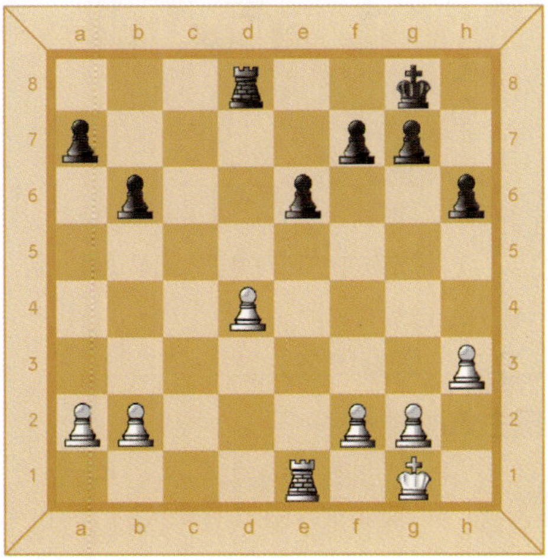

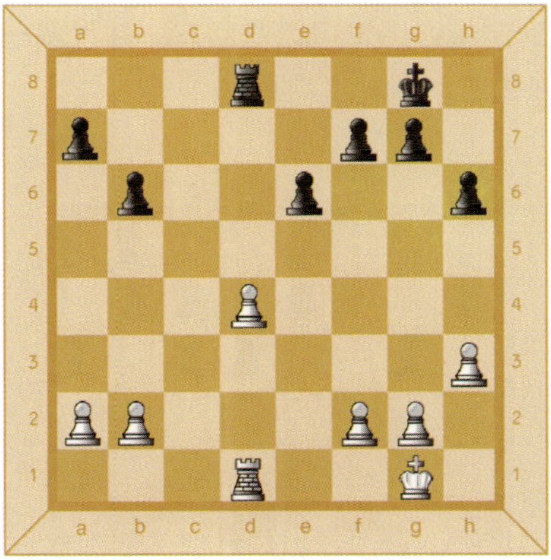

例如，在这两个局面中，我们很容易发现，黑方是否要吃掉 d4 兵，取决于白方是不是可以吃回来。

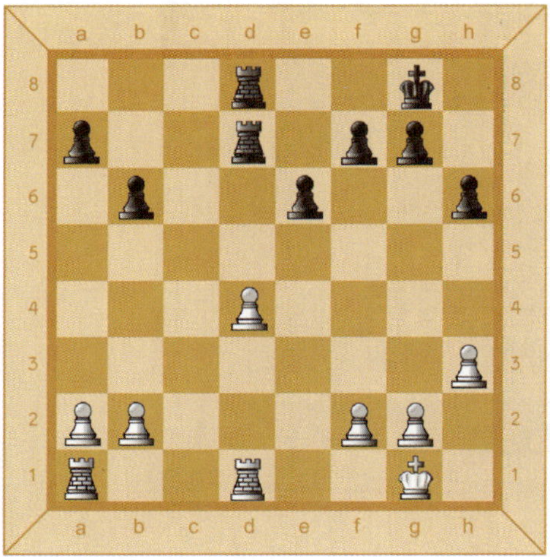

到了这个局面，需要多计算一步，确定最终黑方可以吃回车，并且多一个兵。

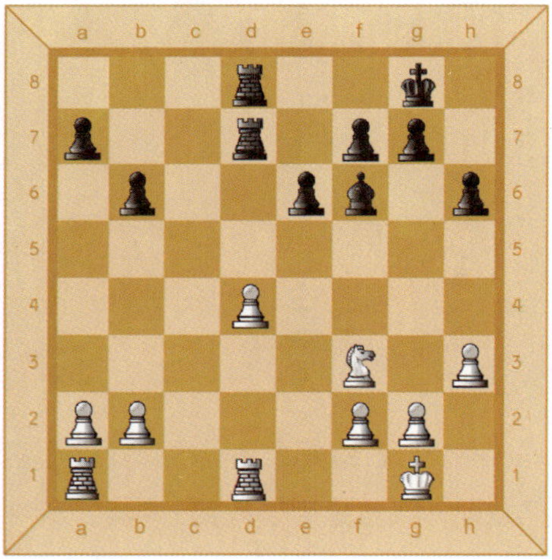

子力再多一点，就要把子力价值和行走的顺序都考虑进去。这里，显然应该先用黑象去吃白兵。

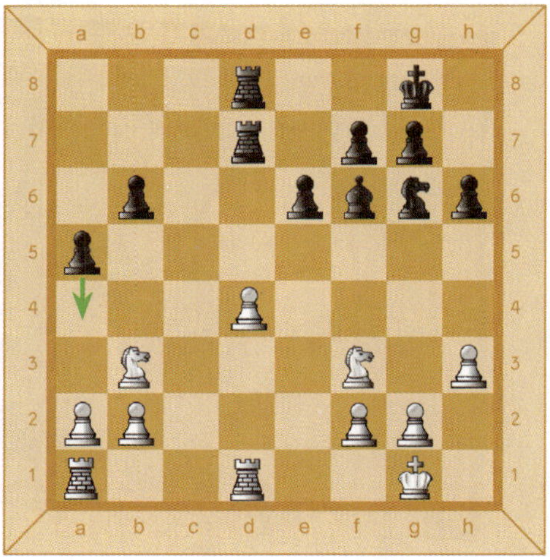

更复杂的局面，需要的计算更多。如上图，先用黑兵赶走保护 d4 兵的白马，再去吃兵。

## 趣味问答

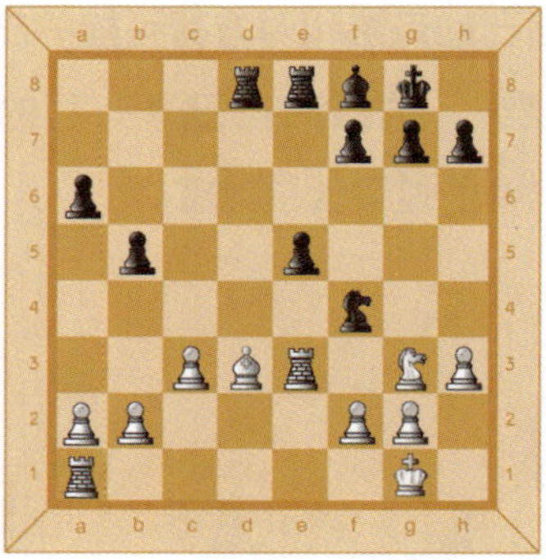

**1.** 黑方先走，如何得子？记录正确的走法。

______________________

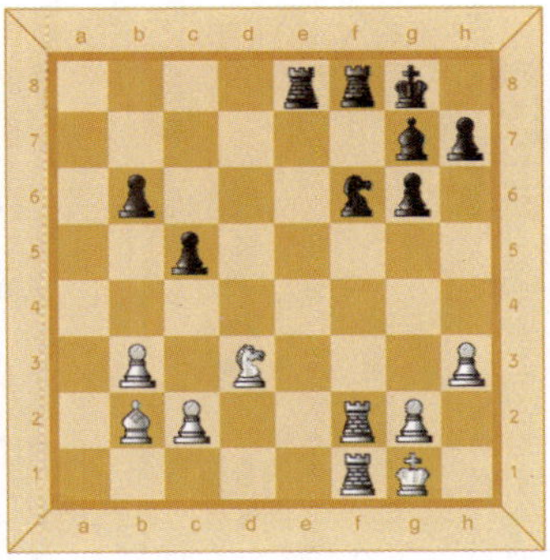

**2.** 白方先走，如何得子？记录正确的走法。

______________________

## 二、预估对方的走法

**在计算的过程中，计算对方会如何应对是重点。我们可以换位思考，假设自己是对手，会怎么去应对？**

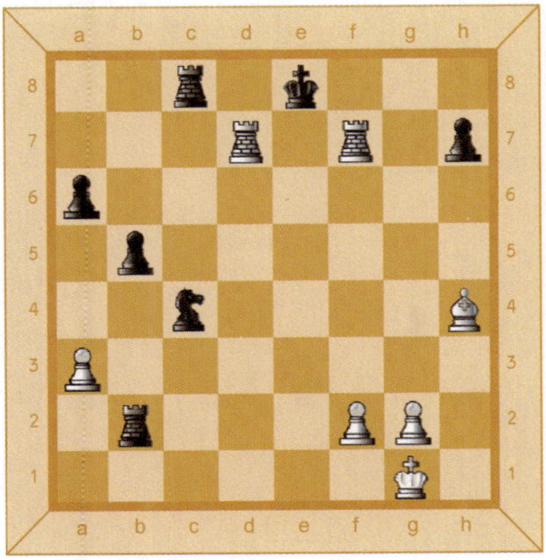

如上图，白先两步杀。

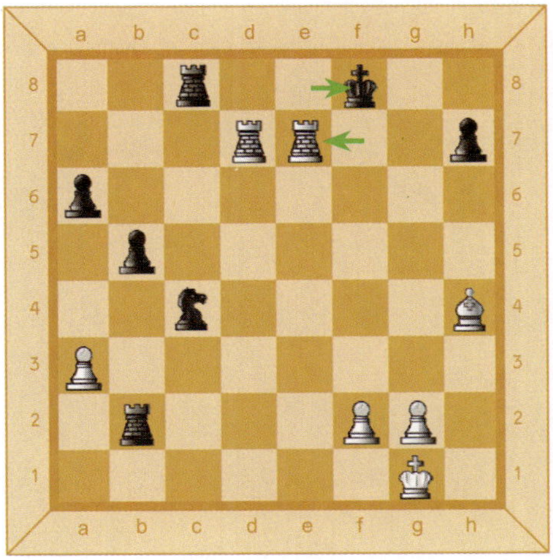

经过思考，我们会发现，f7 车去将军时，黑王可以逃到 f8 格，之后，白方不能立即将死黑王。

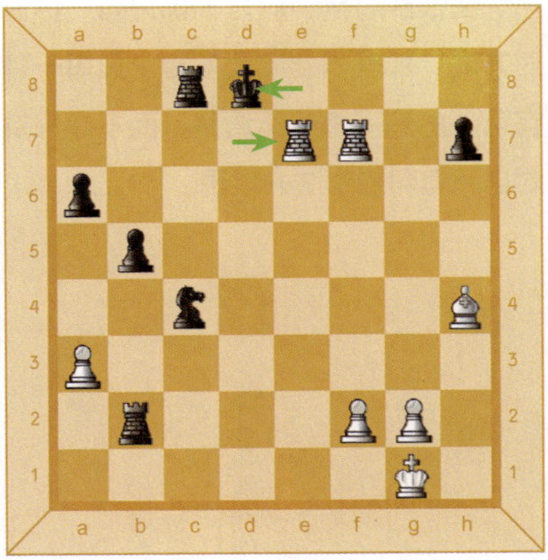

换一种思路，如果用 d7 车去将军，黑王会逃到 d8 格。

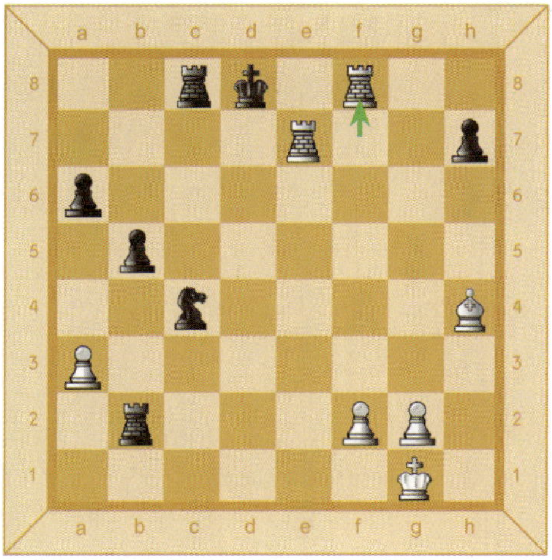

但此时，黑王已无路可逃，e7 车有白象保护。于是，f7 车可以腾出手来，在底线将军，黑王被将死。

**在很多时候，对方不仅只有一种应对方式，那就需要全面考虑，把每一种有可能的选择都验算清楚，而不是只挑对自己有利的走法去设想。**

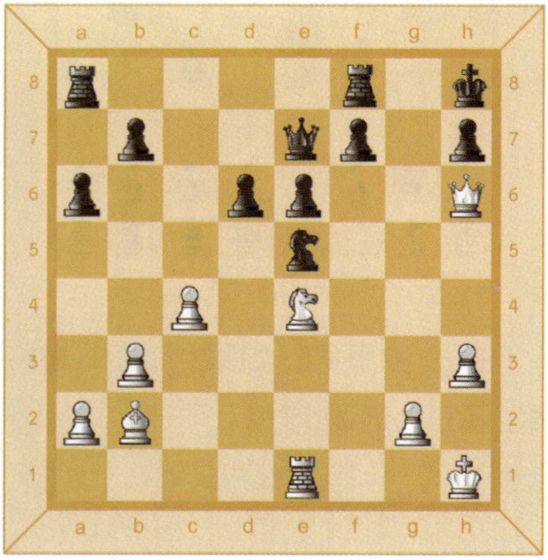

如上图，白方先走。

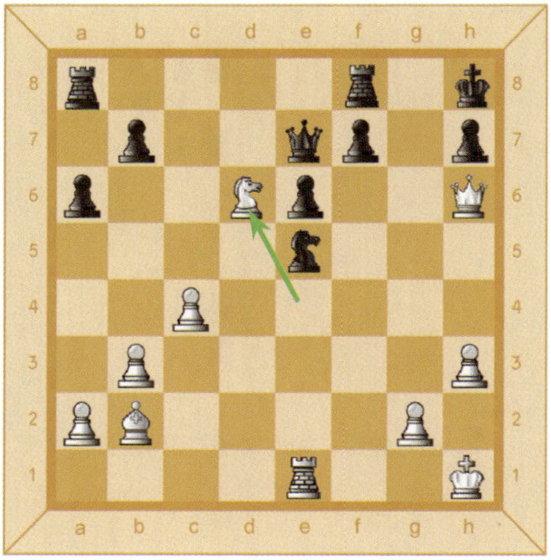

马吃 d6 兵是一种常见的错误。

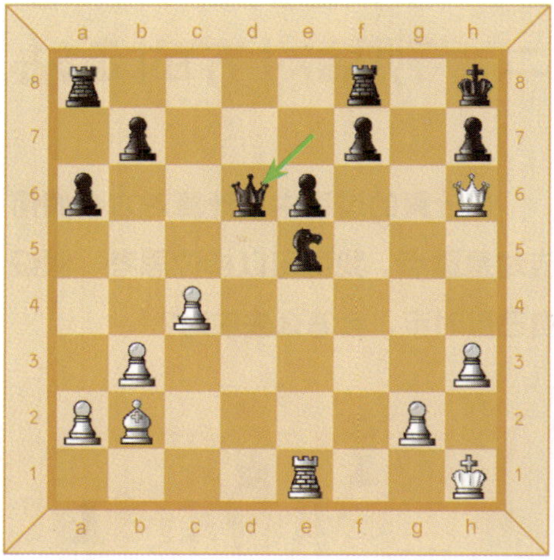

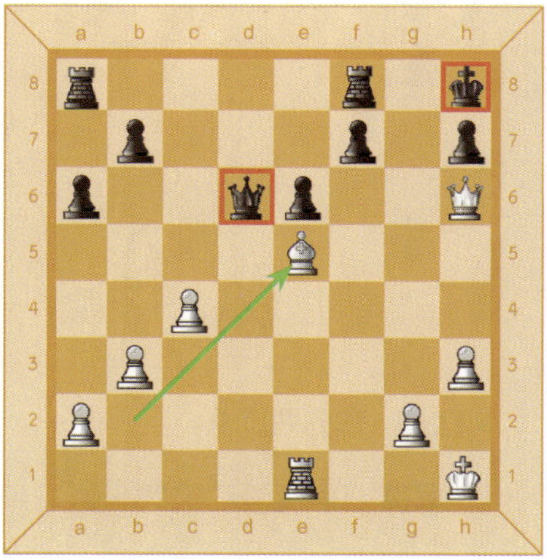

## 小贴士

① 两步杀时，要尽可能缩小对方王的活动范围，有利于将死。

② 不要摆动棋子，在原始局面直接计算到底，能有更好的锻炼效果，拒绝“步步试，步步错”的坏习惯。

这么走，是因为在白方的计算中，黑后会吃掉白马，然后就可以象吃黑马，同时将军和攻击黑后了。

但这个计算的漏洞在于，忽略了黑方的其他选择。

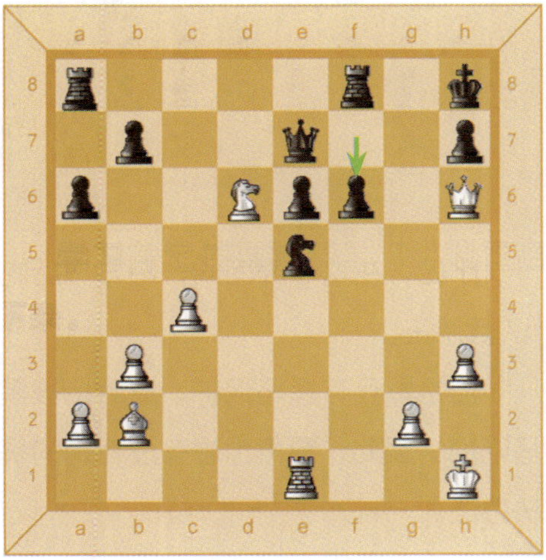

在马吃 d6 兵的时候，黑方可以不吃白马，而是走 f6 保住黑马，白方后继无力。

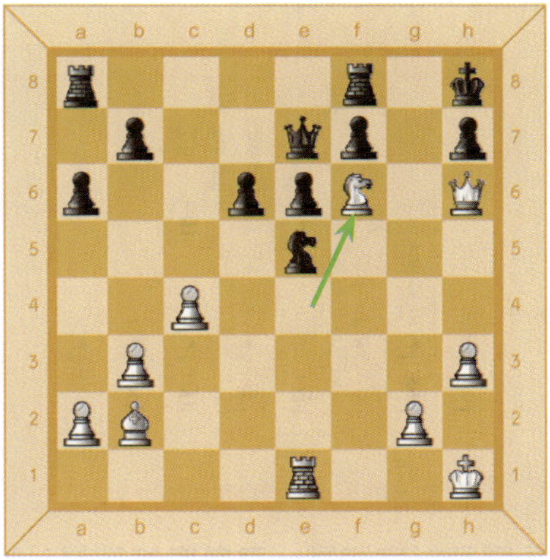

正确的走法是马 f6，威胁后 h7 杀王，而黑方无法守住 h7 兵，将杀无解。

## 趣味问答

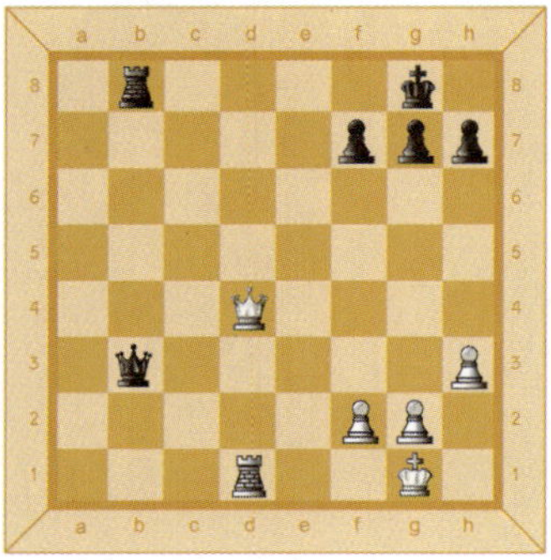

1. 白先两步杀，记录正确的走法。

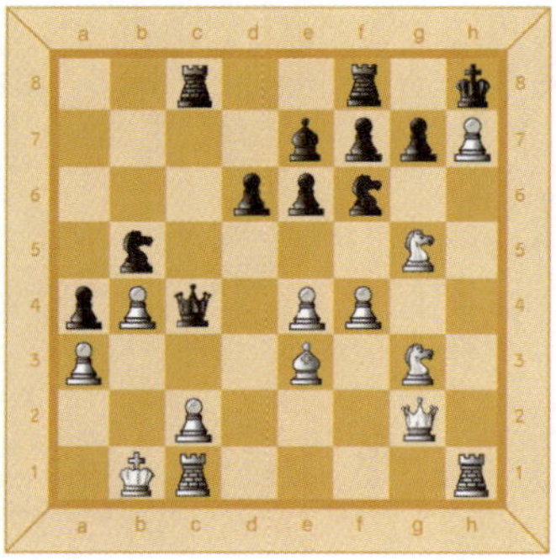

2. 黑先两步杀，记录正确的走法。

## 三、提前想好对策

**通过计算，我们可以预估对方的走法，提前发现问题，找出解决问题的办法，以此来获取优势。**

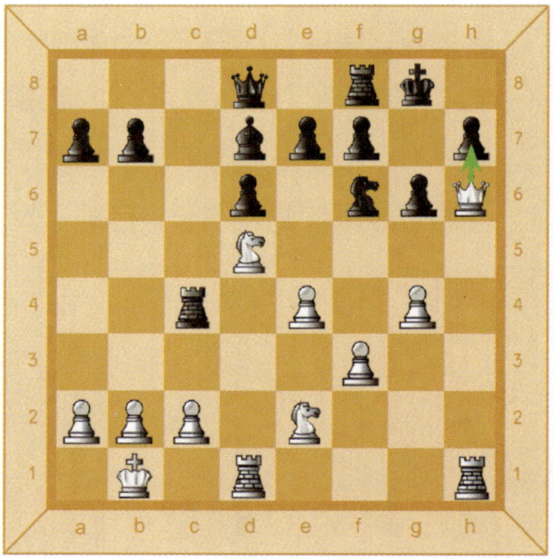

比如，在这个局面中，白方想后吃h7 兵杀王。

但是黑兵有黑马保护，白后会被黑马吃掉。因此，要再想想有没有别的解决办法。

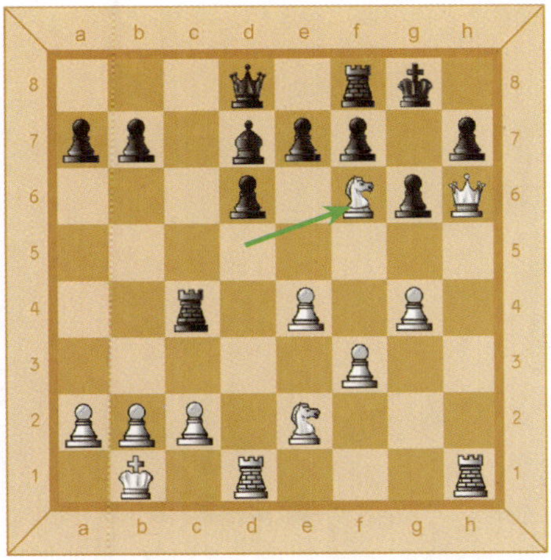

可以先交换掉黑马，让黑兵失去保护。

再后吃 h7 兵，将死黑王。

这样的走法，被称为“消除保护”，是常用战术之一。在今后，我们会学到更多的战术，无一例外都需要有计算的支持才能正确运用。

## 趣味问答

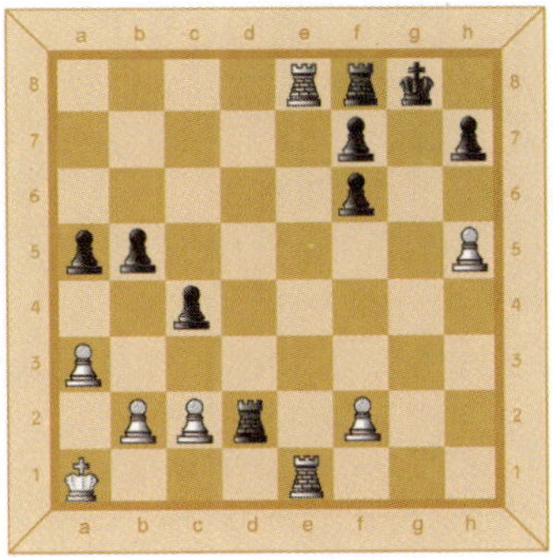

**1.** 白先两步杀，记录正确的走法。

________________________

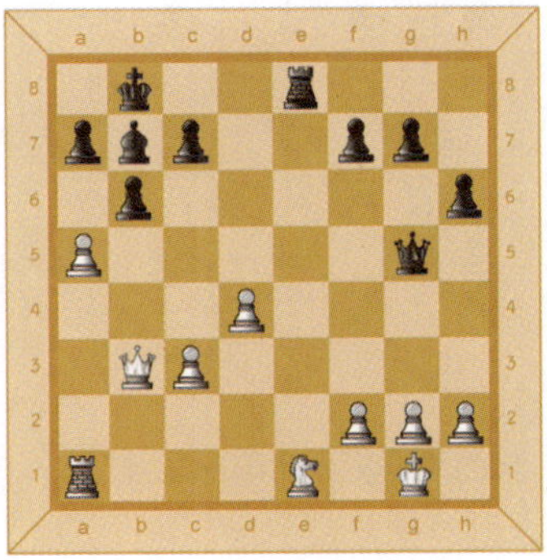

**2.** 黑先两步杀，记录正确的走法。

________________________

# 更多挑战

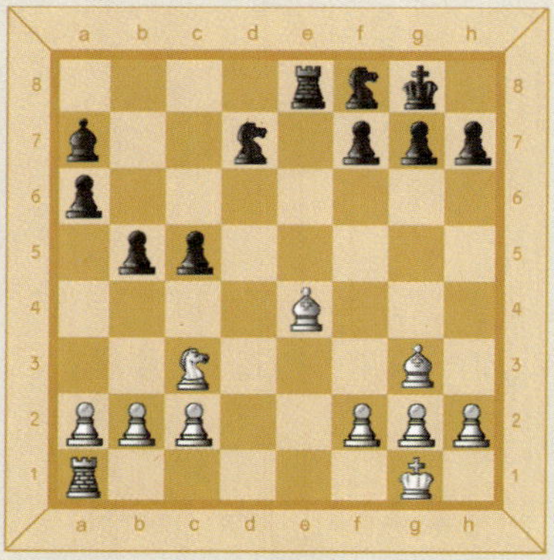

**1.** 黑方先走，如何得子？记录正确的走法。

______

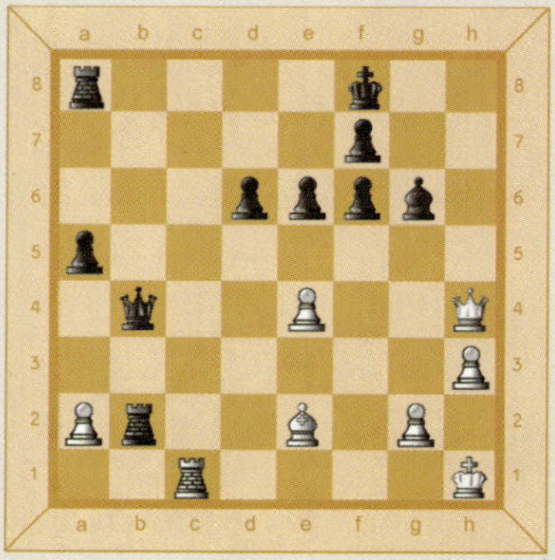

**2.** 白先两步杀，记录正确的走法。

______

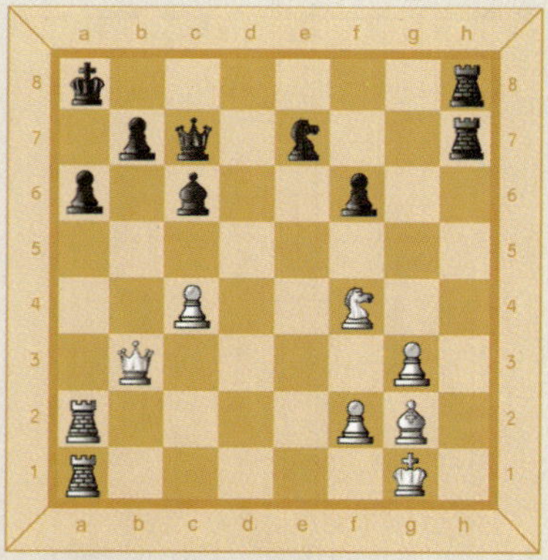

**3.** 黑先两步杀，记录正确的走法。

______

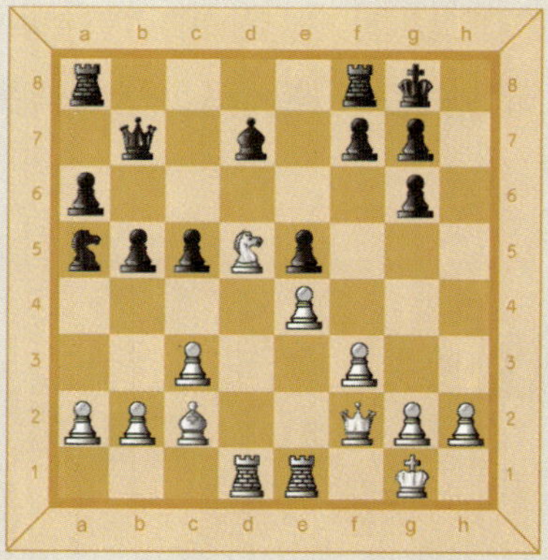

**4.** 白先两步杀，记录正确的走法。

______

第二十七课

# 单兵升变（1）

在前几课，我们学习了如何用有限的子力完成杀单王的知识。可如果在棋局的最后阶段，棋盘上没有后或车了该怎么办呢？小兵升变可以帮助你。

有时候，一方多出一个兵就可以奠定胜局，所以我们千万不要因为兵的分值低就忽略它。

这节课，我们要来学习单兵的升变。

## 一、复习方形区

单兵升变可以分成两种情况，一种是自己的王可以支持小兵，另一种是自己的王不能支持小兵。

**当自己的王不能支持小兵时，兵能否升变，取决于对方的王是不是在方形区内。**

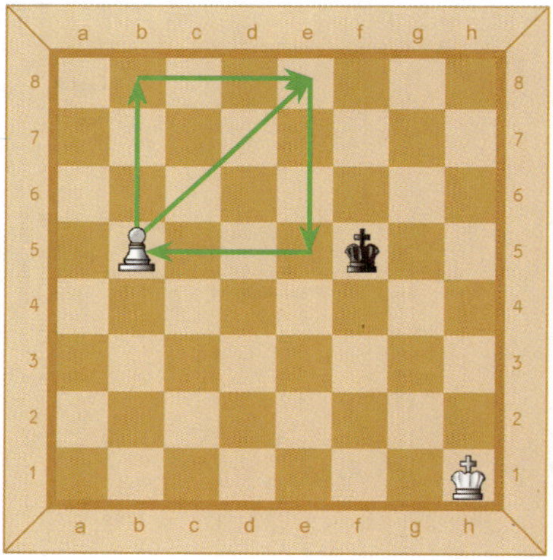


方形区是以兵为起点，向着防守方王的方向，沿着斜线画到将要升变的底线，再以这条线作为对角线，画一个完整的正方形。

如果防守方的王在这个正方形里面，就可以守住兵，反之则无法守住。

如上图，黑方先走可以守住白兵，白方先走就无法守住了。

## 趣味问答

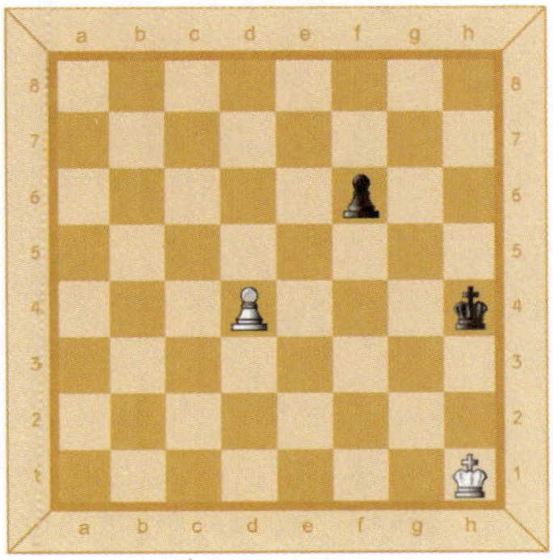

**1.** 白方先走，可以赢吗？

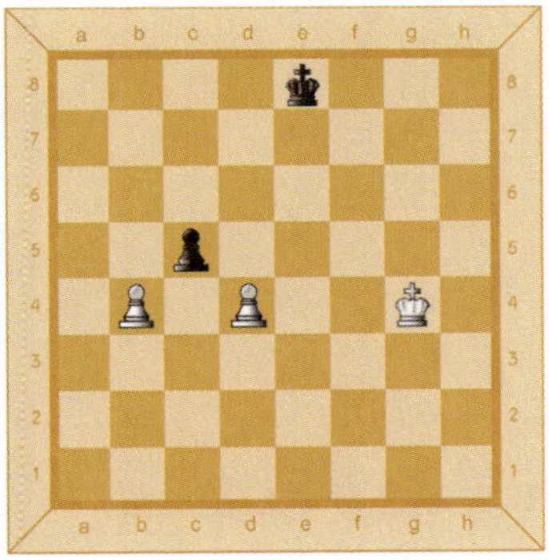

**2.** 黑方先走，可以赢吗？

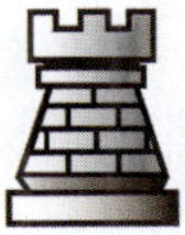

## 二、6 线白胜、3 线黑胜

**当自己的王能够支持小兵时，兵能否升变，要根据双方王的位置来判断。**

通常，防守方的王只有在兵的正面才能进行有效防守，而进攻方的王就需要去挤开它。冲兵之前，一定要让自己的王走在兵的前面。

如上图，黑王被挤开，白王占据有利位置，控制住了兵升变必经的 e6、e7、e8 格，黑方无法阻挡白兵升变。

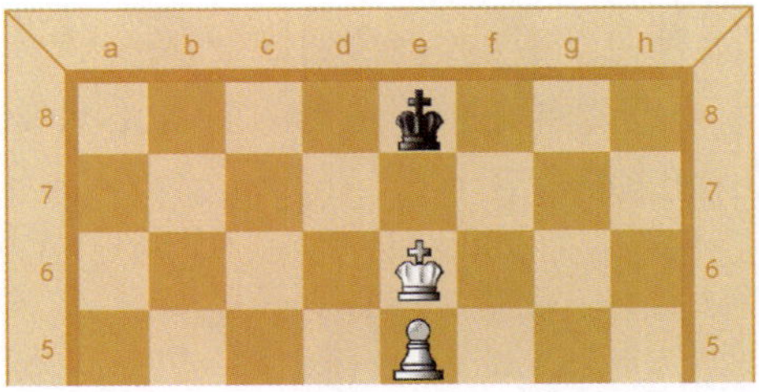

因此，我们总结出一条定律。**在单兵升变时，当白方的王在 6 线（黑方的王在 3 线），兵在王的身后时，不管轮到谁走，都无法阻挡小兵升变，但是边兵除外。**

我们以白棋为例。

① 如果黑方先走，1... Kf8　2. Kd7，形成白方必胜的局面。

② 如果白方先走，1. Kd6 Kd8　2. e6 Ke8　3. e7。

黑王被迫走开，3... Kf7　4. Kd7，形成白方必胜的局面。

## 趣味问答

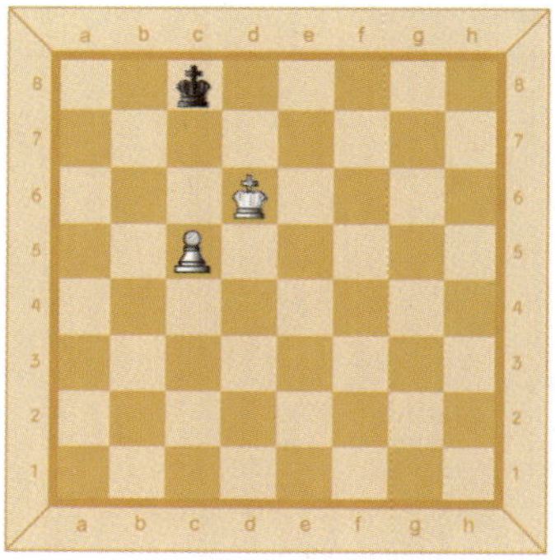

**1.** 白先胜，记录正确的走法。

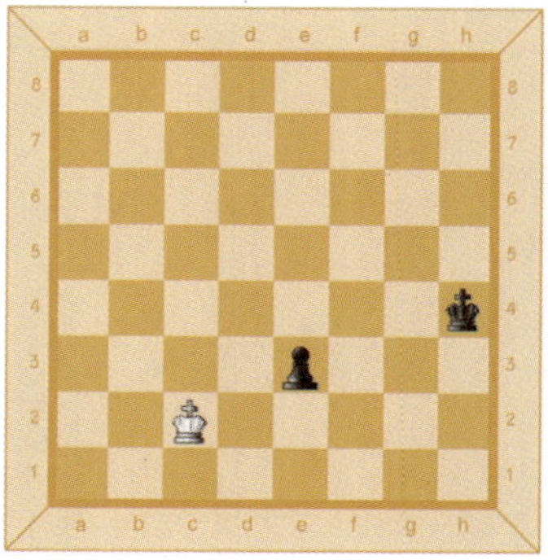

**2.** 黑先胜，记录正确的走法。

## 三、例外的边兵

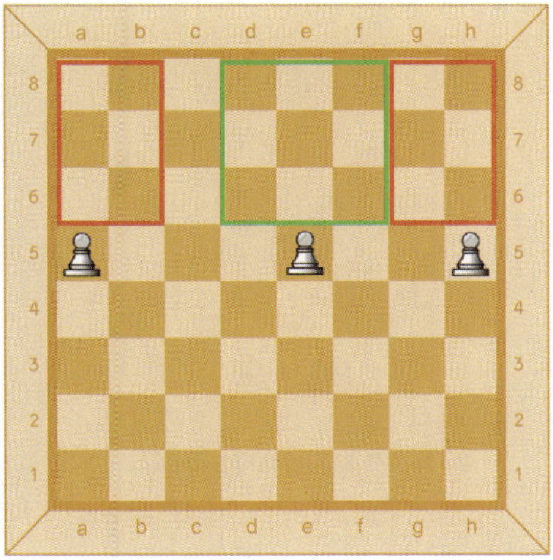

**边兵是指 a 线或 h 线上的兵，又被称为车前兵。**

因为在棋盘的边线上，边兵面前只有 2 条直线可以利用，除此以外的兵，面前都有 3 条直线，所以这就让边兵的战斗力大打折扣，**防守方常常可以利用无子可动的规则守住边兵。**

如上图，同样是白王在 6 线、兵在王身后的情况，即使是黑方先走，白兵也无法升变。

因为是边兵，在黑王走开之后，白王没办法错开它，也不能走到棋盘外面去。

所以，对局只能经过：

1… Kg8　2. Kg6 Kh8　3. h6 Kg8　4. h7+ Kh8　5. Kh6

形成无子可动的和棋。

## 趣味问答

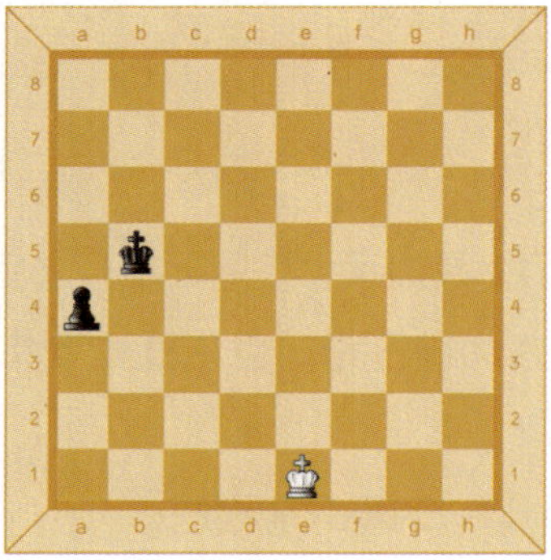

**1.** 白方先走，如何守住局面？

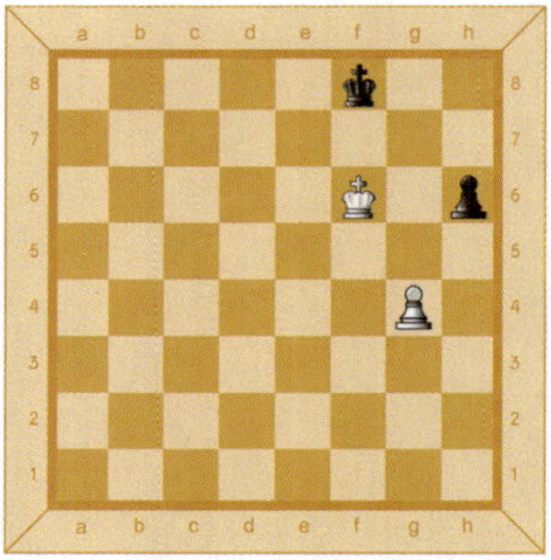

**2.** 黑方先走，如何守住局面？

## 更多挑战

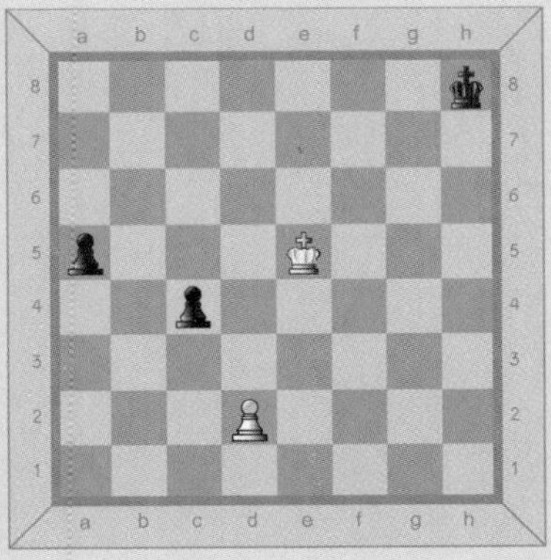

**1.** 黑先胜，记录正确的走法。

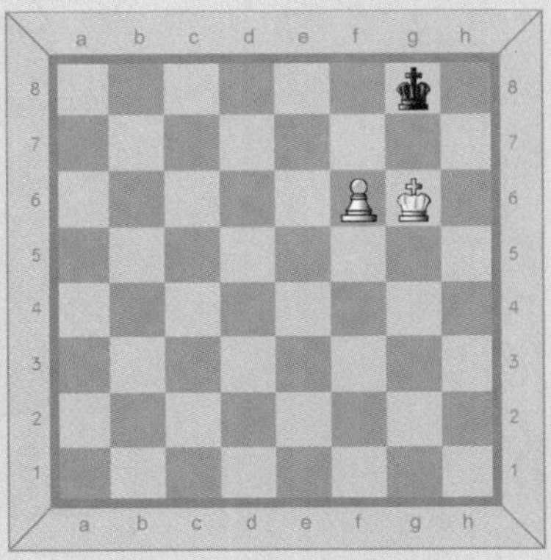

**2.** 白方先走和黑方先走的区别是什么？

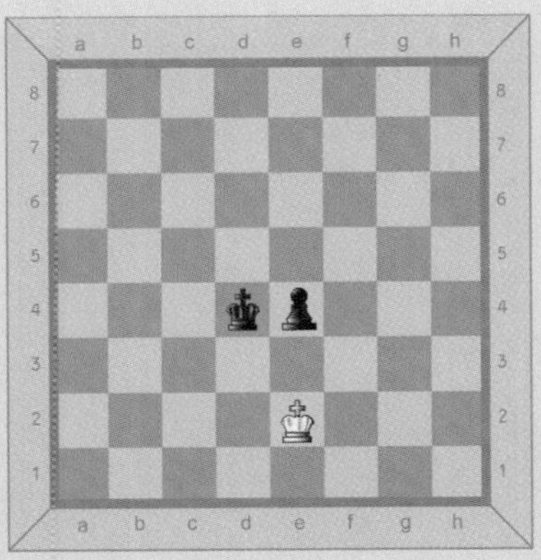

**3.** 白方先走，如何守住局面？

**4.** 黑先胜，记录正确的走法。

第二十八课

# 单兵升变（2）

在了解单兵升变的基本概念后，这节课我们将要学习更多局面和技巧。

## 一、关键格

**从许多单兵升变的局面中，我们总结出来一个规律：兵有升变的关键格。**

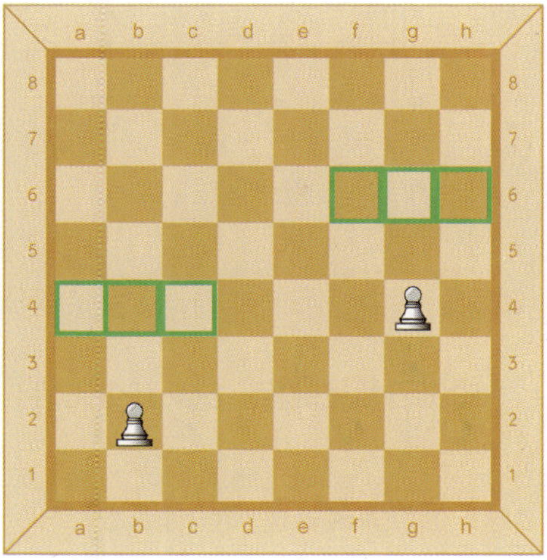


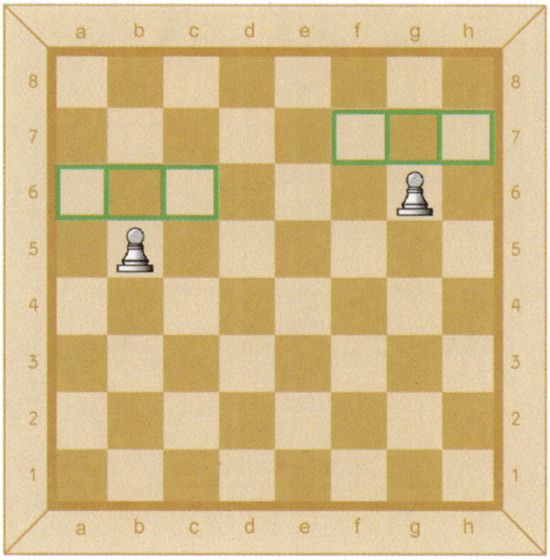


以白兵为例，兵在 4 线及更低的位置，关键格在兵前面两排的 3 个格子。兵在 5 线及更高的位置，关键格在兵前面一排的 3 个格子。

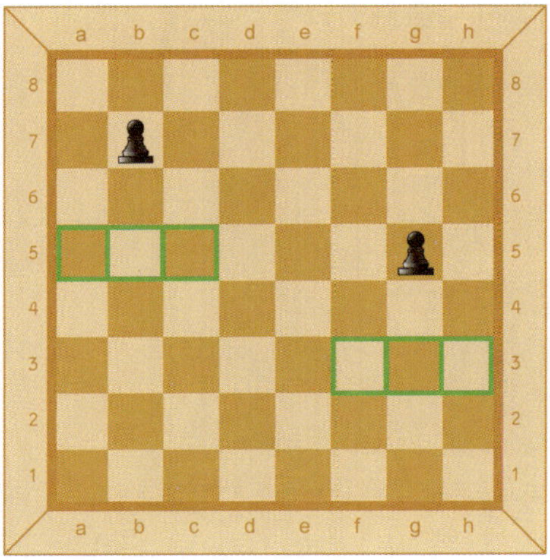

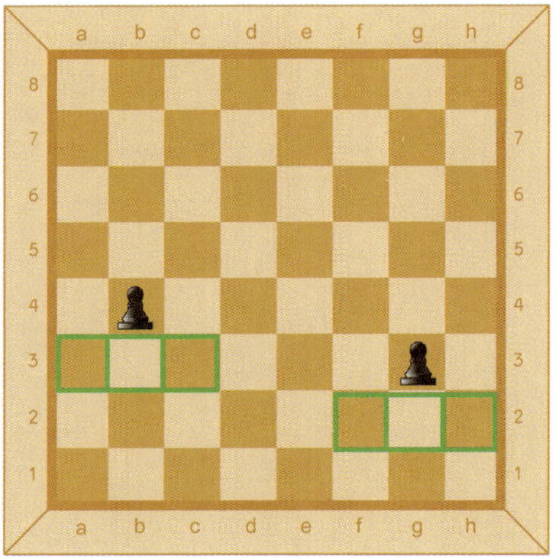

以黑兵为例，兵在 5 线及更低的位置，关键格在兵前面两排的 3 个格子。兵在 4 线及更高的位置，关键格在兵前面一排的 3 个格子。

**如果进攻方的王占领了任何一个关键格，就可以确保兵的升变。反之，则无法升变，但是边兵除外。**

我们可以回忆学过的局面进行对比。

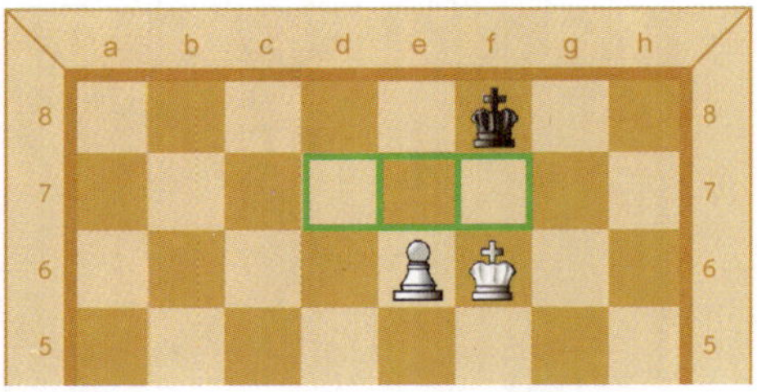

① 白方先走：

1. e7+ Ke8　2. Ke6，逼和

白王无法占领关键格，白兵不能升变。

② 黑方先走：

1... Ke8　2. e7 Kd7　3. Kf7

白王占领关键格，白兵升变无阻。

## 趣味问答

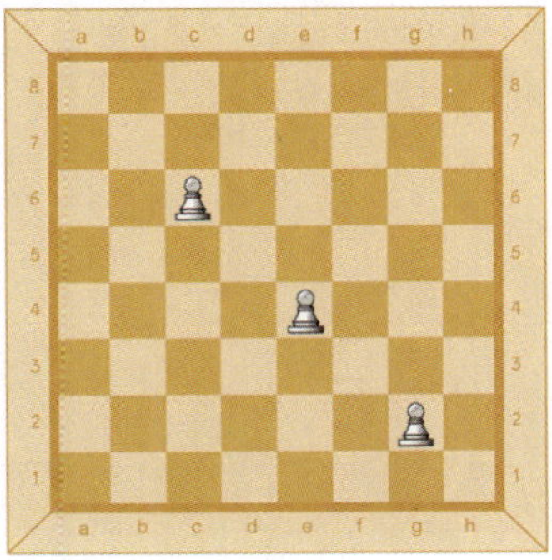


**1.** 标出白兵的关键格。

___

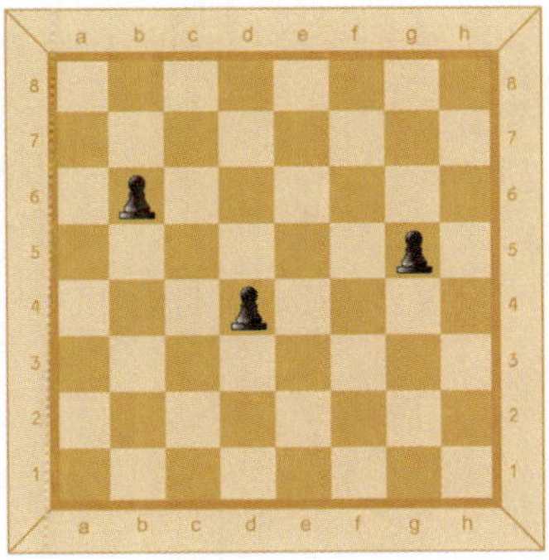


**2.** 标出黑兵的关键格。

___

## 二、对王

**知道了关键格，我们可以用对王的方法将对方的王挤开，占领关键格。**

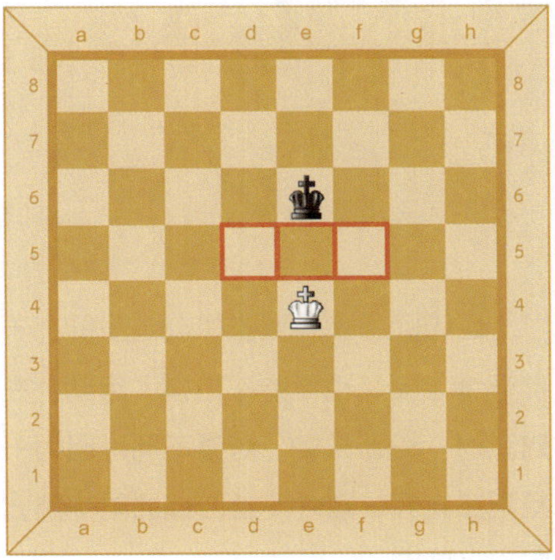


对王是指，两王相对而立，控制着面前的3个格子，阻止对方的王向前入侵。

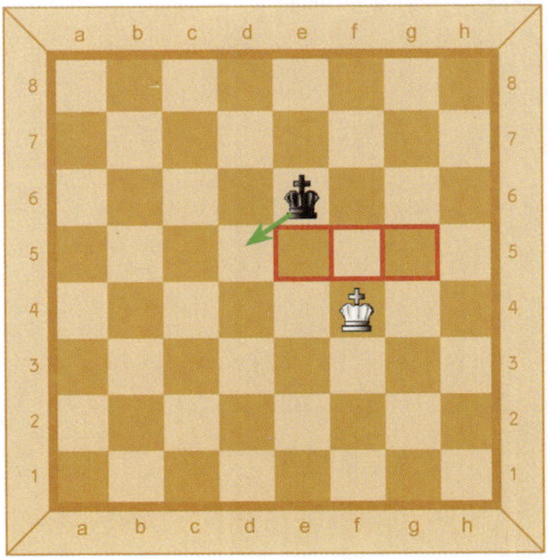

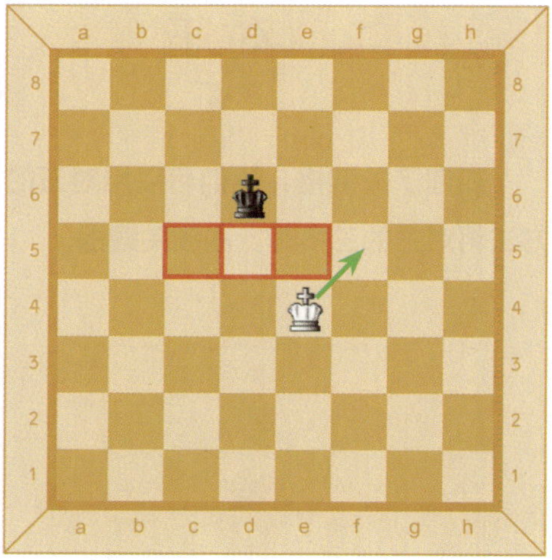

但国际象棋是双方轮流走子的，不能连续走棋，也不能不走棋。**因此，在对王时，轮到谁走，对谁不利。因为一旦把王走开，刚才严丝合缝的防护网就露出了破绽。**

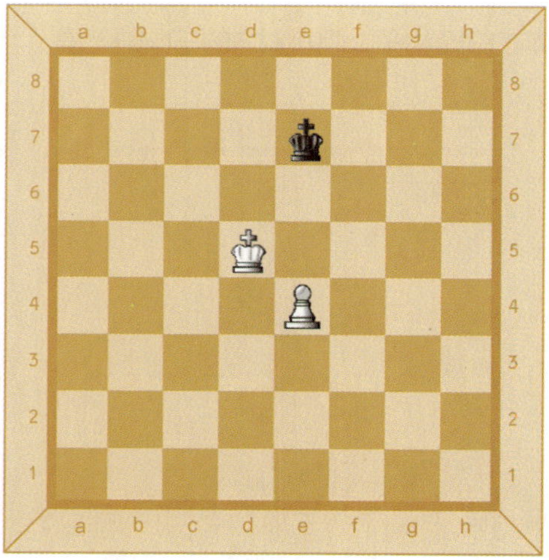

如上图，白方先走。

在这里，初学者最容易犯的错误是走 1. e5。

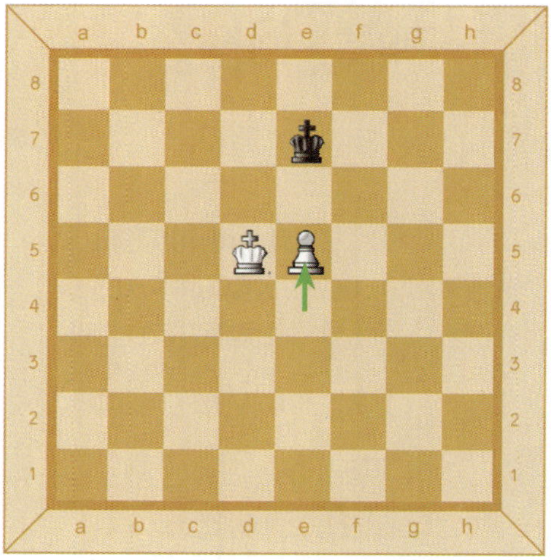

**升变就只顾着冲兵是一种错觉，王必须走在兵的前面，为升变保驾护航。**

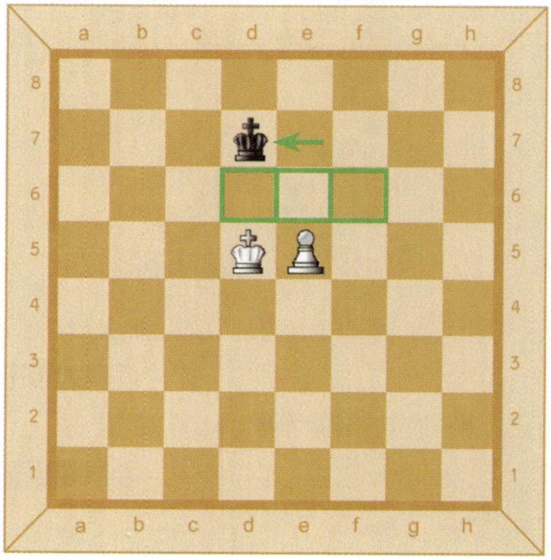

黑方 1... Kd7 之后，白王无法占领关键格。

经过 2. e6+ Ke7　3. Ke5 Ke8　4. Kd6 Kd8　5. e7+ Ke8　6. Ke6，对局以和棋告终。

正确的走法是 1. Ke5，主动对王。

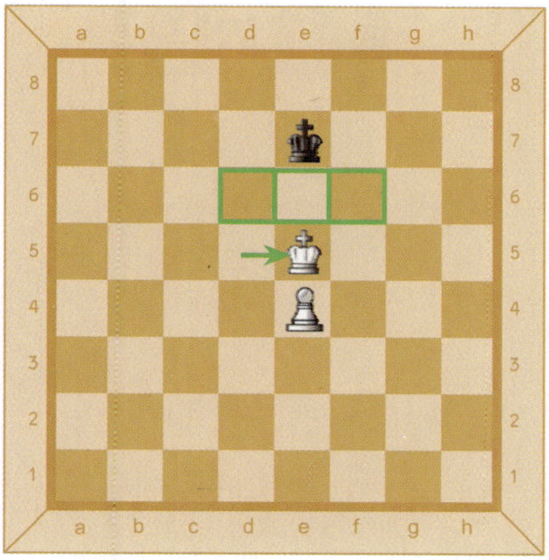

无论黑王去哪儿，白方都可以占领关键格。

1... Kd7　2. Kf6

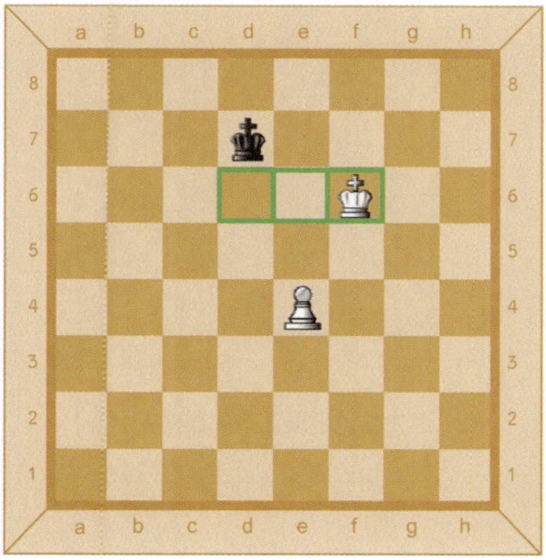

2... Ke8　3. e5

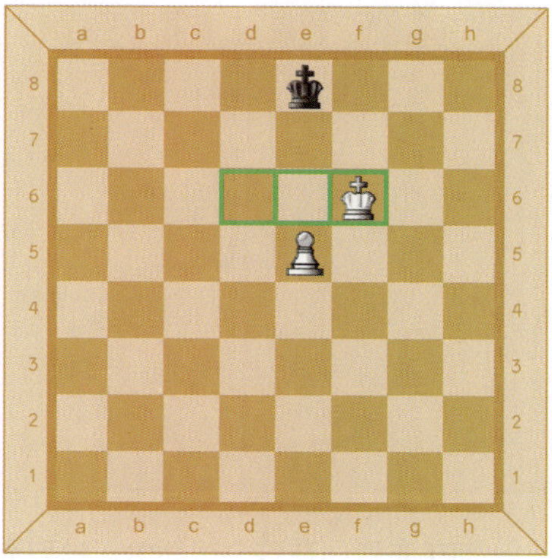

3... Kf8　4. e6 Ke8　5. e7 Kd7　6. Kf7

白兵升变不可阻挡，白方处于胜势。

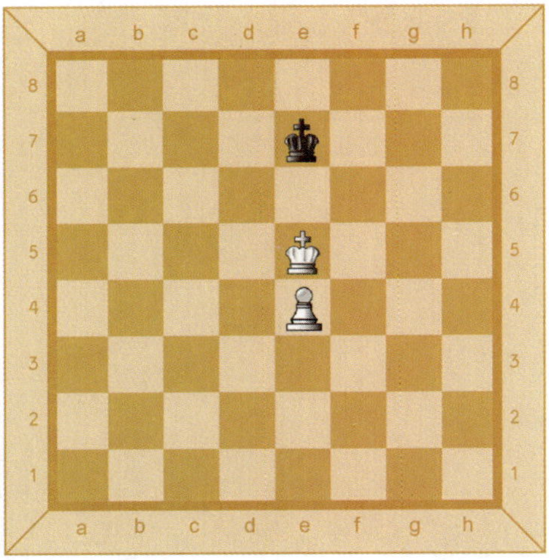

**简单来说，在这个局面中，轮到谁走，对谁不利。白方先走是和棋，黑方先走则白方获胜。**

## 趣味问答

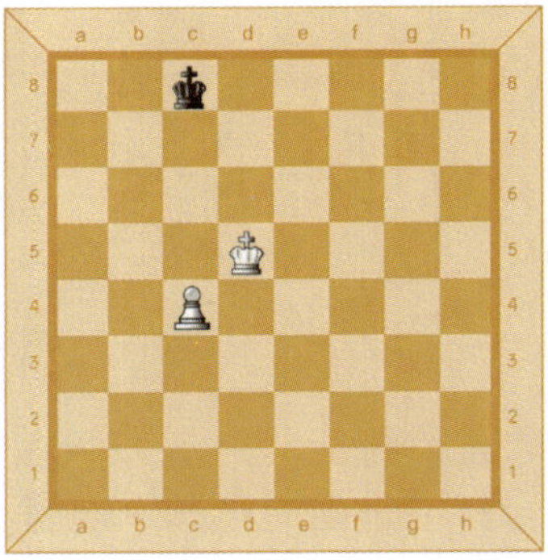

**1.** 白先胜，记录正确的走法。

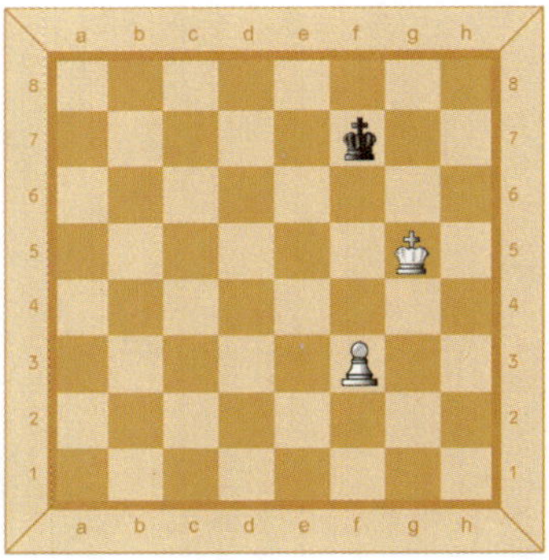

**2.** 白先胜，记录正确的走法。

# 三、总结表

单兵升变对照表

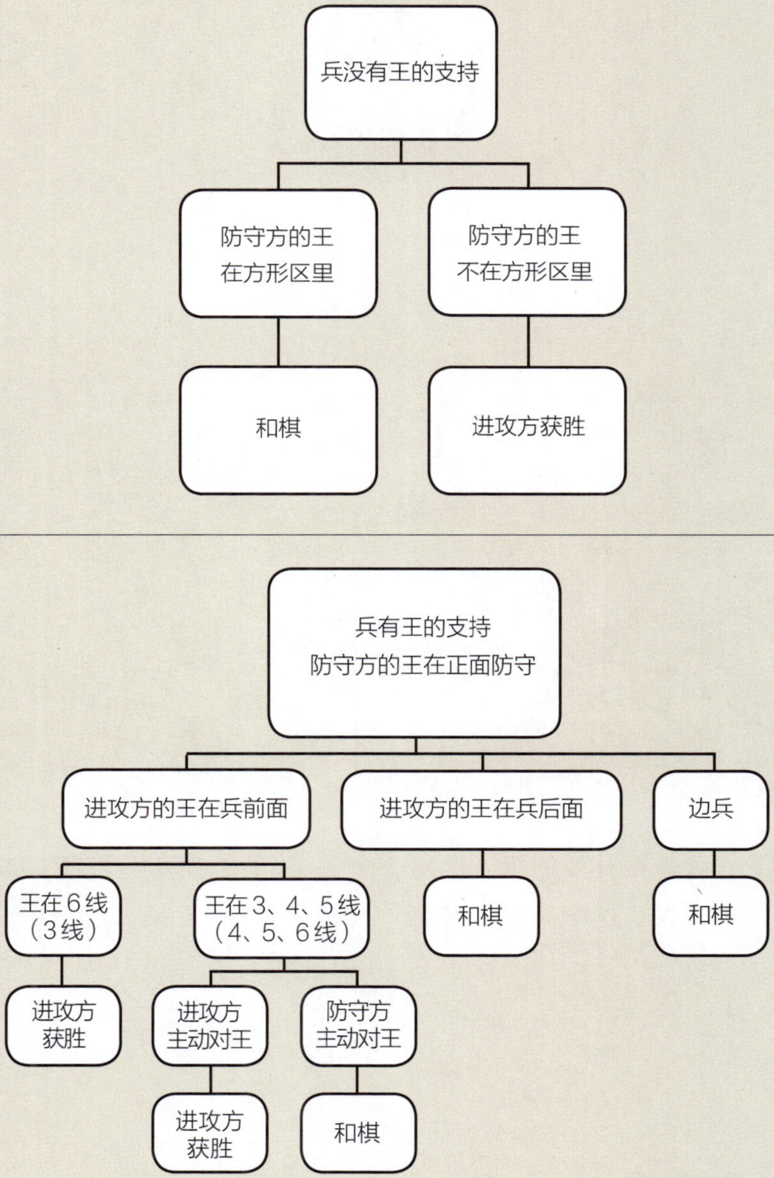

## 棋开得胜

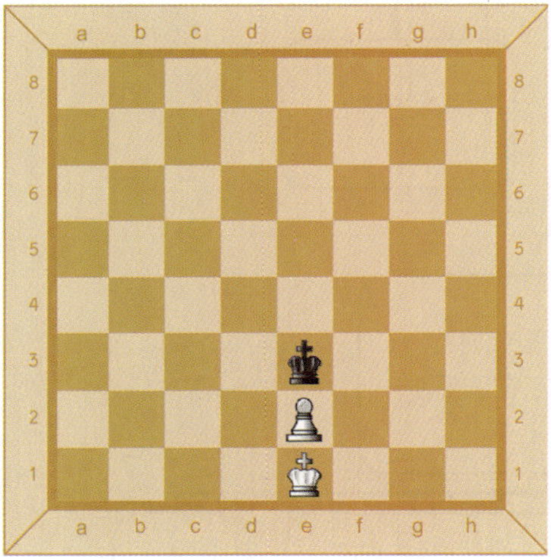


1. 下一盘单兵升变的棋，把对弈过程记录下来。这个局面黑方可以守和。

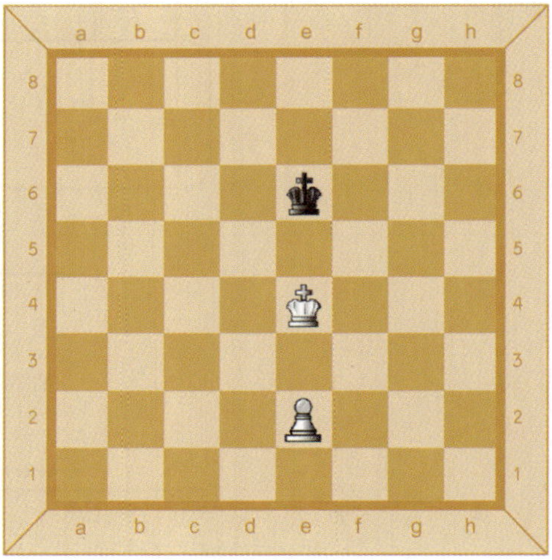


2. 下一盘单兵升变的棋，把对弈过程记录下来。这个局面白方可以获胜。

第二十九课

# 开局原理

一盘棋共分为开局、中局和残局三个阶段。

**开局就是开始阶段，对局前十五回合左右，以双方完成王车易位和基本出子为标志。**

高水平棋手投入了大量的精力研究开局，许多经典的棋谱值得我们学习。因此，也可以认为在有棋谱参考的范围内是开局阶段，之后就是中局阶段了。

# 一、开局原理

**随着棋手们水平的提高，我们很难在开局就将死对手，而是需要耐下心来，排兵布阵、抢占有利地形，为中局的战斗创造条件。**

开局需要遵守的原则如下所述。

1. 占领中心。

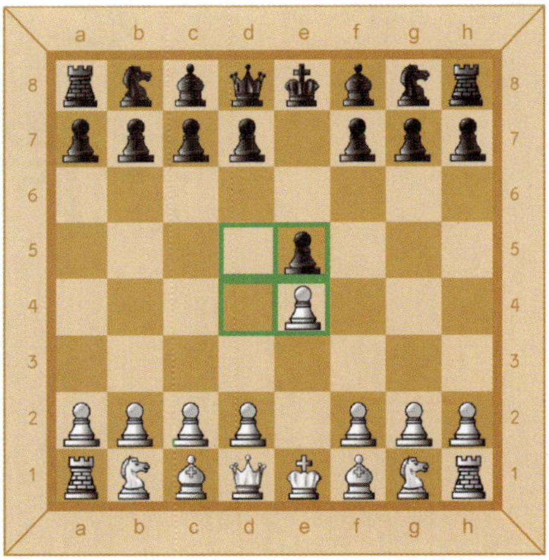

1. e4 e5

**用兵或子占领中心、控制中心。**

中心是战场上的有利地形，占领中心的一方等于拥有了棋盘上更多的空间，子力调动灵活，能够发挥更大的威力。

2. 快速出子。

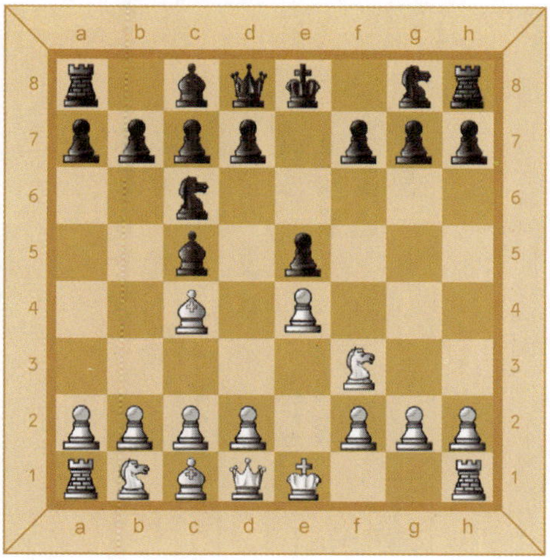

2. Nf3 Nc6　3. Bc4 Bc5

**尽快出动所有子力。**

快速调动后续部队参与战斗，出子的顺序通常是冲兵之后，先跳马再出象。

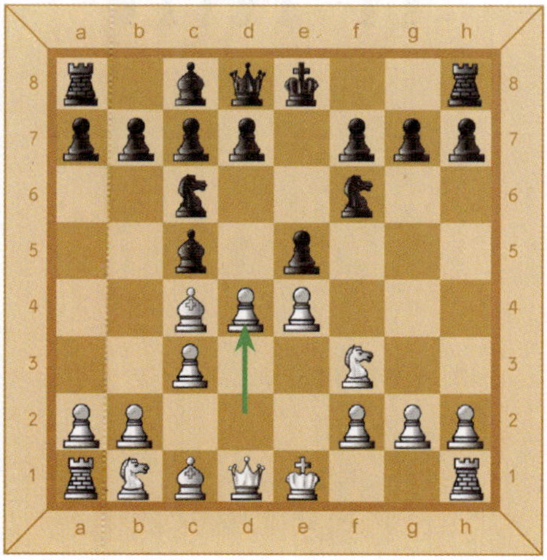

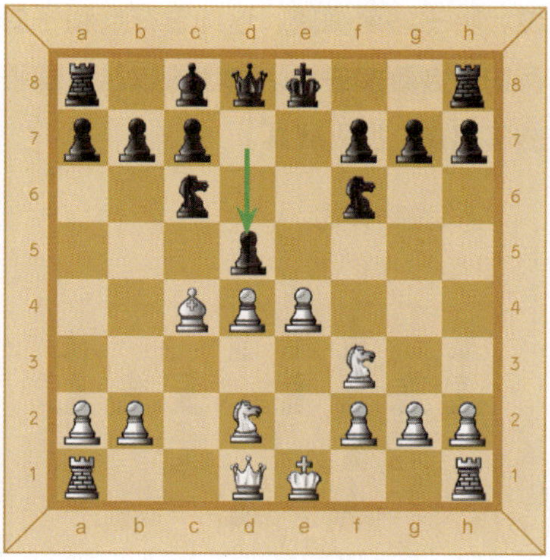

4. c3 Nf6　5. d4 exd4　6. cxd4 Bb4+　7. Bd2 Bxd2+　8. Nbxd2 d5

出子的方向依然是中心，双方会围绕着中心反复争夺。

3. 尽早易位。

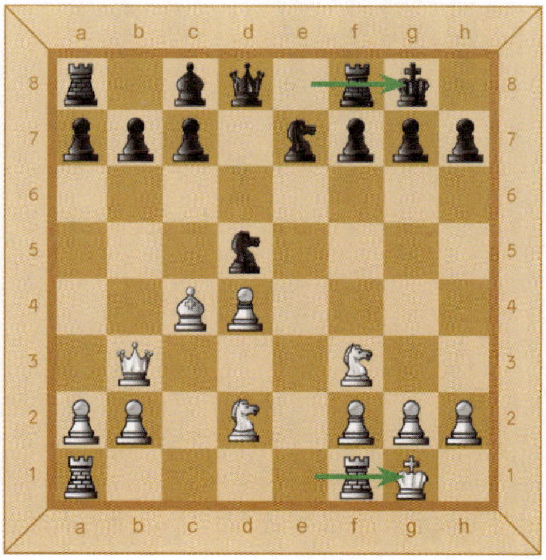

9. exd5 Nxd5　10. Qb3 Nce7　11. 0-0 0-0

由于双方在中心刀光剑影，王在中心就变得非常危险。**需要尽快王车易**

位，将王移至侧翼，这样它在兵和子的保护下会更加安全。车也可以从角落里转移出来，投入战斗。

4. 减少重复。

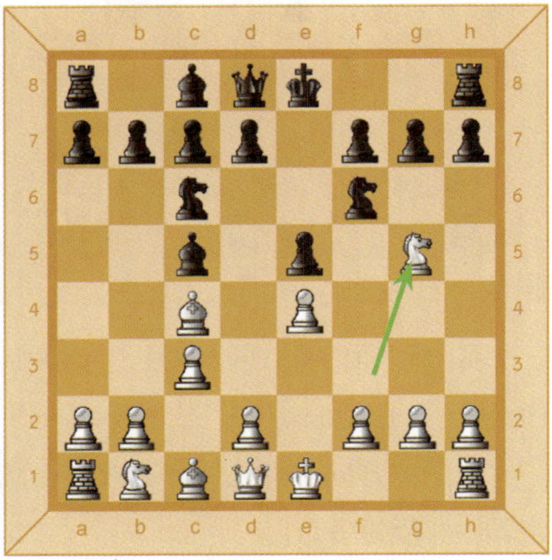

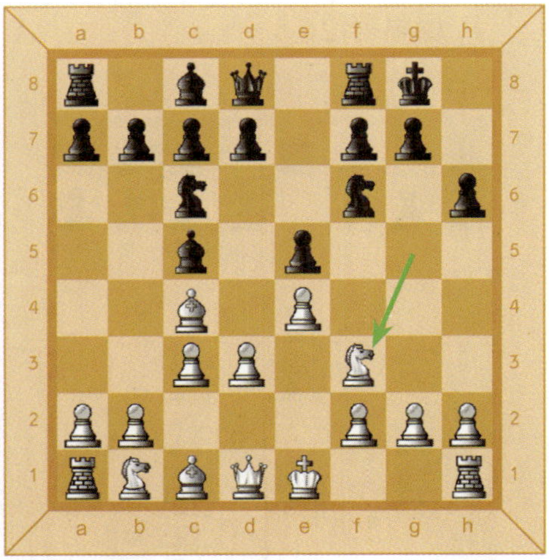

重复走动一个棋子，会占用其他子力出动的时间，拖慢出子速度。最后，只有这一个棋子孤军奋战。

**因此，在没有受到威胁，或者没有重要调动意义的情况下，不要重复走动棋子，而是要让尽可能多的棋子投入战斗。**

## 趣味问答

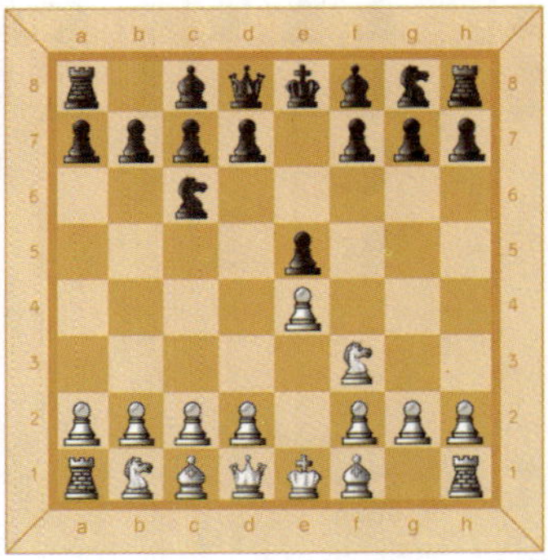

**1.** 选择最好的走法。

A 3. Bd3

B 3. Na3

C 3. d4

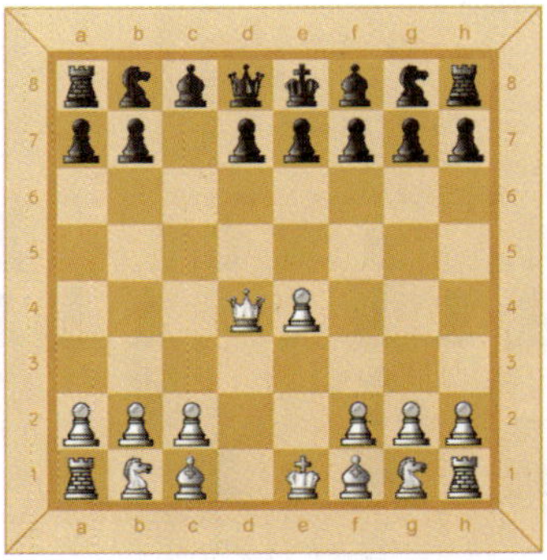

**2.** 选择最好的走法。

A 3... e5

B 3... Nc6

C 3... Qa5

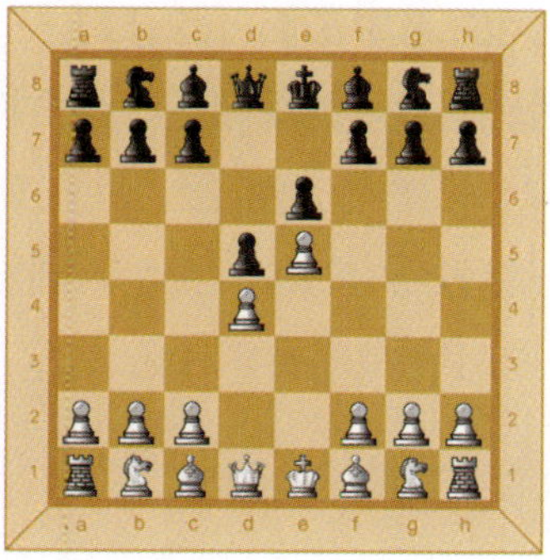

**3.** 选择最好的走法。

A 3... c5

B 3... Bb4

C 3... Qh4

**4.** 选择最好的走法。

A 4. e4

B 4. d4

C 4. Nc3

# 二、常用开局

**开局种类繁多，经常以国家、城市或棋手的名字来命名，也有以开局本身的特点来命名的。**相比起名字，更重要的是记住开局的计划和走法。

1. 意大利开局。

1. e4 e5 2. Nf3 Nc6 3. Bc4 Bc5 4. c3 Nf6

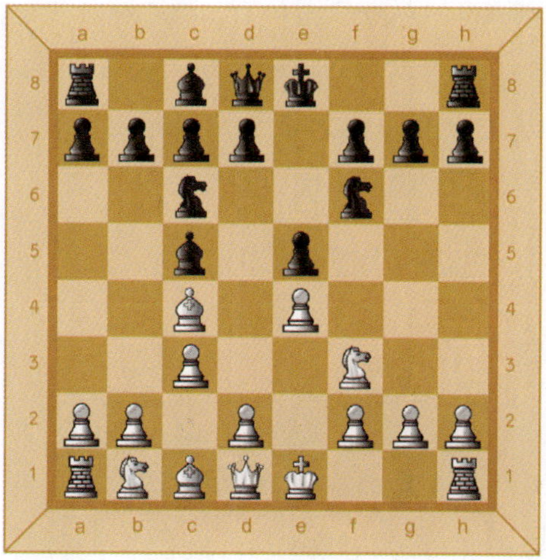

因起源于意大利而得名，双方为争夺中心展开激烈斗争，白方想要冲兵d4，黑方也准备冲兵d5。

走法贴合开局原理，容易理解和掌握，是初学者入门必学的开局之一。

2. 西班牙开局。

1. e4 e5　2. Nf3 Nc6　3. Bb5

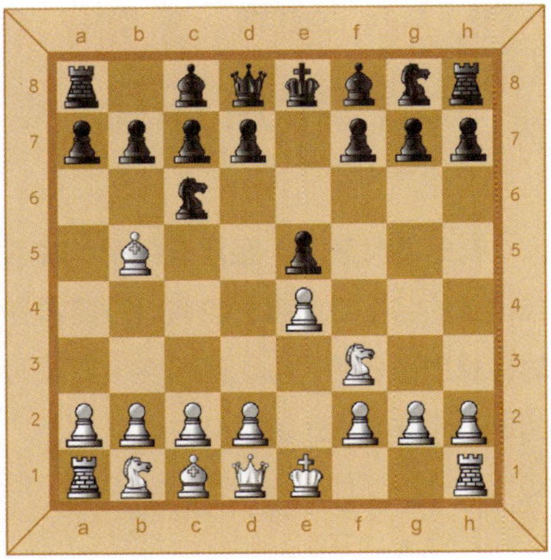

1561 年，由西班牙棋艺作家路易 · 洛佩兹著书发表，并正式命名。后人为了纪念他，又称其为路易 · 洛佩兹开局。

这一开局的结构坚固、战略性强，分支千变万化，需要学习的内容有很多，深受高水平棋手的喜爱。

3. 西西里防御。

1. e4 c5

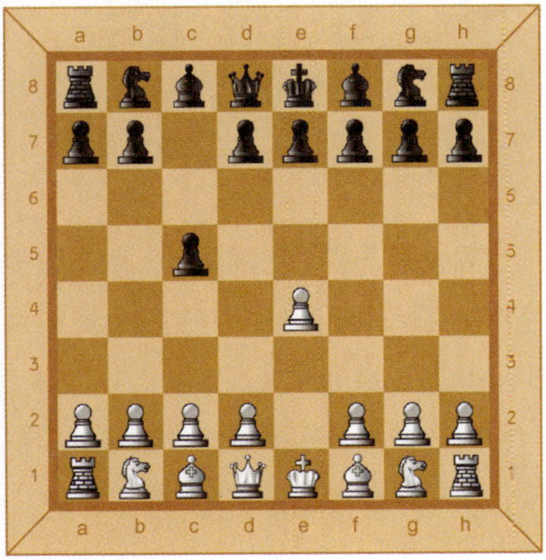

王兵体系中最流行的开局之一。不同于西班牙开局的浑厚，西西里防御更为尖锐，双方短兵相接，火花四溅，常有非常激烈的对攻。整个开局结构庞大，对棋手的战术要求较高。

4. 拒吃后翼弃兵体系。

1. d4 d5　2. c4 e6　3. Nc3 Nf6　4. Nf3

后兵体系中最流行的开局之一。开局风格稳健，注重长期计划和战略调动，需要对中心兵型有一定的理解。双方都在争夺 e4 点，白方选择面广，黑方常有冲兵 c5 反击中心的手段。

5. 古印度防御。

1. d4 Nf6　2. c4 g6　3. Nc3 Bg7
4. e4 d6

后兵体系中的“西西里防御”，以尖锐著称，深受进攻爱好者的喜爱。黑方的策略是先完成出子，再冲兵 e5 或 c5 反击中心。白方用兵占领了大量的空间，常常选择封闭中心，在后翼发起兵的冲锋。黑方则会在王翼展开反扑。

6. 列蒂开局。

1. Nf3 d5　2. g3 Nf6　3. Bg2

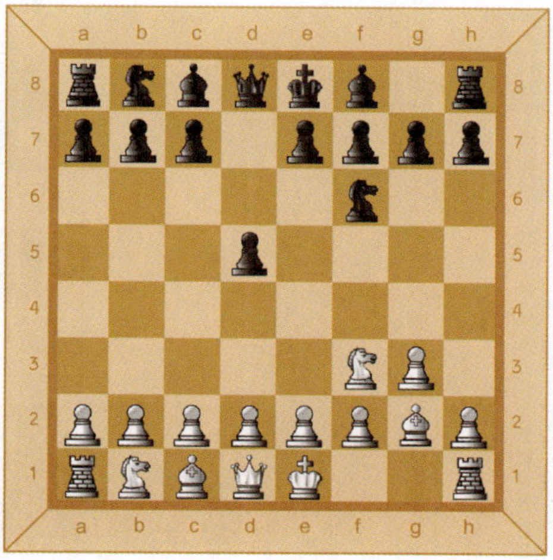

不同于冲兵 e4 或 d4，列蒂开局选择先从侧翼出子，用子力去控制中心，等做好准备之后，再冲兵反击中心。这一走法是捷克棋手列蒂的拿手武器，因此而得名。

经过不同的行棋顺序，列蒂开局常常能转换成后兵体系的某些开局，知识量丰富的棋手能够游刃有余地应对。

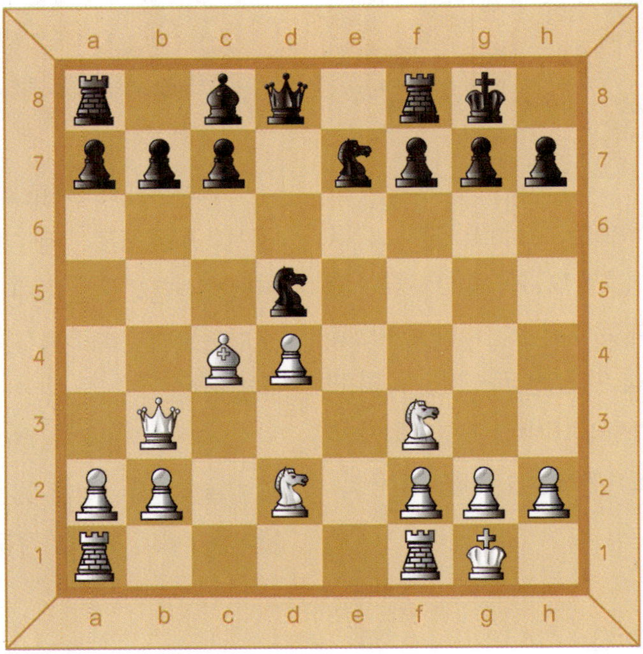


1. e4 e5 2. Nf3 Nc6 3. Bc4 Bc5 4. c3 Nf6 5. d4 exd4 6. cxd4 Bb4+ 7. Bd2 Bxd2+ 8. Nbxd2 d5 9. exd5 Nxd5 10. Qb3 Nce7 11. 0-0 0-0

学习并记住开局原理中的例局，进行对弈练习，把对弈过程记录下来。

# 第三十课

# 开局陷阱

# 一、常见错误

在学习和运用开局的过程中，有一些常见错误需要避免。

## （一）盲目将军

有些初学者认为，将军能够直接攻击对方的王，是一步先手，所以一旦有机会就将军，这是错误的。

**在将军之前，要提前计算到对手的应招，单一的将军往往容易防守，无法构成有效的威胁，反而会损失步数，帮助对手加强局面。**

1. e4 e5　2. Nf3 d6

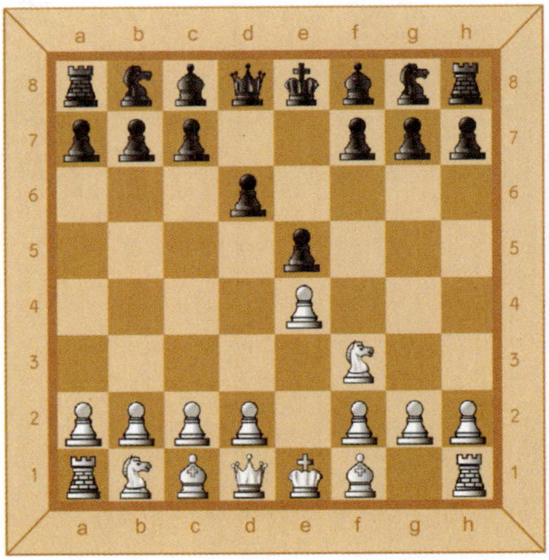


如上图，白方走 3. Bb5 将军就是步坏棋，因为黑方可以简单走 3... c6 应将。

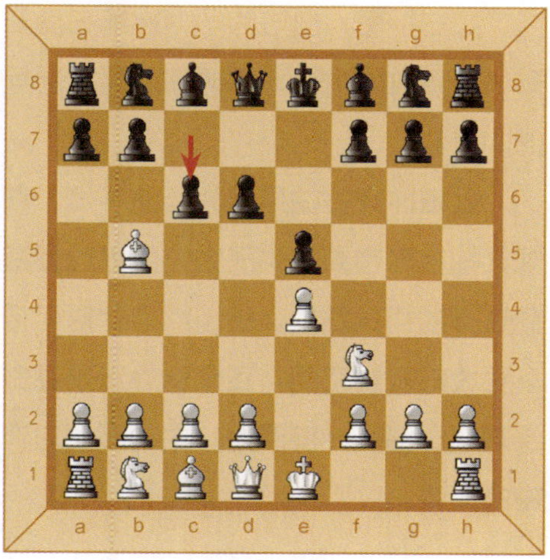


黑方不仅解除将军，还反抓白象，加强对中心 d5 格的控制。白方得不偿失，只能灰溜溜地把象退回来。

## （二）不考虑长远发展

有些初学者常常不根据实际情况，为了出子而出子，子力之间没有配合，不考虑长远的发展。完成出子以后，开始原地踏步。

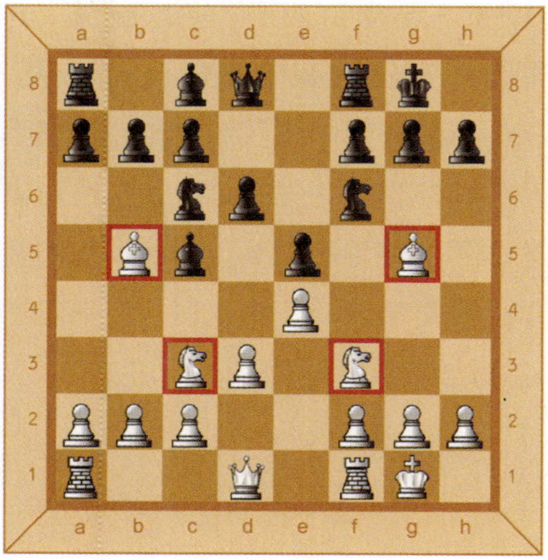


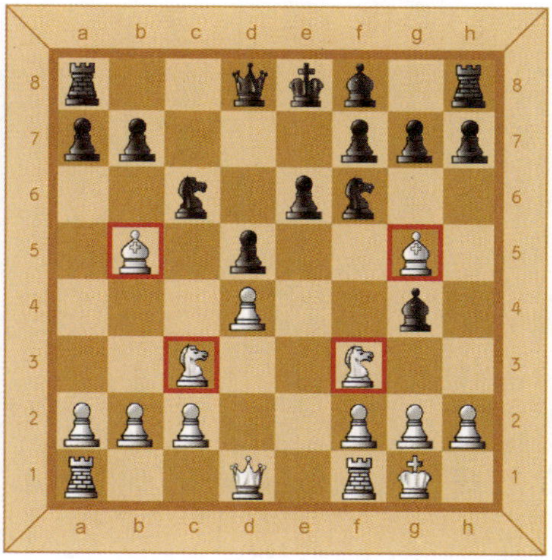


如上图，无论什么开局，都喜欢这样的出子方式。但棋子的力量是分散的，很容易失去前进的方向。

**学习开局时，要理解每步棋的作用，规划好将来的发展。将力量团结起来，专注于自己的目标和计划。**

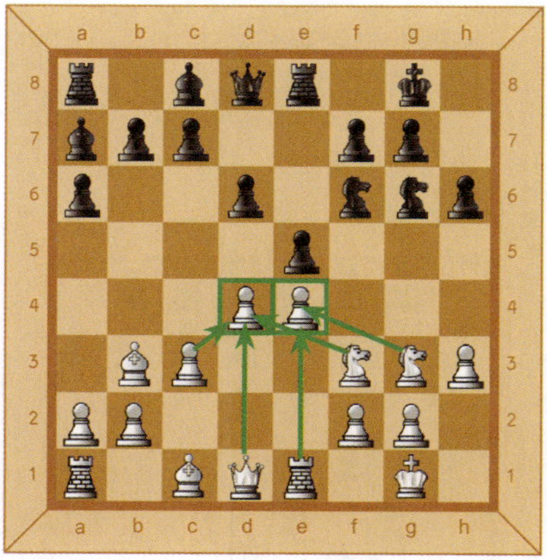


例如，白方子力各司其职，支撑起 d4 中心的反击。

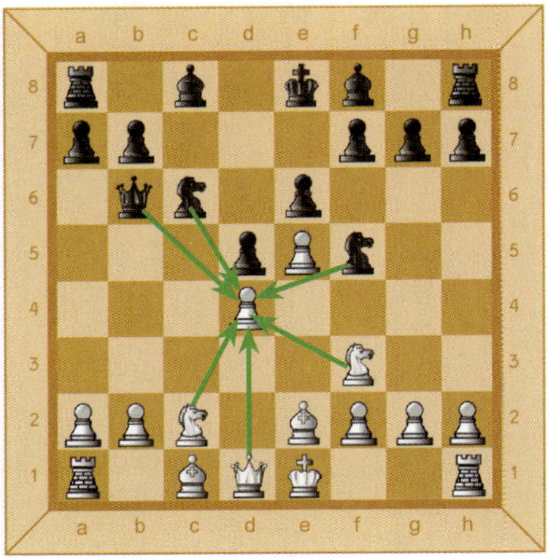

再如，黑方出子的同时，集中子力攻击d4中心兵，而白方也集中子力保护它。

这些都是出子协调、目标性强的典范。

## （三）害怕发生冲突

有些初学者害怕发生冲突，不敢把子往前走，觉得躲在家里就不会被吃掉，可以保证安全。

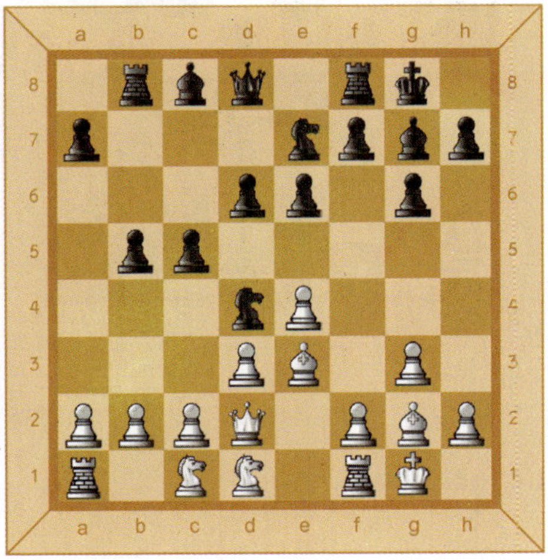

如左下图，白方的子力蜷缩在后三排，黑方占领中心，同时在后翼发起兵的冲锋。

**害怕冲突往往是因为计算不清，在短兵相接时容易损失子力，所以想要避免这样的情况发生。但退缩会给对手带来更大的发展空间，正确的办法是勤做练习题，提高计算能力，主动面对对弈中的冲突。**

# 二、开局陷阱

在初学者中，常会流行着几个开局陷阱，一旦对手上当，就可以快速获胜。

但只要学会了正确的应对方法，开局陷阱不仅不能赢棋，还有可能吃亏。长期依赖开局陷阱获胜，也会让棋手产生懈怠情绪，失去耐心，忽略对棋艺水平的练习和提高。因此，我们要学会开局陷阱的正确应对，但不要主动去运用它。

## 小贴士

对付开局陷阱最好的办法是胆大心细，留心对手每步棋的威胁，按照开局原理正常出子，不被打乱步调。

陷阱一

1. e4 e5　2. Qh5

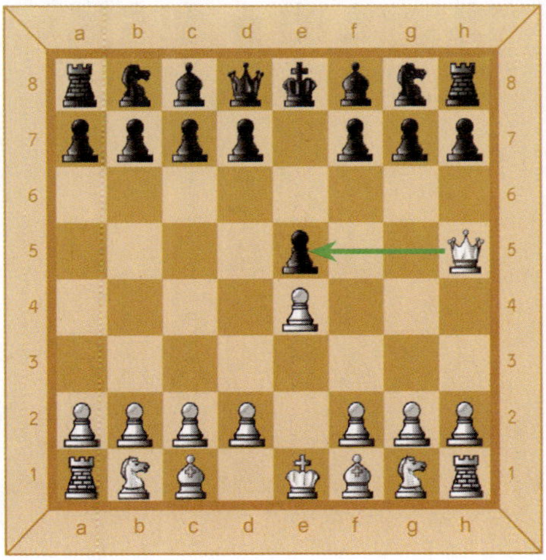

白方开局过早出动王后，是错误的走法。

他寄希望于黑方应对错误，走 2... g6，这样就可以 3. Qxe5+ 同时攻击黑王和黑车了。

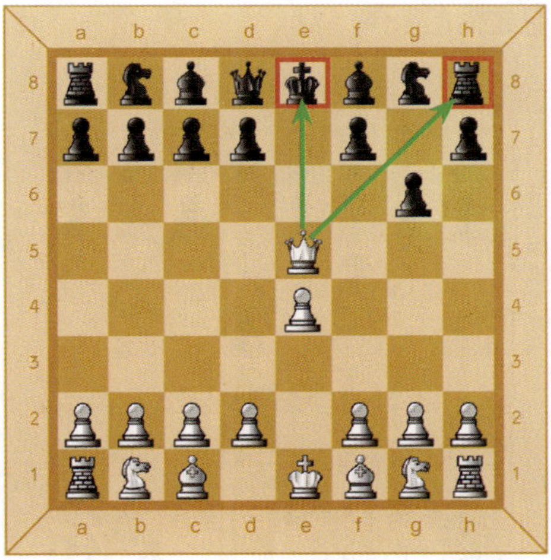

所以，黑方正确的走法是 2... Nc6 保护 e5 兵。

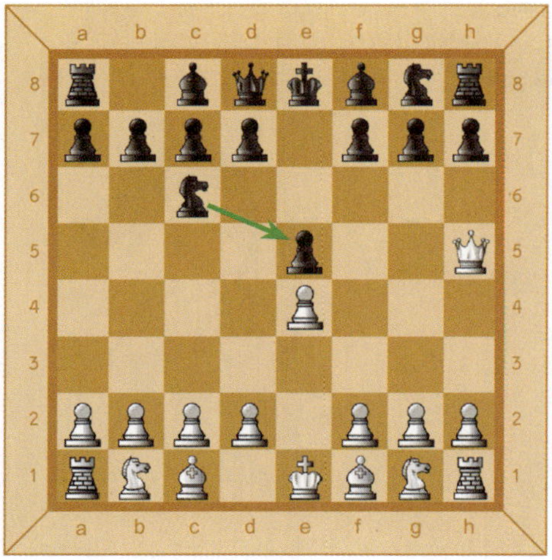

如果 3. Bc4 攻击 f7 兵，就 3... g6 赶走白后。

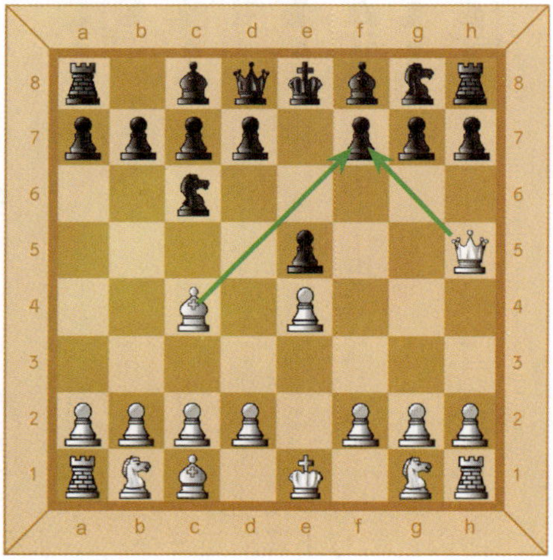

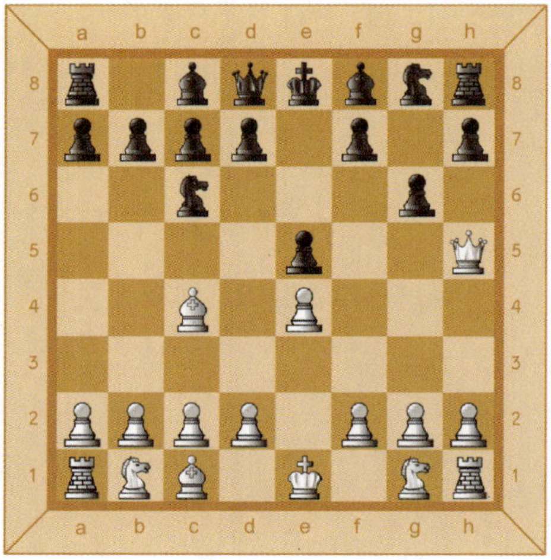

如果 4. Qf3 继续攻击，就 4... Nf6 挡住白后，接下来准备 Bg7,0-0。

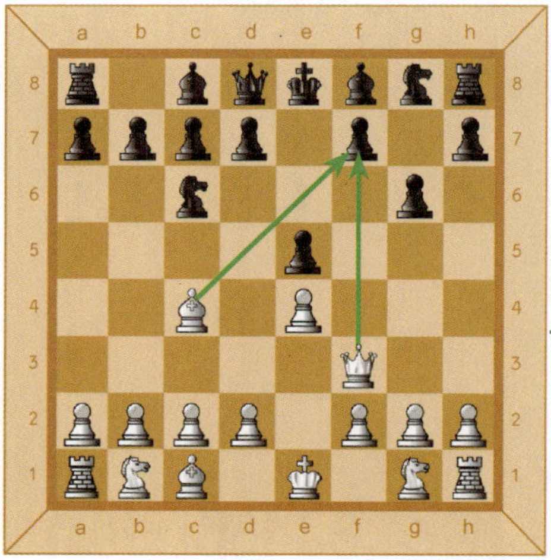

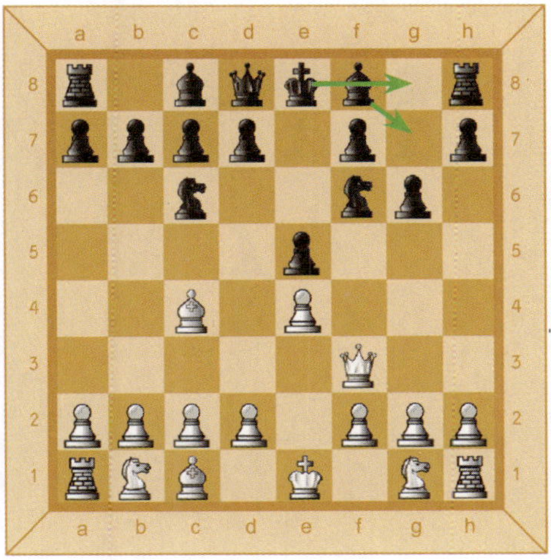

黑方在防守白方进攻的同时，保持了正常出子，而白方因为重复走子，出子速度变慢，反倒落入下风。

陷阱二

1. e4 e5　2. Bc4

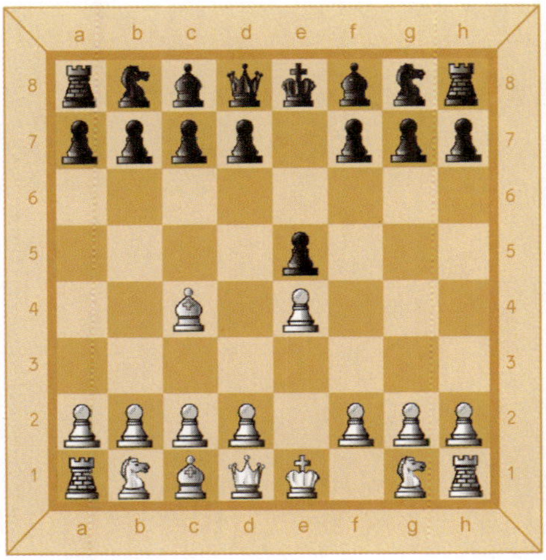

普通的飞象开局，却因为开局四步杀而变得名声大噪。

白方期待着 2... Bc5　3. Qh5 Nf6　4.Qxf7#，结束战斗。

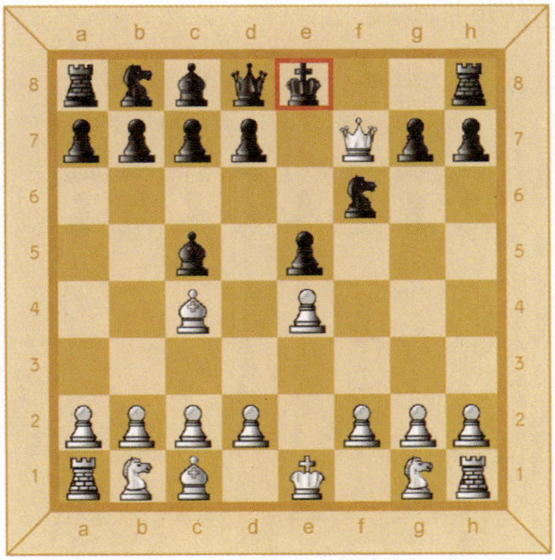

黑方正确的走法有两种。

一种是在 2... Bc5　3. Qh5 的时候，走 3... Qe7，同时保护 e5 和 f7 兵。

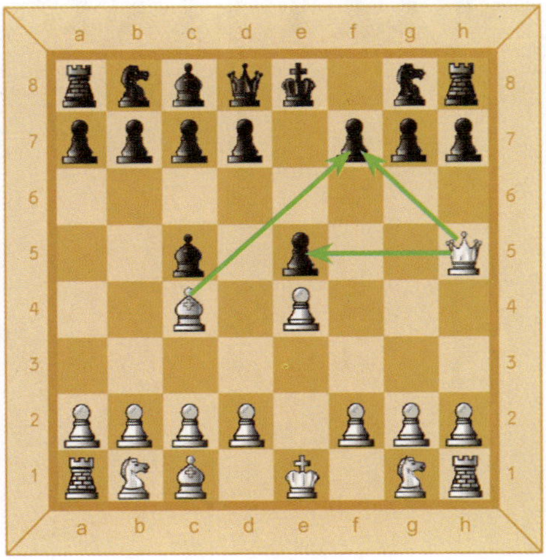

另一种是在 2. Bc4 的时候，走 2... Nf6，正常出子，控制住 h5 格，拒绝白后的骚扰。

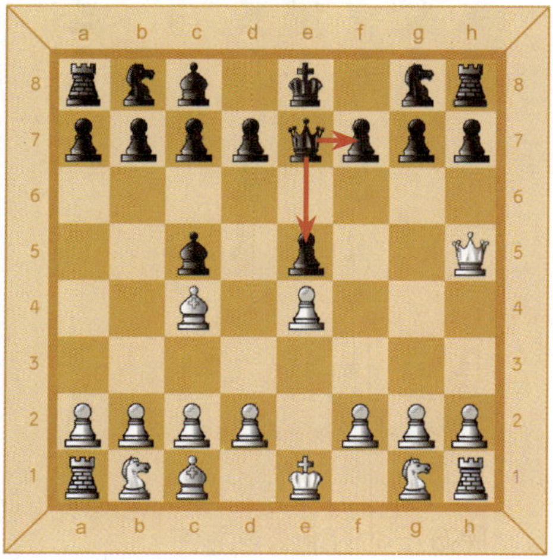

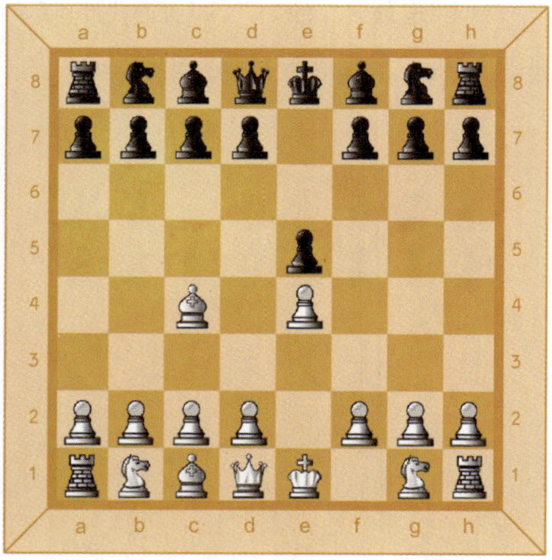

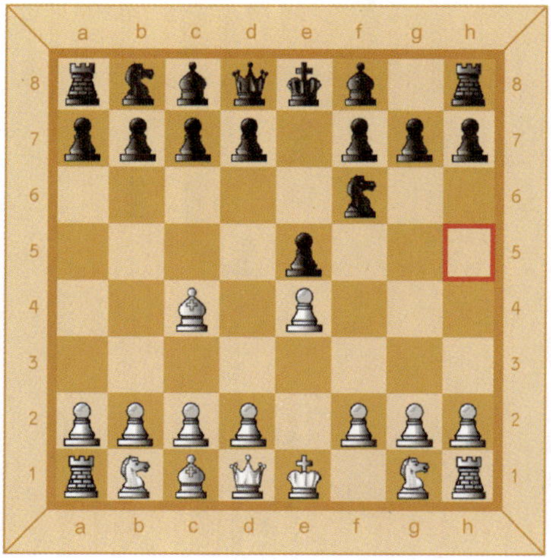

局面有可能转换到意大利开局。

## 棋开得胜

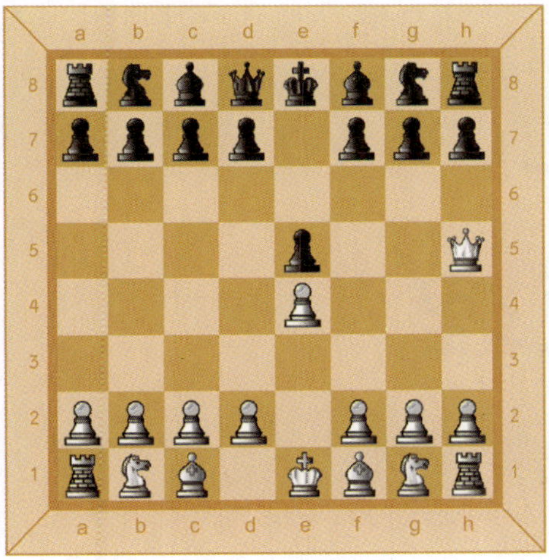

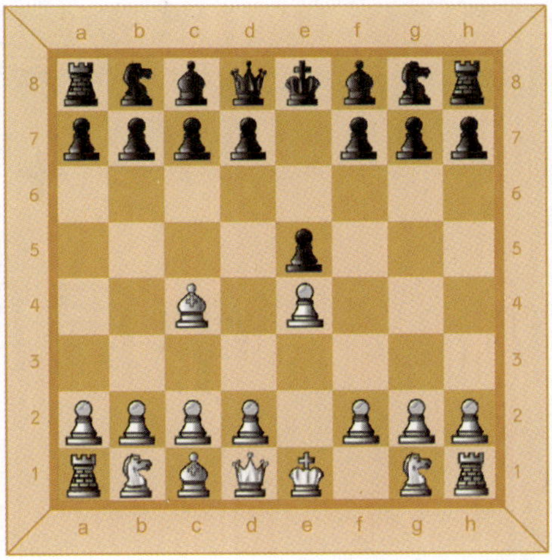

学习并记住两种开局陷阱的正确应对，进行对弈练习，把对弈过程记录下来。

第三十一课

# 中局原理

**开局之后的阶段是中局，经过上一阶段的排兵布阵，双方做好了准备，正式开始战斗。**

中局局势复杂、变化多样，是真正考验双方硬实力的阶段。不同于开局可以背棋谱来积累知识，中局更需要总结归纳，掌握理论知识并灵活运用。主要注意两方面：**一是战略，下棋的目标和计划；二是战术，每一步棋具体的选择和验算。**

## 一、中局原理

中局需要遵守的原则如下所述。

1. 寻找目标。

**观察局面，选择符合条件的进攻目标。**可以是攻王，也可以是攻击对方的某个弱点，或者是在某个区域发展，给对手制造弱点。

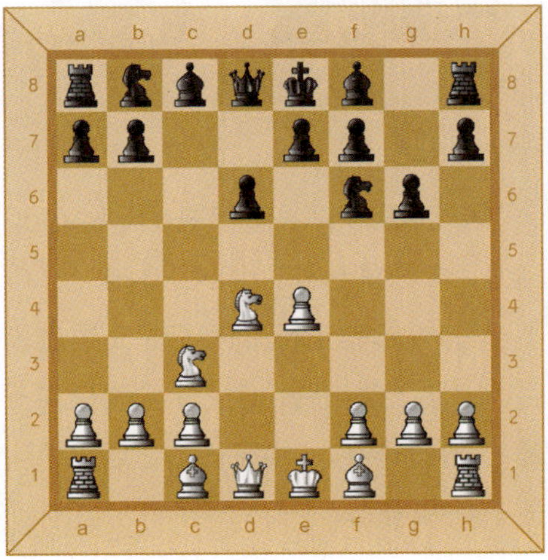

1. e4 c5　2. Nf3 d6　3. d4 cxd4　4. Nxd4 Nf6　5. Nc3 g6

如上图，黑方刚刚走完 5... g6 准备出动堡垒象，白方确定自己的目标是对付这个堡垒象，在王翼发动进攻。

2. 调动子力。

**找到目标后，构思一个计划去执行。**就好比知道了出行的目的地，搜索到达的路线一样。

调动子力，让它们之间形成配合，朝着同一个方向施加压力。

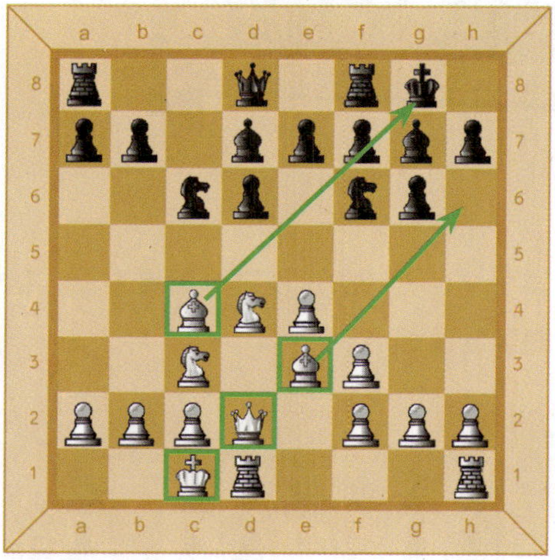

6. Be3 Bg7　7. f3 0–0　8. Qd2 Nc6　9. Bc4 Bd7　10. 0–0–0

白方在确定自己的目标是王翼进攻后，出动了象和后，使它们全都指向王翼，并且长易位，将王安置在后翼更利于王翼的行动。

3. 冲兵开线。

除了马以外，大部分的子力需要线路畅通来发挥更大的威力。因此，**调动子力、蓄势待发之后，下一步是为它们打开线路。**常见的做法是冲兵，通过交换小兵来开线。也有在条件允许的情况下，弃子开线的走法。

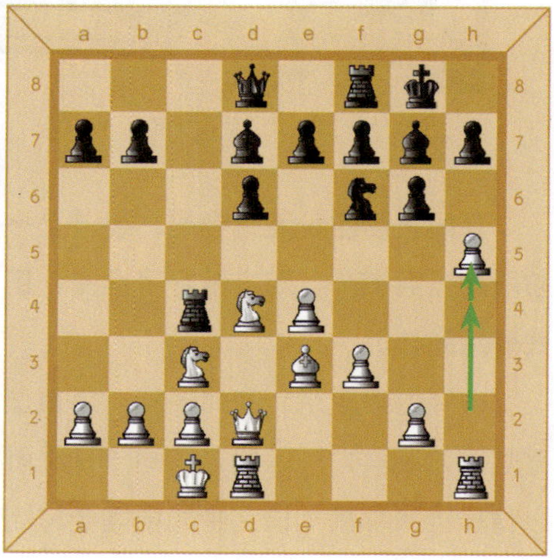

10... Rc8　11. Bb3 Ne5　12. h4 Nc4　13. Bxc4 Rxc4　14. h5

白方 h 兵发起冲锋，准备打开 h 线，让车投入战斗。

4. 发动进攻。

**当线路打开后，子力可以沿着打开的线路入侵，发动进攻。**短兵相接时，计算尤为重要。能否干脆利落地赢下战斗，体现了棋手的战术功底，这需要平时不断地练习和积累。

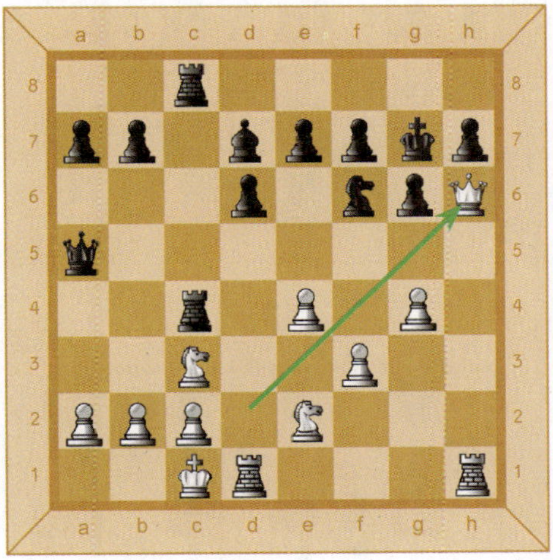

14... Nxh5 15. g4 Nf6 16. Nde2 Qa5 17. Bh6 Rfc8 18. Bxg7 Kxg7 19. Qh6+

线路打开后，白后入侵王翼，和车配合起来沿 h 线发动进攻。同时，兵和马也一起协同作战。

## 二、常用计划

1. 争夺中心，至关重要。

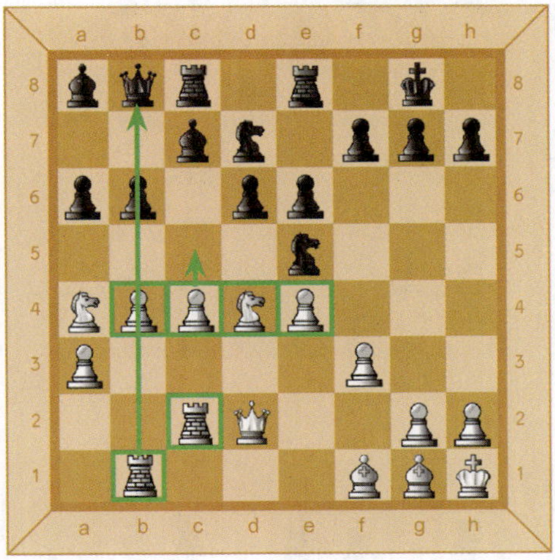

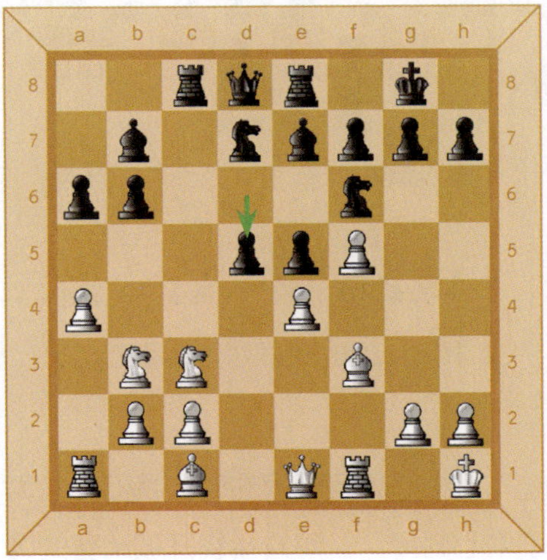

**中局计划常常是开局构思的延续，中心作为兵家必争之地，依然是争夺的要点。**占领中心的一方，往往可以掌控局面的主动权。

2. 中心封闭，两翼进攻。

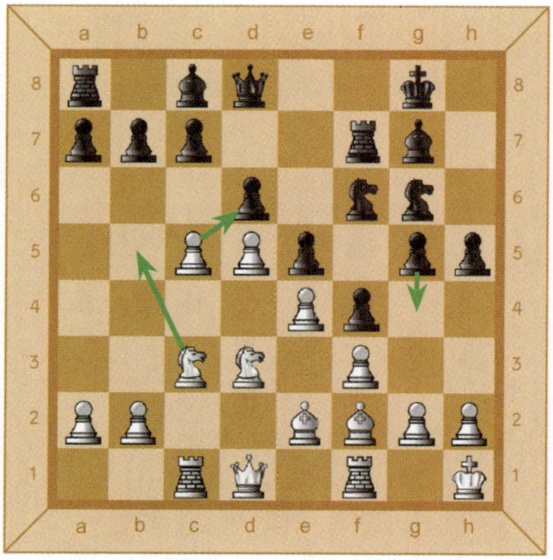

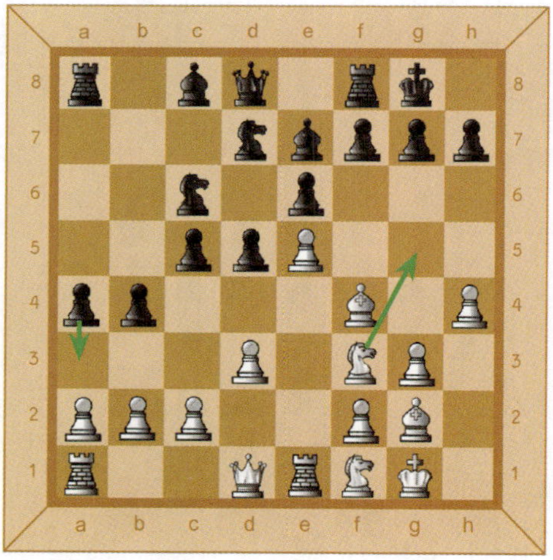

当中心兵互相顶住时，我们称之为“中心封闭”。双方会绕开被堵塞的区域，在两翼发动进攻。

**这时，由于中心线路封闭，调子速度减缓，来自斜线上的压力减小，王变得更加安全。在有子力配合的情况下，可以冲起王前兵发动进攻。**

3. 异向易位对攻。

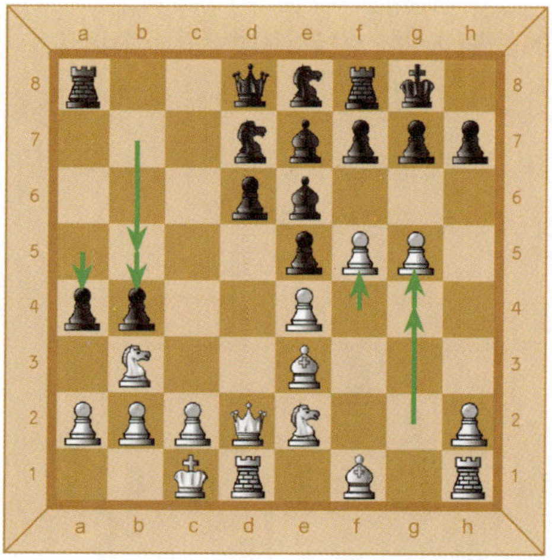

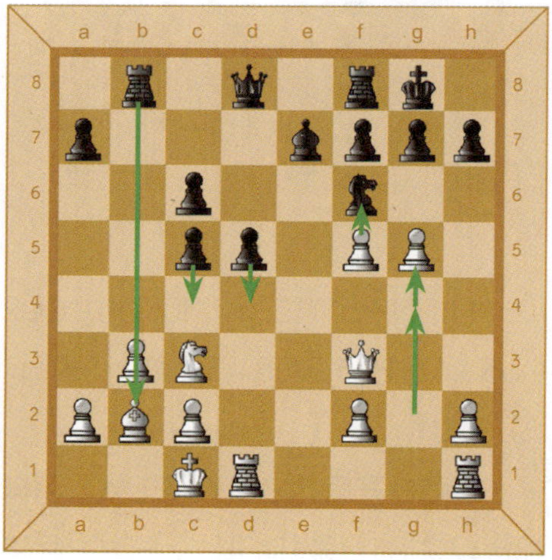

**当双方的王在相反方向易位时，棋局的重点往往是激烈的对攻。双方可以无所顾忌地迅速冲兵，撞向对方的王城。**对攻时，速度至关重要，为此可以弃兵弃子。像是比赛跑步的两个人，看谁能够先到达终点。

## 棋开得胜

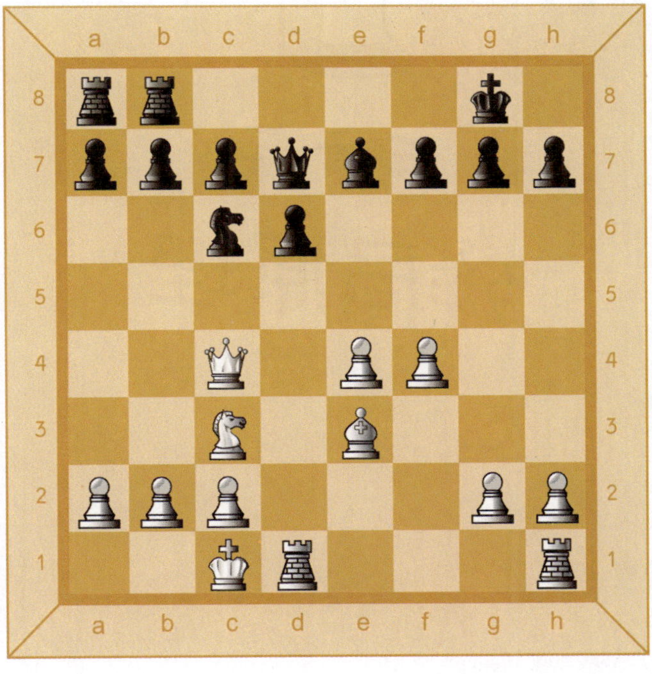


白方先走，下一盘异向易位对攻的棋，把对弈过程记录下来。

# 第三十二课

# 残局原理

**残局是收尾阶段，经过中局的激烈战斗，双方棋子被大量消耗，棋盘上剩余子力不多的时候，局面进入残局。**

残局子力少，规律性强，经过多年的研究探讨，理论体系也非常完备。学习残局有两个重要的作用：**一是从棋子较少的局面入手，更容易体会不同棋子的特点，能够练习如何协调子力；二是良好的残局基础让棋手更有底气，在选择走法时不必匆忙，优势局面中获胜的概率也更大。**

## 一、残局原理

1. 王要战斗。

残局中子力较少，每一个力量都是宝贵的。这时，子力对王的威胁降到最低，王得以大显身手。**我们需要尽快调整王的位置，向中心靠拢，或是侵入对方阵营攻击小兵。**

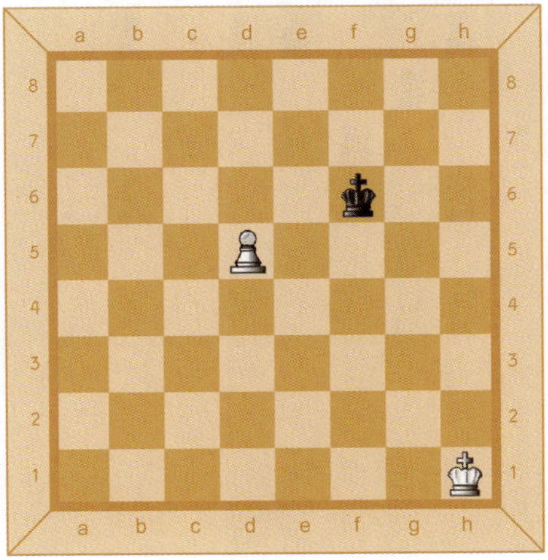

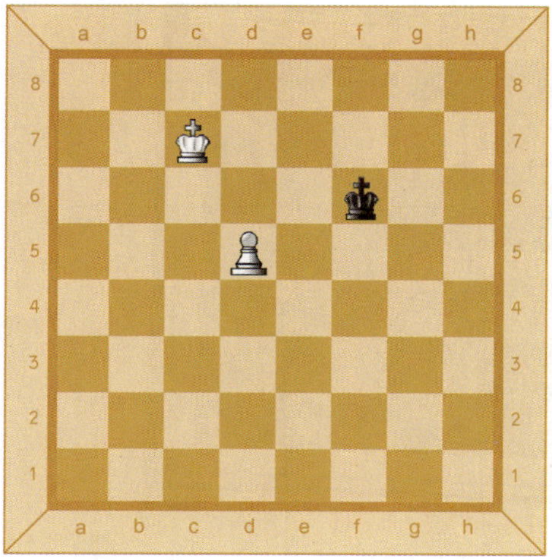

仅仅是改变了白王的位置，局势就从和棋变为了白胜。

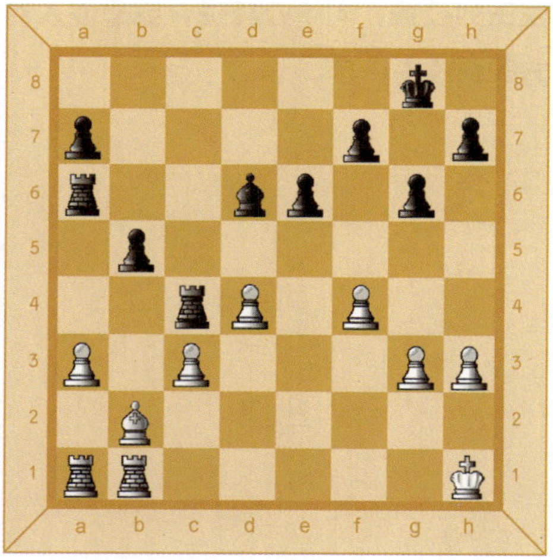

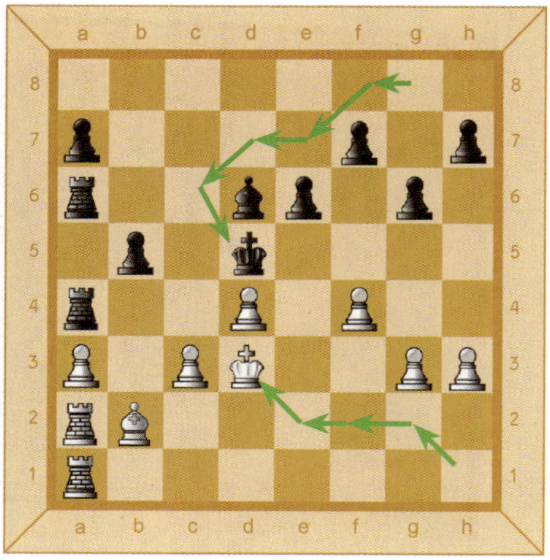

如上图，是在实战中，王参与作战的例子。

小贴士

有观点认为，王在残局中的威力相当于一个车，没有王参与的残局，等于比对方少一个车在走棋。

2. 兵往前冲。

兵是残局中的重头戏，仅仅是一个小兵的升变就可以改变整个局势。**我们需要在确保安全的情况下，把兵往前冲，这样做有两个作用：（1）兵冲得越高，离升变格越近，可以想办法制造通路兵升变；（2）即便短时间内无法制造通路兵，也能够获取空间优势，压制对方子力，产生压迫感。**

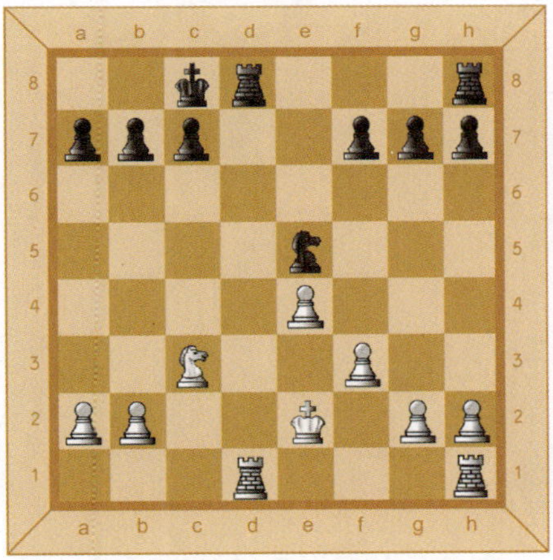

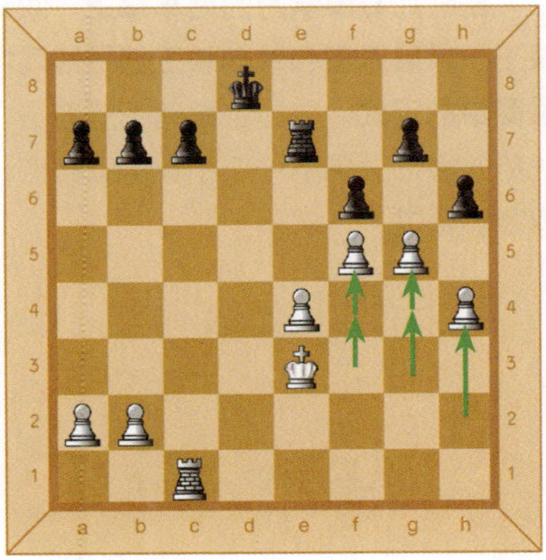

如上图，白兵的冲高让黑方从均势到陷入危急。

3. 子力灵活。

保持灵活，能够让有限的子力发挥更大的作用。**我们在调动时，需要注意子力的位置，尽可能将其放置在控制格子更多、选择权更广的格子里。**

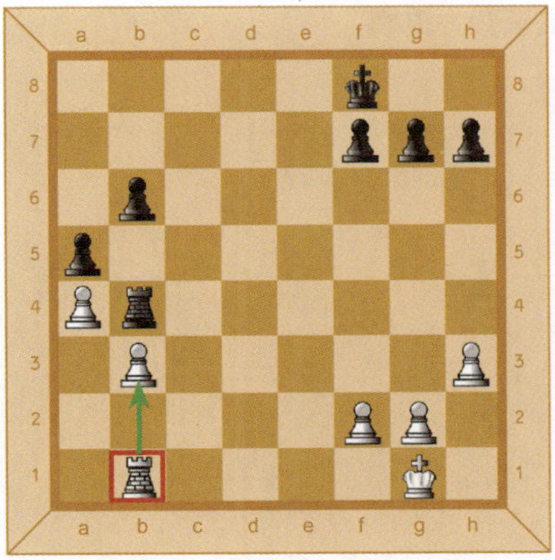

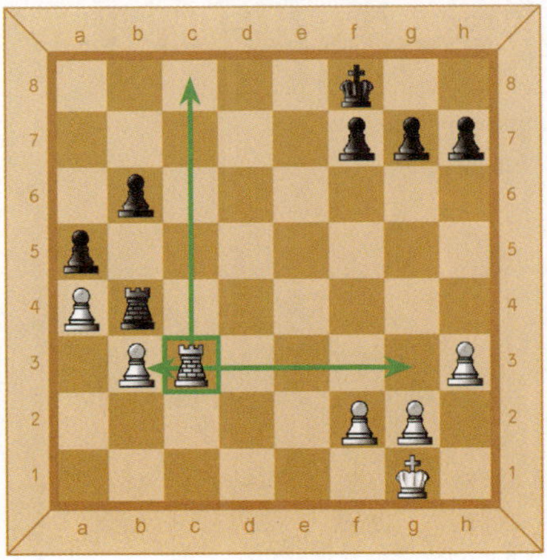

如上图，在不同的位置上，白车的灵活度和发挥的作用是大不相同的。

4. 仔细计算。

认为棋子变少棋局就变得简单的想法是片面的。**棋子越少，每个棋子的重要性反而被放大了。这就要求我们做决定时更加谨慎，仔细计算后再走棋。**有时候，一步棋的细微差别，会使局势从赢棋变为输棋。

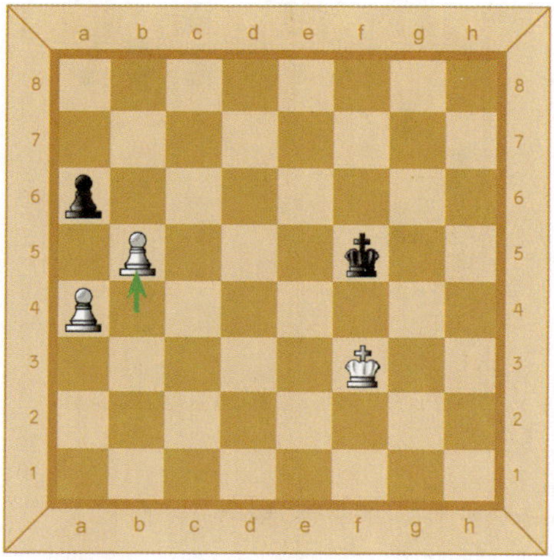


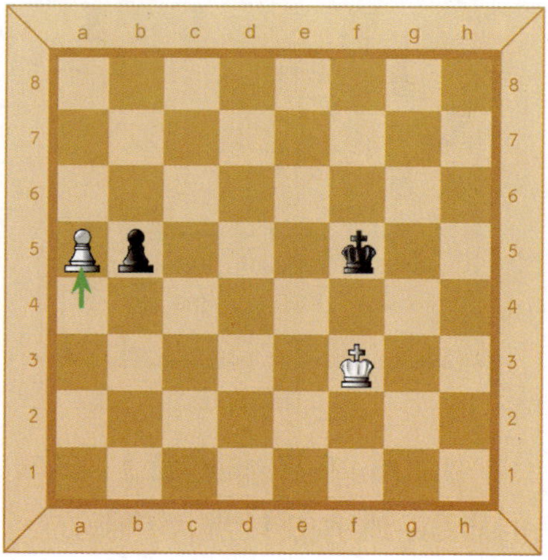


如上图，白方制造通路兵，在黑方吃兵之后，白方必须冲兵 a5 才能确保赢棋。如果按惯性去吃黑兵，那就只能是和棋了。

## 二、常见残局

1. 杀单王。

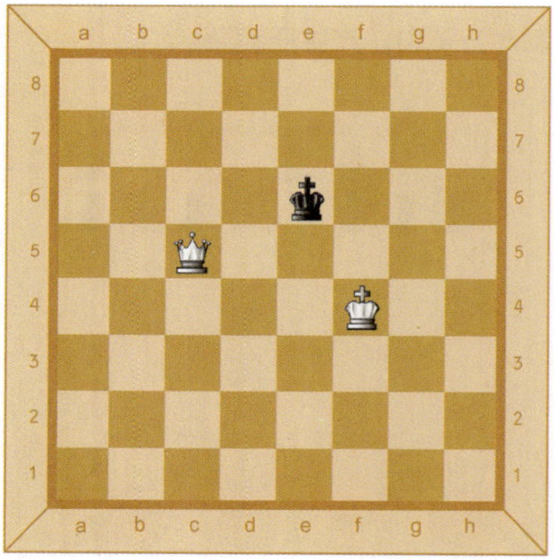


**在前几节课学习的后车杀王、双车杀王、单后杀王和单车杀王都是残局中最简单的定式。**掌握了杀单王的方法，优势方哪怕只剩下一个小兵可以升变，也能够赢棋。

2. 王兵残局。

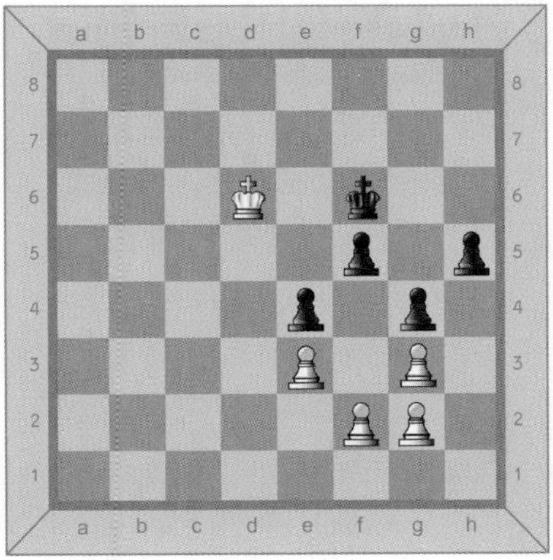

**只有王和兵的残局称为王兵残局，和杀单王一样，它是残局的基础，因为绝大部分残局都可以转换为王兵残局。**学习理论知识可以帮助我们更有预见性地选择走法，但计算也尤为重要，王兵残局中每一步棋都需要仔细考虑。

3. 轻子残局。

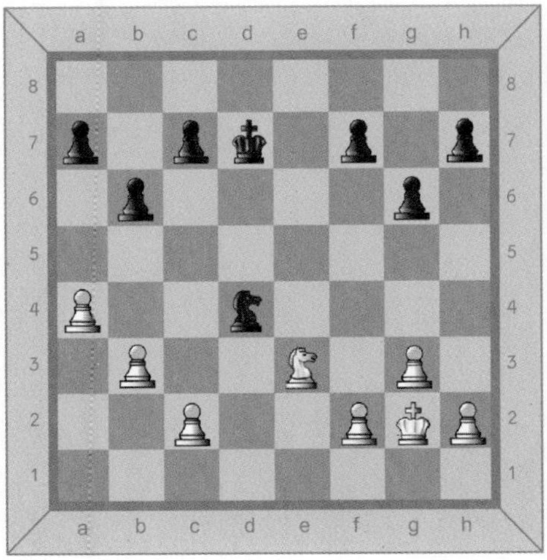

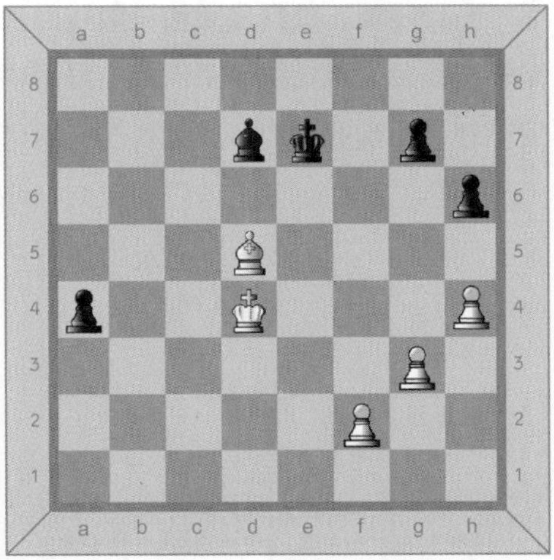

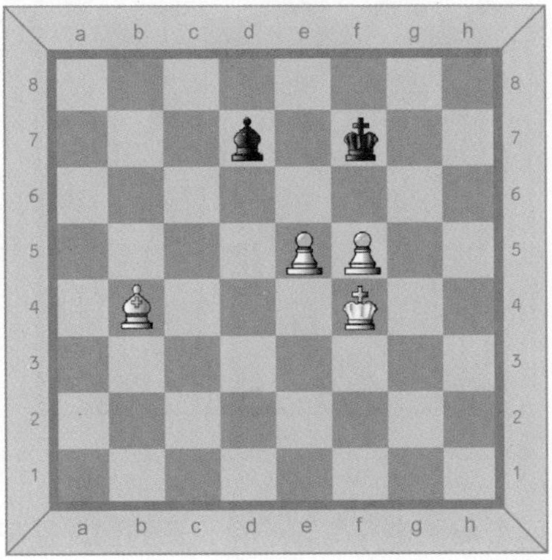

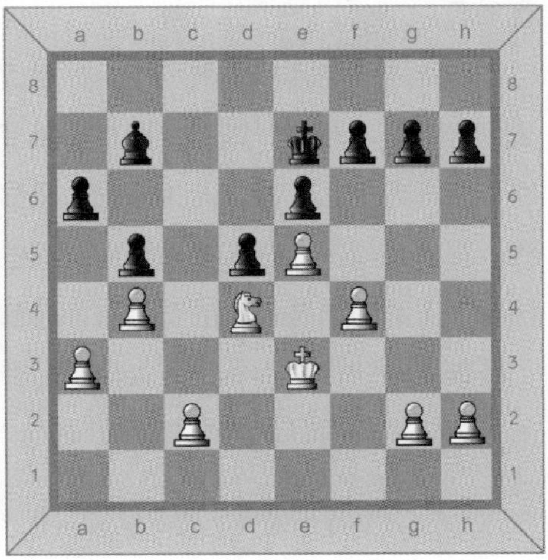

**马兵残局、象兵残局和马象残局都是轻子残局，是指除了王以外，局面中只有轻子和兵的残局。**象兵残局，又可分为同色格象和异色格象进行研究。马象残局中，马和象的对抗直观地体现了两种子力的特点，很有学习价值。

4. 车兵残局。

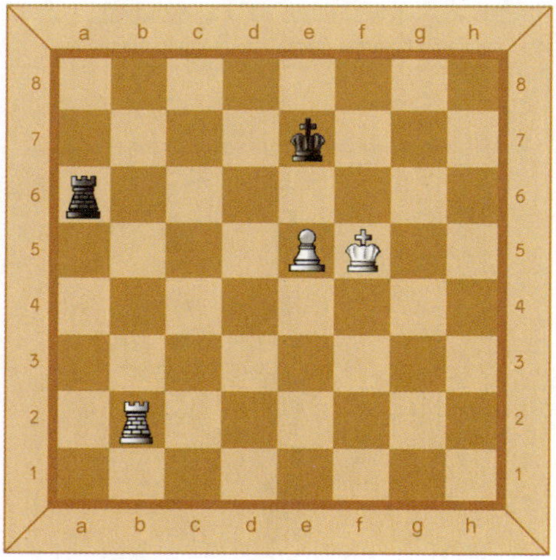

**局面中只有车、兵、王的残局是车兵残局。**

车兵残局在实战中最为常见，理论知识也非常丰富。**学习时，要尽可能多地了解典型局面，并以此为基础，拓展到更复杂的情况。在车兵残局中，兵的位置、王的积极性和车的灵活性都起到了至关重要的作用。**下好这类残局，非常考验棋手的知识量和对棋局的理解。

5. 后兵残局。

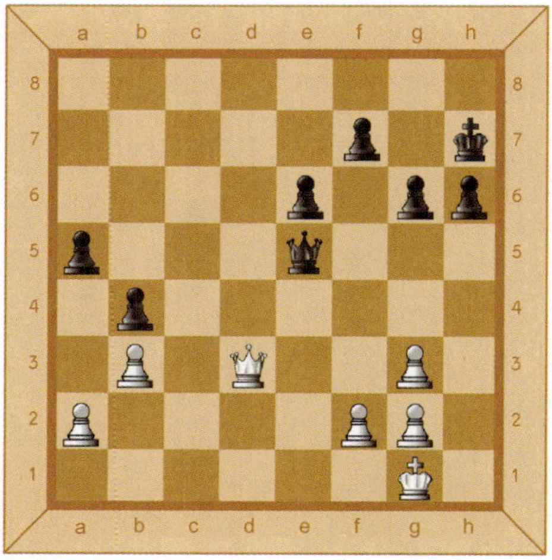

**后兵残局是局面中只有后、兵、王的残局。**因为后非常灵活，容易制造将军，所以**在这类残局中，王的安全很重要，**尽量避免对方后的攻击。**兵的质量比数量更重要，**一个有后协助的通路兵，价值远超两个无法发挥作用的兵。

## 棋开得胜

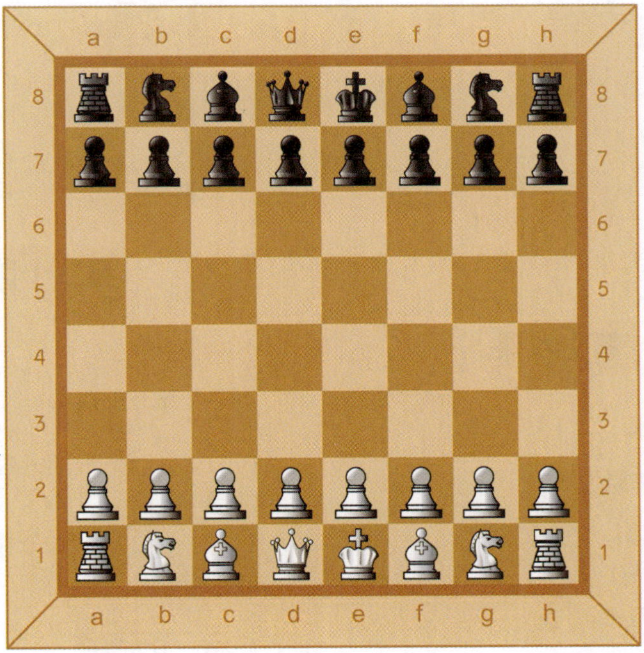


下一盘完整的国际象棋，把对弈过程记录下来。

# 答案

答案供参考。

## 第十七课

### 趣味问答

#### 三、吃过路兵的条件

1. e3 格

2. 不可以，不是从初始位置一步走两格的兵，不能吃过路兵

3. 两个，g5 和 g4 兵

4. 三种

### 更多挑战

1. 不可以，黑兵的位置不对

2. 三个，b4、d4 和 d5 兵

3. 走 1.Rh1#　　4. 走 1.Rf7#

## 第十八课

### 趣味问答

#### 一、王车易位

1. 不正确，这是长易位，王应该在 c1，车应该在 d1

2. 走 1...0-0#

#### 二、王车易位的条件

1. 不可以，因为王已经走动过了

2. 不可以，因为王正在被将军

3. 不可以，因为有棋子挡在王和车中间

4. 不可以短易位，因为王到达的 g8 格正在受到攻击，但可以长易位

### 更多挑战

1. 白方可以长易位，黑方可以短易位

2. 白方可以长易位，黑方可以长易位

3. 白方不可以易位，黑方可以长易位

4. 白方可以短易位，黑方可以短易位

## 第十九课

### 趣味问答

1. 举手告知裁判　　2. A

3. 白胜　　4. 白胜

### 更多挑战

1. BCE　　2. 白胜

3. 走 1.f7#　　4. 走 1.Na6#

## 第二十课

### 趣味问答

#### 二、无子可胜

1. 走 1...Be7，阻止白兵升变，形成无子可胜局面

2. 走 1...Kd4，阻止白兵升变，形成无子可胜局面

#### 三、无子可动

1. 不好，会形成无子可动局面

2. 黑方无子可动，和棋

#### 四、长将

1. 白方可以后 e8-h5-e8 长将

2. 白方可以车 d7-d8-d7 长将

### 更多挑战

1. 白方可以后 g6-h6-g6 长将

2. 走 1...Rc4　2.Qc4，制造无子可动和棋

3. 走 1...Bh3　2.Ke7 Bxd7　3.Bxd7，制造无子可胜局面

4. 黑方可以马 h2-f3-h2 长将，白王不会躲到 h1，因为有 Rh2 将死

## 第二十一课

### 趣味问答

#### 二、走子的记录方法

1. 记为 Nd4　　2. 记为 Qa5

3. 记为 Bxc6　　4. 记为 Nxe4

#### 三、兵的记录方法

1. 记为 c4　　2. 记为 g6

3. 记为 cxd4

4. 记为 cxb1=Q（或者其他的升变子力）

### 更多挑战

1. 走 1.Nf6#　　2. 走 1.Qd6#

3. 走 1...Qg2#　　4. 走 1...Ra1#

## 第二十二课

### 更多挑战

1. 走 1.Ra4 或 1.Qh4 守门

2. 走 1.Rc2 将军

3. 走 1.Qg7 将军

4. 走 1...Rh2　2.Kd1 Qa1#

## 第二十三课

### 更多挑战

1. 走 1.Rh7 将军

2. 走 1...Rc1 远远地逃开

3. 走 1.Ra2 或 1.Ra5 错开双车

4. 走 1.Ra8 准备 Re8 将军

## 第二十四课

### 趣味问答

#### 单后杀王

（一）划分地盘，越小越好

1. 走 1.Qc7 或 1.Qc2

2. 走 1.Qd5

（二）马步对王，赶到底线

1. 走 1.Qc7 或 1.Qc3

2. 走 1.Qe6

（三）御驾亲征，帮助杀王

1. 走 1.Kf2 或 1.Kg2、1.Ke2 让王上前帮忙

2. 两种，走 1.Qc8# 或 1.Qe7#

## 第二十五课

### 更多挑战

1. 走 1.Rg1 守门

2. 走 1.Rg1 或走 1.Rg8 远远地逃开

3. 走 1.Kg5 马步对王

4. 走 1.Rb6 等一步，交换走子权，主动马步对王

## 第二十六课

### 趣味问答

#### 一、计算的过程

1. 走 1...Nxd3 或 1...Rxd3

2. 走 1.Bxf6 Bxf6　2.Rxf6 Rxf6　3.Rxf6

### 二、预估对方的走法

1. 走 1.Qd8 Rxd8 2.Rxd8#
2. 走 1...Nc3 2.Kb2 Qa2#

### 三、提前想好对策

1. 走 1.Rg1 Kh8 2.Rxf8#
2. 走 1...Rxe1 2.Rxe1 Qxg2#

### 更多挑战

1. 走 1...b4，赶走白马，准备吃 e4 象
2. 走 1.Qh8 Ke7 2.Rc7#
3. 走 1...Rh1 2.Bxh1 Rxh1#
4. 走 1.Ne7 Kh7（或 1...Kh8） 2.Qh4#

## 第二十七课

### 趣味问答

### 一、复习方形区

1. 走 1.d5，白胜
2. 走 1...cxb4，黑胜

### 二、6 线白胜、3 线黑胜

1. 走 1.Kc6，① 1...Kd8 2.Kb7，白胜；② 1...Kb8 2.Kd7，白胜

2. 走 1...Kg3 2.Kd1 Kf2，黑胜

### 三、例外的边兵

1. 走 1. Kd1 Kb4 2. Kc1 Kb3 3. Kb1，和棋

2. 走 1... h5 2. gxh5 Kg8 3. Kg6 Kh8，和棋

### 更多挑战

1. 走 1... c3 2. dxc3 a4 3. Kd4 a3，黑胜

2. 白先和：1. f7+ Kf8 2. Kf6，无子可动和棋

黑先白胜：1... Kf8 2. f7 Ke7 3. Kg7 Ke6 4. f8=Q，白胜

3. 走 1. Kd2 e3+ 2. Ke2 Ke4 3. Ke1 Kd3 4. Kd1 e2+ 5. Ke1 Ke3，无子可动和棋

4. 走 1... b3 2. Kc1 b2+ 3. Kb1 Kb3 4. a4 Ka3 5. a5 a6 6. Kc2 Ka2 7. Kc3 b1=Q，黑胜

## 第二十八课

### 趣味问答

### 一、关键格

1.

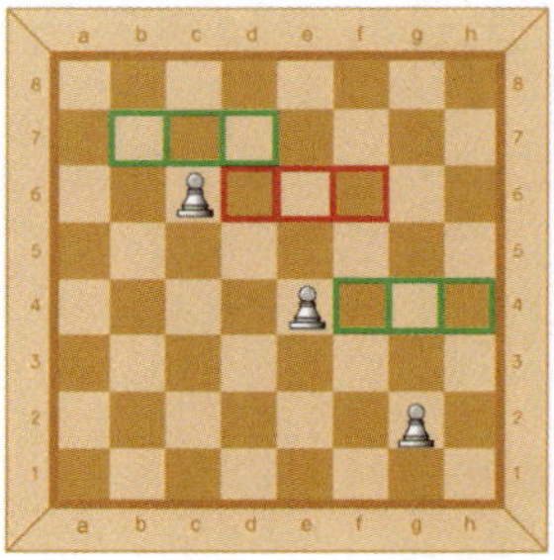

2.

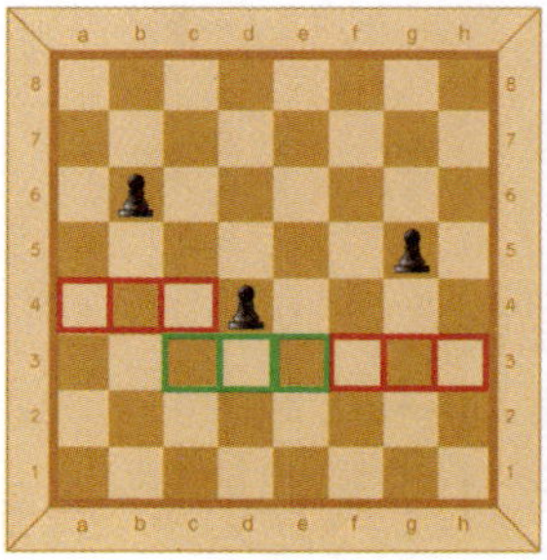

### 二、对王

1. 走 1. Kc6 Kd8 2. Kb7 Kd7 3. c5 Kd8 4. c6 Ke8 5. c7 Kd7 6. c8=Q+，白胜

2. 走 1. Kf5 Kg7 2. Ke6 Kf8 3. f4 Ke8

4. f5 Kf8　5. Kf6 Ke8　6. Kg7 Ke7　7. f6+ Ke8　8. f7+ Ke7　9. f8=Q+，白胜

## 第二十九课

### 趣味问答

**一、开局原理**

1. C　　2. B
3. A　　4. B